Psychology

心理学

周　宁　闵卫国　主编

暨南大學出版社
JINAN UNIVERSITY PRESS

中国 · 广州

图书在版编目（CIP）数据

心理学/周宁，闵卫国主编. —广州：暨南大学出版社，2013. 8
ISBN 978 - 7 - 5668 - 0587 - 4

Ⅰ. ①心…　Ⅱ. ①周… ②闵…　Ⅲ. ①心理学—师范学校—教材　Ⅳ. ①B84

中国版本图书馆 CIP 数据核字(2013)第 108346 号

出版发行：暨南大学出版社

地　址：中国广州暨南大学
电　话：总编室（8620）85221601
营销部（8620）85225284　85228291　85228292（邮购）
传　真：（8620）85221583（办公室）　85223774（营销部）
邮　编：510630
网　址：http：//www. jnupress. com　http：//press. jnu. edu. cn

排　版：广州市天河星辰文化发展部照排中心
印　刷：佛山市浩文彩色印刷有限公司

开　本：787mm × 1092mm　1/16
印　张：21. 5
字　数：482 千
版　次：2013 年 8 月第 1 版
印　次：2013 年 8 月第 1 次
印　数：1—6000 册

定　价：45. 00 元

前　言

在教育改革中，课程改革是一项非常重要的内容。师范生公共课心理学的教学内容及教学方法也面临着调整。在对师范生的培养中，心理学是一门核心课程，它有助于师范生更加了解自己和教育对象的心理特点及规律，促进自身教育能力和心理健康水平的提高，以便更好地开展教学工作。为了适应新的培养要求，教育科学与管理学院组织心理学系教师重新编写公共课心理学教材。

参与本书编写的人员都是长期从事公共课心理学教学工作的教师，他们有着丰富的教学实践经验，能全面深入地了解学生的需求。在此基础上编写的教材，突出了以下几个特点：

1. 科学性

本书突出了各领域的经典性研究与核心概念、原理，引用经典或权威的研究、数据阐述学者们的核心思想与代表性研究，概念简明准确，原理清楚，资料翔实可靠。

2. 时代性

本书内容反映了本学科当代国外以及国内心理学研究的新成果、新进展。

3. 实用性

本书密切联系师范生未来作为教师的生活、工作实际，注重心理学原理对日常经验、生活事实的解释作用，体现了教材内容的实用性。

4. 易读性

本书的内容选择和结构安排有利于大学生的学习与教师的教学。本书内容叙述通俗易懂、引人入胜，比较多地采用了浅显易懂的图或表，并尽量通过“案例分析”、“小资料”或“专栏”等增加了教材的丰富性、生动性、活泼性。

参与本书编写的人员有：第一章，尹可丽（云南师范大学教育科学与管理学院教授、博士）；第二章，李光裕（云南师范大学教育科学与管理学院讲师）；第三章，李佳（云南师范大学教育科学与管理学院讲师）；第四章，邓芸菁（云南师范大学教育科学与管理学院副教授）；第五章，宋志一（云南师范大学教育科学与管理学院副教授）；第六章，陈睿（云南师范大学教育科学与管理学院讲师、博士）；第七章，闵卫国（云南师范大学教育科学与管理学院教授）；第八章，高松（云南师范大学教育科学与管理学院副教授）；第九章，周宁（云南师范大学教育科学与管理学院教授、博士）；第十章，盛莉波（云南师范大学教育科学与管理学院讲师）；第十一章，朱海燕（云南师范大学教育科学与管理学院教授、博士）；第十二章，李鹏（云南师范大学教育科学与管理学院副教授、博士）；第十三章，朱海燕（云南师范大学教育科学与管理学院教授、博士）。我的硕士生侯菲、徐红燕、戴璐为本书的校对做了大量的工作，暨南大学出版社潘雅琴编辑为本书的出版付出了辛勤劳动。特此感谢！

周　宁
云南师范大学教育科学与管理学院
2013 年 3 月 28 日

目录

第一章 绪 论

本章学习要点

1. 解释心理学的含义，理解心理学为什么是一门科学
2. 描述当代心理学研究的方法
3. 了解心理学的起源
4. 描述当代心理学的研究取向
5. 了解学习心理学的益处及方法

2012 年 10 月 11 日，瑞典皇家科学院诺贝尔奖评审委员会宣布，中国作家莫言获得 2012 年诺贝尔文学奖。莫言成为中国首位获得此奖的中国籍作家。谁能从莫言的童年、青壮年时代预测到他能够取得今天这番杰出的成就呢？心理学家会怎么解释莫言的成功呢？

莫言为什么要做作家，“原因很简单，就是一天三顿都能吃到饺子”。莫言的父母都是山东高密的农民，莫言童年在家乡小学读书，仅读了 5 年便辍学了，随后在农村劳动多年。如果父母的教养、小学的教育不是影响莫言在写作上获得成功的原因，那么，有可能是莫言本身具备一种适合文学创作的基因吗？据媒体报道，早在上小学期间，莫言就已经显现出了他对文学的巨大兴趣。为了能借到同学家的一本绘图本《封神演义》，莫言曾到同学家去帮助推磨，推一下磨，给看一册书，还必须在现场看，不能借出来，有的还规定必须推 10 圈才能看一页。就这样，他把周围十几个村的书都看完了。到了青年时期，莫言看书的热情依然不减。当兵前，他曾咬牙花了 4 块 5 毛钱买了一本《中国通史简编》，而全家一年的收入也才几十块钱。

莫言说：“我的故乡和我的文学是密切相关的。高密有泥塑、剪纸、扑灰年画、茂腔等民间艺术。民间艺术、民间文化伴随着我成长，我从小耳濡目染这些文化元素，当我拿起笔来进行文学创作的时候，这些民间文化元素就不可避免地进入了我的小说，也影响甚至决定了我的作品的艺术风格。”而法新社的评论称“莫言将他青春的经验和在家乡的经历放置在了作品中”。那么，是对故乡文化的记忆和他自身的经验成就了这一切吗？

上述问题涉及基因、动机、兴趣、记忆、情绪等，是心理学家所感兴趣的领域。本章首先要解释什么是心理学。第二，结合心理学的目标及研究方法，阐释为什么心理学是一门科学，而非神秘经验或者仅是日常经验。第三，描述心理学的来源，以及当代心理学的重要研究取向。第四，讨论学习心理学对人有什么益处，以及学习心理学应该注意些什么问题。

第一节　心理学是一门科学

一、什么是心理学

心理学（psychology）是一门研究人的心理和行为的科学。要透彻地理解这一概念，需要了解心理、行为和科学这三个核心概念的含义。

人的心理是一个系统，是个体内在的体验，无法直接观察和测量。虽然我们无法直接看到人的心理活动，但它们是真实存在的。人的心理可分为心理过程和心理特征两类。

心理过程包含认知、情绪与动机过程。认知过程包括感觉、知觉、注意、记忆、思维、言语、想象等。情绪过程包括高兴、愤怒、悲伤、恐惧、嫉妒、焦虑、自豪感、自卑感等。动机过程包括动机、欲望、追求、谋划、奋斗等。这三种过程都有一定的心理操作的加工程序，所以被称为心理过程。[①] 比如，记忆要经过信息的输入、加工、存储、提取等程序；嫉妒的情绪会因为对所嫉妒对象与自己利益、优势的潜在威胁的认识而产生等；个人的奋斗要经过产生某种动机、为此而确立目标、追求目标等一系列心理操作过程。

心理特征是在个人的心理过程中经常表现出来的稳定特征，包括能力、气质、人格等。比如，有的人观察能力强，在观察活动中表现出细致、精确的特点，而有的人观察能力弱，表现出粗心、不准确的特点；有的人遇事容易冲动，喜怒形于外表，而有的人遇事冷静沉着，别人很难从外表看出他的情绪变化；有的人心地善良，有的人心肠歹毒等。正是这些稳定、持久的特征反映着人与人之间的不同。

行为是指所有能够被直接观察到的人的所作所为。比如，两个人争吵，一个人帮另一个人捡起掉在地上的东西，吃喝、聚会等。

二、心理学是一门科学

凡科学，都有其特定的目标和科学的方法，心理科学也是如此。

由于心理学涉及人的各种心理现象，有些人误以为心理学与算命术、星相学（或占星术）等是一样的，都是对人对事的描述，对将来会发生什么情况的预测，对未来要发生什么情况的预先准备甚至通过某些办法来避免事情发生，或促使事态向好的方面发展。事实上，心理学与算命、星座预测等存在着本质的区别，因为心理学有其特定的目标，遵循科学的研究方法。

① 黄希庭．心理学基础．上海：华东师范大学出版社，2008. 1 ~2.

（一）心理学的目标

心理科学的目标是描述、解释、预测和控制研究对象，即心理学试图描述、解释、预测和控制心理和行为过程。

1. 描述人的心理与行为

心理学研究的首要任务就是描述心理与行为。描述不仅能极大地丰富我们对心理与行为的知识，更重要的是，只有在描述的基础上，才能理解和解释人的心理与行为，也才有可能进一步对人的心理和行为进行预测与控制。

描述可以是质的描述，也可以是量的描述。比如，如果我们从质的方面来描述一名幼儿的记忆能力，可以从直观形象记忆和语词逻辑记忆两个方面来描述，即幼儿对客观事物的形状、大小、体积、颜色、声音、气味、滋味、软硬、冷热等具体形象的记忆情况以及幼儿对概念、判断、推理的记忆情况。具体来说，这名幼儿在记忆图形时，是对形状的记忆效果好，还是对大小、颜色的记忆效果好？是对物体具体形象的记忆效果好，还是对物体概念、特征的记忆效果好？这种描述通常可以通过幼儿的日常学习表现而获得。

如果是从量的方面进行描述的话，就需要设计实验操作情境，从幼儿完成两类记忆任务的情况来进行描述。一类任务是给幼儿呈现皮球、红领巾、树木等常见的实物或模型，另一类任务是让幼儿口头表达这些物体的名称（不看实物或模型）。实验结果表明，幼儿对常见实物或物体模型的正确记忆量普遍高于对实物或模型名称的正确记忆量。①

2. 解释和预测

心理学研究的目标并不仅仅是对心理和行为进行描述，它还要对所研究的心理事件产生、发展的原因进行解释。心理学家将他们对心理事件的研究所作的解释称为理论（theory）或模型（model）。理论是对事件之间的联系的解读，可以引导我们获得关于事件的解释以及对事件未来发展的预测。预测就是根据先前获得的信息，对某一现象将要发生的可能性作出推测。

大多数心理学理论都会包括对三个方面的陈述，行为反应（如躲避一个威胁）、心理过程（如认为那个威胁可能会带来伤害）和生理变化（心跳和呼吸加快）。行为反应就是对心理事件的描述，而心理过程即对这一心理事件原因的解释，而生理变化为可以预测得到的生理结果。如果一个理论不能充分解释或预测我们的观察，我们就应该考虑修正或替换它。②

3. 控制

控制是心理学研究的终极目标。在掌握了心理事件发生的原因，并能预测在何种条件下某种情况将发生时，研究者就有可能对自己或者他人的心理和行为进行控制，即使他人或者自己某种心理和行为产生、维持或停止，以及改变行为的方式、

① 边玉芳等．儿童心理学．杭州：浙江教育出版社，2009. 112 ~ 115.

② ［美］斯宾塞·A. 拉瑟斯．心理学．宋振韶等译．北京：中国人民大学出版社，2012. 2 ~ 3.

强度和次数。

比如，心理学家采用“写作暴露”的方法让参与实验者“写出对你和你的生活中最有影响的极端情感事件的深入思考和体验，随心所欲地探寻自己内心最深刻的情感和想法”……连续三天，每次写作20分钟。结果发现，参与者在写作1个月之后，其抑郁和焦虑水平下降、身体疲劳症状减少等。这说明情绪表达对人的身心健康有益。在这个实验中，心理学家采取“写作暴露”这样一种干预方式来调节、控制参与实验者的情绪和身体症状。这个研究对普通人的价值在于，它告诉人们，长期写作或记日记不失为一种简便易行的促进身心健康的好方法。①

第二节　心理学的研究方法

上述对心理科学目标的阐述说明，心理学研究以描述、解释、预测和控制为目标。虽然算命和星座等也有描述、解释、预测和控制的目标，但是心理学家实现这些目标，依靠的是遵循科学研究方法，而算命、星座等术数并不依照科学研究的过程与方法进行。科学心理学家特别注重采用观察、访谈、测验和实验等方法来研究各种心理现象。

一、心理学的研究程序

科学研究方法是指有条理地运用经验，检验构想，扩展和修正我们知识的方法。心理科学研究遵循特定的程序和原则。

首先，形成研究问题或假设。心理学家可能会从日常经验、心理学理论、民间智慧中获得启发，从而形成研究问题，提出假设。比如，日常谚语“笑一笑，十年少；愁一愁，白了头”是对的吗？心理学家可以从此谚语中提出乐观、忧愁与人的寿命的关系问题，并提出乐观的人比忧愁的人更长寿的假设。又如，从日常经验出发，人们参加婚宴或者亲朋聚餐时，往往吃了很多也不觉得饱，是否“情境会对人的进餐心理和行为产生影响呢”？

当问题和假设被确定下来，心理学家会进行研究设计，通过调查或实验方法来检验假设。对上述第一个问题的研究见专栏1-1“修女自传研究”。对第二个问题，心理学家可以采用实验法来检验假设。比如，心理学家赫舍瑞敦研究了与他人一起进餐、在电视节目前独自进餐对个体摄入的食物量的影响。该实验安排了四种条件：一是独自进餐；二是边看电视边进餐；三是与熟人一起进餐；四是与陌生人一起进餐。然后测量不同条件下，实验参与者吃的午餐食物的总热量。结果发现，一边吃饭一边看电视和与熟悉的人一起进餐比独自进餐和与陌生人一起进餐时吃得多。②

---

① 沈晓红．健康心理学．杭州：浙江教育出版社，2009. 176～178.

② 沈晓红．健康心理学．杭州：浙江教育出版社，2009. 211～213.

通过观察、测量和研究结果，心理学家获得研究结论。如果结论未能证实研究假设，就需要对理论进行修正。而从研究中获得的结果，也可能丰富了心理学家先前的理论建构。

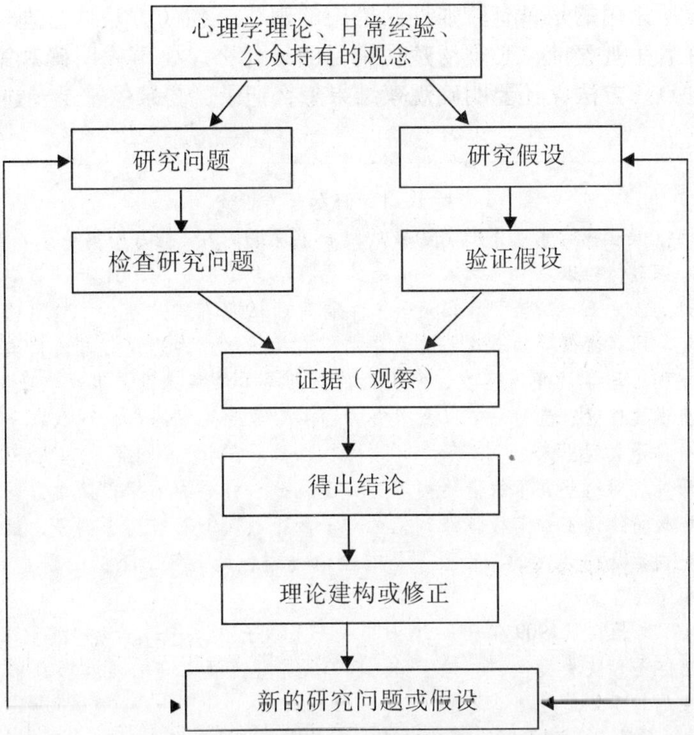

图 1－1　心理学所遵循的科学研究的程序①

二、心理学收集资料的方法

在心理学研究过程中，验证假设与获得证据是重要的、核心的环节，而如何收集资料是检验假设与获得证据的关键。从收集资料的方法来看，心理学的研究方法有三种类型：描述性研究、相关研究和实验研究。

（一）描述性研究

描述性研究的目的在于观察和记录心理状态与行为，一些重要的心理学理论都是通过描述性研究获得的。描述性研究本身并不能解释造成某种现象的原因，但是它可以发现一些人类行为、态度等的重要信息。描述性研究方法包括观察、调查、访谈以及个案研究。

① ［美］斯宾塞·A. 拉瑟斯．心理学．宋振韶等译．北京：中国人民大学出版社，2012.

1. 自然观察

在生活中，人们常常不自觉地观察他人，人人都是观察家。但人们在日常生活中的观察往往受到个人兴趣、需要的影响，人会根据自己的喜好去筛选对人、对事物的体验。我们往往会忽略一些显而易见的东西，因为他们不符合我们想当然的假定。心理学家所采用的是具有较强控制措施的观察事物的方法。心理学的观察法具有系统性，在着手观察前，必须清楚观察目的是什么，要事先明确观察对象以及观察的时间、地点、方法，还要明确观察结果怎么记录，要录像、录音还是手写等。

专栏 1－1　修女自传研究

1930 年，美国基督教会圣母修道院的院长要求每一名修女写一篇关于她们的童年、所在学校、宗教体验以及为何加入修道院的几百字自传回忆。2001 年，肯塔基大学的德博拉·丹纳、大卫·斯诺登和华莱士·弗瑞森对 1917 年前出生的 180 名修女的自传进行了研究。研究者想要知道这些文章中所带有的情绪化内容是否与寿命有关联。因为，从医学和心理学的角度出发，修女们的生活是非常稳定的，表现在收入、饮食、教育、卫生保健情况、生活习惯以及很多方面。心理对健康的影响可以在不受其他因素干扰的条件下表现出来。

三名研究者对这些文章的情绪内容进行了打分。打分的依据很简单，就是分别记录出现过积极情绪词汇和消极情绪词汇的句子的个数。下面有两个例子，第一个例子中的大部分内容是描述性的，而且从情绪上看是中性的。第二个例子则充满了乐观、幸福的积极情绪。

修女 1：我出生于 1909 年 9 月 26 日，是七个孩子中的老大。我有四个妹妹和两个弟弟。我曾在圣母院教授化学和拉丁语。我享受着上帝的仁慈，要尽我所能为教会服务，传播主的旨意，追寻神圣之路。

修女 2：承蒙上帝的恩赐，主让我的人生开始的时候非常顺利……过去的一年，我作为报考者在圣母院学校学习。这段日子是非常快乐的。现在我热切地期盼着穿上姐妹们的短祭袍，并享受与圣爱同在的生活。

这个研究的结果是，积极情绪内容与寿命有非常显著的相关性，而负面情绪内容与寿命没有显著相关性。那些更快乐的修女比那些不太快乐的修女平均多活十年。

那么，你能够从一个人的个人陈述中知道些什么呢？如果你仔细观察他们的陈述中所表达的积极情绪的话，你就可以预测一个人是否会活得更长些。

资料来源：［美］克里斯托弗·彼得森. 打开积极心理学之门. 侯玉波，王非等译. 北京：机械工业出版社，2010. 41～42.

自然观察（naturalistic observation）是指在没有任何处理和控制的真实情境中观察行为。心理学家在生活小区、幼儿园、工作环境、商场、公共广场等一些人们居住和经常出入的地方进行自然观察。比如，要研究大学生参与运动的情况，研究者很可能在学校运动场、健身中心或校园公共体育锻炼器材场所对学生们的运动行为进行观察。

自然观察法的优点是：心理学家可以在行为的发生情境中，即“现场”观察行为。观察者以不引起注意的方式进行观察，以避免观察干扰行为。因此，研究观察到的行为都是自然的。

虽然观察法获得的结果只是描述性的，但采用观察法获得的研究成果是非常有价值和启发性的。珍妮·古道尔（Jane Goodall）在自然栖息地观察黑猩猩的社交行为、性行为、工具使用及其生活中的其他真实情况。她的观察告诉我们，黑猩猩会使用工具，它们有时会在白蚁窝里插入一根树棍，然后抽出来吃掉上面的白蚁。黑猩猩把亲吻嘴唇作为一种问候的方式（Goodall，2000）。Crowley 等人采用自然观察法研究父母与孩子在科学博物馆参观不同展品时的对话。研究发现，父母与男孩之间的解释性对话是女孩的三倍，这说明父母更倾向于鼓励男孩学习科学。[①] 心理学家通过观察台北行天宫旁地下道的算命者的卜卦、解卦过程，发现算命有类似现代心理辅导的功能。[②]

2. 调查与访谈

调查与访谈的方法有时是获得信息和收集资料最快、最好的方法。如果所需要收集的信息是针对个别人、少数人的，就可以直接采用访谈的方法。而当我们需要大量人群的信息时，调查法就是一种非常有用的方法。

（1）访谈法。访谈法需要提出一些精心设计的、针对性很强的问题，引导访谈对象说明自己对某件事的看法，陈述自己对有关问题情境的理解，以及思考问题的内部过程、所用策略和结果。通过访谈也可以引导受访者说明自己的态度、兴趣、爱好以及各种情绪体验。这些信息对心理学研究的意义不亚于客观的量化材料，在很多复杂心理活动的分析中有重要作用，是其他方法所不能取代的。

比如，心理学家采用访谈法对“做人”问题进行调查。他们拟出了这样的访谈提纲：在日常生活中，总有人要求我们好好“做人”，也有人经常指点我们应该怎样“做人”，还有人向我们诉说“做人难”。请您根据自己的生活经验和实际想法，谈谈对下列问题的看法：

平时人们所说的“做人”，具体是指什么？都包括哪些方面的内容？
您觉得做人真的很重要吗？为什么？
您所接触的大多数人“做人”的目标是什么？他们大都想做什么样的人？
……

通过对这一系列问题的访谈，心理学家收集到大量的信息。这项研究发现：中国人“做人”的概念包括道德上的自我完善与功利上的适应社会两种相辅相成又相互冲突的含义。中国人“做人”的行为有价值定位（对人品、财富、权势、名望的

---

① Crowley M. A. , Rubinstein M. , Cerdan M. G. , Diano S. , Horvath T. L. , Cone R. D. , Low M. J. , Leptin activates anorexigenic POMC neurons through a neural network in the arcuate nucleus. *Nature*, 2001, 411. pp. 480 ~ 484.

② 罗正心. 算命与心理辅导. 本土心理学研究，1993（2）：317 ~ 337.

选择）和行为定位（对品德、人缘、才能的选择）两个层面。而中国人的做人行为有理想型、洁身自好型、同流合污型和内方外圆型四种典型方式。①

访谈法的缺点是需要的时间较多，不适宜对大量人群进行研究，在处理访谈获得的信息时存在不易量化分析的困难等。

（2）问卷法。这是调查法常用的形式。问卷包括一系列标准化的问题，用来获取人们对某一特定主题的自我报告的态度或信念。问卷调查的优势之一就是可以同时获得大量数据，通过发放问卷和计算机数据分析，心理学家可以同时对数千人进行研究。

问卷分为两种，一种是非结构化的，可以自由回答的。比如，你能够详细解释一下你是怎么应对压力的吗？每个被调查者的回答都是不一样的、独特的。另一种是结构化的，是指根据研究假设需要，把所有问题完全打印出来，并为被调查者提供备选答案。被调查者依据自己的想法，每题圈选其中一个答案。比如，过去的一个月里，你感到悲伤的次数是：0 次，1 ~ 2 次，3 ~ 5 次，6 ~ 10 次，超过 10 次。

又如，我国心理学家采用自编的《青少年情感素质问卷》，对我国发达、较发达和欠发达 3 类地区，9 大城市及其郊县的 117 所学校的 25 485 名青少年学生进行大规模情感素质测查。结果发现，我国青少年情感素质由道德情感、理智情感、审美情感、生活情感、人际情感、情感能力六大类构成。青少年的情感素质并未随着学段升高而提高，反有下降趋势，其中乐学感和自信感的下降趋势十分明显。情感素质与对学习成绩的自我评价、父母受教育程度呈正相关关系。师生关系良好、教师有情施教对青少年学生各方面情感素质发展具有重要而直接的促进作用。②

有人怀疑问卷的可靠性，认为被调查者不会照实回答问题，尤其是一些敏感问题，比如道德、个人私生活方面的问题等。为了保证问卷的有效性和可信度，心理学家在设计问卷之前，要事先决定 3 个问题，即控制问卷变量、安排问卷中问题的顺序、说明问卷资料的保密程度。变量因假设而定，控制变量就是依据假设而向被调查者提出问题；为保持问卷的一致性，不要在同一方向的问题上使被调查者感到冲突；为使被调查者放心回答问题，不因涉及敏感问题而拒答或者故意答错，要向其保证问卷的保密性。可见，问卷设计必须尽可能达到周密的程度。另外，心理学家还利用对问卷本身的检验来确定问卷是否有效或可信，即求证问卷的效度和信度。进一步来说，由于被调查者人数以百计、数以千计，样本中 5% 左右的误差对于群体结果的解释也不致产生太大的偏差。也就是说，问卷的答案中也难免有些假话，但可以用技术把假话的影响控制到最低限度。③

3. 个案研究

个案研究（case study）是对某一个体或小群体进行深入调查的一种研究方法。

---

① 彭泗清．中国人“做人”的概念分析．本土心理学研究，1993（2）：277 ~ 310.

② 卢家楣，刘伟，贺雯等．我国当代青少年情感素质现状调查．心理学报，2009（12）：1152 ~ 1164.

③ 杨国枢，文崇一，吴聪贤，李亦园．社会及行为科学研究方法（上册）．重庆：重庆大学出版社，2006. 328 ~ 329.

临床心理学家通常采用个案研究的方法收集资料。临床性质的个案研究提供了关于个体在恐惧、希望、幻想、创伤经历、教养方式、家庭关系以及健康状况等方面的信息，它详细描述了一个人的心理问题和心理学家如何解决这些问题。下面是一则来自心理咨询中心的个案[①]：

某女，21 岁，医科大专二年级学生，见人紧张、害羞、害怕、难自控。最初怕青年男性，一年前见女性甚至家人也害怕。脑子有无法排除且可被人看透的“肮脏”念头，为此惶恐不安。曾服中西药物均无效，已无法正常生活。自知这些想法荒唐但无法控制。诊断为社交恐怖症。

使用认识领悟疗法。让其回忆发病前后情况并询问别人是否能看出自己的想法。自述两年前去外地学外语并与一长相较好的男生同学相识，对他产生好感，因察觉他表情不自然而引起紧张羞怯，后常如此且无法坚持学习而退学回家。后见女性甚至爷爷、叔叔、弟弟也害怕。问其何故，答：脑中缠绕“脏”念，能从眼里流露且感到能被别人看出。12 岁起父母经常打架，有时母亲被打得头破血流，后知父与一女关系暧昧。17 岁父母离异，她与母亲生活，对父亲痛恨厌恶。不久母亲再婚，继父使她紧张害羞，其母也多次说：“这么大姑娘往哪搁呀。”此后见继父更害羞，眼睛总不由自主地看其阴部，想回避但难以做到。幼时，与祖父祖母共同生活，10 岁之前一直与他们同床，祖母家规严，行走坐立都要求有女孩样，不准与男孩打闹。

对来访者的情况解释大致如下：她有过分压抑倾向，与幼年经历有关。小时候每当半夜父亲拖起母亲殴打，有时甚至赤身裸体地打，她就感到厌恶。父亲的所作所为与祖母教给的道德准则相悖，使她感到厌恶，对继父分享（她认为是占有）母亲的感情也产生厌恶，这与长期性爱萌生产生的内驱力形成矛盾。过分压抑使内驱力异常释放，以症状形式表现出来。病人对这些解释感到很有道理，故治疗应做到以下几点：①使其领悟症状与内心冲突有关；②解除压抑，即改变不恰当观念，如“性肮脏”、“与异性接触不好”、“别人能从我眼里看出我想什么”、“要控制肮脏的思想情感”等。据此，与其会谈三次，症状有所减轻。

个案研究能够为临床心理学家积累经验，寻找解决心理问题的方法和途径。心理学家也可能从个案研究中总结出某种心理学理论，或者是为建构某种心理学理论奠定基础。比如，著名心理学家埃里克森深入研究圣雄甘地的生活，试图找出他是如何发展个人积极的精神同一性的。通过整合甘地同一性发展的各个方面，埃里克森提出了可能影响个体同一性发展的诸多因素，如文化、历史、家庭等。

在使用个案研究时需要注意的是，个案研究虽然生动有趣，但由于研究所采取的个案是具有独特性的，很有可能不能将研究结论推广应用到其他人身上。另外，个案研究无法重复验证，因此其可信度往往受到质疑。

---

① 张伯华．一例社交恐怖症心理治疗经过．中国心理卫生杂志，1999（6）：336.

（二）相关研究

在生活中遭受各种打击越多的人，是否越容易生病？外向开朗的人是不是比内向拘谨的人更容易得到他人的好感？聪明（智力越高）的小孩在学校中的学习成绩是不是比不那么聪明的小孩好？心理学家采用相关法对诸如此类的问题进行研究。

相关研究就是描述两个或两个以上事件或特性之间关联的强度。这种事件之间关联的强度可以用相关系数来表达。相关系数是表示两个变量之间关系的强弱或方向（正向或负向）的数值，介于 -1.00 ~ +1.00。相关系数的值越接近 1.00，说明两者关系越强；相反，数值越接近 .00，说明两者关系越弱。两个事件的相关性越高，就越能有效地由一个事件预测另一个事件。

1.00	完全相关，两个因素总是同时发生
.76—.99	很强的相关，两个因素非常频繁地同时发生
.51—.75	强相关，两个因素常常同时发生
.26—.50	中度相关，两个因素偶尔同时发生
.01—.24	弱相关，两个因素很少同时发生
.00	没有相关，两个因素从不同时发生

图 1-2　相关数值的解释①

正相关说明两个因素在同一方向上变化。比如，美国华盛顿大学医学院的心理学家雷赫 1969 年研究了生活事件量与疾病发生之间的关系。生活事件指我们在生活中遇到的各种各样的刺激。负面的、消极的事件有丧失亲人、离婚、生病、负债、与朋友争吵、毕业论文未能通过等。正面的、积极的事件有结婚、搬新居、考上大学、获奖等。研究发现，高生活事件总量组中有 20 人（49%）报告了 24 种疾病；中等生活事件总量组中有 8 人（25%）报告了 8 种疾病；低生活事件总量组中只有 1 人（9%）报告了 1 种疾病。由此可见，通过过去 1 年中的生活事件的量可以预测今年个体的健康与疾病状况。过去 1 年中生活事件总量越高，则今年个体得病的危险性越大。②

负相关说明两个因素是向反方向变化的，一个因素递增，则另一个因素下降。比如，教师讲课内容的枯燥程度与学生注意力水平之间的关系。教师讲课越枯燥，学生注意力水平越低。

需要注意的是，相关研究的结果仅说明 A 因素与 B 因素之间可能同时发生，并不能说明 A 因素与 B 因素之间存在因果关系。就上面的负相关例子来说，教师讲课枯燥无味，并不一定就是学生注意力水平低下的原因。因此需要谨记，当两个事件或特性仅仅只是相关关系时，不能轻易得出因果结论。

---

① ［美］约翰·W. 桑特罗克. 心理学导论. 吴思为等译. 上海：上海社会科学院出版社，2011. 17.
② 沈晓红. 健康心理学. 杭州：浙江教育出版社，2009. 6 ~ 9.

（三）实验研究

实验研究可以证明因果关系。

1. 关于实验的变量

在实验（experiment）中，变量（variable）是指那些可以变化的事物，或者是能够以不同形式出现的事物。以记忆形式为例，要求被试完成记忆任务，记忆可以是对具体形象的记忆，也可以是对抽象的词语、数学公式的记忆。这里，记忆形式就是变量。

在一个实验中，心理学家操纵一个原因变量（causal variable），然后观察另一个效应变量（effect variable）会发生什么变化。如果效应变量的确发生了相应的变化，而且在这个实验情境下，除原因变量外，没有其他任何可以导致这种变化的变量，我们就可以确认是所操纵的这个原因变量引起了效应变量的变化。比如，如果我们想考察运动是否能够影响人的快乐感受，我们会操纵运动这个原因变量并测量快乐感受这个效应变量。

在实验研究中，我们操纵控制的原因变量也被称为自变量（independent variable）。一个实验中可以包括多个自变量。我们所观察并测量的发生变化的效应变量，也被称为因变量（dependent variable）。在上面关于运动的例子中，运动即为自变量，快乐感受即为因变量。

2. 关于实验组和控制组

实验研究可以包括一个或者多个实验组（experiment group）和控制组（control group）。实验组就是接受特定处理的组，而控制组不接受处理，又称为对照组。实验研究要竭尽所能保证两组的其他条件一致。这一方法提高了研究者得出因果关系结论的能力。研究者能够自信地认为实验结果（因变量）是由特定的处理，即接受了自变量的处理而引起的，而非偶然因素所致。

你可以在专栏 1 - 2“兰格的‘增加个人控制感’现场实验”中，找一下心理学家操纵的自变量和因变量。

专栏 1 - 2　兰格的“增加个人控制感”现场实验（1976）

兰格及其同事（1976）在美国康涅狄格州的一个名为“雅典园”的护理之家做了一个现场实验，通过帮助老人增加行为控制、认知控制和决定控制，来提升他们的控制感，取得了很好的效果。

1. 实验目的

研究老年人的控制感是否可以通过干预来增加，以及控制感的增加对他们情绪和行为的影响。

2. 被试

实验组：居住于 4 楼的 47 位老人。男 8 人，女 39 人。对照组：居住于 2 楼的 44 位老人。男 9 人，女 35 人。两组被试的年龄在 65 至 90 岁之间。

3. 实验过程

(1) 责任的激发。由护理之家负责人分别给两组被试开会。

对实验组的谈话要点是：①老人有照顾自己的责任。有责任照顾自己，决定是否要过得快乐，决定怎么布置房间，决定如何安排时间，决定怎样度过闲暇时间，有不满可以告诉护士如何改进。②礼物：一盆植物，可选择要否、要哪种，自己照料植物。③ 电影：下周四、周五放映同一部电影，如果想看，可自己决定哪天去看。

与对照组的谈话要点：①护理之家的护士有照顾老人的责任，护士可以提供许多帮助。护士之家给老人安排丰富多彩的生活：被允许拜访其他人，房间被安排得舒适漂亮。让老人喜欢这里的生活是护士之家的责任。有不满可以告诉护士，护士会作出改进。②礼物：每人一盆植物，由老人保管，护士负责照料植物。③电影：下周四、周五放映同一部电影，等安排好，再通知看的时间。

3天后，负责人拜访每一个老人。对实验组的每个人说："还记得我上周四讲的话吗？请把这里当作你自己的家，你们自己来做所有的决定。你的植物养得怎么样了?"而对对照组的人说的话不涉及这些内容。

(2) 心理行为评估。

评估时间：实验开始前一周，实验后三周，以及一年半以后。

评估目标：控制感评估：① 研究者助手（不知道被试分组和研究者意图）在8点量表上就被试对自己生活中的事情的总体控制感、快乐程度和积极程度进行评估；② 请2名护士（不了解实验情况）独立在10点量表上评估被试的快乐、警觉、独立性、积极性、饮食和睡眠情况以及每周的活动次数。行为评估：①记录两个组去看电影的人数；②记录参加猜糖豆比赛的人数等。健康状况评估：收集两组在实验后一年半内的健康资料。

4. 结论

(1) 在实验开始前，在两组被试没有差异的情况下，实验后第三周，实验组被试报告的快乐和积极性显著高于对照组，控制感无差异。一年半后这种差异仍然存在。

(2) 关于看电影、参与糖豆比赛的人数，实验组显著多于对照组。

(3) 与对照组相比，实验组被试在实验开始后一年半时间内健康状况更好，死亡率减少一半。

5. 实验意义

增加控制感的干预改善了老人们的情绪，促进了他们的社会交往和参与活动等积极行为，改善了他们的健康状况，降低了死亡率。给予老人更多的决定权和选择权，让他们对自己的生活承担必要的责任，这样对促进他们的健康有积极意义。

资料来源：沈晓红. 健康心理学. 杭州：浙江教育出版社，2009. 153~156.

第三节 心理学的起源及当代心理学研究取向

一、心理学的起源

古希腊哲学家对心理学的贡献卓著。亚里士多德（公元前 384—公元前 322）认为人类的行为如潮涨潮落一样是有规律可循的，他列举了人有视觉、听觉、嗅觉、味觉和触觉这五种感觉。他宣称人具有趋乐避苦的动机，从古希腊时代至今，这一观点历久弥新。公元前 400 年，德谟克利特（公元前 460—公元前 370 或公元前 315）指出我们的行为受外部刺激的影响，他最早提出是否存在自由意志或选择的问题。苏格拉底（公元前 470—公元前 399）认为我们应该仰仗理性思维和内省来认识自我，他还指出人是社会动物，彼此影响。

法国数学家让内·笛卡尔（1596—1650）对现代心理学作出了直接贡献。笛卡尔认为心灵只有一个功能，就是思维。心灵可以影响身体，身体也可以影响心灵。这一观点把学者从对灵魂概念的抽象神学研究引导到对心灵和心理过程的科学研究上来。其结果是，研究方法由主观形而上学分析转到客观观察和实验。对于灵魂的本质和存在，人们只能进行推测，但对于心理过程及其操作，人们是可以进行实际观察的。笛卡尔的研究对心理学中许多理论取向的产生都起到了催化剂作用，其非凡理论对心理学的贡献包括：心理功能的大脑定位、反射活动理论、心—身交互作用等。

心理学不仅来源于哲学，它也来源于生理学、生物学等自然学科。19 世纪生理学家的研究推动了心理学的发展。德国科学家赫尔姆霍茨（1821—1894）、韦纳（1795—1878）、费希纳（1801—1887）的研究对科学心理学产生的贡献尤为卓著。

赫尔姆霍茨有关神经冲动的传播速度、视觉和听觉的研究，对人类感官研究方面作出了大量贡献，促进并强化了实验方法在心理学中的应用。

韦纳对心理学的重要贡献是他对皮肤两点辨别精确性的实验测定，即对两点之间距离的估量。这种测定必须在被试报告明确地感觉到有两个不同感觉之前做出。他的研究促成了心理学的第一个数量化定律——最小可觉差的发现。最小可觉差就是两个重量之间能被觉察到的最小差异。韦纳有关阈限的研究和感觉的测量刺激了其他相关的研究，使以后的生理学家注意到了实验方法在研究心理现象方面的效用。

费希纳在心理感觉和物质刺激之间发现了一种数量化关系，他提出以两种方式测量感觉：一是感觉的绝对阈限（absolute threshold），即低于这一刺激的强度点时，被试没有感觉产生，高于这一点时，被试的确产生了感觉；二是感觉的差别阈限（differential threshold），指能引起感觉变化的最小刺激变化量。费希纳的杰出著作《心理物理学纲要》描述了物质的和精神的、生理和心理世界的函数性的依存关系。在费希纳所处的时代，他有关刺激强度和感觉之间的数量化关系的论断，被认为与万有引力定律的发现具有同等重要的意义。[①]

在长期的创造性努力之下，19 世纪末期，心理学作为一门独立科学出现的条件成熟了。心理学是哲学与自然科学杂交的产物。[②] 1879 年，德国莱比锡大学心理学家冯特（1832—1920）建立了第一个心理学实验室，心理学作为一门科学出现。1879 年，冯特和两个学生共同完成了一项实验，当时他们测量了一个人听到声音和他按下电报机键盘表明他确实听到声音之间的时间差。这项实验的核心在于，心理加工包含特殊的结构，它是能通过量化方法研究的。也就是说，心理过程能够被测量。这一发现开创了心理科学的新纪元。

二、当代心理学研究取向

人的心理过程和行为是极其复杂的，仅从某一个角度去研究心理问题显然不能满足人类了解自身心理问题的需要。因此，科学心理学诞生之后形成了一些学派，主要包括构造主义、机能主义、行为主义、格式塔学派、精神分析学派。心理学的思想发展历经多次转变，时至今日，还存在着以下几种有影响力的取向。这些取向强调不同的研究主题，并采用不同的研究方法。

（一）行为主义取向

行为主义取向（behavioral approach）关注可观察、可测量的人与环境的交互作用。人们可以运用行为主义取向的原则来更好地改变行为。20 世纪上半叶，约翰·华生（1904—1990）和斯金纳（1878—1958）领导下的行为主义是心理学的主导。

当代的行为主义心理学家仍然强调通过观察行为来了解个体的重要性，仍然采用严格的实验方法进行研究，仍然强调环境因素对行为的决定作用。但是，并不是每一个行为主义者都像早期的行为主义心理学家那样完全否定认知。

班杜拉（1925—　）提出了社会认知理论。他认为行为并不仅仅是由环境决定的，思维方式也会影响环境对行为的作用，来源于直接经验的一切学习现象实际上都可以依赖观察模仿而发生。为了模仿行为，个体需要在记忆中输入和存储信息，这就是一个认知过程。

社会认知心理学家对早期行为主义的理论进行了扩充，研究范围不仅包括可观察的行为，也包括加工环境信息的心理过程的方式。

关于莫言的成功，行为主义取向能告诉我们一些什么呢？按照行为主义取向的主张，我们不需要深入探究莫言对文学、对创作的动机和情感等内在情况。因为，动机和情感是无法直接观察的。行为主义者可以通过调查莫言童年、青年时代的学习经历，并寻找任何因爱好文学和写作受到老师、同学或者其他人的表扬的事件，

---

① ［美］杜·舒尔兹，西德尼·埃伦·舒尔兹．现代心理学史．叶浩生译．南京：江苏教育出版社，2005. 59～67.

② ［美］约翰·W. 桑特罗克．心理学导论．吴思为等译．上海：上海社会科学院出版社，2011. 8～9.

因为可能正是这些表扬使莫言在文学写作上加倍努力。而社会认知心理学家会认为，莫言是通过观察学习他人在文学上取得的成功而获得了积极预期和自信心的，这一点最容易得到证实。在莫言获奖之后，网络上盛传莫言当初写作，是为了“天天能够吃饺子”。

小时候，莫言的邻居是一个被打成右派下放回家的大学中文系的学生。在劳动的间隙里，莫言经常和这个跟他一样饥肠辘辘、胃里泛着酸水的大学生谈吃。大家把自己曾经吃过的或者是听说过的美食讲出来，互相慰藉，享受精神会餐。说的人津津有味，听的人直咽口水。一次，这个右派大学生说他认识一个作家，写了一本书，得了成千上万元的稿费。作家每天吃三顿饺子，还是肥肉馅儿的，咬一口，那些肥油就唧唧地往外冒。莫言不相信竟然有富贵到每天都可以吃三顿饺子的人，大学生用轻蔑的口吻说：“人家是作家！懂不懂？作家！”从此莫言就暗暗下决心：只要当了作家，就可以每天吃三顿饺子，而且是肥肉馅儿的。啊，每天三顿饺子，那该是多么幸福的生活！天上的神仙也不过如此。现在，莫言回忆起自己走过的道路时还说：“还不只是这样，一直这么写，除了吃饺子，主要还是渐渐对文学产生了浓厚的感情。”

（二）心理动力学取向

心理动力学取向（psychodynamic approach）关注无意识动机力量以及这些力量之间的冲突，关注冲突对行为的影响、防御机制的作用以及早期家庭经历。这种取向认为，先天的生物学本能，尤其是性冲动和攻击行为会影响人们的思维、体验和行为的方式。这些深藏于潜意识中的本能往往与社会需求是不一致的。心理动力学对科学心理学和文艺产生了深刻影响。

这一取向的创立者西格蒙德·弗洛伊德（1856—1939）的名字及其精神分析理论为整个现代世界所广为知晓。弗洛伊德认为人类并非生活的理性统治者，而是处于无意识力量的控制之下。对于这种无意识力量，我们知之甚少，而且几乎无法加以控制。精神分析产生于医学和精神病学传统，源于对那些被社会认定为心理不健全的人的治疗。它的研究对象是心理病理，或者是变态行为，主要方法是临床观察而不是控制的实验室研究。作为一种临床治疗方法，精神分析采用的技术是自由联想技术和梦的解析。精神分析还是一种人格理论，它认为人格是一个动力结构，由本我（id）、自我（ego）、超我（superego）构成。

弗洛伊德之后的许多心理学家都在新的方向上采用了心理动力学模型。弗洛伊德自己强调儿童早期是人格形成的阶段。新弗洛伊德主义的理论学家扩展了弗洛伊德的理论，范围包括发生在个体的整个人生的社会影响和互动。现在的心理动力学理论已不再那么强调性本能，而更多地强调文化经验对行为的决定作用。

心理动力学取向对莫言会作出什么样的评价呢？心理动力学取向认为莫言可能并不知道他为什么要在自己的作品中描述文学的高密世界中男人与女人的性行为，不知道自己为什么会这样做。有可能是弗洛伊德对性本能力量的理论被中国 20 世纪 80 年代末的文化人译介到中国后，触发了莫言对高密乡男人与女人之间性行为的理解，而这种感觉来自于童年他生活于高密乡时的经验。

（三）认知主义取向

认知主义取向（cognitive approach）强调的重心在心灵，而不是行为。认知心理学家强调了解心理加工过程，即如何管理注意力，如何知觉事物，如何记忆，如何思考和解决问题、形成判断、作出决策以及使用语言。认知心理学家对人类思维过程背后的符号处理顺序感兴趣，他们关心智力是怎样加工信息的。

认知心理学求助于计算机的操作解释认知现象。计算机的程序本质上是处理符号的一组指令，但可以被看作发挥着与人类智力类似的机能。计算机和智力都从环境中获得信息、对大量的信息进行加工。它们都消化这些信息，经历了处理、存储和提取这些过程，并以各种方式对这些信息加以利用。因此，计算机的程序化过程被认为是人类信息处理、推理和解决问题的认知观点的基础。

认知主义取向会对莫言的成功进行何种解释呢？他们会对莫言在他的小说中处理高密的语言和民间神话、故事的方式感兴趣。

认知神经科学（cognitive neuroscience）是认知心理学与神经科学的混血儿。这一领域的目标是测定大脑机能怎样产生心理运动和把信息加工的特定方面同大脑的特殊区域联系起来。在脑功能定位方面，认知神经科学的研究者们已经取得了令人瞩目的进展。这主要归功于复杂的脑成像技术的发展和应用。例如，脑电图（EEG）记录大脑特定部分点活动的变化，计算机断层扫描（CT）揭示大脑横断面的细节，核磁共振成像（MRI）可以提供大脑三维图形，正电子发射层照相术（PET）可以提供认知活动发生时的活动画面。这些成像技术给科学家研究大脑提供了高精确度和细节。认知神经科学推动了人类对认知活动与大脑关系的认识。专栏1－3提供了一个关于这方面的精彩研究。

专栏1－3　成人的大脑是否可塑

伦敦市区是一个迷宫，充满了单行道、狭窄的小巷、桥梁、公园和建筑工地。出租车司机以对伦敦市中心百科全书般的认识而闻名。他们知道每个剧院、商店、咖啡馆、旅馆、纪念馆和办公楼。他们知道怎样从一个地点到另一个地点，途中会经过什么商店。事实上，英国法律规定，要考取出租车执照的人必须通过一个考试。他们花长达四年的学习时间，学习所谓的“知识”，上课并骑着摩托车或自行车在伦敦市中心转。神经认知科学家想知道，记忆“知识”对这些出租车司机的脑是否有物理影响。

埃利诺·马圭尔和她的团队用最新的扫描技术——核磁共振成像，观察伦敦出租车司机的大脑，寻找他们多年来在脑中画“地图”带来的物理变化。研究比较了伦敦出租车司机和公交车司机的脑，并有了惊人的发现。出租车司机的海马区比其他人的海马区大，而且工作越久的，脑内的海马区越大。与此同时，海马区的前方会变小，可能是为后方的生长腾出空间。这些变化说明，人脑是可塑的。也就是说，新知识或新经验能改变脑。

很久以来，科学家认为除了疾病带来的改变，成人的脑不会再发生多大改变了。这一研究发现给由于受伤或疾病而脑部受损的人带来了希望。这可能意味着脑内健康的部位也许能改变结构，弥补不健康的部位；也意味着只要多动脑筋，成人也可以加强他们脑内一些部分的功能。

资料来源：［美］凯瑟琳·辛普森．人类的大脑．池明烨译．北京：人民文学出版社，2011．31～37.

（四）人本主义运动和积极心理学

20 世纪出现的人本主义运动（humanistic movement）与 21 世纪初出现的积极心理学（positive psychology）关注人类行为和心理的积极力量。

亚伯拉罕·马斯洛（1908—1970）被誉为人本主义心理学的精神之父。他努力探索人性能达到的最大成就，提出了每个人都有自我实现的先天倾向的观点，并创立了需要层次理论来解释自我实现这种人类的最高需要实现的条件。

人本主义运动强调人的力量与积极的抱负、意识经验、自由意志、潜能的实现和人性的完整。人本主义心理学家认为行为主义心理学的做法把人降低到动物和机器的地位，这种做法是非人性化的。他们也反对精神分析贬低意识作用的倾向，这种只重视人格的阴暗方面，忽略了人类独特的力量和美德的研究是错误的。人本主义心理学家的论点同行为主义和精神分析的观点显著不同，因而也被称为除行为主义、精神分析之外的，心理学的第三力量。人本主义心理学家认为人类有自我理解的巨大潜力，人们帮助他人达到自我理解的方式是热情的、慈善和支持的。至今这种积极的人性观的许多方面在临床上还有很多运用。

21 世纪初蓬勃发展起来的积极心理学是对人本主义心理学思想的继承和弘扬发展。人本主义心理学的观点，即心理学家研究人性中恶劣的一面、消极的特征，同时也应该研究人性中优秀的一面、积极的特征，在 1998 年再次为人们所重申。时任美国心理学会主席的马丁·塞利格曼呼吁心理学家发展一种更为积极的人性和人类潜能的概念。2000 年，《美国心理学家》杂志出版了积极心理学专刊。目前积极心理学的典型研究课题包括主观幸福感、快乐、生活满意度、积极情感、情绪创造性、乐观主义、希望理论、生活与幸福的目标制定、工作中的积极心理等。积极心理学在心理学和公众领域都受到了极为热烈的欢迎。

人本主义取向和积极心理学会关注莫言的哪些问题？颇有意思的是，莫言在获奖之后的一句回答"我现在忧心忡忡，怎么会幸福呢"，可能会引起积极心理学家们的兴趣。他们会用"幸福的脚踏车"理论来解释，人们在获得大奖的当时，幸福的感觉是最强烈的，而之后就会趋于生理遗传而来的幸福锚点，即幸福的感觉恢复到原先水平。因此，幸福是需要促进的。

（五）进化心理学取向

进化心理学取向（evolutionary psychology approach）是心理学的最新取向之一。

它的理论来源可追溯到19世纪达尔文的自然选择的进化论。进化心理学家强调适应、生殖及“适者生存”，认为人是一种生物体，进化决定了人们怎样行动、思维和学习，以使其行为与世代以来促进生存的方式相一致。建立这一取向的假设是：具有某种行为和认知倾向的人更有可能生存、生育与抚养后代。

进化心理学家不否认社会和文化力量通过学习影响着行为，但声称我们出生时就已经预先决定了某种行为方式，这些行为方式是进化的产物。比如，Funder提出，“那些保护自己的领地，抚育后代，力争优越的人比不这样做的人更有可能成功地繁衍后代，其结果是，他们最后的子孙——目前我们这一代人的所有成员，一般都具有这些行为倾向”①。

尽管进化心理学非常流行，但是它已经受到了严肃的批评。如果人性完全由基因禀赋决定，那么社会和文化中的积极力量就不可能改善行为，人们也无法行使自己的自由意志。

如果用进化心理学取向解释今天的莫言，会认为莫言这种讲神魔故事的才能是漫长进化过程的产物。在进化的过程中，出色的想象力、颜色感受性和言语表达能力被保留了下来，这种遗传基因是一代传一代的。

第四节　学习心理学的益处及方法

许多同学希望通过学习心理学更好地认识自己和他人，希望心理学能够帮助自己解决生活、学习中的难题。但是，通过一段时间的学习，有的人不免对心理学产生了诸多困惑：心理学的研究领域十分广泛，对待同一个问题，不同的研究取向有不同的解释，比如，第三节对莫言的讨论。究竟哪一种观点是正确的呢？心理学似乎有太多的抽象概念、理论需要记忆，真正地深入学习起来会让人感到枯燥。而另一种情况是，由于对心理学的科学性质认识不清，有些同学会以为心理学很“神秘”，或者对心理学的理解水平仍停留在市场上销售的一些非专业性质的通俗“心理学”读物上。对于上述种种，我们需要考虑学习心理学的益处及方法的问题。

一、学习心理学的价值

心理学的研究涉及人类生活的诸多领域，学习心理学的价值并非只体现在使学生更好地理解自己的行为，调整心态，更有意义地学习和生活上。学习心理学的重要价值，还体现在以下两个方面。

---

① ［美］杜·舒尔兹，西德尼·埃伦·舒尔兹．现代心理学史．叶浩生译．南京：江苏教育出版社，2005. 416～417.

（一）培养批判性思维

批判性地评价信息的能力对所有学科的学习和日常生活的各个方面都是非常重要的。批评性思维（critical thinking）是对事物进行反思性和建设性的思维和评价。由于人的心理和行为极其复杂多样，因此，心理学的学习能促进学生批判性思维的发展，有助于他们采用科学的态度和思维方式去分辨事实与假象，区分科学与伪科学。我们每天都会接触到大量的信息，尤其是网络里传播的海量信息。哪些是可信的？哪些不可信呢？星座预测网站里所描述的个人星座特征，果真是你的真实性格吗？通过星座预测每天、每月的运势和运程，果真对你有指导意义么？如果我们说，星座没有科学性，我们并不真的相信它，仅只是觉得好玩而已。但为什么不相信呢？理由是什么？又比如说，我们从一些杂志或书籍中看到，如果我们每天对着镜子说"我一定会成功"，我们就会充满自信，将更有可能成功。真的是这样吗？

批判性思维就是要不断问自己是如何了解某件事情的。当我们阅读、听到某些东西时，尤其是学生在学习书本知识时，往往把注意力放在如何记住、如何理解书本所呈现的理论和知识上，却往往忽略了思考、分析、批评、评价和创造。

如何才能培养批判性思维呢？以下是一些可以帮助大学生形成反思性和建设性思维的主要策略①：

（1）思维开放。寻求多种选择，避免狭隘的思维。

（2）理性的好奇心。充满疑问、探索、质疑和提问，对问题和矛盾保持好奇心。

（3）理性的细心。检查不精确和错误之处，要准确、有条理。

（4）寻求多种解释。分析心理或行为的复杂性并提出多种解释比对事物进行一种原因的解释要困难得多。心理学非常重要的一点是心理与行为是由多种因素决定的。因此，你现在应该能够理解为什么不同心理学的研究取向可以对莫言的成功提出不同解释。因为，影响莫言成功的因素是多样的。

（5）像科学家一样思考。科学的思考者会调查一切可用的证据、评价数据（信息）支持设想的程度、分析反面的证据并仔细考虑是否已经搜集到了所有可能的因素和解释。比如，上面所说的"我一定会成功"的例子。是否有证据表明其正确性呢？假设证据是来自于一个报告，研究者让20名学生在连续一个月的每天早晨，对着镜子说"我一定会成功"。研究者测量他们的自信心水平在这个月是否得到了提高，并且本月份的学业成绩是否得到了提升。结果发现，这些学生的自信心提高了，学业成绩也提升了。那么，我们是否就能相信，这个论断是对的呢？学生自信心和学业成绩的提高真的是说了"我一定会成功"的结果吗？还是因为本月份，他们格外努力、在学习上花费了更多的时间……这恐怕需要搜集更多的证据来证明。

---

① ［美］约翰·W. 桑特罗克．心理学导论．吴思为等译．上海：上海社会科学院出版社，2011. 55～56.

（二）将心理学知识应用于实际生活

有的心理学家致力于学术研究，为人类能更好地理解自身的心理和行为而努力。而另一部分心理学家致力于利用心理学来改善人的健康、提高工作效率、推广某种产品等。心理学的应用使人类得以更有效、更健康地利用自己的能力和反应。下面是应用心理学的一些学科：

健康心理学（health psychology）。健康心理学是对健康、疾病与健康管理中的心理因素（过程）的研究，是应用心理学知识对行为进行研究和干预，以促进和改善健康、健康管理系统，并为健康计划的制订提供信息。比如，吸烟者的自我形象是诱发人们吸烟的一个重要因素。如果青少年心中的完美形象是一个典型的吸烟者，他们就更有可能吸烟。[①] 因此干预措施的任务之一就是要改变青少年对吸烟的态度。

教育心理学（educational psychology）。教育心理学把心理学理论应用于教育工作，包括对学生进行各种测试和评估，提供短期治疗；利用学习理论和研究数据设计更有效的教学方法；帮助教师解决教育教学、班级管理中的各种问题。

人性工程学（human engineering）。从20世纪50年代开始，人性工程学一直是应用心理学的一个相当有名的分支。心理学家对复杂军事装备等进行针对性设计，以使其更加符合人性的知觉及反应。比如，对飞机上的仪表进行设计，以提高其易读性，使操作员进行更精细的控制，也使必须进行的动作更加自然协调。

环境心理学（environmental psychology）。环境心理学主要处理人类使用物理环境的方法及如何感受其影响。比如，在人口密度高的环境里生活和工作，人们往往感到非常压抑。环境心理学家便通过建筑样式和视角操纵来降低其影响。一组环境心理学家对大学宿舍三种稍有不同的建筑样式进行了测试，以观察这些样式将产生何种程度的拥挤感。第一种是有一条狭长的走道，房间里居住40名学生。第二种是有两条较短的走道，走道两边的房间里各住20名学生。第三种是有一条较长的走道，房间里住40名学生，但中间有客厅，学生可以在里面会面，里面有门可以通向走道。尽管第三种布置的密度与另两种同样高，但学生感到它不那么局促，不那么拥挤，因而也就更加爱交际一些，更富于社会性。[②]

心理学在教育、工业、医学、旅游、商业等方面都具有重要的应用价值。大学生学习心理学的价值，在于主动利用心理学知识来指导自己更积极、更有意义地生活，在于创造性地结合心理学知识去反思其他学科的问题。

二、心理学的学习方法

大学生需要学习多门课程。部分学生可能会对这些课程进行区分——认真对待

---

① ［美］谢利·泰勒．健康心理学．朱熊兆，唐秋萍，蚁金瑶译．北京：中国人民大学出版社，2012. 113 ~ 115.

② ［美］墨顿·亨特．心理学的故事（修订版）．李斯，王月瑞译．海口：海南出版社，2003. 601 ~ 602.

专业课、外语或者其他自己认为重要的课程，而对某些课程视为应付过去即可。有的学生可能并不是这样想，而是因为功课太多，无法做到对每门课程都下一样的功夫，所以只能对某些课程应付了事。如果你不阅读或很少阅读心理学教材，上课的时候很少听讲，却想要在期末考试之前，通过突击式的记忆来完成考试，那么，你需要重新思考通过学习心理学，你可能获得一些什么样的帮助，也许会发生什么样的改变。只有带着增长科学知识、使自己的理性得到成长的预期，你才有可能主动地思考心理学方面的知识，才有可能活学活用心理学教科书的某些知识和原理。

（一）掌握有效的阅读方法

有效的阅读方法能够使你在阅读的过程中最大限度地理解和记住所读的东西。在阅读过程中，你要思考章节之间的逻辑关系、段落与段落之间的逻辑关系，你还需要对作者的意图和观点作出思考和判断。具体而言，你可采取以下阅读策略①：

（1）预览与计划。看看你需要读多少页数，计划一下你怎么分配时间。如果需要花很长时间，那么要考虑在恰当的时候停下来歇一歇。比如每一章分为3~6个主要部分，那么阅读过程中在完成一到两个部分之后要休息一下。

（2）略读。看看阅读任务，确定包括哪些主要内容。浏览一下主标题，看看本书每章之后的“本章小节”、“思考与练习”，对要阅读的内容形成一个大致的框架。

（3）理解地读。学习教科书的材料除了努力和辛勤，别无他法。但是你可以采取一些方法加深你对学习内容的理解：

①每一章的每一节都是有特定意义的单元，由一至两个核心问题构成。每次读一节到两节，直到完全了解其观点。

②不要跳过不明白的地方。找同学一起讨论那些你不清楚的地方，或向教师请教。

③提高阅读速度。不要逐字逐句地边看边念。眼睛每扫一行时，尽量理解更多的词语。

④记住所读的材料。遇到需要记忆的材料时，往往需要多次阅读。在阅读的时候，要时刻询问自己读的东西是什么意思，是对什么问题进行的解释。理解性记忆的一个办法就是举出例子来说明概念、理论。

⑤复习。使用上述策略之后，还需要在考前多次对学习材料进行复习。只听课或只读过一遍教材就妄想记住所有的知识重点是不可能的。

（二）提高听课效率

要提高听课的效率，首先还是得端正对听课的态度。听课不只是没有缺课，也不只是记忆或被动地接受新知识。你需要把课上所有的时间都看作是重要的学习经历，在这个过程中，你需要学会捕捉和分辨教师话语中的重要信息，学习别人是怎样清晰地组织材料和表达观点的，并练习在聆听他人的讲话中保持敏捷思维、集中

① ［美］约翰·W. 桑特罗克. 心理学导论. 吴思为等译. 上海：上海社会科学院出版社，2011. 33~34.

注意力、发现新问题。

上课时需要做笔记，记住教师讲课时的主要内容和观点。下课后应该尽快整理笔记，这样会更清楚地记住上课的内容。如果过了很多天才去复习，学习效果会很差。

（三）管理好时间

刚进入大学时，许多学生都为自己的大学生涯做出计划：上课、英语考级、考驾照、双学位学习和考试、运动、交际、旅游，参加各种社团活动等。每天有做不完的事情，让一些同学倍感“压力山大”，累得很。对于大多数学生来说，同时有很多事情需要他们在短时间内完成，这种状况往往会给学生带来长期的苦恼、慌张感以及时间紧迫感。也存在另一种情况，四年时光转瞬即逝，常常有同学在迫近毕业前才蓦然嗟叹“什么也没学到，就毕业了”。身体长期超负荷、时间组织混乱、时间控制不充分、没有目标、不知道应该干什么等，是时间管理不当的大学生常出现的情况。

每个人拥有的时间都是一样多的，问题是我们如何利用它。在你管理得当的时候，才可能有学习心理学所需要的时间，也才能处理好大学生涯中你决定去完成的那些任务。有效管理时间的技术可以划分为三类[①]：

（1）确定优先权。确定优先权就是明确事情的轻重缓急。一种有效的确定优先权的具体技术是ABC技术。你可以将自己每天或每周要做的事情分为三个等级：A等级，是每天必须做的，也是最优先的项目；B等级的工作也是重要的，但是可以在A等级工作做完之后再做；C等级的工作可以有空时做，但并不一定今天或是明天完成。

（2）制订日程表。在有限时间内，对于任何一个要做更多的事情的人来说，这是一个必要的步骤。从小学时代，老师们就教育我们要写计划书。列一个学期的学习计划表是我们都会做的，但要注意的是，我们这里所说的日程表中，并不是你平常列的学期学习计划表。学期学习计划表列出的是大的项目，而不是每天、每周的时间安排，你需要有每天的、具有可行性的日程安排。你需要先筹划一周的哪些时间是必须用于上课的，剩下的是哪些时间。你无须将上课这类常规事情安排到日程表中，而是应该对余下的时间进行计划。

在每天晚上或每天早晨，你可以制作一个日程卡片，或把日程记录在一个本子上（如果事情不多，你甚至可以在脑中筹划而不必写出来），优先安排在你能自由安排的那些时间中先完成什么任务，然后完成什么，还可以灵活做些什么事情。不要低估你完成任务所需要的时间，要问问自己，从现实的角度来考虑，你能在分配的时间内完成既定任务吗？

（3）贯彻执行。这个步骤是最具有挑战性的，因为计划的执行很容易因为拖

① ［美］沃尔特·谢弗尔．压力管理心理学（第4版）．方双虎等译．北京：中国人民大学出版社，2009. 335～345.

沓、突然有其他事情干扰而无法完成。为了避免这些问题，你可以考虑：

①创造一个有利于专注学习的环境，比如，电脑不联网，关闭手机，在手能摸到的地方只摆放与完成任务有关的东西。

②避免一次做多件事情。将大的任务分解为小的部分，然后专注地一个接着一个地完成。

③给自己定步调，即尽可能早地开始一项工作，比如，提前两周准备期末考试，而不是考试前一天才开始。

④每天要抽出时间来运动、放松、休息，即使是半小时也能使你的精力更加充沛，并避免产生厌倦。

最后，本书每一章都列出了“关键术语”，你可以对应每一章的内容找到这些术语并学习掌握他们。为了拓展对心理学知识的学习和理解，“进一步阅读”提供了与各章相关的书籍或参考资料，你可以根据需要到图书馆查阅这些材料。最后，你可以根据“思考与练习”中的问题，检查自己是否掌握了每一章的学习要点。

《本章小结》

心理学是一门研究心理和行为的科学。人的心理可分为心理过程和心理特征两类。1879 年，德国莱比锡大学心理学家冯特建立了第一个心理学实验室，标志着心理学作为一门独立科学而出现。

心理科学的目标是描述、解释、预测和控制研究对象。心理科学研究遵循特定的程序和原则。首先，形成研究问题或假设。其次，进行研究设计，通过调查或实验方法来检验假设。第三，通过观察、测量和研究结果，获得研究结论。如果结论未能证实研究假设，就需要对理论进行修正。从收集资料的方法来看，心理学的研究方法有三种类型：描述性研究、相关研究和实验研究。

当代心理学研究取向有行为主义取向、心理动力学取向、认知主义取向、人本主义取向、积极心理学取向和进化心理学取向等。

学习心理学有助于大学生培养批判性思维，并将心理学知识应用于实际生活。学习心理学的方法有掌握有效的阅读方法、提高听课效率、管理好时间等。

关键术语

心理学　科学　心理过程　科学研究方法　自变量　因变量　社会认知理论
心理动力学取向　学习方法

进一步阅读

[1] 黄希庭. 心理学基础. 上海：华东师范大学出版社，2008.

[2] [美] 墨顿·亨特. 心理学的故事（修订版）. 李斯，王月瑞译. 海口：海南出版社，2003.

[3] [美] 约翰·W. 桑特罗克. 心理学导论. 吴思为等译. 上海：上海社会科学院出版社，2011.

[4] [美] 斯宾塞·A. 拉瑟斯. 心理学. 宋振韶等译. 北京：中国人民大学出版社，2012.

思考与练习

(1) 解释下列概念：心理学，心理过程，心理特征，描述性研究，相关研究，实验研究。
(2) 心理学为什么是一门科学？
(3) 当代心理学有哪些研究取向？这些取向各自的观点有哪些？
(4) 大学生如何培养批判性思维？
(5) 除了教材里列出的学习方法，你还有哪些好的学习策略可以运用于学习心理学？
(6) 描述当代心理学研究的方法。
(7) 请简述相关研究与实验研究的区别。
(8) 你认为心理学在人类生活中有什么作用？

第二章　心理活动的生理基础

本章学习要点

1. 神经元的结构
2. 神经元间的功能联系
3. 神经系统
4. 大脑的结构
5. 大脑皮质分区
6. 大脑的机能
7. 大脑两半球功能差异
8. 内分泌系统

在人类漫长的发展过程中，心理活动是怎么产生的一直是人们积极探索的课题。在人类历史发展的早期，存在着各种各样的神话故事。其中，有些故事讲述的是已经死去的人再现人间。因此有人认为，人的灵魂和肉体是互相分离的，人死以后，灵魂不灭，灵魂主宰人的言行。心理学也被认为是“阐释灵魂之学”。人的心理活动是奇妙而丰富的，很多心理活动都会引起心脏的特殊反应，因此又有人说，心脏是心理的器官，主导心理活动。有些人认识到脑的重要性，看到脑损伤的病人会出现一些异常行为，因而觉得脑也是心理的器官。随着现代科学技术的飞速发展，研究手段的不断更新，人们具备了研究更高级生理活动的能力。随着电生理学、生物化学、神经科学和认知科学的发展，人们对神经系统的结构与功能有了更深入的认识。在此基础上，人们终于认识到心理是神经系统的功能，是脑的功能。这使得现代心理学得以沿着正确的方向发展下去。本章将简要介绍脑和神经系统最一般的知识。首先，介绍神经系统的最基本单位——神经元，了解神经元的结构和神经元之间信息传递的方式。神经元之间的联系构成了神经网络。其次，介绍神经系统，包括周围神经和中枢神经系统，特别是脑皮质的分区和功能。大脑是神经系统最重要的器官，是人类心理活动产生的重要物质载体。再次，本章将简要介绍大脑的机能，特别是大脑的情绪控制、记忆等高级机能。最后，介绍内分泌系统及其对人类心理与行为的影响。

第一节　神经元的结构与功能

人体是由成兆的细胞构成的，这些细胞维持着人的日常生活，甚至心理活动也脱离不了细胞的作用。而组成神经系统的细胞称为神经元（neuron）或神经细胞，是神经系统结构和功能的基本单位。神经元之间彼此相连，构成突触结构。通过突触可以进行神经冲动的传递，形成神经回路，构成极端复杂的信息传递和加工通道。

一、神经元的结构

长期以来，人们一直认为人类大脑包含1 000亿个神经元。但巴西神经学家苏扎娜·赫尔库拉诺·霍泽尔的最新研究显示，事实上人类与狒狒拥有相同数量的神经元，都是860亿个。这些神经元大致都由细胞体和突起两部分组成。胞体位于脑和脊髓的灰质及神经节内，其形态各异，常见的形态有梨形、锥体形和圆球形等。胞体大小不一，最小的直径只有5微米，最大的能达到150微米。胞体是神经元的代谢和营养中心。神经元的中央有细胞核，细胞核是细胞的能量中心。通过化学反应，胞体为神经活动提供能量，并大量制造用于传递信息的化学物质。神经元向外突出的部分叫突起，一般分为树突和轴突。树突呈树枝状，它接收其他神经元传来的神经冲动，并将冲动传至胞体。每个树突都较短，分支较多，这样可扩大信息接收面积。轴突又称为神经纤维，是神经元上那根细长的突起，它负责把信息传出胞体。一个神经元可有一个或多个树突，但一般只有一个轴突。轴突和胞体连接处的圆锥状隆起部分称轴丘（axon hillock）。轴丘及轴突中不含核糖体。轴突分支少但较长，最长可超过1米。在轴突主干上，有时会分出几个侧枝，这些侧枝和主干垂直分布，可增加信息传出的面积。轴突末端分支较多，称为终末支。终末支末梢有丰富的球形突触小体（突触终结）。这些突触小体紧紧附着在另一个神经元的树突或胞体表面，形成突触（synapse）。轴突上有髓鞘，有些轴突的髓鞘很厚，是由许旺氏细胞（Schwann′s cell）的胞膜围绕轴突（轴柱）反复多层螺旋卷绕形成的；有些轴突的髓鞘却很薄，只是由一层许旺氏细胞包绕而成。因此，通常将神经纤维分为有髓鞘神经纤维与无髓鞘神经纤维两大类。髓鞘有绝缘作用，可有效防止神经冲动向周围神经纤维扩散，所以有髓鞘神经纤维的传导速度要比无髓鞘纤维快得多。神经纤维的髓鞘化，是个体行为分化的基础。

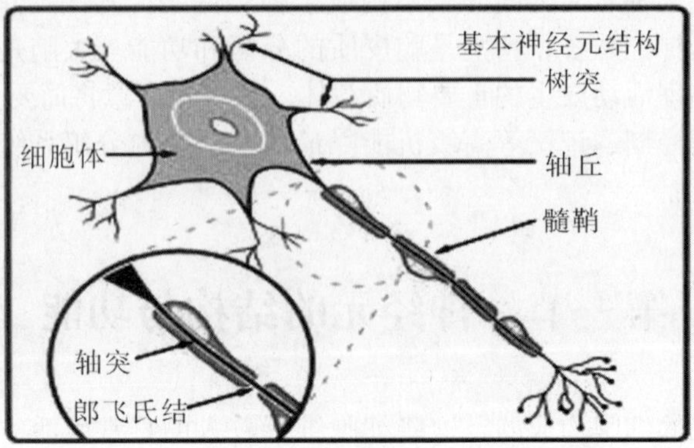

图2－1 基本神经元结构

神经元按照传输方向及功能可分为三种：感觉神经元（sensory neuron，或称传入神经）、运动神经元（motor neuron，或称传出神经）和连络神经元（interneuron）。而按照胞体的突起数目可分为多极神经元、单极神经元（伪单极神经元）、双极神经元。双极神经元从胞体延伸出两个突起（如视网膜细胞、嗅觉上皮细胞）。单极神经元（伪单极神经元）（如背根神经节细胞）事实上有两个轴突，而不是一个树突一个轴突。一个轴突向脊椎中心延伸，其他的轴突则向肌肉或皮肤延伸。多极神经元有许多的胞体和突起，其中只有一个是轴突（如脊髓运动神经元）。

二、神经元间的功能联系

神经元的主要功能是接受刺激和传递信息。神经系统的调节活动是以反射的形式进行的，反射中枢的神经元通过传入神经接受来自体内外环境变化的刺激信息，并对这些信息加以分析、综合和储存，再经过传出神经把指令传到其所支配的器官和组织，产生调节和控制效应。有些神经元除能接受传入信息外，还能分泌激素，将神经信号转变为体液信号。

（一）神经兴奋的电传导

机体中的细胞或组织在受到一定环境因素的影响时，能够改变其原来的活动状态。这种因刺激而产生反应的现象，我们称之为兴奋。而在神经系统的运动中，当神经元受到某种刺激时，它就会从静息状态转至运动状态。这种状态的改变，我们称之为神经兴奋。这种兴奋表现为神经冲动，即动作电位的出现。

1902 年，德国生理学家本斯特（Bernstein）提出了膜学说，他认为在一般情况下，细胞膜两侧离子存在浓度差，细胞膜外主要分布着带正电的钠离子和带负电的氯离子，细胞膜内则主要是带正电的钾离子和带负电的生物大分子。细胞膜在不同状态下对不同离子的通透性不同。在静息状态下对钾离子的通透性更大，对钠离子的通透性则相对较小。此时大量钾离子有向外扩散的趋势，所以当细胞没有受到刺激时，细胞膜内外侧存在着一定的电位差，这时的电位被称为静息电位（resting potential）。大多数情况下，只要细胞处于静息状态，维持正常的新陈代谢，其膜电位就会维持在一个稳定水平，这时，我们把这种动态平衡现象称为极化。

神经纤维处于极化状态时，钠离子的通透性很小。一旦神经纤维受到刺激，这种平衡状态就会改变。受到刺激的细胞膜将失去极性，通透性也随之发生变化，钠离子的通透性会增强，细胞膜外的少量钠离子从浓度高的膜外流入膜内。这个过程使包膜进一步失去极性，膜内外的电位差减小，产生一定程度的去极化。当膜电位进一步减小后，大量钠通道就会同时开放，钠离子不断内流，直到膜内外电性发生改变。原来是负电性的膜内暂时转变为正电性，原来是正电性的膜外反而变成负电性，这就是“去极化”的过程。此时膜内钠离子数量变多，钠离子内流速度逐渐减缓直至停止。此时钠离子处于平衡电位，离子管道关闭。与此同时，钾离子的通道被打开，膜对钾离子通透性提高，钾离子从膜内流到膜外。这就使膜内外恢复了原来的电性，出现了膜的再极化，随后膜恢复原来的静息电位。这种周期性的电位变化，就是动作电位（action potential）。

神经纤维在未受到刺激时，细胞膜内带负电，膜外是正电，但受到刺激产生兴奋即动作电位后，由于对钠离子的通透性发生改变，兴奋区细胞膜内外的电位发生反转。原来带负电的膜内变为正电，膜外则变成了负电，表现为外负内正。但此时，未兴奋部位仍然保持静息状态的电位不变。这就导致兴奋区域与周围邻近部位之间形成电位差，于是膜表面未兴奋部位的正电流向兴奋部位，膜内也产生电位对流，形成了一个回路。这就会引起周邻部分产生兴奋，兴奋沿神经纤维推进，此过程即为神经冲动传导。

神经冲动的电传导有其自身的特点。首先，它有绝缘性，神经干内的每个神经纤维都各自传导自身冲动而互不影响，这就保证了神经调节的精确性。其次，这种冲动还是双向传导的，每一次神经冲动都能沿着神经纤维向两侧方向传导。而且这种传导是非衰减性的，在传导过程中，电位的幅度和速度都是恒定的，这是因为传导的能力来源于兴奋神经。与肌肉组织相比，神经具有不易疲劳的特征，所以神经冲动传导还有相对不疲劳性。最后，神经冲动传导具生理完整性，这个特性要求神经传导要在神经纤维的结构和生理功能完整的基础上进行，否则传导将被中断。

神经冲动的传导根据神经纤维表面有无髓鞘，分为有髓鞘传导和无髓鞘传导。无髓鞘时，神经冲动是沿神经纤维轴突表面一层极薄的髓均匀传导的。有髓鞘时，神经纤维被多层髓鞘包裹，且每隔 1～3 毫米有一个裸露的郎飞氏结，此时神经冲动从已兴奋的朗飞氏结跳跃传导到未兴奋的朗飞氏结，这种传导方式被称为跳跃传导。跳跃传导的方式解决了神经冲动的高速传导问题，使信号的传导远比无髓鞘传导要快。

（二）突触传递

神经元相互连接，构成了神经系统。但这种连接并不是靠细胞质完成的，而是由神经元的轴突末梢与其他神经元的胞体或突起直接相接触的，我们称这个接触的部位为突触。突触联系的类型主要有三类：轴突与细胞体相接触；轴突与树突相接触；轴突与轴突相接触。如果在显微镜下观察突触，我们会发现，每个神经元的轴突末梢都分成了许多小支，每个小支的末梢部分膨大呈球状，称为突触小体，这些突触小体会吸附在另一个神经元的胞体或树突表面。突触相连接的部位有两层薄薄的膜，轴突末梢的膜叫做突触前膜，与突触前膜相连的胞体膜或树突膜则称为突触后膜，两膜之间为突触间隙。突触前膜、突触间隙、突触后膜三部分构成了一个突触结构（见图 2－2）。突触间隙有 20 纳米左右。在突触前膜内侧有很多突触小泡。突触小泡的直径为 20～80 纳米，小泡中含有很多神经递质。突触传递功能有兴奋性和抑制性两种，兴奋性突触的前膜释放兴奋性递质，它对突触后膜的作用是产生兴奋性突触后电位；抑制性突触的前膜释放抑制性递质，它对突触后膜的作用是产生抑制性突触后电位。

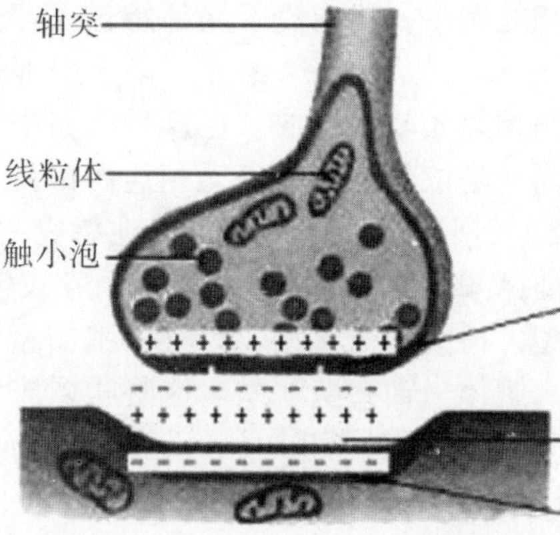

图 2－2　突触的结构

神经元之间还存在一种电突触。这种突触的突触间隙非常狭窄，突触前膜和突触后膜之间的距离只有 2～3 纳米，被称为缝隙连接。电突触间的信号传递是通过带电离子的电信号传递实现的。这种传递有速度快和双向性的优点，它能使不同神经元同时放电以加快传递过程。

（三）非突触性化学传递

通过对交感神经肾上腺素能神经元的研究发现，不仅存在突触化学传递，还存在非突触化学传递（non－synaptic chemical transmission）。这种传递不是通过突触小泡间的递质转换实现的，而是通过神经元轴突末梢的曲张完成。这些曲张体内含有大量充满递质的小泡，曲张体和效应细胞不是一对一的联系，一个曲张体能作用于多个细胞。当神经冲动抵达曲张体时，递质从曲张体释放出来，通过弥散作用到效应细胞的受体，使效应细胞发生反应。由于曲张体和效应细胞的距离较大，所以传递花费的时间也较突触传递长。

（四）中枢神经元的联系方式

神经元的形态并不单一，而是千差万别的。有些神经元的轴突较长，它们可以把神经冲动投射到离胞体较远的神经中枢中，联系各神经中枢的功能。这些神经元通过上述文章描述的电传导、经典突触方式和非突触化学传递方式完成神经元间的信息传递。这些神经元称为投射神经元。

还有一些神经元的轴突较短，甚至没有轴突，如篮状细胞、星状神经元、嗅球内的颗粒细胞等。这部分神经元不能使神经冲动传导到远离胞体的神经中枢中，而只能在一个神经中枢内完成传递。这种轴突较短，只能在一个神经中枢里传递信息的神经元，我们称之为局部回路神经元（local circuit neuron）。研究发现，局部回路神经元和学习、记忆等高级神经功能有关，人类正是有了这种神经元联系方式，才能发展许多有别于动物的高级活动。

若干个局部回路神经元相互联系，就构成了局部神经元回路（local nuronal circuit），局部神经元回路可能由一个局部回路神经元、多个局部回路神经元或一个局部回路神经元和多个局部回路神经元联系构成。在这种回路中，神经元间的相互联系可以不通过整个神经元，而只是依赖两个神经元相连的部位。例如，某两个神经元树突部位形成一个局部神经元回路，那么信息可以在树突—树突型突触间传递，不需要整个神经元参加。目前已知的局部回路神经元联系方式包括：轴突—胞体型、轴突—树突型、轴突—轴突型、树突—树突型、树突—胞体型、树突—轴突型、胞体—树突型、胞体—胞体型、胞体—轴突型联系。这些联系按组合形式的不同分为串联性突触（serial synapses）、交互性突触（reciprocal synapses）、混合性突触（mixed synapses）。局部回路神经元主要通过非突触化学传递和电突触的形式传递信息。

（五）神经网络

在神经系统中，信息的接收、传递、处理等过程需要多个神经元参与共同完成，所以神经元通过突触相连形成了神经网络。神经网络的形成方式是多种多样的，以下是几种常见的模式：

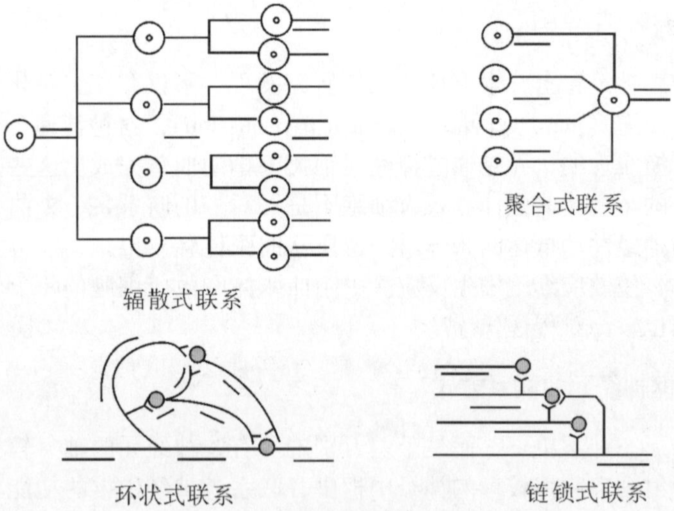

图 2-3　中枢神经元连结方式

主要有以下几种联系方式：

（1）辐散式（divergence）。在这种联系方式中，一个神经元轴突末梢的分支和多个神经元相连。神经冲动从一个神经元扩散到多个神经元，神经元间的突触联系是辐散式的。

（2）聚合式（convergence）。多个神经元与一个神经元相连。多个神经元间的抑制或兴奋电信号都传递到一个传出神经元上，该神经元必须对电信号进行整合后再传出。这种神经元间的突触联系方式是聚合式的。

（3）链锁式（chain circuit）。各种辐散式和聚合式网络相连，就形成了神经元的链锁式连接。锁状联系使神经兴奋在空间上得到加强或扩大了兴奋的作用范围。

（4）环状式（recurrent circuit）在时间上加强了兴奋。

第二节　神经系统

神经系统是由人体内大量的神经元和神经胶质组成的，神经系统对机体的活动起主导作用。内外环境的各种信息通过感受器转入神经系统。对于有机体内部来说，神经系统调节人的动作与身体的不同部位间的信号传递。人的神经系统控制和协调肌肉，各组织器官的活动、机体内外的活动信号通过周围神经传递到脑和脊髓的各级中枢进行整合，再经周围神经传出，控制和调节机体各系统器官的活动，以维持机体与内外界环境的相对平衡。神经系统是机体最重要的连结和控制系统，它预测环境的变化，并根据变化指导有机体作出相应的反应，使有机体能够更好地适应环境，维持有机体的生存并对其进行自我保护。本节我们将简要介绍神经系统的两个组成部分，中枢神经系统和周围神经系统以及它们各自的功能。

一、周围神经系统

周围神经系统（Peripheral Nervous System，简称 PNS）由周围神经和神经节组成，主要成分是神经纤维。在周围神经系统中，神经元胞体聚集的部位被称为神经节（ganglion），包括与脑相连的脑神经节、与脊椎相连的脊神经节和植物神经节。神经节是由被膜和大量的神经细胞组成的。周围神经系统的纤维一般分为两类。把外界或体内的各种刺激转变为神经信号向中枢内传递的纤维称为传入神经纤维，由这类纤维所构成的神经叫感觉神经（sensory nerve）；向周围目标组织传递中枢冲动的神经纤维称为传出神经纤维，由这类神经纤维所构成的神经称为运动神经（motor nerve）。

（一）脊神经

脊髓两侧前后方各有一排由神经纤维组成的神经根，前方的由运动神经纤维组成，称为前根；后方的由感觉纤维组成，称为后根。前后根共同组成了脊神经。脊神经共有 31 节，颈段 8 节，胸段 12 节，腰段 5 节，骶段 5 节，尾段 1 节。脊神经除椎间孔分为前后两支，前支分布于颈、胸、腹及四肢的皮肤和肌肉中，后支分布于项、背和腰骶部的皮肤和肌肉中。它们都是混合神经。因此，脊神经能够同时掌管感觉和运动信息在躯干与四肢的传递和处理。

（二）脑神经

脑神经共12对，其中，第1、2、8对脑神经是感觉神经，第3、4、6、11、12对是运动神经，第5、7、9、10对是混合神经。绝大部分脑神经都分布在头部的感觉器官、皮肤和肌肉等处，只有一对很长的迷走神经沿颈部下行，分布在胸腔的大部分腹腔的内脏器官上。

脑神经的运动纤维由脑干中的运动神经发出的轴突构成，感觉纤维由脑神经内的感觉神经元和参与周围神经的周围突构成，其末端形成感觉神经末梢，分布在皮肤、肌肉、关节和内脏等处。脑神经和脊神经共同协作，主要接受神经连接部位的神经冲动，将其传到中枢神经系统，产生神经信号再指导相应器官做出反馈动作。

（三）植物性神经

植物性神经又叫自主神经，是整个神经系统的重要组成部分，是支配内脏器官的平滑肌、心肌和腺体的神经。其主要分布于内脏、血管、心脏、腺体以及其他平滑肌，也包含感觉神经纤维和运动神经纤维。感觉纤维传导内脏器官的运动信息，这种刺激的感受对机体内环境的调节起着重要作用。而分布于各脏器的运动神经纤维，在正常情况下都保持相对平衡和有节律性的内脏活动，如呼吸、心跳、消化、排泄、分泌等，以调节机体的新陈代谢；当环境发生紧急变化时，这些神经促使机体发生应付紧急情况的一系列内脏活动。内脏活动一般不由意识直接控制，并且也不在意识上产生清晰的感觉。

根据其形态、功能的不同，植物性神经又分为交感神经和副交感神经两部分。虽然两种神经的功能是相对的，但是，在中枢神经系统的统一管理下，这两种不同功能的神经既对立又统一，保持着机能的相对平衡，使人体能够适应内外环境的变化。

交感神经系统能够影响血液循环，皮肤和横纹肌以及腹腔脏器的血管只接受交感神经的支配，因此，刺激交感神经一般可使周围动脉收缩，而在去除交感神经后可使周围动脉扩张。交感神经还对消化功能有抑制作用，它能使胃肠道蠕动减慢，但当胃肠紧张性太低或不活动时，交感神经冲动则可以提高胃肠道的兴奋性。交感神经对胰和唾液腺可促进其分泌，对胃液则阻止其分泌。交感神经兴奋时，对小支气管的影响主要为抑制其平滑肌的活动，因而使小支气管扩大，空气出入畅通。交感神经还能使膀胱壁松弛，内括约肌收缩，阻止小便排出。

副交感神经系统的作用与交感神经的作用相反，它的纤维没有分布于四肢，而分布在汗腺竖直肌、肾上腺、甲状腺、子宫等处。副交感神经系统可保持身体在安静状态下的生理平衡，增进胃肠的活动、消化腺的分泌，促进大小便的排出，保持身体的能量。瞳孔缩小以减少刺激，促进肝糖原的生成，以储蓄能源。心跳减慢，血压降低，支气管缩小，以节省不必要的消耗，协助生殖活动，如使生殖血管扩张，性器官分泌液增加。

副交感神经系统的活动也受大脑皮质的控制，当大脑兴奋被抑制、肌肉活动减少时，副交感系统的兴奋相对加强，以加速能量的储备和疲劳的恢复。

植物神经系统所支配的内脏器官活动也受大脑皮质的调节。通过条件反射的研究，证实了大脑皮质对于肝、肾等内脏器官的冲动和机体的新陈代谢等起着调节作用。可以肯定，支配内脏的植物神经系统并非脱离中枢神经系统，特别是大脑皮质而“自主”地进行活动。血管、消化、排泄系统的调节，取决于来自内外各种感受器的影响。植物神经系统的兴奋从来不能孤立发生，构成植物神经系统的神经元仅仅把中枢神经系统中发生的兴奋传达至效应器，保证器官的正常活动，以适应整个身体生命活动的需要。

二、中枢神经系统

（一）脊髓

脊髓（spinal cord）是人和动物中枢神经系统的一部分，位于椎管内。其上端连接延髓，下端终于腰椎，成人一般到第一腰椎下缘或第二腰椎上部，初生儿则平于第三腰椎。脊髓两旁发出成对神经，分布在四肢、体壁和内脏。从横切面看，脊髓的内部有一个 H 形灰色神经组织，主要由神经细胞构成，称为灰质。灰质外包裹着一层白质，这些白质是神经纤维组成的。

灰质，呈蝴蝶状，其中心有中央管，中央管前后的横条灰质称灰连合，将左右两半灰质联结在一起。灰质的每一半由前角和后角组成。两侧前端的膨大称为前角，内含有大型运动细胞，其轴突贯穿白质，经前外侧沟走出脊髓，组成前根。颈部脊髓的前角特别发达，这里的前角细胞发出纤维支配上肢肌肉。两侧后端突出部位称为后角，内含丰富的感觉细胞。灰质周围边缘部和其附近含有纤维的白质构成脊髓的固有基束，贯穿于脊髓的各节段，为脊髓完成各种复杂的脊髓反射性活动提供保障。

脊髓是神经系统的重要组成部分，其活动受脑的控制。来自四肢和躯干的各种感觉冲动通过脊髓的上行纤维束将各种感觉冲动传达到脑，进行高级综合分析；脑的活动通过脊髓的下行纤维束将各种感觉传达到和纤维束相连的肌群，使反馈动作协调、准确，免除不必要的附带动作，调整脊髓神经元的活动。脊髓还可以对一定躯体运动进行调节，本身能完成许多反射活动，但这些活动也受脑活动的影响。

（二）脑

脑（brain）是中枢神经系统的主要部分，由神经元的神经细胞组成，是神经系统的控制中心，位于颅腔内。成人脑的平均重量约 1 400 克，脑从形态学上一般可分为四个部分：间脑、脑干、小脑和端脑。其中端脑和间脑合称大脑，脑干分为中脑、脑桥和延脑三部分。间脑包括丘脑和下丘脑。延髓向下经枕骨大孔连接脊髓。随着脑各部的发育，胚胎时期的神经管就在脑各部的内部形成一个连续的脑室系统。

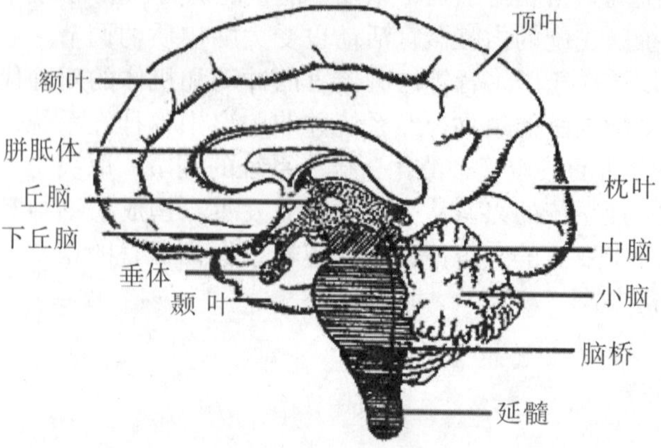

图 2－4　脑剖面图

1. 脑干

脑干（brain stem）位于脊髓和间脑之间，自下而上由延脑、脑桥和中脑三部分组成。

延脑（medulla）上端与间脑相连，下端止于脊髓，呈狭长形。延脑的上端较宽，以一横沟和脑桥相隔。其腹面正中有一对由椎体束纤维构成的隆起，称为椎体。椎体外侧有橄榄体，内侧有下橄榄核。延脑上部和脑桥的背面呈菱形，故称菱形窝。脑干的内部结构主要有三种类型：神经核团，长的纤维束和各类神经元与纤维交错排列、散在分布的网状结构。延脑的主要功能包括控制呼吸、心跳频率，主管排泄、吞咽、肠胃消化等有机体的基本生理功能。

脑桥（pons）位于中脑与延脑之间，与小脑相连，由脑桥臂基底部和位于它们之间的三叉神经根以及外展神经、面神经、位听神经组成。脑桥的白质神经纤维通到小脑皮质可将神经冲动自小脑的一半球传至另一半球，使之发挥协调身体两侧肌肉活动的功能，对人的睡眠有调节和控制作用。

中脑（midbrain）位于脑桥之上小脑之下，恰好是整个脑的中点。其腹侧面有大量锥体束纤维通过，形成纵形隆起，称为大脑脚。两脚之间的脚间窝发出动眼神经掌管视觉，即瞳孔、眼球等的活动。中脑背面有两对丘形体组成的四叠体。上丘是视觉中枢，下丘发出滑车神经，是听觉的反射中枢。

2. 小脑

小脑（cerebellum）位于大脑半球后方，覆盖在菱形窝之上，横跨中脑和延髓之间。小脑中间有一条纵贯上下的狭窄部分，形如蚯蚓，被称为小脑蚓。蚓部两侧有两个隆起，称为小脑半球。小脑的表面被覆盖着一层灰质，叫做小脑皮层。皮层的下方是小脑髓质，由出入小脑的神经纤维和 4 对小脑深部核团组成。

小脑总体积约占整脑的 10%，然而其所含的神经元数量却超过全脑神经元总数的一半。大量的神经元胞体集中于小脑的表层，形成小脑皮质，皮质表面可见许多横行的沟和裂，将小脑分成许多横行的叶片。小脑皮质下方的髓质称为白质，髓体内还埋有灰质核团，称为小脑核或中央核（central nuclei）。小脑核是小脑向外发出传出纤维的部位，由三组成对核团所组成：顶核、中间核和栓状核。小脑通过它与大脑、脑干和脊髓之间产生丰富的信息传递活动，参与躯体平衡和肌肉张力（肌紧张）的调节，以及随意运动的协调。随着脊椎动物的进化，小脑体积增大，到人类达到高峰。这与高等动物特别是人能从事精密细致的复杂运动有关。

3. 间脑

间脑由前脑发展而来，位于脑干和端脑之间、中脑上方，其体积相对较小，但结构和功能十分复杂，仅次于大脑皮质。间脑的两侧和背面被高度发展的大脑半球所掩盖。间脑主要分为丘脑和下丘脑，细分则可分为：背侧丘脑、上丘脑、下丘脑、后丘脑和底丘脑 5 部分。

丘脑（thalamus）是由灰质组成的，位于间脑的背侧部，呈卵圆形。一般把丘脑分为前核群、内侧核群和外侧核群。前核群位于丘脑前结节的深方，它接受发自乳头体的乳头丘脑束，发出纤维投射至扣带回。内侧核群接受丘脑其他核的纤维，发出纤维投射到额叶前部皮质。外侧核群又分为较小的背侧部和较大的腹侧部。背侧部接受丘脑其他核团纤维，发出纤维至顶叶皮质。腹侧部与脊髓、脑干以及小脑有广泛联系。丘脑底部有一个小突起，称为内侧膝状体，掌管听觉信息传导。其外侧也有一对突起，称为外侧膝状体，掌管视觉信息传导。丘脑能够调节内脏功能和基本情绪，维持机体的警觉水平，是除嗅觉以外的一切感觉冲动传输到大脑皮层的中转站。任何感觉传导都要经过丘脑才能到达大脑皮层的特定部位，所以丘脑又被称为皮层下感觉中枢。

下丘脑（hypothalamus）是一些灰质核团，位于丘脑下方，向下与脑下垂体相连。下丘脑的前下方为视交叉，后下方为乳头体，两者之间的部位称为灰结节。下丘脑体积虽小，却有广泛而复杂的纤维联系，能够控制垂体的内分泌功能，是神经内分泌的中枢。它将神经调节和体液调节融为一体，与内脏活动相关密切，对体温、摄食、生殖、水盐平衡和内分泌活动等进行广泛的调节。视交叉上核可能是人类昼夜节律（生物钟）的起搏点（接受来自视网膜的神经冲动）。此外，下丘脑尚与边缘系统有密切联系，通过乳头体—丘脑前核—扣带回径路及前脑内侧束而参与情绪行为反应。

三、大脑的结构和皮质分区

（一）大脑结构

大脑（brain）包括左、右两个半球及连接两个半球的中间部分，即第三脑室前端的终板，是脑的最高级部位。大脑半球表面被灰质覆盖，称大脑皮质（cerebral cortex）。皮质内部有由大量神经纤维组成的白质。

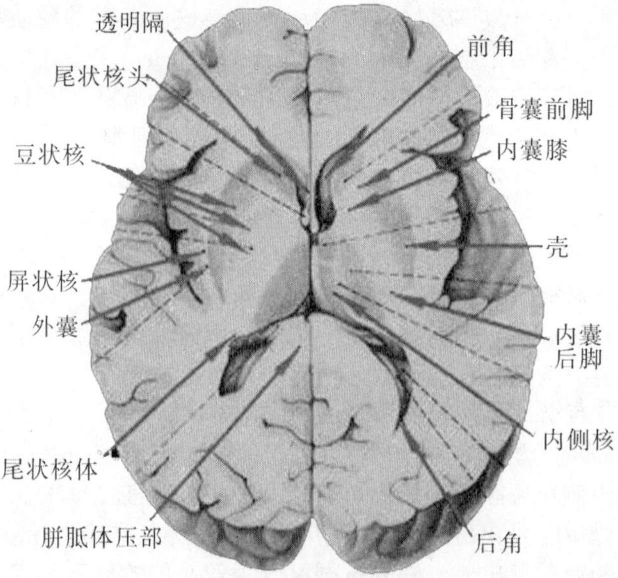

图 2-5　大脑结构图

大脑的深部结构被大脑皮质所覆盖，大脑皮质下有一组神经细胞核团，它包括纹状体、杏仁核和屏状核（带状核），被称为基底神经节。基底核是由纹状体构成的，包括尾状核和豆状核。尾状核呈“C”形弯曲，状似蝌蚪，前端较粗，尾端渐细，围绕豆状核和丘脑分布。豆状核在丘脑和尾状核外侧，形态呈楔形，尾状核与豆状核都呈条纹状，所以我们把这两者合称为纹状体。纹状体是控制运动的中枢，它主要接受大脑皮质、丘脑、丘脑底核和黑质的传入冲动，并与红核、网状结构等形成广泛的联系，能有效协调肌肉运动，维持躯体的姿势。在豆状核、尾状核和丘脑之间有内囊（capsula）。内囊是大脑皮层与下级中枢之间联系的重要神经束的必经之路，形似宽厚的白质纤维带。内囊可分三部，额部称前肢，枕部称后肢，两部的汇合处称为膝部。尾状核尾部有杏仁体，它属于边缘系统，由嗅脑、间脑和新皮质的纤维从杏仁体通过进入间脑、额叶和脑干，可以掌管内分泌和内脏活动。我们把大脑半球同侧各部皮质之间互相联合的纤维称为固有连合系，而把两侧大脑半球之间或两侧的其他结构之间的纤维束合称为连合系。大脑主要包括 3 个连合纤维：胼胝体、前连合、海马连合。其中最重要的是胼胝体（corpus callosum），它位于大脑两半球中间，对两半球的协同工作有重要作用。大脑深部结构的最后一个部位是边缘系统。边缘系统由皮质结构和皮质下结构两部分组成。皮质结构包括海马结构（海马和齿状回）、边缘叶（扣带回、海马回和海马回钩）、脑岛和额叶眶后部等。边缘系统不是一个独立的解剖学和功能性实体，它整理着学习经验、整合新近与既往经验，同时是启动和调节种种行为和情感反应的复杂神经环路中重要的一部分。

（二）大脑皮质的分区

大脑皮质是大脑发育得最为完善和复杂的部位。皮质呈沟回状分布，这些大脑表面的沟回扩大了大脑皮质的面积。人类大脑皮质总重量约为 600 克，总面积约 2 200平方厘米，厚度在 1. 5 ~4. 5 毫米。其中 1/3 露在表面，2/3 位于沟壁和沟底。人类大脑皮质约有 26 亿个神经细胞（Pakkenberg，1966），它们依照一定的规律分层排列并组成一个整体。原皮质（海马和齿状回）和旧皮质（嗅脑）为 3 层结构，新皮质基本为 6 层结构：分子层、外颗粒层、外椎体细胞层、内颗粒层、内椎体细胞层和多形或梭形细胞层。大脑皮质又可以分为两层。传入层：外颗粒层、外椎体细胞层、内颗粒层。传出层：内椎体细胞层和多形或梭形细胞层。大脑皮层发出至皮质下结构的投射纤维大部分是从这两个层传出的。

大脑分左、右两个半球，在每一半球上，都有数个神经中枢，每一个中枢又分管着不同区域，各个分区各自管辖各自的功能，形成大脑分化而又统合的复杂功能。每一半球上都分别有运动区、体觉区、视觉区、听觉区、联合区等神经中枢。在区域分布上，两半球并不完全相同，布洛卡区与威尔尼克区只分布在左脑半球，其他各区则两半球都有。因此，我们认为大脑两半球是对称分布的，但这种对称又不是绝对的。在神经传导过程中，大脑两半球互相对称的神经中枢会彼此配合，产生交叉作用，两半球对身体部位的管理是左右交叉、上下倒置的，大体上是左半球投射右半身，右半球投射左半身。每一半球的纵面在功能上也有层次之分，原则上是上层投射下肢，中层投射躯干，下层投射头部。两半球的视觉区与两眼的关系是：左半球视觉区统辖两眼视网膜的左半部，右半球视觉区统辖两眼视网膜的右半部。两半球的听觉区共同处理两耳传入的听觉信息。两半球的联合区分别发挥左、右半球相关各区的联合功能。在一般情况下，大脑两半球是分工合作的，但在整个大脑功能上，两半球并不是各自独立的，两者之间仍具有交互作用。而由神经纤维构成的胼胝体就是连接两半球，协调两半球信息交流，使两半球交互作用得以发挥的桥梁。如果将胼胝体切断，大脑两半球被分割开来，各半球的功能陷入孤立，缺少相应的合作，个体在行为上会失去统合作用。

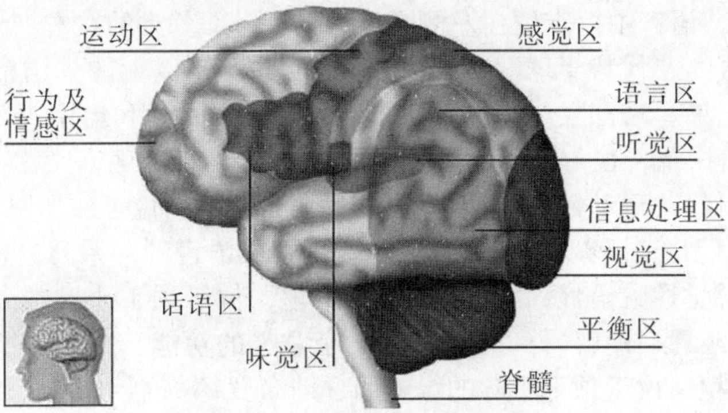

图 2 –6　大脑皮质机能分区

大脑皮质的构筑虽然以6层为基本形式，但是各处机能差别很大，为了便于形态学和机能研究，学者根据细胞构筑和神经纤维的分布对大脑皮质进行了机能分区。最常用的是德国神经科医生布罗德曼（Brodmann，1909）的52区分区法，按照这个分区法，大脑皮质的功能定位可描述为：

（1）躯体运动区，简称运动区（motor area），位于中心前回布罗德曼第4区，是支配对侧躯体随意运动的中枢。它主要接受来自对侧骨骼肌、肌腱和关节的本体感觉冲动，以感受身体的位置、姿势和运动感觉，并发出纤维，即锥体束控制对侧骨骼肌的随意运动。皮质运动前区，位于中心前回之前布罗德曼第6区，为锥体外系皮质区。它发出纤维至丘脑、基底神经节、红核、黑质等，与联合运动和姿势动作协调有关，也具有植物神经皮质中枢的部分功能。身体在这个区域的投射是上下颠倒、左右交叉的。皮质眼球运动区，位于额叶的布罗德曼第8区和枕叶第19区，为眼球运动同向注视中枢，可使两眼球同时向对侧注视。

（2）初级感觉区包括：躯体感觉区、视区和听区。

躯体感觉区（somato－sensory area），位于中心后回布罗德曼第1、2、3区，接受身体对侧的痛、温、触和本体感觉冲动，并形成相应的感觉。顶上小叶布罗德曼第5、7区为精细触觉和实体觉的皮质区。身体各部在这个区域的投射方式也是上下颠倒、左右交叉的，并且投射范围大小只与身体部位的敏感程度有关，而与该部位的形体大小无关。躯体感觉区还包括位于中央后回下端附近的平衡觉区、中央后回下方岛盖部的味觉区、海马旁回附近的嗅觉区和散状分布在扣带回前部、颞叶前部、眶回后部、岛叶、海马及海马沟等区域的内脏皮质区。这个区域主要掌管对侧身体的痛、温、触、压、位置和运动等感觉。

视区（visual area），位于布罗德曼第17区，单侧视区接受通过该侧视网膜颞侧半以及对侧视网膜鼻侧半传入外侧膝状体的视觉信息，再到感受器。因此损伤一侧视区，可能会引起双眼的偏盲。

听区（auditory area），位于颞横回，布罗德曼第41、42区，一侧听区接受该侧内侧膝状体传来的两耳听觉信息，所以，一侧听区受损不一定引起双耳听觉障碍。

（3）语言区。人类大脑皮质与动物的本质区别是能进行思维、意识等高级神经活动，并用语言进行表达。因此，人的大脑皮质还存在特有的语言中枢（speech area）。一般认为，语言中枢定位在左侧半球，只有一部分人的在右侧半球。故左半球被认为是语言区的“优势半球”。临床观察证实，90%以上的失语症都是左侧大脑半球受损伤的结果。语言区包括说话、听话、书写、阅读和运用5个区。它们分别是：运动性语言中枢，位于额下回后部布罗德曼第44、45区，又称布洛卡区，这部分受到损伤会引起“运动性失语症”；听觉性语言中枢，位于颞上回布罗德曼第22、42区皮质，该区具有能够听到声音并将声音理解成语言的一系列过程的功能，该区受损会引起“感觉性失语症”；视觉性语言中枢，位于顶下小叶的角回，即布罗德曼第39区，该区具有理解看到的符号和文字意义的功能，如果受损会表现为“失读症”；运用中枢，位于顶下小叶的缘上回，即布罗德曼第40区，此区主管精细的协调功能；书写中枢，位于额中回后部布罗德曼第6、8区，如这个区域被损伤，会表现为“失写症”。

大脑皮质表面，除了一些具有特定功能的中枢外，还存在着广泛的脑区，它们不局限于某种功能，而是对各种信息进行加工和整合，完成更高级的神经活动，称为联络区。大脑纵裂将大脑分为两个半球，纵裂的底部为胼胝体。在大脑皮层表面，布满了沟回，这些沟回把大脑皮层分为 5 个叶，这些叶部也被称为联络区。其中额叶为四个脑叶中最大的，占大脑半球的三分之一，位于中心沟之前与侧裂之上的部位；颞叶位于侧裂以下；顶叶位于中心沟之后与侧裂之上；在顶叶与颞叶之后，小脑之上、大脑后端的部分叫枕叶；外侧裂深方还有岛叶。

额叶位于中心沟前方，也叫前额叶。中心沟和中心前沟之间的区域称为中心前回。在中心前回前方分布着额上沟和额下沟，它们相间形成了额上回、额中回和额下回。额下回的后部被外侧裂的升支和水平分支分为眶部、三角部和盖部。额叶前端称额极，额叶底面是直回和眶回，直回和眶回最内方的区域为嗅束沟，里面充满了嗅束和嗅球。嗅束又分为内侧嗅纹和外侧嗅纹，由这两个嗅纹围成的三角区被称为嗅三角，也叫前穿质，前部脑底动脉环的许多穿支血管从嗅三角进入脑部。在额叶的内侧面，中心前、后回延续的部分，有一个旁中心小叶，负责思维、计划及个体的需求和情感。额叶的整体功能与躯体运动、发音、语言及高级思维活动有关。

顶叶在中心沟后方，顶枕裂与枕前切迹连线之前。中心沟和中心后沟之间的部分是中心后回。横向分布的顶间沟把顶叶的剩下部分分为顶上小叶和顶下小叶。顶上小叶的功能与躯体感觉、味觉、语言等有关。顶下小叶又包括缘上回和角回，接收疼痛、触摸、品尝、压力的感觉，该区域也与数学和逻辑相关。

颞叶位于外侧裂下方，由颞上沟、颞中沟、颞下沟分出的颞上回、颞中回、颞下回和外侧裂内的颞横回构成。颞叶的侧面和底面为梭状回，侧副裂与海马裂之间为海马回，围绕海马裂前端的钩状部分为海马沟回。这里负责处理听觉信息，也与语言记忆和情感功能有关。

枕叶位于顶叶与颞叶之后，在小脑之上、大脑后端的部分，负责语言、动作感觉、抽象概念及视觉。

岛叶呈三角形岛状，位于外侧沟深面，被额、顶、颞叶所覆盖，其表面的斜行中心沟分为长回和短回。岛叶与内脏活动有关。

第三节　大脑的高级机能

从现代心理学的研究，我们已经知道，脑是心理的器官，心理是脑的机能。脑对心理活动和人类行为的重要作用已经不言而喻。通过以上的学习，我们已经初步了解人类大脑的结构，以及大脑的分区及其功能定位。但那些都是从微观上了解的零散功能，而人类的高级心理活动和行为与脑又是怎样的关系，则需要我们进一步学习。本节将从宏观上探讨反射和脑的高级神经功能，大脑两半球的功能差异、相应脑组织对情绪的影响、记忆等问题。

一、反射

（一）反射与反射弧

有机体通过神经系统对内外界刺激作出的规律性应答称为反射。脑作为人体的最高指挥器官，它的任务就是促使神经、肌肉和腺体产生反应，而产生反应的方式就是反射。反射是神经系统的基本功能。例如：饥饿的时候看见食物会分泌唾液，物体在眼前突然出现会使人产生眨眼反应。这些都是反射活动。

实现反射的神经结构称为反射弧。反射弧是由两个部分组成的，一个部分叫分析器，负责信息的接收和分析，包括感受器、传入神经、神经中枢；另一个部分叫执行机构，负责信息的传出和执行，包括传出神经和效应器。当刺激作用于感受器时，感受器产生神经冲动并把这种冲动传入神经中枢，神经中枢对这些信息进行整合加工以后，通过传出神经把信息传至效应器。但反射活动并不是如此简单的单向传导，效应器发出的神经冲动会作为新刺激传入神经中枢，这个过程叫做反馈。反馈的存在使得反射从单向活动变成了有往返的双向运动，形成了反射环。

（二）条件反射和非条件反射

1. 非条件反射

以具体事物为条件刺激建立的条件反射称为非条件反射。非条件反射是人生来就有的先天性反射，是机体在种系发展过程中发展起来的反射类型。比如膝跳反射、眨眼反射、缩手反射等。它的神经活动形式比较低级，在大脑皮层以下的神经中枢、脑干和脊髓中就可以完成。这种反应是快速而刻板的，虽然对有机体适应环境有重要意义，但是这种反应只能适应固定不变的外界条件。

2. 条件反射

（1）经典性条件反射。经典性条件反射是指一个条件刺激和另一个带有奖赏或惩罚性质的无条件刺激多次联结，使个体学会在单独呈现该无条件刺激时，也能引发类似无条件反应的条件反应。

巴甫洛夫开创了经典性条件反射研究的先河，他在研究消化现象时，观察了狗的唾液分泌，即对食物的一种反应特征。他在给狗喂食时测量狗的唾液分泌量，这部分是非条件反射引起的。后来，他改变了实验条件，在每次喂食以前都先响铃。多次进行这一步骤以后，巴甫洛夫发现，狗在只有铃响没有食物的情况下也会分泌唾液。这个过程集合了经典条件刺激的 4 个必要条件：条件刺激（CS）、无条件刺激（UCS）、条件反应（CR）、无条件反应（UCR）。

巴甫洛夫实验中的铃响即条件刺激（CS）。肉就是无条件刺激（UCS）：它在条件反射形成之前就能引起预期反应（本能）。对于无条件刺激的唾液分泌反应叫做无条件反应（UCR），在这个实验中，就是指狗看见肉即分泌唾液。由条件刺激引起的反应就叫做条件反应（CR），即由铃响引起的唾液分泌反应。当两个刺激紧密联结反复出现，就会形成条件反射。这个时候即使是中性的条件刺激单独出现（如响铃），也能引起狗的唾液分泌。一般情况下，无条件刺激都会紧跟着条件刺激出现。

（2）操作性条件反射。操作性条件反射是行为主义学习理论的核心，是由美国的心理学家斯金纳提出的。斯金纳在实验箱内放入一只处于饥饿状态的老鼠，老鼠在箱内乱窜时，偶尔按压了一下能掀动食物的横竿而获得了食物，经历了几次之后，老鼠学会了按压杠杆获得食物。这种条件反射不是由刺激情景引发的，而是有机体的自发行为。据此，他提出人的绝大多数行为都是操作性行为，影响行为巩固或再次出现的关键因素是行为后所得到的结果，即强化。

经典性条件反射和操作性条件反射都需要通过强化才能建立起来，在本质上是相同的。但它们也有着各自的特点。在刺激呈现方面，在经典性条件反射的活动中，刺激物在行为之前已经呈现，刺激是作为引发行为的一种手段，也就是说特定的刺激引发特定的行为。在巴甫洛夫对狗的实验中，食物、铃声、实验者的脚步声或者实验室的灯的开关与实验人员的白大褂都可以认为是对狗的刺激，他们都可以刺激狗的唾液分泌；而在操作性条件反射的实验中，刺激物在行为之后呈现，它是用作强化的，即强化实验者所期望被试做出的行为。当被试做出实验者期望的行为，那么刺激就会出现。从反应方面看，反应的先天性与后天性是两种条件反射的根本区别。在经典性条件反射中，有机体的反应是天生就有的；而在操作性条件反射中，反应是后天塑造的。从强化的时间先后来看，在经典性条件反射的实验中，刺激物作为一种强化，它在行为之前就已经被呈现，它是用来引发特定的行为的；而在操作性条件反射的实验中，刺激物是伴随着行为的产生而呈现的，也就是说强化是在特定行为出现之后，目的是让被试学会实验者所期望的特定的行为反应。从神经系统的操作水平来看，在经典性条件反射的实验中，被试的动作是在植物性神经系统的支配下进行的，是不随意的。操作性条件反射是在躯体性神经系统的参与下完成的，往往有高级的神经系统参与活动，是一种随意的行为。从可观察到的行为变化来看，在经典性条件反射的实验中，可观察到的行为的变化是被试特定行为的出现；而在操作性条件反射过程中，可观察到的行为的变化是被试行为反应的速度、力量、频率的变化。巴甫洛夫在自己的实验中运用不同的实验方法看到的仅仅是狗有无唾液的分泌，而在操作性条件反射的研究中，研究者观察到的是老鼠按压杠杆的行为出现的速度、力量、频率的不断变化。在斯金纳的操作性条件反射中，老鼠一开始并无意去按压杠杆，但经过不断获得食物的强化，老鼠按压杠杆的速度与频率越来越快、越来越高，直至最后一进入箱子就去按压杠杆。

二、大脑两半球功能差异

从外观上看，大脑两个半球似乎是完全对称的，但实际上大脑两半球的大小和重量都有差异。这种差异主要表现在左右两半球在实现语言、逻辑、数学和空间认知、雕刻、音乐等方面功能的差异上。这种大脑两半球功能的不对称性称为“单侧化”。单侧化的研究为人们认识脑的功能提供了新的知识和开辟了新的途径。

19世纪前，人们对左右脑之间的差异几乎一无所知。直到1816年，法国医生布洛卡偶然碰到一位失语症病人，发现他能讲话，但患病后不能用语言表达自己的思想。检查表明，他的听觉器官和发音器官完好无损。当患者的尸体被解剖时，布洛卡发现，患者左额叶组织有严重病变，他为此写出了轰动科学界的论文——《人是用左脑说话》。对失语症的研究使人类终于认识到了左脑和右脑存在功能差异，这就是著名的布洛卡分脑区实验。自从布洛卡发现大脑左半球额叶受损伤会导致运动性失语症以来，大量研究已向人们揭示了左半球的语言功能。因此，对右利手者来说，左半球为言语优势半球。尽管研究者对左半球的功能优势有了一定了解，但对于右半球的功能研究却相对滞后。直到近年，研究发现右半球与空间定向和复杂图形的知觉有关。右利手者在右半球受损伤时，他们在空间和形象认知能力方面产生障碍，只能知觉局部细节而不能把握整体。有的患者不能识别人的面孔，有的患者不能确定地图坐标。这些不正常现象表明了右半球也有自己的功能优势。

随后，对左利手者的研究却出现了和右利手者相反的现象。有的左利手者的右半球为语言优势半球，左半球为空间知觉优势半球。有的左利手者的两半球功能完全没有单侧化现象，他们两半球的功能是均衡的，任何一侧受损伤均可导致失语症，而且，未受损伤的半球能较好地补偿受损伤半球的语言功能。这种现象使人迷惑不解，增加了认识两半球功能差异性的难度。

对单侧化的进一步研究是从21世纪60年代斯佩里组织的“割裂脑”技术开始的。起先，他和他的学生对动物进行割裂脑实验，研究发现，当切断猫（随后是猴子）的左右脑之间的全部联系时，这些动物仍然生活得很正常。更令人兴奋的是，他们可以训练两个脑半球以相反的方式去完成同一项任务。后来他们又对裂脑人进行了实验研究，即为严重癫痫病人切除胼胝体，把两大脑半球之间的神经联系切断。对于癫痫发作的病人，胼胝体起到连接桥的作用，会使一边半球的神经发作引起对边半球放电，从而导致两个半球的普遍放电，加剧了癫痫发作。通过割裂脑手术——割断胼胝体在两个半球之间的连接桥，可有效地制止癫痫发作的严重情况。结果发现，各自独立的半球有其自身的意识流，在同一个头脑中，两种独立意识平行存在，它们有各自的感觉、知觉、认知、学习以及记忆等。也就是说，左脑同样具有右脑的功能，右脑也同样具有左脑的功能，只是各有分工和侧重点而已。正常人的脑是作为一个整合的整体来起作用的。两个半球各自获得的外界信息均可立即通过脑中心的胼胝体内连接两半球的神经互相传送到对边半球。

割裂脑的研究证明了大脑两半球的功能之间存在差异，但这种差异到底是什么还不能被完全精确地描述出来。根据已有研究，左半球支配着言语表达能力、数学运算以及连续的分析综合思维活动，并符合逻辑；右半球能理解简单的语言，如摸出一个螺母表明对“螺母”一词作出了反应，但不能理解抽象的语言形式和进行抽象思维。从语言功能上说，对右利手者，左半球为优势半球，右半球为非优势半球。

随着研究技术的发展，许多研究也证明了右半球有着它的特殊功能。右半球支配着空间方位定向和图形认知能力。它比左半球更好地完成三度空间辨认和绘画立体图形，在按照图案构造立体模型上，比左半球显示出更有效的形象构思和形象透视能力。由此推论，右半球有着方位知觉、触摸觉、绘画、雕刻等艺术活动方面的优势。还有些研究者认为右半球比左半球更好地支配情绪和梦，从而把与情绪活动密切联系的艺术才能归结为右半球优势。但这需要做更多的研究才能予以确定。

两个半球的专门化随着个体掌握语言和言语能力的完善化而显示出来。如果在儿童时期，人的左半球受到损伤，那么右半球能够代偿语言功能。但是，如果成年人左半球受损伤，根据其受损程度，其语言功能将可能受到不可逆转的损伤。

三、边缘系统对情绪的调节

1952 年，麦克林正式提出“边缘系统”这一术语，指边缘叶以及与其有密切组织学联系并位于附近的神经核团，包括扣带回、眶回、胼胝体下回、梨状区、海马回、杏仁核、厢区、下丘脑、乳头体等大脑部分和神经核团。研究表明，边缘系统对情绪的调节起到了重要作用，人类情绪行为和边缘系统的下丘脑、杏仁核、海马、扣带回、隔区等部分有密切联系。

美国学者康隆研究了疼痛、恐惧、愤怒等情绪反应的生理变化，并通过动物实验发现，丘脑受到损伤时，其情绪易于激动。下丘脑的一些核团被认为在许多不同种类的情绪性行为中起到主要作用。康隆的实验表明，下丘脑内存在防御反应区，其位于近中线的腹内侧区，点刺激该区会出现防御反应，点刺激下丘脑外侧区可导致动物出现攻击厮杀行为，点刺激下丘脑背侧区则出现逃避性行为。林兹利认为，从外周和内脏传入的感觉冲动由侧支纤维进入脑干网状结构，并经下丘脑整合与扩散，从而兴奋间脑的觉醒中枢，激活大脑皮层。下丘脑被认为是情绪的躯体反应和内脏反应的整合部位。

杏仁核是边缘系统的重要结构，与皮质、皮质下核团及脑干有着广泛联系，参与边缘系统大多数生理活动，能将各种感觉形成情绪化倾向，其在情绪调控和激发精神病中的作用逐渐被人们重视。神经学家斯纳特和马斯克认为愤怒、凶暴的情绪与杏仁核有关，他们基于神经学检查和癫痫发作史诊断出有些凶暴行为患者的脑病变似乎常常发生在杏仁核。

海马在情绪行为中的作用十分复杂，当海马受损时，动物的愤怒、焦虑情绪剧减，而欢快情绪则消失。隔区目前被认为是抑制情绪行为的结构，损毁隔区意味着解除其抑制作用，动物即表现出极其夸张的情绪状态，变得异常凶恶。扣带回也与情绪反应密切相关，但不同的研究得出的结果很不一致。有的研究表明，损伤扣带回的猴子丧失了明显的情绪反应；也有研究表明，扣带回被切除后会导致动物愤怒与恐惧感觉的增加。

边缘系统对于情绪调节的另一个重要方面是“自我刺激”。美国生物学家欧兹曾对老鼠丘脑下部进行电刺激的实验，老鼠只要自己按压杠杆，电源就可以接通，以此对老鼠进行电刺激。结果，老鼠很快学会了按压杠杆而连续自我刺激，直至精疲力竭而死。60 年代，美国医生扎克布森和汤尔可逊用同样的方法对人进行了实验。结果显示，患者也反复按压杠杆，面带微笑。当电极被放置于那些产生回避反应的区域，他们感受到不明确的恐惧和惊吓。由此，人们推测下丘脑中存在“快乐中枢”和“痛苦中枢”。同样人们还发现在中脑导水管的中央灰质区，并向上延伸到下丘脑和丘脑的结构中存在“惩罚中枢”。

四、记忆的脑机制

（一）海马与记忆

海马与长时记忆功能有联系的发现，起始于1953年对癫痫病人做的左右两侧部分颞叶切除术。手术完成后，病人表现出摧毁性的记忆障碍，不能保持长期的记忆，虽仍能记住手术前经历的人和事，有正常人的智商，但不能把短期的记忆变成长期的记忆。比如一个医生走进他的房间，做一番自我介绍并和他交谈后离开。几分钟后医生再返回病房，患者既记不得他的脸，也想不起他的名字，甚至不记得这个医生刚刚来看过他这样的一个事实。这种情况提醒了主治医生，在手术过程中，他把患者脑的某一重要部分切除了。后期研究发现，那个被切除的重要部分是海马。

海马结构与人类记忆密切相关。海马结构由海马、齿状回等组成。海马全长5厘米，位于侧脑室下角底，内衬复室管膜层，海马绕过胼胝体位于胼胝上回。齿状回是一条狭长的皮质带，被海马包绕。海马分为网状层、锥体层和多形细胞层，由大型锥体C、小型锥体C、三角形C和梭形C构成。

海马与皮质区、皮质下区、脑干网状结构保持着间接联系。双侧海马损伤可导致近期记忆丧失，但远期记忆不受影响。海马结构涉及与记忆储存有关的过程。远期记忆储存不是海马的单一作用，还需要保持皮质各区和皮质下区的完整性。完整的记忆是在中枢神经系统留下的痕迹，是条件反射的结果。

（二）其他脑结构与记忆

此外，海马外围的颞叶也与记忆有关。当颞叶放电时，会使人产生似曾相识的感觉，即是指某人对初次经历的人和事会产生似曾相识或似曾经历过的感觉。

与海马相邻的杏仁核也与记忆有关。杏仁核起着记忆中转站的作用，它与感觉和情感相连，可以使记忆固定下来。神经记忆分短期记忆和长期记忆。对短期记忆的信息人只能记住几分钟，很不牢固，精力稍有分散便忘光了。但如果该信息不能忘，而且将来还用得着，那它会自动转入长期记忆的过程，也称为巩固的过程。海马便参与了其中的工作。

第四节　内分泌系统与心理

先前，我们已经初步了解神经系统对有机体的调节作用。而内分泌系统调节和神经调节的差异很大。它调节的作用和范围不像神经系统一样集中，而是相对弥散，作用速度也不是立竿见影的，而是比较慢和持久的。内分泌系统的调节对人的正常活动有重大意义。如果内分泌腺体的分泌出现异常，就会引起人的生理或心理异常。内分泌系统的调节离不开神经调节，内分泌机能受到神经系统的控制，形成神经—体液调节。而内分泌腺分泌的激素又反过来作用于神经系统的功能，在中枢神经系统的主导作用下，神经调节与内分泌调节互相配合、互相协调，使有机体的生命得以正常进行。

一、内分泌系统的相关概念

内分泌（endocrine）是指细胞所分泌的物质直接进入血液或其他体液的过程。内分泌系统（endocrine system）则是由内分泌腺和分散于某些器官组织中的内分泌细胞所组成的一个体内信息传递系统。人体除了神经系统这个调节机制以外还有体液调节机制，体液调节是通过内分泌腺分泌激素来实现的。激素（hormone）是具有高效能的生物活性物质，在血液中的浓度很低，它由体液传递，作为“化学信使”对组织细胞发挥调节作用，从而影响机体的生理功能。被激素作用的细胞、组织和器官，分别称为靶细胞、靶组织和靶器官。内分泌腺没有导管，激素由腺细胞直接渗入血液和淋巴，通过血液被循环运送到整个机体，对不同的器官选择性地发生作用。

二、内分泌腺的机能

人体主要的内分泌腺有：脑垂体、甲状腺、甲状旁腺、胸腺、胰岛、肾上腺和性腺等。下丘脑的某些神经细胞、肾脏和消化管黏膜上的某些特殊细胞也具有内分泌的功能。它们之间相互联系、相互制约，共同组成了内分泌系统，对生理和心理活动有重大影响。

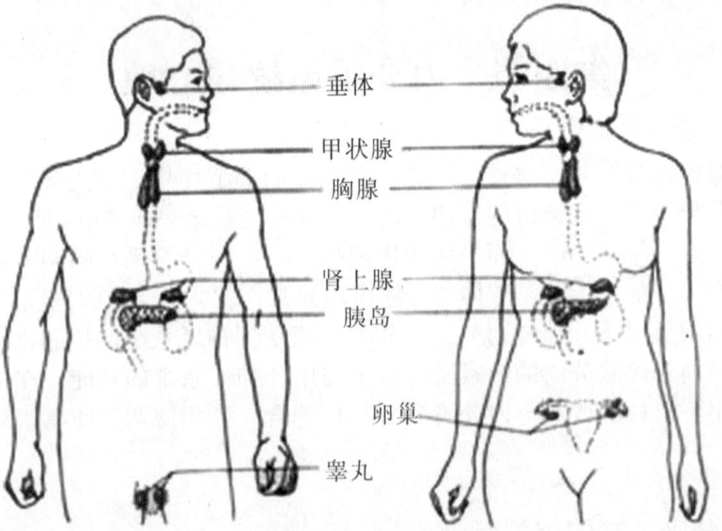

图 2-7　几种主要的内分泌腺在体内的分布

（一）脑垂体

脑垂体位于丘脑下部，是两个分开而又紧密靠着的腺体，大小如豌豆，约重0.6克，它是人体内最重要的内分泌腺。脑垂体结构复杂，分泌的激素最多，作用广泛，并且能够调节其他内分泌腺的活动。脑垂体分为垂体前叶和垂体后叶两大部分。

垂体前叶分泌多种激素，由下丘脑控制。垂体前叶释放的一种激素有直接效应，它直接影响身体生长的速度和持续时间，如果分泌过少会引起侏儒症，分泌过多则引起巨人症。垂体前叶释放的另一些激素则通过触发其他内分泌腺的活动，影响与那些腺体有关的生理活动。如促甲状腺素和促肾上腺皮质素分别调节甲状腺和肾上腺皮质的分泌功能；触发肾上腺分泌会引起情绪性变化方面的垂体—肾上腺相互作用；卵泡刺激素、黄体生成素调节性腺的功能等。

垂体后叶完全为下丘脑所控制。它不是分泌细胞，它所产生的抗利尿激素控制尿的分泌速度和分泌量；它还间接控制血压，并影响分娩和乳汁分泌。由于下丘脑的作用，在一定的情绪影响下，排尿、血压均可发生变化。事实上，分娩和排乳也受情绪的影响。近年研究表明，抗利尿素还有增进记忆和改善记忆功能障碍的作用。

（二）肾上腺

肾上腺有两个，共重10～15克，分别位于左右肾脏的上方，分为内外两层。内层是肾上腺髓质，外层为肾上腺皮质。肾上腺对有机体的应激状态、行为和情绪有重要的影响。

肾上腺皮质能够分泌大量具有生物活性的物质，这些活性物质按照功能可分为盐皮质激素、糖皮质激素、性激素三大类。其中，盐皮质激素参与机体钠、钾代谢的调节；糖皮质激素与机体的糖代谢有关。

肾上腺髓质的活动是受交感系统控制的，交感系统与肾上腺髓质之间有着互相协调的作用。例如在情绪性刺激的作用下，交感系统同时刺激内脏器官和肾上腺髓质。神经刺激激起内脏器官立刻进入紧张活动，而激素启动较慢，但能维持较长时间的效果，以保持肌体活动处于维持需要的状况。肾上腺髓质释放的激素有肾上腺素与去甲肾上腺素。肾上腺素与自主神经系统中的交感系统活动紧密联系，它能激活有机体，使之处于准备应激的状态。在应激状态（如情绪激动、疼痛、肌肉运动、低血糖、过冷或过热）时，肾上腺素分泌量大增，有时甚至可以达到基础分泌量的100倍左右，引起出汗、心率加速、外周血管舒张、胃肠血管收缩等与交感系统活动类似的现象，肝糖元和脂肪的分解加速，以提供给机体更多的能量。肾上腺素还作用于网状结构的某些部位，从而激活交感系统，再次激活肾上腺分泌，由此形成一个维持生理激活的循环。这就是为什么在刺激因素消失后，情绪激动状态会持续存在一段时间而不能立刻消失。去甲肾上腺素具有与肾上腺素类似的作用，特别由于去甲肾上腺素是交感系统中的神经递质，它直接促进交感系统的活动。研究表明：人在恐惧、害怕时，肾上腺素分泌增加；人在发怒时，去甲肾上腺素分泌增加。

肾上腺同时受到自主神经系统和中枢神经系统的作用。肾上腺的皮质和髓质能够对情绪行为进行调节，这种调节是通过两条神经内分泌通路实现的，一条是下丘脑—垂体—肾上腺皮质系统，一条是下丘脑—交感神经—肾上腺髓质系统。

1. 下丘脑—垂体—肾上腺皮质系统

下丘脑和脑垂体不但是神经系统的一部分，它们本身也是内分泌腺。情绪产生时，下丘脑放出促肾上腺皮质激素释放因子（CRF）调节垂体前叶促肾上腺皮质激素（ACTH）的分泌量，而肾上腺皮质激素又控制着肾上腺皮质类固醇的分泌和血液浓度。肾上腺皮质激素一方面影响身体各器官的生理效应，另一方面又对中枢神经系统和垂体腺具有反馈调节作用。

研究表明，焦虑、发怒、恐惧等有害的心理刺激能明显地增加肾上腺皮质激素和皮质类固醇的分泌量，并导致一系列生理效果。例如，人处在焦虑状态时，外周血管收缩，血糖浓度下降，肌肉松弛，消化腺分泌活动下降，这与肾上腺皮质激素和皮质类固醇分泌的增加有关。

2. 下丘脑—交感神经—肾上腺髓质系统

肾上腺髓质系统是受交感神经系统控制的。在对情绪性刺激发生反应时，交感神经同时刺激内脏器官和肾上腺髓质。通过神经的作用，内脏器官立即进入应激活动，肾上腺髓质则分泌两种激素——肾上腺素和去甲肾上腺素，并促进生理应激反应。激素到达器官较慢，但对各器官的生理效应具有较长的持续效果，直到活动的需要终结为止。需要指出的是，去甲肾上腺素不仅是肾上腺髓质分泌的激素，同时也是交感神经的传递介质。这样，内分泌系统不仅具有神经激活作用，还参与化学激活反应。而且交感神经直接支配肾上腺髓质，控制激素的分泌，肾上腺激素的分泌还能调节效应器官的活动，并对中枢神经系统形成反馈调节。可见，中枢神经系统、自主神经系统和内分泌系统之间存在网络性的交互作用关系。

至于肾上腺的功能对心理—情绪的影响，一般来说，情绪影响生理过程，其中包括对内分泌的影响；反过来，生理变化，特别是内分泌的变化又影响情绪。因此，神经—内分泌系统的自动调节机制也是情绪控制的机制，人在一定的情绪起伏之后会恢复平静。但是必须注意的是，由环境因素的变化所引起的情绪反应可以超过神经—内分泌自动调节的限度。在这种场合下，人所体验的情绪纷扰就会比较持久而强烈，甚至在环境刺激中长期存在，在一定条件的个体认知和人格特性下，一般的情绪纷扰转化为情绪异常也是可能的。

（三）甲状腺

甲状腺是人体最大的内分泌腺，重 20～30 克，位于气管上端的两侧，会分泌甲状腺素。幼年时甲状腺机能不足的人，身材异常矮小，智力低下（只有 4～5 岁儿童的智力），这被称为“呆小症”。该疾病发生愈早，对智力影响愈大。先天无甲状腺的人，可成为矮小的白痴。成年时甲状腺机能不足的人，基础代谢下降、记忆减退、思维缓慢、精力不足和嗜眠。甲状腺机能亢进的人，会出现多食、基础代谢增高、甲状腺肿大、中枢神经系统兴奋性增高、心跳过速、情绪容易激动、精神紧张、失眠、脾气急躁、反射过敏、体重减轻等症状。

（四）性腺

男子的性腺为睾丸，女子的为卵巢。睾丸分泌雄性素，具有使生殖器发育、精子成熟、性冲动和促进男性第二性征的发育等功能。卵巢分泌雌性素，具有使生殖器成熟、子宫黏膜周围周期性变化（月经）和促进女性第二性征的发育等功能。

（五）甲状旁腺

甲状旁腺分泌甲状旁腺素，可调节机体血钙浓度，促进骨骼、肾、肠道对钙的吸收。

（六）胰岛

胰岛为胰腺内具有内分泌机能的细胞，分泌胰岛素，起调节体内糖、蛋白质和脂肪代谢，维持血糖正常水平的作用。

（七）胸腺

胸腺分泌多种胸腺激素，该激素能促进 T 淋巴细胞生长和分化，所以与机体的免疫机能有密切关系。近年的研究表明，胸腺素与衰老有关。

《本章小结》

（1）组成神经系统的细胞称为神经元，神经元由胞体和突起构成。神经元的主要功能是接受刺激和传递信息。神经系统的调节活动是以反射的形式进行的。神经冲动的传导有三种形式：电传导、突触传导和非突触化学传导。

（2）神经系统分为中枢神经系统和周围神经系统。中枢神经系统包括脊髓和脑。周围神经系统包括脊神经、脑神经和植物神经。植物性神经又分为交感神经和副交感神经两部分。

（3）脑分为四个部分：间脑、脑干、小脑和端脑。其中端脑和间脑合称大脑，脑干分为中脑、脑桥和延脑三部分。

（4）内分泌腺通过分泌激素，影响人的情绪、动机和行为等方面。人体主要的内分泌腺有：脑垂体、甲状腺、甲状旁腺、胸腺、胰岛、肾上腺和性腺等。

关键术语

神经元　突触　神经系统　脑　边缘系统　下丘脑　反射　皮质分区　激素　内分泌

进一步阅读

［1］彭聃龄．普通心理学．北京：北京师范大学出版社，2001.

［2］左明雪．人体解剖生理学．北京：高等教育出版社，2003.

［3］［美］罗伯特·索拉索．21世纪的心理科学与脑科学．朱滢等译．北京：北京大学出版社，2002.

思考与练习

（1）什么叫神经元？它的基本功能是什么？

（2）简述突触的结构和机能。

（3）什么是动作电位？动作电位是怎样产生的？

（4）简述神经系统的结构及其功能。

（5）大脑两半球的功能差异都有哪些？

（6）简述大脑皮层的分区以及分区功能对人类心理和行为的重要影响。

（7）比较经典性条件反射和操作性条件反射的异同。

（8）简述边缘系统怎样影响情绪。

第三章　感觉与知觉

本章学习要点

1. 感觉和知觉的概念
2. 如何认识人的感受性及其限度
3. 感觉的分类
4. 知觉的种类与基本特征
5. 影响知觉的因素
6. 青少年知觉的特点和感知规律在教学过程中的运用

人们通过感官得到来自外部世界的信息，经过头脑对这些信息的加工，人们产生了对事物整体的认识。在实际生活中，人们不仅要认识事物的个别属性，还要认识事物的整体。在本章中，我们将讨论信息是如何进入大脑的，以及一些有趣的感知觉现象。

第一节　感觉、知觉概述

人对客观世界的认识是从感觉开始的，人对宇宙的概念是从感觉开始的，人的一切有意义的活动都是从感觉开始的。因为人通过各种感觉器官去看、去听、去触摸，并由此建立起对客观事物的最初的直接的印象。所以，感觉是人类一切认识的开端。

一、感觉

（一）感觉的概念及意义

1. 感觉的概念

感觉（sensation）是人脑对直接作用于感觉器官的事物个别属性的认识。对感觉的界定包含了多层含义，首先，感觉是客观的。没有了客观对象，也就没有对客观对象的感觉。其次，感觉是脑的机能。感觉是客观事物作用于人的感觉器官，最终在大脑产生的。第三，感觉提供了内外环境的信息。人们从周围环境获得必要的信息，是保证机体正常生活所必需的。没有感觉提供的外界信息，人就不能正常地生活。第四，感觉是人全部心理现象的基础。人类的知觉、记忆、思维等高级认知活动都必须借助感觉提供的原始材料，人的情绪、情感体验也必须依赖人对环境和身体内部状态的感觉。因此，失去感觉，一切心理现象都无从产生。

人有五种感觉器官，但事实上，人类的感觉不只五种。在心理学的研究中，最受重视的感觉是视觉和听觉，其次是肤觉、嗅觉和味觉。其中肤觉又包括触觉、痛觉、温度觉。除此之外，还有运动觉、平衡觉、内脏感觉等。

2. 感觉的意义

"感觉剥夺"实验是说明感觉重要性的一个极好例证。所谓感觉剥夺（sensation deprivation）是把人置于一个没有任何刺激或极少有刺激的环境里，使其没有或极少有可能产生感觉。实验结果表明：被剥夺者的注意力不集中，思维不连贯，条理不清，反应迟钝，烦躁，甚至还会产生幻觉、神经质症状或恐怖症。总之，感觉剥夺严重影响了人的认知活动，特别是思维过程，会造成心理上的紊乱甚至病态。

专栏 3－1　"感觉剥夺"实验

1954 年，加拿大的心理学研究者贝克斯和赫荣等人在麦克吉尔大学首先进行了"感觉剥夺"实验。他们让大学生做被试，并对他们单个进行实验。实验中，他们为被试戴上半透明护目镜，使之不产生任何视觉感受；用空气调节器产生的单调声音限制其听觉；还给被试手臂戴上纸筒套袖和手套，腿脚用夹板固定，限制其触觉。被试整天这样单独待在有隔音装置的小屋里，几小时后就感到恐慌，因百般无聊而昏睡。连续 3～4 天后，被试感到难以忍受，拒绝实验下去。4 天后，他们才让被试走出小屋，并对其进行心理测验，发现他们各种能力普遍受到损害，经过一段时间的调整后才恢复正常水平。被试报告说，他们在小屋里注意力不能集中，思想混乱，并产生幻觉，同时心情焦虑、恐惧。后来美国的普林斯顿大学也进行过同类实验，其结果更为严重。感觉剥夺实验表明，大脑的发育、人的成长成熟是建立在与外界环境广泛接触的基础之上的。

（二）感觉的度量

心理物理学（psychopyhsics）研究心理经验与物理刺激之间的相互关系，说明心理量如何随着刺激的物理量的变化而变化。

1. 感受性

人对刺激物的感觉能力称为感受性（sensibility）。它是用感觉阈限的大小来度量的。这里的"阈限"就是指界限、临界值。我们要感觉到一个刺激的存在或刺激的变化，这个刺激的强度或强度的变化需达到起码的量值，这个临界值就叫做感觉阈限（sensation threshold）。刺激量在阈限值以上的都能引起感觉，而低于阈限值的就不能引起感觉。感觉阈限是经过多次测量而得出的数值，是从恰好能引起感觉到恰好不能引起感觉的刺激强度的若干数值的算术平均值。

感受性与感觉阈限之间成反比关系，阈限低则表明感受性高，感觉敏锐；反之，阈限越高，感受性越低。对感觉迟钝者来说，只有提高刺激强度才能引起感觉。每种感觉既有绝对感受性和绝对感觉阈限，又有差别感受性和差别阈限。

2. 绝对感受性与绝对阈限

刚刚能引起感觉的最小刺激量，称为绝对阈限（absolute threshold）。觉察出最小刺激量的能力称为绝对感受性。通常我们听不到一根针落地的声音，也觉察不到灰尘落在皮肤上，因为它们不足以引起我们的感觉。心理学把刚刚能引起某种感觉的最小刺激量称为绝对阈限的下限。若刺激强度过大，超出了正常限度，这种感觉会消失而导致其他不舒服的感觉。这种刚刚导致感觉消失的最大刺激量，称为绝对阈限的上限。在下阈与上阈之间的任何刺激都能引起感觉，在此范围之外的刺激（阈外刺激）都不能引起感觉。例如，人眼只能对波长380纳米至780纳米范围的光波刺激发生反应，低于380纳米的紫外线及高于780纳米的红外线均不能引起视觉。

绝对感受性与绝对阈限之间成反比关系。用公式 $E = I/R$ 表示，E 代表绝对感受性，R 代表绝对阈限。

表3－1　几种常见感觉的绝对阈限

光	清晰夜空中可见30英里外的一支烛光
声	安静环境中可听到6米外表的走针声
味	可尝出9升水中放一茶匙糖的甜味
触	可感到蜜蜂翅膀距脸颊1厘米处落下

注：引自孟昭兰．普通心理学．北京：北京大学出版社，1994.

3. 差别感受性与差别阈限

刺激物引起感觉后，如果刺激强度发生微小的变化，人的主观感觉能否觉察到？这就涉及差别感受性的问题。以重量感觉为例，把100克物品放在手上，如果再加上1克或减去1克，我们感觉不到重量的变化。根据试验，只有当重量增或减3克时，才能刚刚感觉出重量的改变。心理学家把刚刚能引起差别感觉的刺激的最小变化量叫做差别阈限（difference threshold），它的量值又叫最小可觉差（just noticeable difference，记为jnd）。差别阈限和差别感受性成反比。

19世纪40年代，德国的生理学家韦伯（E. H. Weber）在研究重量感觉的变化时发现，100克重量至少需要增减3克，200克重量最少需要增减6克，300克则最少需增减9克，才能让人觉察出重量的变化。也就是说，差别阈限随原来刺激量的变化而变化，并表现出一定的规律性，即差别阈限与原刺激量的比例是个常数。用数学公式表示即，$K = \frac{\Delta I}{I}$。这里 ΔI 表示差别阈限，I 表示原刺激量（又称标准刺激强度），K 是小于1的一个常数，又叫做韦伯分数。这个公式被后人称为韦伯定律。

（三）感觉的种类

感觉分为外部感觉和内部感觉。

1. 外部感觉

接受外部刺激、反映外界事物属性的感觉属于外部感觉，包括视觉、听觉、嗅觉、味觉和皮肤感觉。皮肤感觉又区分为触觉、压觉、温度觉、痛觉和振动觉等。

2. 内部感觉

接受有机体内部刺激，反映身体的位置、运动和内脏器官的不同状态的感觉称为内部感觉。属于这一类感觉的有运动觉、平衡觉和内脏感觉。

二、知觉

（一）知觉的定义

知觉（perception）是对直接作用于人的感觉器官的客观事物个别属性的整体反映。例如，有一个事物，我们通过视觉器官感到它具有圆圆的形状、红红的颜色，通过嗅觉器官感到它特有的芳香气味，通过手的触摸感到它硬中带软，通过口腔品尝到它的酸甜味道，于是，我们通过知觉把这个事物判断为苹果。像这样对事物整体的感知和解释过程，就是知觉。

外界事物的各种属性作用于人的不同感觉器官，让人产生各种不同的感觉。但是无论哪种感觉都只是对事物个别属性的反映。事物的个别属性不是离开事物的本体而孤立的存在，它总是作为事物整体的一个方面或一个部分来被人反映。当人们感觉到某一事物的声音、形状、颜色、光滑度、硬度等属性的同时，也就对它作出整体性的认知，叫出它的名称，把它与其他相似的事物分开，这就是知觉。也可以说，知觉是选择、组织和解释感觉刺激，使之成为一个有意义的连贯的现实印象的过程。知觉比感觉复杂得多，它包括对感觉信息的组织、加工和解释。知觉充分体现了积极性和主动性，不像感觉那样为客观刺激的物理性质所决定。通过对感觉、知觉的比较，可更深入理解知觉的实质。

（二）知觉与感觉的比较

从反映的内容来看，感觉所反映的是事物的个别属性，它提供有关事物的性质的知识。知觉是对事物的整体的反映，它的目的在于解释作用于感官的事物是什么，并赋予它一定的意义。

从所包含的成分来看，感觉是单一感官分析器活动的结果。而知觉是由一种主要感官分析器产生的单纯知觉映像，如视知觉、听知觉、味知觉等，也有多种感官协同活动所产生的、包含多种感觉成分的综合知觉映像。

从产生的机制来看，感觉通过特殊传导通路，把感官接受的信息输入到大脑皮层的投射区，在那里对信息进行加工而产生感觉。而知觉主要是大脑皮层联合区对感觉信息的选取、组织和解释等综合加工的结果。

从制约感知觉的因素来看，感觉和知觉是同时进行的，但是它们又是不同的心理过程。感觉的性质更多的是由刺激物的性质决定的，相同的刺激会引起相同的感觉。而知觉在很大程度上受个体的经验和态度的影响。不同的人对同一事物的知觉会有差别，人的情绪、态度对知觉有很大的制约性，因此知觉不是外界事物的简单映像。它是在已有知识经验的基础上，在思维的参与下，对客体信息进行选取、理解和作出解释的过程，这个过程充分体现了知觉的积极主动性。所以，知觉既不是外界事物消极印入大脑的过程，也不是大脑被动获得事物映像的过程。虽然知觉以感觉信息为前提，但是知觉远比感觉复杂、丰富、生动。

知觉虽然不同于并高于感觉，但它与感觉又有不可分割的联系。客体事物首先被感觉，然后才能进一步被知觉。在人们的日常生活中很少有孤立的感觉，它们总是以知觉的形式直接反映事物。感觉作为知觉的前提、基础和组成部分，与知觉融为一体。对事物的感觉越丰富、精确，知觉就越全面。另外，感觉与知觉也有某些共同性，它们都属于感性认知过程，都受到一定的时空限制，也都具有现实性和直观性，它们是人的高级心理活动的基础。

第二节　感觉的种类

早在远古时代，人们就对感觉进行了区分。古希腊根据眼、耳、鼻、舌、身五种感觉器官，将人们的感觉分为相应的五类：视觉、听觉、嗅觉、味觉和触觉。现代心理学根据感觉器官在机体的不同部位和接受刺激的特点不同，把人的感觉分成两类：外部感觉和内部感觉。外部感觉包括视觉、听觉、嗅觉、味觉和皮肤感觉。内部感觉包括机体觉、平衡觉和运动觉等。

一、视　觉

在人类的所有感觉中，视觉（visual sense）是最重要的。这是因为在人类获取知识和经验的过程中，80%的信息依靠视觉提供。我们的各种活动也多数是在视觉的调节下进行的。此外，眼睛的构造也比其他感觉器官要复杂。因此，多年来生理心理学家们在视觉心理上所做的研究也比其他感觉多。

（一）视觉的生理机制

光刺激作用于眼睛，通过眼球的折光、感光机制、传导和中枢机制最后才能产生视觉映像。眼睛是视觉器官，结构很复杂，极像一台照相机。人类的眼睛，形状像圆珠，所以通常称为眼球或眼珠。眼球的结构，如图 3 - 1 所示，在眼球的正前方外露的透明部分称为角膜（cornea），外界光线由此进入。角膜之后，圆环形状的部分是虹膜（iris）。虹膜带有颜色，因此也叫虹彩。虹膜的颜色为黑色或蓝色，这决定于遗传，因此不同种族间不一定相同。中国人的虹膜，一般呈黑色。虹膜的中央有一个圆孔，称为瞳孔（pupil）。虹膜具有伸缩性，由它可以使瞳孔缩小或放大，以便调节进入眼球的光量，以适应不同亮度的环境。虹膜之后是晶状体（lens），它的功能类似照相机的构造——双凸镜。晶状体的周围是睫状肌（ciliary muscle）。睫状肌具有伸缩的特性，这种伸缩作用可以随时使晶状体的凸度改变，以调节它的透镜焦距。当所看物体在远处时，晶状体变为扁平；但所看物体在近处时，晶状体则变为凸起。眼球中间的广大部分充满玻璃体液（vitreous humor）。玻璃体液是透明的胶状，它的功能是经常维持足够的眼压，以防止眼球凹陷，从而保持眼球的正常形状。

眼球最内一层为网膜（retina）。网膜是眼睛最重要的部分。网膜上有两种感受光刺激的神经细胞，一种形状像长杆，称为杆状细胞（rod）；另一种形状像圆锥，称为锥体细胞（cone）。杆状细胞含有夜视觉所必需的视紫红质，故是夜视器官，但不能分辨颜色。而锥体细胞含有昼视觉所必需的视紫质，能分辨颜色，故是昼视觉和颜色视觉的器官。网膜上如果缺少一种或数种锥体细胞，就会产生色盲现象。

网膜的中央部分有一凹陷处，称为中央凹（fovea），是视觉系统中最敏感的地方。它含有大量密集的锥体细胞，因而有敏锐的视觉，颜色和空间细节的辨别主要由它承担。在偏离中央窝 15 度的地方，有一小块无视觉区，这个地方叫盲点（blind spot）。

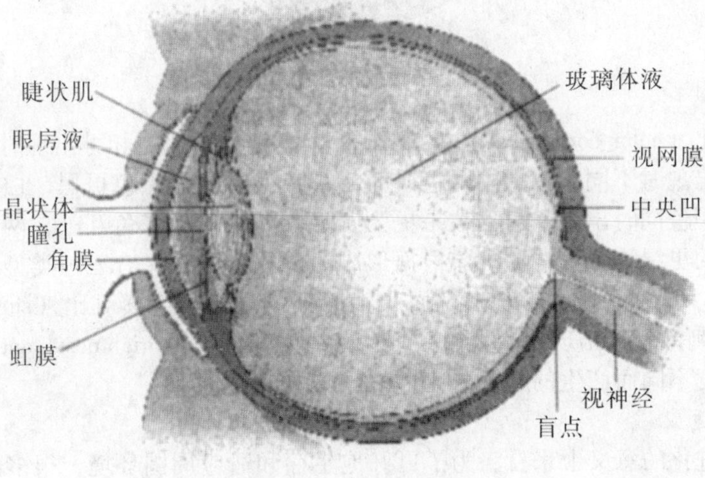

图 3-1　眼睛的构造

（二）视觉的主要现象

以下几点是视觉现象中最特殊的：

1. 视觉后像与颜色对比

当我们晚间看书时，如果将房间的灯快速开关一次，在熄灯之后的短暂时间内，在视觉上仍然会留存着灯亮时的形象。这种视觉刺激虽消失而感觉暂时留存的现象，称为后像（afterimage）。根据心理学家的研究，后像有两种不同形式：正后像（positive afterimage）和负后像（negative afterimage）。正后像的特征是原刺激消失后，其所遗留的后像与原刺激的色彩及亮度均相似。如看烟火时，引起光觉与色觉的刺激消失后，仍然暂时留存着原来烟火的光与色的感觉。这种情形即所谓正后像。另一种负后像的特征是后像的亮度与原刺激相反，而色彩与原刺激互补。例如，注视白色的钟面与黑色的钟框，停留片刻后，将视线移向附近墙壁，此时眼前会出现黑色钟面与白色钟框的后像。在一般情况下，视觉刺激的强度与注视的时间增加时，后像出现的可能性将增加，其持续时间也较长；反之，则不易形成后像。

图 3－2　后像

颜色对比（color contrast）是指当不同颜色的物体同时或相继出现时，色觉感受与单一颜色出现时不同。如黑白两色同时出现，就会觉得黑色更黑，白色更白。当两种互补的颜色同时出现，对比效果更为明显。如红色与绿色互补，两者并列，红的更红，绿的更绿。颜色对比现象根据形成的过程不同，又有三种类型：同时对比（simultaneous），两种刺激同时出现而产生的颜色对比；连续对比（successive contrast），两种刺激相继出现而产生的颜色对比；亮度对比（brightness contrast），两种色觉刺激亮度不同而产生的颜色对比。

2. 视觉适应

从人类进化的意义上来看，为了更好地生存和适应周围环境，很多感官都存在适应性现象。当然，这种适应性有其积极的意义，同时也可能对人们的生活不利。在此，我们进一步说明视觉的这种适应性历程。

视觉的适应有两种现象：一种叫暗适应（dark adaptation），一种叫明适应（light adaptation）。暗适应是指由亮处进入暗处，视觉感受性提高的现象，如进入已开场的电影院。暗适应所需要的时间，是 10 分钟到 40 分钟。明适应是指由暗处进入亮处时，视觉感受性降低的现象，如看完电影走出电影院。当然，视觉的适应现象并不只是在由明亮处走入暗处，或由暗处走至明亮处时发生，在光亮不变的情况下，也会产生。

3. 色觉缺陷与色盲

(1) 颜色。颜色是光波作用于人眼所引起的视觉经验。颜色具有三个基本特性，即色调、明度和饱和度。这里所指的颜色特性，其实是指颜色的心理属性，它们分别对应三种物理特性。色调（hue）对应的物理特性是光波的波长。对视觉感受而言，看得到的是光源中占优势的光波。占优势的波长不同，色调也就不同。如若700纳米的波长占优势，光源看上去就是红色的；若是510纳米的波长占优势，光源看上去是绿色的。而对物体表面来说，色调取决于物体表面对不同波长的光线的选择性反射。如果反射光中短波占优势，那么物体看上去呈绿色或蓝色；如果是长波占优势，那么物体呈红色或橘黄色。明度（brightness）指颜色的明暗程度。色调相同的颜色明暗可能不同，视觉感受也就不同。颜色的明度决定于照明的强度和物体表面的反射系数。饱和度（saturation）是指颜色的纯杂程度或鲜明程度。纯的颜色都是高度饱和的，如鲜红、鲜绿等。

(2) 色觉缺陷。大多数人都会因光波长度不同而产生不同的色觉，能将红、绿、蓝三色辨别清楚的人，都可视为色觉正常。而有些人对这三种颜色不能明确辨别，称为色觉缺陷（color deficiency）；对红、绿、蓝三种颜色完全不能产生色觉经验的，称为色盲（color blindness）。有的人在红、绿、蓝三种颜色中，只是对红和绿两种颜色不能辨别，会将红、绿两种色都看成黄色；也有的人不能辨别黄和蓝两色。这类色觉缺陷者，有时也被称为色盲：前者为红绿色盲，后者为黄蓝色盲。因此又有全色盲和部分色盲之分。

在整个人群中，色觉缺陷者的男女比例差异悬殊。在男性中约占百分之八，而在女性中仅占千分之四。为什么男女之间会有如此大的差异？从生理学的角度解释，这与人类性染色体中的X染色体有关。男性的性染色体是XY，只有一个X；女性的性染色体为XX，有两个X。

专栏3-2 吃胡萝卜真的能提高视力吗

视紫红质中有一种化学成分叫视黄醛（retinal），是从维生素A化合而来，因此也叫维生素A醛。当人体缺少维生素A时，被制造出的视紫红质就会减少，因此，由于缺乏维生素A，人可能成为夜盲（night blindness）。由于夜盲症患者的视锥细胞功能正常，人在有亮光时视觉正常，但由于视杆细胞功能不正常，在夜晚则成为盲人。吃胡萝卜可以摄取维生素A，所以，胡萝卜也许可以帮助患夜盲症的人恢复夜视能力。然而，胡萝卜对一般意义上的“提高视力”并无任何帮助。

二、听 觉

在人类的各种感觉中，一般认为，听觉（auditory sense）的重要性仅次于视觉。如果是视觉与听觉并用时，这种看法自然是正确的。但如果是视觉与听觉单独使用时，听觉的重要性并不亚于视觉。

（一）听觉的感声机制

人耳的构造，主要分为三大部分：外耳（outer ear），负责收集外来声音；中耳（middle ear），负责传导声音；内耳（inner ear），负责将物理性的声音刺激转化为生理性的神经冲动，而经听觉神经（auditory nerve）传至大脑。人耳的基本构造，见图3-3。

外耳收集声音后，经过听道（auditory canal）达到鼓膜（ear drum）。鼓膜位于外耳与中耳交界处，由一骨质薄膜构成。由于音波压力的交错转变，使得鼓膜前后振动，于是原来经空气传导的声波，经振动而转变为骨块的传导。骨块传导声波，主要是由中耳负责，中耳包括锤骨（malleus）、砧骨（incus）和镫骨（stapes）三块听小骨（ossicle）。这三块听骨互相连接，专门负责传导声波。

中耳下方有欧氏管（Eustachian tube），与咽腔相通，平时关闭，只有在咀嚼或吞咽时才会打开，容许空气进入中耳，以维持鼓膜内外的平衡。

内耳的构造较为复杂，它的功能除了传导声波之外，还维持身体平衡的感觉。内耳中的平衡感觉器官，称为前庭（vestibule）。内耳中最重要的器官是耳蜗（cochlea），它是一条骨质的蜗形盘曲管道，里面充满液体。耳蜗的底部呈膜状，称为基底膜（basilar membrance）。它由长短不一的神经纤维构成。声波经中耳的听骨传入后，先到达卵圆窗（oval window），卵圆窗与耳蜗管相连接。卵圆窗的振动传入耳蜗后，凭借耳蜗内液体的波动，并沿着基底膜继续前行，最终振动膜上的神经纤维。在基底膜上有柯蒂氏器（organ of Corti），它是主要听觉感受器。柯蒂氏器的毛状神经细胞与通往大脑的听觉神经纤维相连，声音传到此，就能引起神经冲动，并继续传入大脑的听觉中枢。

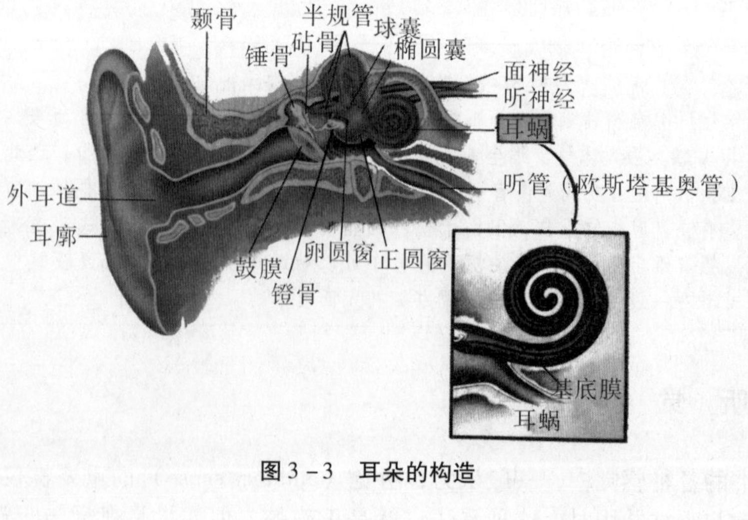

图3-3　耳朵的构造

（二）听觉现象及规律

1. 听觉刺激

引起听觉刺激的是声音，声音的物理特征为声波。引起听觉刺激的声波也有三种物理属性：频率（frequency）、振幅（amplitude）、复杂度（complexity）。相对应的三种声波的心理属性为音调（pitch），或称音高；音强（loudness），也称响度；以及音色（timbre）。

人们所听到的音调高低决定于声波频率的高低。频率是指声波每秒振动的次数。不同的频率，给人带来的音感也不一样，频率越高，声调也越高。频率是决定音高的主要因素，但不是唯一因素。人类听力所能感受到的声波频率介于 20 到 20 000 赫兹（Hz）之间。超过 20 000 赫兹的高频率声波或低于 20 赫兹的低频率声波，一般人是听不到的。

音强，也称响度。音强的高低决定于声波振幅的大小。振幅越大，声音越强。表示音强的单位是分贝（decibel，dB）。人耳所能接受的音强介于 16dB 至 160dB 之间。根据测量，一些人们熟悉的声音的响度如表 3－2 所示。

表 3－2　人们熟悉的声音的响度

典型的声音	响度（dB）	典型的声音	响度（dB）
听觉阈限	0	公共汽车	90
树叶抖动声	20	地铁火车	100
耳语	30	飞机引擎	110
对话	40	雷声	120
高声谈话	60	喷气式飞机	140
闹市噪音	70	风洞	160
真空除尘器	80	空间火箭	180

注：引自郭淑琴．普通心理学．中国科学技术出版社，1999.

音色，也称为音质。音色决定于声音的复杂程度，它是由声波的波形决定的。尽管风琴与钢琴的音高和音强都相同，但其演奏出的同一支曲子仍让人听起来觉得有区别，这就是音色上的差别。

2. 听觉的适应与疲劳

与视觉的适应相似，听觉也有适应现象。听觉适应所需的时间很短，恢复也很快。但听觉适应有选择性，即仅仅对作用于耳的声音发生适应，对其他未作用的声音并不产生适应现象。

如果声音较长时间连续作用于耳，引起听觉感受性的显著降低，就称为听觉疲劳。听觉疲劳和听觉适应不同，它在声音停止作用后还需一段时间才能恢复。如果这种疲劳经常发生，会造成听力减退甚至耳聋。如果只是对小部分频率的声音丧失听觉，称为音隙；如果是对较大一部分的声音丧失听觉，称为音岛。更严重的就会完全失聪。

3. 声音的混合与掩蔽

声音的混合与颜色的混合不一样。即使两个声音同时到达双耳，由于两个声音的频率、振幅不同，其混合的结果也不同。如果两者强度大致相等、频率相差较大时，就会产生混合音。但如果两个声音的强度相差不大，频率也很接近，就会听到以两个声音频率的差数为频率的声音起伏现象，称为拍音。声音的混合现象很复杂，这些规律在音乐、声学中有很大的实用价值。

当两个强度相差较大的声音同时到达双耳，我们只能感觉其中的一个声音，这一现象叫掩蔽。例如，在一个嘈杂的环境中很难听清楚讲话，正常的说话声被环境中的声音所掩蔽，要想让说话声被听清，就必须提高音量。声音的掩蔽受频率和强度的影响。如果掩蔽音和被掩蔽音都是纯音，那么会有这样的规律：两个声音的频率越接近，掩蔽作用越大；低频音对高频音的掩蔽作用比高频音对低频音的掩蔽作用大。掩蔽音强度提高，掩蔽作用增加；掩蔽音强度减弱，掩蔽作用覆盖的频率范围也变小，而强度增加时，掩蔽作用覆盖的频率范围也变大。声音的掩蔽现象在通信工程、军事以及工业生产和日常生活中都有很现实的意义。扩音器中声音的失真现象往往与声音的掩蔽有关。

三、其他感觉

这里所要讨论的其他感觉，是指除视觉与听觉之外的嗅觉、味觉、肤觉、动觉、平衡觉等各种感觉。

（一）嗅觉与味觉

引起嗅觉（smell）的刺激是汽化的化学物质。汽化物靠空气扩散，因此嗅觉是距离性感觉，不必直接与刺激起源相接触，就可以产生嗅觉。接受嗅觉刺激的感受器是鼻腔内的一些线形体。线形体从脑部的嗅球（olfactory buld）处下垂，止于鼻腔顶部。在线形体的末端有毛状皮层，这是嗅觉皮膜（olfactory epithelium）。皮膜内的嗅觉细胞，就是嗅觉的感受器。

人类能觉察和分辨5 000多种不同气味，但人的嗅觉差别感受性较低，不如动物的灵敏。嗅觉丧失的人与患上色盲、夜盲一样，这是一种味盲。当几种不同气味同时作用于嗅觉器官时，会产生气味混合现象，有时气味混合会产生一种新的气味，有时产生气味竞争，有时出现气味掩蔽。如香水与腋臭同时作用，时而香水掩蔽腋臭，时而腋臭与香水气味竞争。

可溶性物质作用于味觉器官就会产生味觉。覆盖在舌面上的味蕾是味觉的感受器。酸、甜、苦、咸是四种基本的味觉感受。味觉感受性的变化受许多因素影响，与人的生理需要、生活习惯、病理状态直接相关。此外，味觉对维持有机体内环境的平衡起一定作用。

（二）肤觉

皮肤感觉称为肤觉（skin sense）。它是辨别物体的机械特性和温度的感觉，包括触觉、压觉、温度觉、痛觉和振动觉等。这四种感觉在皮肤上有各自相应的感觉点，当适宜刺激作用于这些点上，便引起相应的感觉。在这些皮肤感觉点下面分布着各种感觉的外周感受器。当外界刺激接触皮肤表面，引起皮肤表面变形，就会刺激皮肤的感受器。

1. 触觉、压觉和振动觉

皮肤受到机械刺激但尚未引起变形时的感觉为触觉（sense of touch）。若刺激强度增加，皮肤变形，此时的感觉为压觉（sense of pressure）。触觉和压觉经常结合在一起，被称为触压觉。

振动觉是指皮肤对振动刺激的感觉。有人认为它是一种有节律性的触觉，反复激活皮肤触压点会引起振动觉。皮肤对200周/秒的振动频率最为敏感。振动觉对盲、聋人来说有机能代偿作用，他们可以靠振动觉的信息在一定程度上补偿视、听觉的损失。

2. 温度觉

皮肤分布着温点和冷点。如果用冷或者温的刺激作用于冷点或温点，就可以产生冷觉或温觉。温觉与冷觉合称为温度觉（temperature sense）。划分温、冷的分界线是皮肤的生理零度，即皮肤表面的温度。它不是指温度计上的零度。生理零度（To）实际是指温度觉上的中性温度，是既没有产生冷觉，也没有产生温觉的身体各部位的皮肤温度。高于生理零度的温度刺激引起温觉，低于生理零度的温度刺激产生冷觉。人体各部位的生理零度的起点各不相同，耳的温度约为33℃，前额为35℃，舌下为37℃，躯干为35℃，面部为33℃，无衣遮盖的皮肤表面平均温度为33℃。生理零度不是固定不变的，它随皮肤对外界温度的适应而改变。

3. 痛觉

痛觉（pain）是有机体对伤害性刺激的一种反应。人体有各式各样的痛，许多痛中还夹杂有心理原因。痛觉的感受器是皮肤痛点的自由神经末梢，以及肌肉、腱、关节或内脏的神经末梢。痛觉是有机体内部的警报系统，对人有生物意义。研究者已在人群中发现有的人是先天无疼痛者。他们不知何为痛，身体内部缺乏痛觉警报，因此身体健康和机体的完整受到了影响。如内脏炎症无痛，会导致病情恶化；体表无痛，一旦发炎会导致感染。

（三）内部感觉

来自有机体内部器官的状态和变化的信息引起内部感觉，包括动觉、平衡觉和内脏感觉。

1. 动觉

动觉（kinesthetic sense）是因身体活动而产生的一种感觉。有动觉才会觉知身体各部分相对位置的变动。正常人的手眼协调和动作都是视觉和动觉的联合作用，而盲人的动作需要靠听觉、动觉与触觉的共同合作。动觉的感受器是肌肉、肌腱、关节三种。一般人不能直接觉察到动觉信息，但是对优秀的运动员而言，他们对身体肌肉、肌腱和关节的运动十分敏感，对运动速度、动作准确度的估量和稳定性有精细的自我感受。但是，动觉也未必完全受意识的支配，动觉所支配的身体活动也包括了无意识的反射。因此，在日常生活中，动觉也是人们从事正常活动的保证。

2. 平衡觉

平衡觉（vestibular sense）是负责身体定向的一种感觉。平衡觉的感受器是内耳中的半规管和前庭。半规管负责头部的平衡，前庭则负责身体的平衡。半规管共有三个，其内部均充满液体，液体内浮有丛生的毛状细胞。当头摇动时，管内的液体也随之摇动，毛状细胞也随之摇摆伸缩，因而引起感应，产生神经冲动，继而经神经纤维传入小脑。小脑是中枢神经系统中主要控制身体平衡的器官。前庭内有称为耳石的碳酸钙颗粒。耳石的压力向下就产生直立感觉，压力方向偏斜则产生倾斜感觉。平衡觉在空间作业，如飞行中起重要作用。

3. 内脏感觉

内脏感觉也叫机体感觉，它由有机体各内脏器官的活动引起。内脏感觉的感受器位于器官壁的神经末梢。当各种内脏器官工作正常时，各种感觉融合为一种感觉，称作自我感觉。只有在发生异常或处于病态时，个别的内脏器官会产生痛或其他感觉。

内脏感觉比较模糊、缺乏精确的定位，又被称为“黑暗”感觉。内脏活动有固定的节律，形式单调、少变化，向大脑输送的信息比较少，如果不在语言系统中反映出来，就不容易被意识到。内脏感觉在调节内脏器官的活动中起重要的作用，它能及时报道内环境的变化以及内部器官的工作情况，使有机体能更好地适应环境，维持生命。

第三节　知觉的种类与基本特性

人类的知觉过程并不是感觉信息的简单堆砌，它是一个有组织、有规律的过程。这些规律和特性保证了人们能够可靠、合理和有效地认识外部事物。

一、知觉的基本特性

（一）知觉的相对性

知觉是个体以其已有经验为基础，对感觉所获得资料作出的主观解释，因此，知觉也常被称为知觉经验。知觉经验是相对的。人们看见一个物体存在，在一般情形下，不能孤立地将该物体作为引起知觉的刺激，而必须同时看到物体周围所存在的其他刺激。这样，物体周围其他刺激的性质与两者之间的关系，势必影响人们对该物体所获得的知觉经验。形象与背景的关系是体现知觉相对性最明显的例子。形象是指视觉所看到的具体刺激物。背景是指与具体刺激物相关联的其他刺激物。在一般情境之下，形象与背景是主副的关系：形象是主题，背景是衬托。如图3－4所示，图中黑白相对两部分均有可能被视为形象或背景，如将白色部分视为形象，黑色部分为背景，该形象可解释为烛台或花瓶；相反，则可解释为两个人脸侧面的投影像。另一个例子是知觉对比，是指两种具有相对性质的刺激同时出现或相继出现时，由于两者的彼此影响，两个刺激所引起的知觉上的差异特别明显的现象。如大胖子和小瘦子两人相伴出现，会使人产生胖者益胖、瘦者益瘦的知觉。如图3－5所示，左、右两边中心的两圆半径完全相等，但由于周围环境中其他刺激物的不同，因而产生对比作用，致使观察者在心理上形成右边中心的圆小于左边中心的圆的知觉经验。

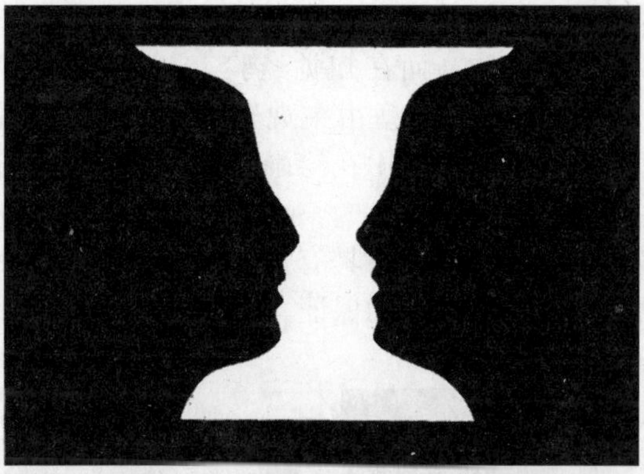

图3－4 两可图形：花瓶与人脸

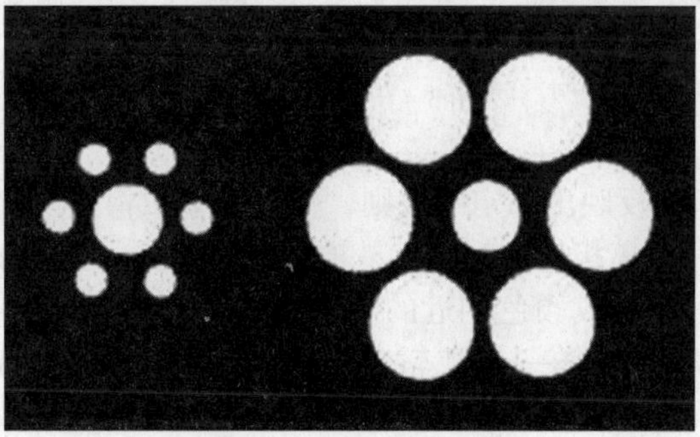

图3－5 知觉的相对性

（二）知觉的整体性

知觉的对象都是由不同属性的许多部分共同组成的，人们在知觉它时却能依据以往经验将其组成一个整体。知觉的这一特性就是知觉的整体性（或完整性）。例如，一株绿树上开有红花，绿叶是一部分刺激，红花也是一部分刺激，我们将红花、绿叶组合起来，在心理上所得的美感知觉，超过了红与绿两种物理属性之和。

知觉并非感觉信息的机械相加，而是源于感觉又高于感觉的一种认识活动。当人感知一个熟悉的对象时，只要感觉了它的个别属性或主要特征，就可以根据经验知道它的其他属性或特征，从而知觉整个的它。如果感知的对象是不熟悉的，知觉会更多地依赖于感觉，并以感知对象的特点为转移，而把它知觉为具有一定结构的整体。

知觉的整体性纯粹是一种心理现象。有时即使引起知觉的刺激是零散的，但所得的知觉经验仍然是整体的。图 3－6 中的 A 图形就可用来作为此种心理现象的说明。以客观的物理现象看，这个图形不是完整的，是由一些不规则的线和面堆积而成的。可是谁都会看出，该图形能明确显示其整体意义：是由两个三角形重叠，而后又覆盖在三个黑色圆圈上所形成。我们会发现，居于图中间第一层的三角形虽然在实际上都没有边缘，没有轮廓，可是它在知觉经验上却是边缘最清楚、轮廓最明确的图形。此种刺激本身无轮廓，而在知觉经验上却显示出“无中生有”的轮廓，被称为主观轮廓（subjective contour）。由主观轮廓这种心理现象看，人类的知觉是极为奇妙的。这种现象早被艺术家应用在绘画与美工设计上，能使不完整的知觉刺激形成完整的美感。

知觉的整体性在人们的认知活动中具有重要作用，它是使人对外界事物形成完整印象的根本保证，是知觉的有效性的保证。

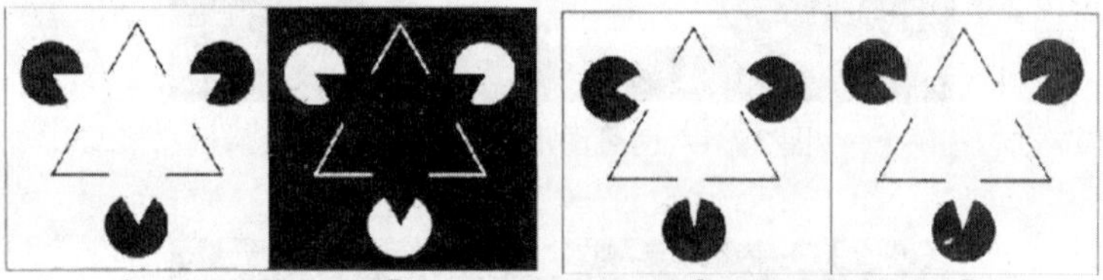

图 3－6　主观轮廓

知觉整体性的组织反映出一定的规则，格式塔学派将它们归纳为以下几个规律：

（1）接近性：凡距离相近的物体容易被知觉组织在一起。如图 3－7a 所示。

（2）相似性：凡形状或颜色相近的物体容易被组织在一起。如图 3－7b 所示。例如，一个身材高大的人站在一群比较矮小的同学中间会显得特别突出，是因为他难于被归为这一组，从而表现出“鹤立鸡群”的情况。

（3）连续性：凡能够组成一个连续体的刺激容易被看成一个整体，如图 3－7c 中，人们看到的总是直线加曲线而不是两条曲线。

（4）封闭性：人们倾向于将缺损的轮廓加以补充，使知觉形成一个完整的封闭图形，如图 3－7d 中的三角形和圆。

（5）良好图形性：如图 3－7e 被看成方和圆的组合而不是两个不规则图形的结合。

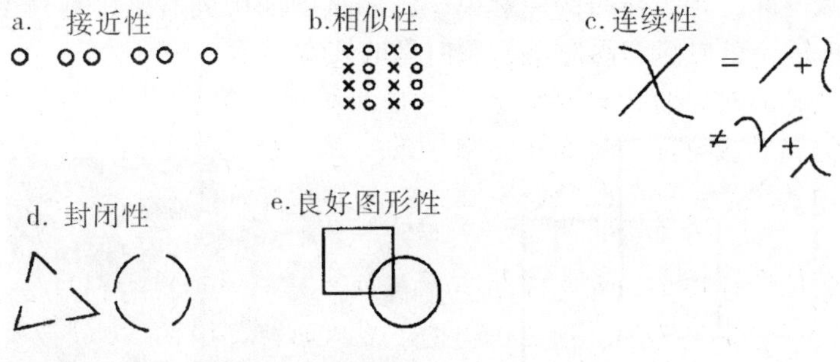

图 3－7　知觉整体性的组织规律

（三）知觉的选择性

每时每刻作用于感官的事物是纷繁多样的。但是由于感官接收信息量的限制，在特定时间内，人们不能接受外部的所有刺激或刺激的全部细节，只能选择出某些刺激加以反映，只对它们觉得特别清晰，而对同时作用于感官的其余刺激则反映得模糊笼统。被选为知觉内容的事物称为对象，其他衬托对象的事物称为背景。某事物一旦被选为知觉对象，就好像立即从背景中突显出来，更鲜明、更清晰。一般情况下，面积小的比面积大的、被包围的比包围的、垂直或水平的比倾斜的、暖色的比冷色的，以及同周围明晰度差别大的东西都更容易被选为知觉对象。即使是对同一知觉刺激，如观察者采取的角度或选取的焦点不同，也可产生截然不同的知觉经验。影响知觉选择性的因素有刺激的变化、对比、位置、运动、大小程度、强度、反复等，它还受经验、情绪、动机、兴趣、需要等主观因素影响。通过知觉选择的现象，我们可以想象，除了少数具有肯定特征的知觉刺激（如捏在手中的笔）之外，我们几乎无法预测，提供同样的刺激情境能否得到众人同样的知觉反应。

造成知觉选择性的心理机制有三个方面。第一，知觉的超负荷性。当外界的刺激超出个体在正常情况下所能接受的能力时，一部分刺激受到心理上的排斥，从而被自然地排斥在注意之外。第二，知觉的感受性。主体对自认为有价值的或有兴趣的刺激表现出较高的感受性。第三，知觉的防御性。主体对那些令人恐惧或有威胁的刺激倾向于回避或反应迟缓。

知觉选择中对象与背景的区分是相对的，它取决于人的知觉目的和任务。但对象和背景的关系不是一成不变的，这种相互转换的关系在下面的可逆图形中可以看得更清楚。图 3－8 的图 a 显示出的图形为一立方体，但如你仔细注意就会发现，这个立方体与你最接近的一面随时都在改变。这种可以引起截然不同的知觉经验的图形，称为可逆图形。事实上，图形本身并未改变，只是由于观察者着眼点的不同而产生了不同的知觉经验。再看图 3－8 的图 b，这是版画艺术家埃舍尔（M. C. Escher）在 1938 年的一幅著名木刻画《黎明与黄昏》。假如读者先从图面的左侧看起，会觉得那是幅一群黑鸟离巢的黎明景象；假如先从图面的右侧看起，就会觉得那是幅一群白鸟归林的黄昏景象；假如从图面中间看起，你就会获得图中既是黑鸟又是白鸟，也可能忽而黑鸟忽而白鸟的知觉经验。

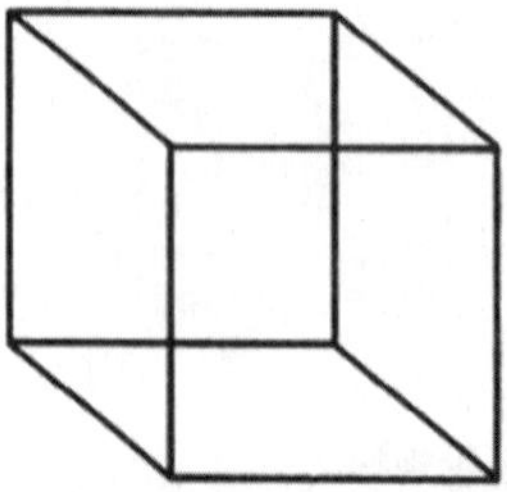

a

b

图 3－8　知觉选择性

正如上文所述，影响知觉选择性的因素很多，客体本身的因素对知觉的选择有一定影响，同时，主体的特征更是影响知觉选择性的重要因素。正是由于知觉具有选择性，人们才对选择出来的对象知觉得更清晰、更准确，人们的知觉才不会凝固、僵化。

（四）知觉的恒常性

在不同角度、不同距离、不同明暗度的情境之下观察某一熟知物体时，虽然该物体的物理特征（大小、形状、亮度、颜色等）因受环境影响而有所改变，但我们对物体特征所获得的知觉经验却倾向于保持其原样不变。像这种外在刺激因环境影响使其特征改变，但在知觉经验上却维持不变的心理倾向，即为知觉恒常性。

在视知觉中，知觉的恒常性表现得非常明显。如从不同距离看同一个人，由于距离的改变，投射到视网膜上的视像大小有差别，但我们总是认为大小没有改变，仍然依其实际大小来知觉他，这是由于知觉的大小恒常性。又如一张红纸，一半有阳光照射，一半没有阳光照射，颜色的明度、饱和度大不相同，但我们仍将其知觉为一张红纸，这是由于知觉的颜色恒常性。从不同的角度看一扇门，形状应该有所不同（如图 3－9 所示），但我们主观上总认为它是矩形的，这是形状恒常性现象。

另外，我们都有经验，如只按生理的听觉信息判断雷声或火车的鸣笛声，远处的雷声或火车笛声，其音强未必高于近处的敲门声。可我们总觉得雷声或火车笛声较大，这就是声音的恒常性。又如身体部位的位置随时可改变，有时将头倾斜，有时弯腰，有时伏卧，甚至有时倒立。身体部位改变位置时，与身体部位相对的外在环境中上下左右的关系也随时改变，但身体部位的位置改变一般不会影响我们对方位的判断。此种现象就称为方向的恒常性，这与内耳中的前庭与半规管的功能有关。

图 3－9　知觉的形状恒常性

正是由于知觉具有恒常性，我们才能客观地、稳定地认识事物，从而更好地适应环境。如果不是这样，我们就要时刻重新学习，无法积累经验，甚至无法生活下去。

（五）知觉的理解性

知觉的理解性指的是人在知觉某一客观对象时，总是利用已有的知识经验（包括语言）对所获得的感觉信息作出解释。人在知觉过程中并不单单是分析器对新事物的照相式的反映，而且有过去经验参与的对新事物的理解。对事物的理解是产生正确知觉的必要条件。知觉的理解性表现在运用已有经验把当前的知觉对象纳入已知的相应的一类事物的系统之中，即知道它是什么。例如这是书，那是桌子……

语言的指导可以帮助人们理解知觉对象。在对象外部特征不够明显时，语言的指导可以唤起有关的过去经验，促进对知觉对象的理解，使人们的知觉更加准确、更加迅速。我们一时很难理解图 3－10 的内容，但如果我们得知这是英文 FLY，我们知觉它的内容就变得容易多了。

图 3－10　这是什么图形

二、知觉的种类

根据知觉对象的不同，可以把知觉分为对事物的知觉和对人的知觉；依据知觉映像是否符合客观实际，又可以把知觉分为正确知觉、错觉和幻觉。在对物的知觉中还可以区分出单纯知觉和复杂知觉。知觉活动是多种分析器协同活动的结果，如果其中一种或两种分析器的活动起主导作用，那么这类知觉称为单纯知觉，例如视知觉、听知觉、嗅知觉、味知觉、触摸知觉等。复杂知觉是对物质现象的空间、时间和运动特征的知觉，包括空间知觉、时间知觉、运动知觉，以及以人为知觉对象的社会知觉。下面将重点介绍复杂知觉。

（一）物体知觉

以物质或物质现象为知觉对象的知觉叫物体知觉，包括空间知觉、时间知觉和运动知觉。

1. 空间知觉

空间知觉是物体的空间特性在人脑中的反映。空间知觉也是通过后天学习获得的。它是由视觉、触摸觉、动觉等多种感觉系统协同活动的结果，其中视觉起着重要的作用。空间知觉主要包括有：

（1）形状知觉：指对物体形状特征的反映，主要靠视觉、触摸觉和动觉来判断物体的形状。

（2）大小知觉：判断物体的大小，主要靠视觉，并得到触摸觉和动觉的支持。

（3）深度知觉：包括判断观察者到物体的绝对距离，即距离知觉；又包括判断一个物体不同部分之间的相对距离，即立体知觉。深度知觉也依赖于视觉、触摸觉和动觉来加以判断。

（4）方位知觉：指对空间方向、位置等属性的反映。依靠视、听、触、动、平衡觉等协同活动来判别物体所处方位。

实际生活中，空间知觉是各种感觉器官协同活动的结果，依赖于经验中的触摸觉、动觉等的验证。

2. 时间知觉

时间知觉是对客观现象的延续性和顺序性的反映。人们可以依靠时钟和日历来判断时间，也可以根据自然界的周期现象，如昼夜的循环交替、月亮的盈亏、季节的变化等来估计时间。但是，在没有上述条件的情况下，人也能大致地估计时间。这是因为人体内的一切物理变化和化学变化都是有节律的，这些节律性的变化就是“生物钟”的机制。对于时间长度的估计，1 秒钟左右最为精确，短于 1 秒钟时容易产生高估的情况，长于 1 秒钟时容易产生低估的情况。对时间的估计受刺激的物理特性以及主体的态度、注意力等影响较大。情绪和态度对于时间的估计也有很大的影响。

时间知觉是在人的生活和活动过程中发展起来的。某些实践活动要求有精确的时间知觉的能力，如跳伞运动员要在跳出飞机之后 20 秒准时开伞，若误差超过一秒钟便失去了成功的机会。香港回归时，中国仪仗兵要用 45 秒将国旗升到 8 米高的旗杆上，时间及高度均不允许有误差。跳伞运动员及仪仗兵在经过练习之后，可以借助口头计数或其他方法的帮助准确地估计时间。

3. 运动知觉

这是人脑对物体空间移动和移动速度的知觉，运动知觉与空间知觉、时间知觉有不可分割的关系，它依赖于对象运行的速度、对象距观察者的距离以及观察者本身所处的运动或静止的状态。运动知觉十分复杂，实际运动的物体可以被知觉为不动的，非常慢的运动不能被直接看见，人只能凭借间接的标志判断慢速的运动。实际不动的物体也可以因运动错觉被知觉为运动的，如电影和霓虹灯的运动。

对象距观察者的距离直接影响着对运动速度的知觉，对象距离远的看起来速度慢，对象距离近的看起来速度快。

（二）社会知觉

以社会生活中的人为知觉对象的知觉叫社会知觉，亦称对人认知，包括对他人的知觉、人际知觉和自我知觉。正确地认识他人（即社会知觉）对我们的生活具有重要意义。

1. 社会知觉的种类

（1）对他人的知觉。对他人的知觉，主要是指通过对别人外部特征的知觉，进而取得对他们的动机、感情、意图等的认识。俗话说，“听其言、观其行而知其人”。这就是说，我们要根据一个人的言论和行动来认识他。其实，这里所说的行动，从心理学上来看，不仅是行为举止，也包括人的面部表情、身体的姿势以及眼神等。对别人的知觉依赖于许多因素，但概括地说，包括两个方面。第一是知觉对象的外部特征，它包括一个人的仪表、风度、言谈和举止等。第二是知觉的组织结构，所谓知觉的组织结构是指内部特征，也受知觉者本人的知觉组织结构的影响。

（2）人际知觉。人际知觉是对人与人之间关系的知觉。人际知觉的主要特点在于有明显的情感因素参与知觉过程。人们不仅相互感知，而且会对彼此形成一定的态度，并在这种态度的基础上产生各种各样的情感。例如，对某些人反感，对另一些人同情，对第三种人喜爱等。在人际知觉过程中产生的情感决定于多种因素。例如，人们彼此之间接近的程度、交往的多少、彼此相似的程度等都对人际知觉过程中的情感产生很大影响。一般来说，人们越是彼此接近、交往频繁，有较多的相似之处，就越是会产生友谊、同情和好感。

（3）自我知觉。自我知觉是指一个人对自己行为的观察和对自己心理状态的认识。人不仅在知觉别人时要通过其外部特征来认识其内部的心理状态，同样也要这样来认识自己的行为动机、意图等。当然，一个人观察别人与观察自己是有区别的。①人们观察自己时所掌握的信息要比观察别人时更多。例如，一个人虽然学习成绩并不太好，但是做了最大的努力，这是自己心中有数的。但如果别人观察他的行为就不一定能够了解。②观察自己与观察别人有熟悉和陌生的区别。对自己行为的知觉比对别人的更熟悉，这是因为对自己的知识、经验和过去的经历要知道得比对别人的更多些。③观察者与被观察者的区别。在知觉别人时，自己是观察者，别人是被观察者，而在自我知觉时，自己既是观察者又是被观察者。尽管自我知觉与对别人的知觉有上述区别，但这并不是说自我知觉一定比对别人的知觉更正确。

2. 社会知觉的各种偏差

在现实生活中，人们出于各方面条件的限制而不能全面地看问题，往往会对他人造成认知的偏差，以致作出错误的推测、判断和评价。在社会知觉方面的偏差包括：

（1）首因效应。首因，即最初的印象。在人与人的知觉过程中，给人留下的第一个印象是至关重要的。如果一个人在初次见面时给人留下了良好的印象，就会影响人们对他以后一系列行为的看法，反之也如此，尽管这些印象有时是不全面、不真实的。

心理学中曾经做过这样一个实验。先让两组大学生看一个人的照片。在看这张照片之前，对其中一组大学生说，照片上的人是一个屡教不改的罪犯，但对另一组大学生说，照片上的人是一位著名的学者。然后再让这两组大学生分别根据这个人的外貌来说明他的性格特征。结果对同一张照片，两组被试作出了截然不同的解释。第一组大学生说，深陷的目光里隐藏着险恶，高耸的额头表明死不改悔的决心。第二组大学生说，深沉的目光表明他思想的深刻性，高耸的额头表明了在探索科学的道路上无坚不摧的坚强意志。这一实验充分说明了第一印象对社会知觉的重要影响。

（2）晕轮效应。晕轮效应是指当对一个人某些特征或行为形成好或坏的印象之后，人们就倾向于据此推论他其他方面的特征或行为。这就好像明亮的月光使周围的星星黯然失色一样，一个突出的特征掩盖了其他特征。正所谓“一好百好”、“一坏百坏”。晕轮效应往往在判断一个人的道德品质或性格特征时体现得最为明显。

美国社会心理学家阿希（Solomon E. Asch）用实验证明了晕轮效应。他先给被试看一张列有五种品质的表格（聪明、灵巧、勤奋、坚定、热情），然后要求被试想象一个具有这五种品质的人。结果被试普遍把具有这五种品质的人想象为一个理想的、友善的人。然后，心理学家把这张表格中的热情换为冷酷，再要求被试根据这五种品质（聪明、灵巧、勤奋、坚定、冷酷），想象出一个适合的人。结果发现，被试普遍推翻了原来想象的形象，而提出了一个完全不同的形象。这表明，热情—冷酷的品质起着晕轮作用，影响了对一个人的总体印象。

（3）刻板印象。刻板印象是指对某个群体形成一种概括而固定的看法，并据此去推断这个群体的每个成员的特征。生活在同一地域或同一文化背景的人们常常表现出许多相似性，同一民族、同一职业、同一年龄段的人，在思想行为上也比较接近。比如人们认为医生是人道的，会计总是精打细算、斤斤计较的，工人总是身强力壮、性情豪爽的；山东人是豪爽的，上海人是精明的等。这些特点被概括化、固定化以后，人们便据此去推断每一位医生、会计、工人，或者每一个山东人、上海人，于是产生了刻板印象和偏见。

（4）近因效应。近因效应是指最后给人留下的印象有强烈的影响。为了说明近因效应，曾有人进行了一项实验。先向两组大学生介绍一个陌生人。对第一组先讲述这个人的外倾特征，中间插入一样其他的作业，如让学生做一些不太复杂的数学习题，再讲述他的内倾特征。对第二组大学生，先讲述他的内倾特征，中间插入一样其他的作业，再讲述他的外倾特征。然后，让这两组学生分别想象对这个陌生人的印象。在这种情况下，后半部描述的特征会给学生留下更加深刻的印象，这就是近因效应在起作用。心理学的研究证明，近因效应在人的社会知觉中起重要作用，特别是在感知熟悉的人时，如果熟悉的人的行为出现某种新异的表现，近因效应起更大的作用。

（三）错觉

知觉经验是由环境中的刺激物所引起的，但是知觉经验中对客观性刺激物所作的主观性解释，以真实性的标准来对比，显然有很大的距离。就以知觉对比的知觉现象为例，凭知觉经验所作的解释显然是失真的，甚至可以说是错误的。像这种完全不符合刺激本身特征的失真的或扭曲事实的知觉经验，称为错觉（illusion）。

错觉是比较普遍的，由视觉、听觉、味觉、嗅觉等所构成的知觉经验，都会有错觉。在日常生活中，我们随时会感受到错觉现象。例如，在火车未开动之前，常因邻近车厢的移动而觉得自己所处车厢已经开动，这种现象称为移动错觉。再如，在火车尾部窗口俯视铁轨时，若火车是开动的，就会觉得铁轨好像是从车底下向后迅速伸出；若火车遽然停止，就会觉得铁轨好像是向车底迅速缩进。当注视着电扇转动时，会觉得忽而正转，忽而倒转，甚至有时会有暂时停止不转的感觉。

人为什么会产生错觉？至今尚不清楚原因。一般认为：①错觉不是观念问题，而是知觉问题，因为即使知道是错觉也不会改变；②错觉不是发生在视网膜上的；③视错觉不是视觉器官的活动所引起的。下面就心理学中研究得最早和最多的几种错觉现象作重点介绍。

1. 垂直水平错觉

垂直水平错觉（Horizontal－vertical illusion）属视错觉现象之一。图 3－11 中有横竖两等长直线，但竖者垂直立于横者中点时，看起来竖者较长。

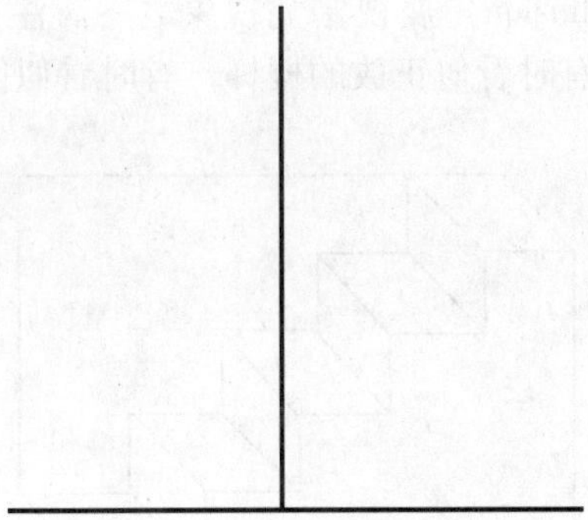

图 3－11　垂直水平错觉

2. 德勃夫错觉

德勃夫错觉（Delboeuf illusion）属视错觉现象之一。图 3－12 中，图左内的小圆与图右的圆大小相等，但两者看似不等，居右者看来较小。

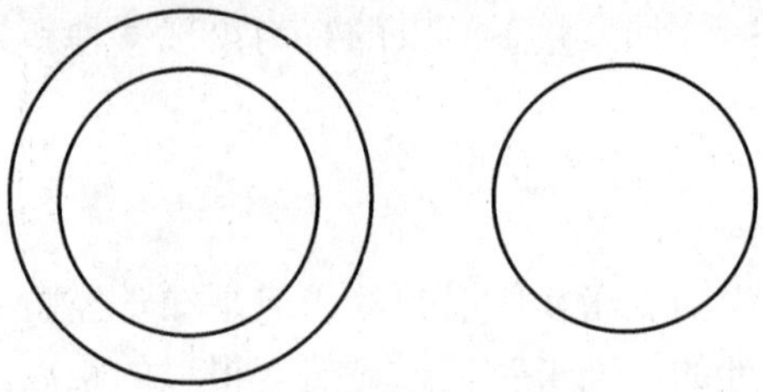

图 3－12　德勃夫错觉

3. 海林错觉

海林错觉（Hering illusion）也属视错觉现象之一。图 3－13 中两平行线为多方向的直线所截时，看起来失去了原来平行线的特征。

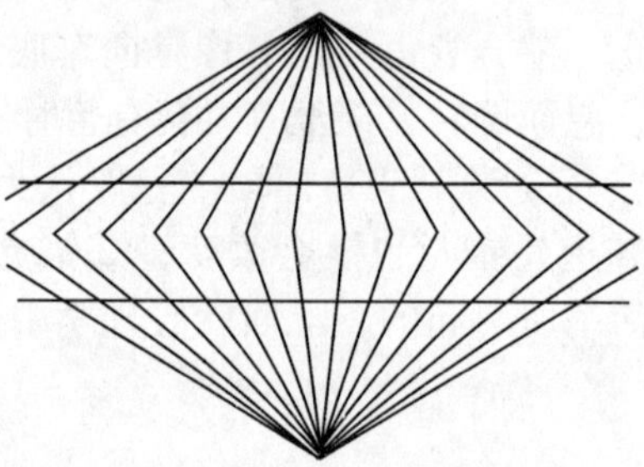

图 3－13　海林错觉

4. 楼梯错觉

楼梯错觉（Staircase illusion）属视错觉现象之一。注视图 3－14 数秒钟，将可发现该图有两种透视感，有时看似正放的楼梯，有时看似倒放的楼梯。

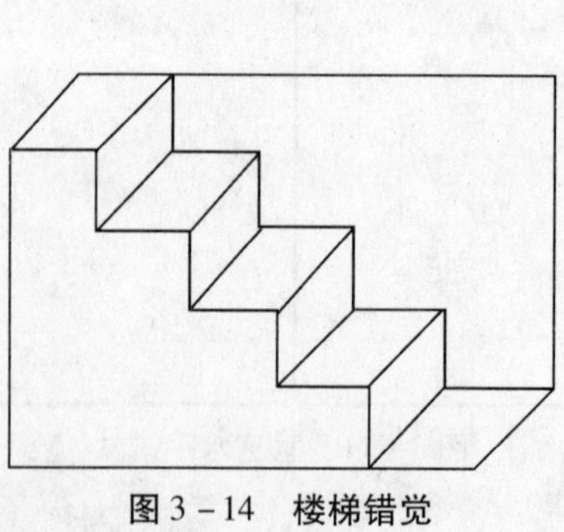

图 3－14　楼梯错觉

5. 编索错觉

编索错觉（Twisted cord illusion）属视错觉现象之一。图 3－15 像盘起来的编索，呈螺旋状，实际是由多个同心圆所组成。

图 3－15　编索错觉

6. 桑德错觉

桑德错觉（Sander illusion）也是视错觉现象之一。图 3－16 左边较大平行四边形的对角线看起来明显比右边小平行四边形的对角线长，但实际上两者等长。

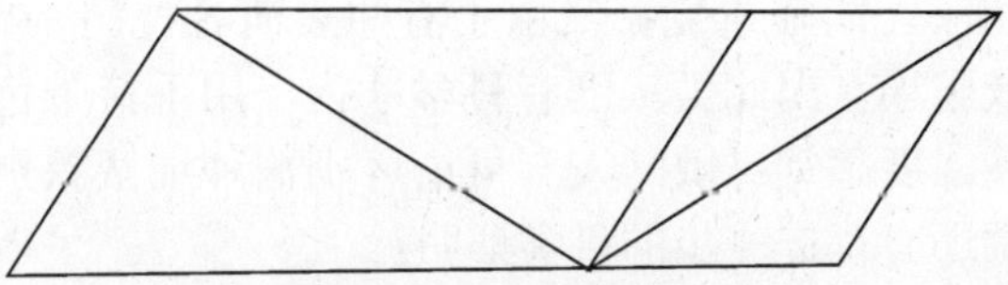

图 3－16　桑德错觉

错觉是人们知觉事物的特殊情况，我们不能因此就认为人们不能正确认识客观事物。我们可以通过实践检验来纠正错觉，从而正确地知觉客观事物。研究错觉产生的规律性不仅对于帮助人们正确认识事物具有重要意义，而且对于军事活动、艺术活动也有重要作用。古代军事上的“声东击西”、“草船借箭”，都是为了给敌人制造错觉，迷惑敌人；在日常生活中利用错觉的例子也是很多的。例如，体型粗胖的人穿上黑色或直条图案的衣服，可以在视觉上起到收缩粗胖体型的作用；身型瘦高的人穿上横条图案或浅色衣服，会使身段显得丰满些。造型艺术和电影特技也都注意运用错觉的规律。

> **专栏 3-3 法国的国旗**
>
> 大家知道，法兰西共和国的国旗是由蓝、白、红三条色带组成的。这三条色带看上去显得非常自然、匀称。一般人总以为这三条色带是宽窄一致的，但其实它们的宽度并不相等，蓝、白、红宽度之比为 30∶33∶37。据说，最初的法国国旗是按蓝、白、红三种色同样宽窄的尺寸做成的。可是国旗做好后，人们总觉得红色条带看上去没有蓝色条带宽。这完全是一种错觉。后来，为了克服这种错觉，他们才把蓝色条带缩窄，把红色条带加宽。

（四）超感知觉

所谓超感知觉是指不凭感觉器官即可获得知觉经验的特异现象。例如，有人讲他能“读”出他人头脑内的思想，或“看”到他人的未来。这种所谓的特异功能100 年来吸引了许多人去幻想拥有，以至于到了近乎迷信的地步，至今还在西方流行。但同时它也受到科学家们的严厉批判。超感知觉的首要问题在于它是否真实存在。为了证实这一点，重要的是排除其他感觉起作用的可能，于是出现了“隔纸认字”（例如说出在密封的信袋中的一张牌的号码和花色）、俗称传心术的“心电感应”（指两人之间不需要可见的人和工具或方法就能直接传达信息）、“意念搬运”（指单靠意念就可以搬运物体或使物体发生形变）等特异功能的表演。这类表演有时成功，但多数不能保证能够重复；又由于有些表演者使用一些技巧去加强效果，而被识破为是魔术或骗局。因此虽然已有科学家指出用手持带色物体时，不同颜色反射出的热量不同，温度感觉灵敏的人有可能区别这种细微差别，但总的来说情况复杂。关于超感知觉还有待进一步的科学证明。

第四节 青少年知觉的特点和感知规律在教学过程中的运用

一、青少年知觉的特点

（一）青少年的知觉特点

由于感知觉属于心理活动中较低级的形式，它出现得早、发展得快，所以许多简单、基本的感知觉能力在婴幼儿期已达到成人水平，但与思维的概括性和语言的发展有关系的感知觉能力的发展，是在小学到初中的一段时间发生质变的。如对时空关系的区分、时空概念的准确把握，都是在 9 岁前后。这种情况还集中体现在青少年知觉的整体性、理解性、选择性和恒常性的发展上。

知觉的整体性是指人们在过去经验的基础上倾向于把多种属性构成的事物知觉

为一个统一的整体的特征。当被知觉对象的某些属性缺乏、模糊或是相互矛盾时，人们会自动将它修补、删改或替代，使知觉尽量完整并赋有意义。知觉整体性的这一特点体现了人们对事物的整体反映并不是个别部分反映的简单堆积，而是获得了大于各个部分之和的信息，即反映了各因素之间的关系。初中学生已经具备了知觉整体性的特点，在教学活动或日常生活中能对存在一定缺欠的事物进行修补。但是由于知识和生活经验所限，初中学生常忽视弱刺激部分而过分注重强刺激，从而常常作出不完全甚至是错误的反应。

知觉的理解性是指人们在对现实事物的知觉中，伴有以过去经验、知识为基础的理解，所以能够对事物作出最佳解释说明的特征。由于人与人之间知识经验的不同，对同一个知觉对象的理解也不尽相同。初中学生已经能够根据经验对事物加以组合、补充、删减或替代，从而形成比较完整的理解。但初中学生运用这几种加工方式的时候还很幼稚，在很大程度上还依靠自己的主观想象，表现出更多的随意性，有时对知识的理解就显得牵强附会。如果没有正确的指导和更合理的解释，他们还会顽固地把这种理解坚持下去。

知觉的选择性是指人们能把所要知觉的对象迅速从背景中分离出来，从而实现对事物的正确理解。一切影响青少年注意发展的因素都影响着他们对知觉对象的选择，比如，知觉事物的直观性、新异性，学生自身的兴趣、需要、动机等。

知觉的恒常性是指当知觉的客观条件如距离、角度、照明度等在一定范围内发生改变时，人们对所知觉的事物的认识却不会因此而发生变化。比如我们从侧面看一只杯子，尽管此时杯子口是椭圆形的，但是我们仍知道杯子口是圆的。在知觉恒常性方面，由于受逻辑思维发展水平的限制，初中学生比起高中学生有一定差距。初中学生很容易受到局部、片面的刺激的困扰，不能稳定不变地反映客观事物；而高中学生更能抓住事物的本质特征，能够更从容、灵活地使用各种概念、定理或规律，更能做到触类旁通、举一反三。

（二）青少年观察力发展的特点

观察是一种有意识、有目的、有计划、持久的知觉活动，是感知觉发展的高级形态，由此形成的观察力是感知能力的核心和重要表现。所以青少年观察力发展的特点在某种程度上就代表了其感知力发展的总体趋势。进入中学后，随着教学的要求和学生智力活动自觉性的提高，其观察力也得到了充分的发展，具体体现如下：

（1）观察目的更明确。初中生能使观察服务于一定目的，并持续较长时间。但初中生观察的目的仍有很大一部分依赖于成人的要求，带有被动性。直到高中阶段，青少年学生才表现出能主动地制订观察计划，有意识地进行集中、持久的观察，并对观察活动进行自我调控。

（2）观察时间更持久。在注意力和观察目的性、自觉性发展的基础上，中学生观察可持续时间不断增长。有研究发现，航模小组在寻找飞机模型故障时，初二学生平均坚持观察时间达 1 小时 35 分钟，而高一学生平均坚持观察时间达 3 个小时。

（3）观察内容更精细。随着年纪增长，初中生比小学生在观察精确性、完整性和系统性方面能力有明显的提高。如有一项研究让学生在10分钟内找出50张小照片各属于9张大照片的哪一部分，结果，初中生观察正确率为30%，而高中生则达50%以上。这是青少年对观察对象本质属性的理解不断深化、语言表达能力不断增强的结果。

（4）观察角度更概括。低年级小学生对所观察事物作出整体概括的能力很差，表述事物特征分不清主次，往往忽略了有意义的特征而注意无意义特征。而中学生的分辨力和判断力就好多了。

观察力目的性、持久性、精确性和概括性的发展，在很大程度上还受教师与家长对学生的训练和培养的影响，因此表现出很大的个体差异性。

二、感知觉规律在教学中的运用

人类认知发展的基本规律是从生动的直观印象到抽象的思维。教学中，学生的认知活动也遵循这一规律。教师运用各种直观手段（实物、标本、模型、挂图，以及幻灯、电视、电影、多媒体电脑技术等）使学生充分感知所学的对象，把感性知识和理论知识、具体感知和抽象思维结合起来，这既有助于调动学生学习的积极性，又有助于学生领会和掌握所学习的各种理论知识。要使直观教具和直观方法起到提高教学质量的作用，必须自觉利用感知觉规律。

（一）感觉强度律的运用

无论是绝对感受性还是差别感受性，都由一定的感觉阈限引起，达不到一定的强度，感受性就很低。因此，教师讲课的声音要响亮、清晰，使全班学生都能听清楚；教师的板书字体大小要适度，使全班学生都能看清楚；实验、演示时应该使实验现象更明显，让所有学生都能看到。

（二）知觉选择性规律的运用

根据知觉选择性的规律，在教学中要注意突出感知对象。例如，按照教学要求，增加感知对象和教学一般情境间的差异；讲课重点突出；板书可用大小不同字体或彩色粉笔及其他符号突出重点内容；定理、标题用粗字体。

对象的活动性是知觉选择性的重要条件。因此，教师讲课时抑扬顿挫的语调和适当的手势动作等都可以使对象被优先感知。如果演示直观教具和做实验时注意增加活动的特点，效果会更好。

知觉对象的新颖性具有吸引力，容易被优先感知。因此，教师要使教学内容和教学方法有一定新意。

（三）知觉理解性规律的运用

根据知觉的理解性与知识经验和语言密切相关的规律，应该尽量丰富感性知识，并使感性认识与语言相结合，提高感知效果。语言和直观手段相结合可以有三种形式：第一，语言在前的形式；第二，语言和直观手段同时或交错进行的形式；第三，语言在后的形式。教师应根据教学的实际需要，有针对性地加以运用。

（四）不同感觉间相互作用规律的运用

运用不同感觉间相互作用的规律，以多种分析器协同活动，从而提高感知效果。例如，学生在课堂上既听到教师讲课的语音，又看到教师的面部表情和动作手势，感知就很清楚。在教学中尽可能使学生的多种分析器共同活动，让他们亲自动手、动口、动脑，充分发挥主体作用，这对提高他们的学习效率有重要作用。

（五）克服社会知觉偏见，提高教育教学效果

社会知觉的错觉在教育和教学工作中有重要的实践意义。它告诉我们，在教育和教学工作中，既不能凭第一印象、个别品质或某种新异性去看待学生，更不能用固定不变的眼光去评价学生。教师要善于从全面、深入、客观的角度去分析学生，更要善于用辩证的、发展的眼光去评价学生，充分调动每一个学生的学习主动性、积极性、创造性，不断提高教育教学效果。

专栏 3－4　观察与观察力

观察是有目的、有计划、有步骤的、比较持久的知觉过程。观察过程总是与积极的思维联系起来，所以它有时也被称作思维的知觉。

观察是人们从事生产劳动，尤其是创造发明与科学研究的必要因素。在人类认识和改造世界的一切领域，观察都起着重要的作用。大量的科技资料说明，一切科学实验、一切科学的新发现和新规律，都是建立在周密、精确、系统的观察基础之上的。伽利略认真观察教堂里随风摆动的大吊灯，才发现了钟摆定律；被达尔文誉为“举世无双的观察家”的法国昆虫学家法布尔（1823—1915）撰写的十卷巨著《昆虫记》，就是他几十年艰苦顽强观察的结晶；细菌学家弗莱明细心观察盖子已破裂的细菌培养皿，通过对从外界侵入的绿霉附近没有葡萄球菌这一现象的发现，进而发现了青霉素的杀菌能力，拯救了千万人的生命。

观察力即有目的、有计划地主动知觉事物的能力。这是一种善于发现事物典型特征的能力。具有较高观察力的人能更全面、更透彻、更迅速地发现事物本身的重要特征和从貌似无关的东西中发现相似点或因果点，从貌似相同的事物中发现不同点。

观察力对人的工作和学习具有重要意义。在事业上有卓越成就的人物都重视培养和发展观察力。例如巴甫洛夫一直把“观察、观察、再观察”作为座右铭，英国著名的细菌学者弗莱明也说过：“我唯一的功劳是没有忽视观察。”观察力也是智力活动的源泉，人的认知加工过程是从获得外界信息开始的，而要获得完整、准确的信息，必须具备良好的观察品质。观察力对学生学习很重要，它不仅使学生获得大量的感性知识，而且有助于提高学生的学习兴趣，激发学生的求知欲。同时，运用观察也是搞好学习的重要方法。因此，从某种意义上说，养成良好的观察习惯比拥有大量的学术知识更为重要。

学生观察的目的性、主动性、持久性、精确性和概括性水平都不高，他们的观察力不是天生具有的，而是需要通过培养、在实践活动锻炼中逐步形成和发展起来的。培养学生良好的观察力，必须注意以下几点：

（一）明确观察目的和任务

具有明确的观察目的和任务是良好观察的首要条件。观察的目的和任务愈明确，观察者对知觉对象的反映就愈完整、愈清晰；反之，盲目地知觉就会导致走马看花，甚至无所收获。在向学生指明观察的目的和任务时，也要培养学生的观察兴趣，可以通过参观、访问等多种途径来培养。教师讲解观察事物的道理，使其懂得其中的奥秘，这就会激起他们的求知欲，使学生对大自然和社会现象产生观察兴趣。

（二）做有关的知识准备

观察的成功，主要依赖于一定的知识、经验和技能。一个知识贫乏的人，对相应事物不可能做精细的观察。俗话说："谁知道的最多，谁看到的就最多。"知识经验不仅能使人的知觉具有理解性，而且能使人更精细地去感知事物。一位富有学问的考古学家能够在一片残缺不全的乌龟壳（甲骨文）上发现不少重要而有价值的东西，而一个无知的孩子或门外汉可能会把它当成一块好玩的东西。没有天文知识和观测技能就无法观察彗星，不懂比赛规则也不能观看球赛。因此，要使学生从良好的观察中培养观察力，就要帮助学生增长知识，为观察做好知识准备。

（三）对学生进行观察方法训练

光有知识准备，没有观察的方法，也会影响观察效率。在观察过程中，不能东看一点，西看一点，这样就会遗漏，甚至忽视关键之处，或为意外事物干扰而离开观察目的。观察应该有程序和方法地进行。合理的程序一般是从整体到部分，再由部分到整体。即先对整体有一个初步的、一般的、粗略的认识，再分出对象的各个部分，然后观察、了解对象各部分之间的联系，从而获得对整体全面、深入、正确的认识。

（四）指导学生做好观察记录

要获得良好的观察效果，就要及时把所见、所闻、所得详细记录下来（或做笔记和写日记），并且对这些片断的、日积月累的材料进行分析综合，摸清由始而终的脉络，了解事物之间的关系，找出前因后果，写出总结或报告。这样有助于培养学生科学观察的习惯和科学研究的能力。忽视指导学生整理和总结观察结果这一环节，就是放弃观察的结果。

（五）要启发学生在观察中积极思考

要引导学生带着问题去观察，使学生的观察有明确的方向性。在观察的过程中让学生分析事物的特点，善于运用比较的方法。比较就是在观察中区分事物，确定异同，看出异中之同或同中之异，如此才能更好地鉴别事物。要引导学生抓住事物的重要特征，防止产生错觉，纠正错觉；要指导学生透过现象抓住事物的本质和规律；启发学生在观察中提出问题、发现问题，培养学生的创造能力。

《本章小结》

感觉的绝对阈限取决于产生一个感觉所需要的最小刺激物理量。感觉的差别阈限取决于产生一个最小可觉差所需要的刺激物理量变化。对感觉阈限的研究称为心理物理学研究。视杆细胞和视锥细胞是眼睛的光感受器，这些细胞组成视网膜。产生听觉的刺激是声波，声波是通过鼓膜、听小骨、卵圆窗、耳蜗和毛细胞传导的。而其他的感觉现象，如嗅觉、味觉、触觉和内部感觉也是人类生存所不可缺少的。

人类认识外部世界最基本的两种能力是感觉和知觉。知觉是在感觉的基础上发生的更高一级的心理过程。知觉规律在对感觉的组织中发挥着作用，人类的知觉也会受外在环境或者个体本身因素的影响而产生错觉，或者幻觉。这种错觉某些时候在艺术、设计等领域却可起到很好的作用。

关键术语

感觉　知觉　心理物理学　感受性　绝对感受性　视觉后像　视觉对比　视觉适应　近因效应

进一步阅读

[1] 张春兴．现代心理学．上海：上海人民出版社，1994.

[2] [美] Frederick T. L. Leong，James T. Austin. 心理学研究手册．周晓林等译．北京：中国轻工业出版社，2006.

[3] 张述祖，沈德立．基础心理学．北京：教育科学出版社，1987.

[4] 孟昭兰．普通心理学．北京：北京大学出版社，1994.

[5] [美] 理查德·格里格，菲利普·津巴多．心理学与生活．王垒，王苏译．北京：人民邮电出版社，2003.

[6] [英] M. 艾森克．心理学——一条整合的途径．阎巩固译．上海：华东师范大学出版社．2001.

[7] [美] 托马斯·L. 贝纳特．感觉世界——感觉和知觉导论．旦明译．北京：科学出版社，1983.

思考与练习

(1) 什么是绝对阈限？绝对阈限是否存在个体差异？

(2) 视觉是如何实现的？

(3) 什么是色盲？引起色盲的主要原因是什么？

(4) 听觉是如何实现的？

(5) 什么是感觉？感觉在人类的生活和工作中有什么意义？

(6) 知觉的特性有哪些？

(7) 什么是知觉恒常性？知觉恒常性的作用是什么？

(8) 在教学中，如何运用感知规律进行教学？

第四章　记　忆

本章学习要点

1. 记忆的概念、种类
2. 信息加工理论对记忆三个加工系统的解释
3. 记忆的各个环节及影响因素
4. 青少年记忆的品质及培养

一张纸被折过后，会留下一道印痕；一个铁钉被磁铁吸过后，会带有微弱的磁性；一潭静水掉进一个石子，会泛起阵阵涟漪。所有自然界中的事物在受到外界作用时，似乎都会留下痕迹。记忆就是过去经历过的事物在大脑这块特殊物质上留下的痕迹，只不过它在形式和内容上要复杂得多。本章探讨的就是记忆这种有趣的心理现象，并详细阐述什么是记忆、记忆有什么作用、记忆的过程等一系列问题。

第一节　记忆及记忆过程

一、记忆的一般概念

记忆是人脑对过去经验的反映，即是人对过去经验的认识和解释。感知觉都是人脑对当前的客观刺激直接作用于感官时的反映。但是人在感知过程中所形成的有关事物的映象并不会随客观事物的消失而消失，而是还能在人的头脑中保留一定时间，并在一定条件下回忆起来。如你曾经见到过一个人，当他重新出现在你眼前时，你能准确地认出他；你曾经到过香格里拉，看过那里的雪山、草地，当别人再提起它时，雪山的壮丽、草地上绚烂的花海就会在你头脑中浮现出来。这种大脑对自己经历过的事物的反映，就是记忆的过程。

人们的过去经验，既包括人们曾经感知过的客体，也包括人们思考过的问题、体验过的情绪和情感，以及操作过的动作等。例如，人们看到过的良辰美景、听到过的悠扬动听的旋律、生活中的喜怒哀乐、思考和解决过的各种问题，以及实践活动中的种种动作行为。这一切经历过的事物，都会在头脑中留下映象，并在一定的时间、场合以经验的形式重新出现在人们的头脑中。因此，记忆反映的事物既有客观的对象，也有主观的思想、体验和愿望等。

记忆是主体通过识记、保持、再认和回忆三个环节在头脑中积累及保存经验的心理过程。识记是记忆的第一个环节，是主体通过反复感知、辨认把信息记在头脑中的过程；保持是记忆的第二个环节，是已经获得的知识经验在头脑中持久地停留、巩固的过程；再认和回忆是记忆的第三个环节，是过去经验在头脑中恢复和重现的过程。这些信息可供人使用，如解决某一个问题，或识别某一事物。记忆的三个环节相互制约又相互联系。识记是保持的前提和基础，保持是识记的进一步加深和巩固，只有识记的内容在头脑中保持并巩固，才会有以后的再认和回忆。再认和回忆又进一步加强了过去经验的保持，也是对识记和保持效果的检验。

兴起于20世纪60年代的现代认知心理学把人的大脑看成一台类似于计算机的信息加工装置，认为人脑记忆如同计算机一样是一个巨大的信息储存库。凡是被输入的信息总是在某种程度上以某种方式储存起来，而凡是被储存的信息在一定条件下就会被提取出来供人使用。因此，根据信息加工观点，所谓记忆就是主体对来自客体的信息进行输入、编码、储存和提取的过程。这一定义把记忆过程划分成三个阶段。首先是信息的输入阶段，即识记信息的阶段；其次是信息的编码、储存阶段，也就是保持信息的阶段；最后是信息的提取阶段，也就是再认和回忆的阶段，即把信息在头脑中再现出来。

记忆作为基本的心理过程，对保证人正常的生活、工作和学习起着极其重要的作用。人通过感知从外界获得信息，如果不能保留这些信息就不可能获得知识和经验，就不能形成概念进行判断和推理，也就不能适应复杂多变的环境。没有记忆，一个人的心理活动将总是停留在新生儿的水平上，不可能有个体心理活动的正常发展。记忆将人的心理活动的过去、现在和未来联结成一个整体，是人的心理过程在时间上得以持续的根本保证，从而使人的心理发展、知识积累和人格形成最终实现。

二、记忆的生理基础

记忆和人的大脑有什么关系？神经心理学对记忆的生理基础进行了大量的研究，提出了各种学说。关于记忆在大脑上是否有定位的问题，出现了定位说和整体说的争论。

（一）记忆机能定位说

记忆机能定位说认为，在大脑皮层上分别存在着视觉记忆中枢、听觉记忆中枢、语言记忆中枢和运动记忆中枢。记忆机能定位的最初例证来自对临床病例的观察。加拿大著名神经外科医生潘菲尔德（W. Penfield）认为，记忆与大脑皮层的额叶和颞叶有密切关系。他在治疗病人时，用微电极刺激其右侧颞叶区，引起其对往事的鲜明回忆。例如，“听”到了过去曾经听到过的音乐，而且可以随音乐的旋律唱出来。而刺激皮层的其他区域则不发生这种回忆。潘菲尔德将这种由电刺激引起的回忆称为“诱发回忆”。而进一步的实验表明，刺激颞叶区诱发的回忆大多是视觉和听觉的形象回忆。例如，当刺激一个11岁患儿的左侧颞叶时，他会说，我听到了几个小孩的呼唤声，叫我上街去玩；另一个患者报告说，他看见一个人牵着一条狗，沿着他乡下房屋边的小路走过去。[1]

神经生理学家鲁利亚对额叶肿瘤和额叶脑外伤病人的研究表明：对语词抽象材料的记忆与大脑额叶有关。额叶损伤会引起语言调节功能的极严重的破坏，从而使人不能借助自己或别人的言语来调节、指导自己的行为和记忆。

科恩（Cohen）的研究表明，语言记忆信息储存在大脑的左半球，形象记忆信息则储存在右半球。

（二）记忆机能系统整体说

记忆机能系统整体说认为，记忆是一种整合的心理现象，大脑中并不存在单纯的记忆中枢。美国行为主义心理学家拉什里（K. Lashley）最早对记忆机能定位说提出质疑。他通过切除动物大脑皮层的一系列实验发现，动物记忆学习的成绩与破坏大脑皮层的特定部位关系不大，而是与大脑皮层被损伤部位面积的大小有关。被破坏的面积越大，对记忆学习的影响越大，记忆丧失越严重。因此，他认为记忆的保持并不依赖于大脑皮层的精细结构部位，而是与广泛的神经细胞活动有关，记忆是整个大脑皮层的机能。

（三）记忆分子说

有关记忆生理机制的研究已经从神经生理学的研究达到生物化学水平的研究。一些学者认为，神经细胞中产生的特殊生物化学成分的改变是长时记忆的基础。记忆经验是由神经元内的核糖核酸的分子结构来承担的。神经细胞的脱氧核糖核酸（DNA）是借助核糖核酸（RNA）传递遗传信息的机制。通过由学习引起的神经活动来改变与之有关的神经元内部核糖核酸的细微化学结构的研究，是由瑞典神经生物化学家海登（H. Hyden）首先进行的。他先训练大白鼠走钢丝，然后解剖大白鼠，发现大白鼠脑内与平衡活动相关的神经细胞的 RNA 含量显著增加，组成成分也发生了相应变化。因此，他认为生物大分子是信息储存单元，RNA 和 DNA 是记忆信息的化学分子载体。

另外一些实验也表明，把抑制 RNA 产生的化学物质注入动物脑内，会使动物的记忆学习能力明显减退或完全消失。如果把促进 RNA 产生的化学物质注入动物脑内，则能提高动物的记忆学习能力。这说明，RNA 的变化是个体学习和记忆的生物基础。[2]

三、记忆的种类

由于个人活动的特点和内容的不同，记忆的表现形式也是多种多样的。记忆可以从不同的角度进行分类。

---

① 车文博．心理学原理．黑龙江：黑龙江人民出版社，1986.

② 叶奕乾，何存道，梁宁建．普通心理学（修订版）．上海：华东师范大学出版社，1997.

（一）记忆中信息储存时间

信息加工理论根据记忆中信息储存时间的不同，把记忆分为感觉记忆（瞬时记忆）、短时记忆和长时记忆。感觉记忆的保持时间最短，短时记忆中的信息可以保持得长久些，长时记忆指的是保持时间超过 1 分钟的记忆，其中不少信息可以保持多年甚至终生。长时记忆又可以分为程序记忆和陈述记忆两类。程序记忆（procedural memory）是对习得行为和技能的记忆，包括基本条件反射和各种习得的动作，如打字、拼图、打球时的动作等。这些记忆以动作来表达，也称为动作记忆。陈述记忆（declarative memory）是对事实信息的记忆，包括各种特定的事实，如姓名、人脸、单词、日期和观点等。陈述记忆以单词和符号来表达，它又可分为语义记忆和情景记忆。语义记忆（semantic memory）是关于世界的基本事实知识的记忆，如对各种物体的名称、年月日的表达法、加减乘除、春夏秋冬、单词和语言等知识的记忆。情景记忆（episodic memory）是每个人的“自传性记录”，存储着个人在特定时空情景中发生的各种事件。例如，你能记起自己接到大学录取通知书的情景，记起自己第一次约会时的情景，记起上周一的早餐你吃了些什么，这些记忆都属于情景记忆。

（二）记忆的内容

根据记忆的内容，可以把记忆分为形象记忆、语词记忆、情绪记忆和动作记忆。形象记忆（imaginal memory）是以感知过的事物的形象为内容的记忆，它所保持的是事物的具体形象。语词记忆（verbal memory）是以概念、判断、推理等形式，对事物的关系以及事物本身的意义和性质等内容的记忆。情绪记忆（emotional memory）是以个体体验过的情绪或情感为内容的记忆。运动记忆（motor memory）是以过去经历过的运动状态或动作形象为内容的记忆。

（三）外显记忆和内隐记忆

根据记忆是否被意识到，可以把记忆分为外显记忆和内隐记忆。在我们的头脑里保留着许多记忆，有些是我们意识得到的，有些则意识不到。意识得到的记忆称为外显记忆（explicit memory）。例如，我们能记忆儿时背过的“乘法表”，记得今天早餐吃什么，记得去年植树节的活动。而无意识的记忆称为内隐记忆（implicit memory），即我们没有意识到但确实存在着的过去经验或记忆。例如，人们能熟练地打字，但是要求他们立刻正确地说出键盘上字母的位置，许多人往往做不到，这说明他们有对字母位置的内隐记忆。近三十年来，内隐记忆是记忆研究中最引人关注的成就之一。

专栏4-1 “不知不觉”的内隐记忆

在生活中，也许你遇到过这样的事情。课间休息时，你正在教室里看一本非常有趣的小说，有两位同学在你座位旁边的过道上聊天。由于你看得津津有味，那两位同学究竟在谈些什么，你可能并不知道。但是，一旦他们的谈话中出现了你的名字，你马上就会意识到。这说明，在那两位同学聊天时，尽管你不知道他们在说些什么，但实际上，他们说的话已经进入到你脑中并经过了信息加工处理。那些一般性的信息，由于没有达到“激活”的阈限值，便被“屏蔽”住而没有被你意识到；而像你名字这样的一些特殊信息，由于达到了阈限值而被你意识到。从这个例子可以看到，在脑的活动中，除了具有可以知晓、有意识的信息加工方式外，还可能具有未被知晓、无意识的但确实存在的信息加工方式。前者由于是可知的，常被称作信息的“外显加工”方式；后者由于是不知不觉的，常被称作信息的“内隐加工”方式。

自20世纪70年代以来，心理学家对脑的内隐加工问题展开了一系列研究，其中研究较多的一个问题是内隐记忆。

1970年，沃林顿和韦斯克兰茨设计了一个关于内隐记忆的经典实验研究。实验对象包括4名遗忘症患者（其中3人酒精中毒，1人颞叶受伤）和16名正常人。实验者先给所有参加者看一些词语，然后安排了两种测验。一种是直接回忆所学的词语；另一种是进行残词补全，即在字母组合（如_ ab_ _）中补进字母，使之成为完整的词（如cable）。结果发现，遗忘症患者的直接回忆成绩远比正常人差，但在残词补全测验中，却与正常人不相上下。

后来其他一些研究者多次重复实验证实了这一结果。这些研究表明，在有意识的外显记忆之外，还存在无须意识参与的内隐记忆。作为人脑中保存过去经验的一种方式，内隐记忆无须经过有意识的回忆或再认，就能对人的某些活动间接地产生影响。

“盲视”和“盲语”现象是80年代人脑内隐加工研究的又一个焦点。研究发现，视觉皮层损伤的病人仍然能够执行各种视觉性作业，但有趣的是，病人本人不能意识到这种作业，也不承认他能进行这种作业。割裂脑病人可以通过其左半球对投射到右眼的刺激进行正确的命名，却不能利用这一信息进行简单的匹配作业。从这些研究中不难得出这样的结论：即使没有意识水平的监控，人脑仍然可以发挥加工作用，而那些未曾进入意识加工的信息仍然能影响人的行为和认知。

尽管目前科学家对人脑内隐加工的认识还不是很深入，但研究者普遍认为，人有相当大的一部分信息加工过程属于内隐加工方式，它无时无刻不在发挥作用，却又无法被人察觉或随意提取出来。探明人脑的内隐加工方式，有助于开发人类的潜能。

资料来源：http：//www. psytopic. com/mag/post/unwittingly - implicit - memory. html.

第二节 三个记忆系统

现代认知心理学认为客体信息通过感官被输入大脑，并在大脑储存起来，但大脑对信息的储存时间是不一样的，有的信息储存时间极为短暂，一闪而过；有的信息储存时间则极为长久，乃至终生不忘。信息加工心理学家经过大量的实验研究确定了记忆的三级加工系统：感觉记忆、短时记忆和长时记忆。

一、感觉记忆

感觉记忆也叫瞬时记忆、感觉登记。它是我们记忆加工信息的第一步。主体的感官接收来自客体的信息，它们暂时地储存在感觉系统中，被称为感觉登记。人在一瞬间能接收大量的信息，这些信息储存在人的头脑中。研究表明，被登记的大量信息只能储存极短的一瞬间，在这一瞬间，其中的大部分信息随即消失了。例如，来自视觉的信息只能持续1/4秒，来自听觉的信息持续2~4秒。由于是短暂的一瞬间，主体来不及加工这么多的信息，所以这些信息都是处于相对未加工的原始状态。进入感官的信息，基本上保持了信息的原样。尽管如此，感觉记忆仍然具有十分重要的作用，它是主体记忆活动的开端。瞬时记忆向主体提供了可供选择加工的原材料。例如，我们要理解别人所说的话，需要他所说的信息在听觉系统中保持一段时间，以便听完一句话后，能分析出整句话的完整意思。

各种感觉通道都有相应刺激的感觉记忆，例如视觉感觉记忆、听觉感觉记忆等。视觉的感觉记忆叫图像记忆，其最明显的例子是视觉后像。

1959—1960年，斯柏林（George Sperling）用实验证明了感觉记忆的存在。他用速示仪在极短的时间内向被试闪现若干个字母（或数字），然后要求被试把每次看到的字母（或数字）尽可能多地报告出来。实验的结果是：当呈现的字母（或数字）只有4~5个时，被试都能全部报告出来；如果同时呈现5个以上，被试的报告开始出现错误。被试所报告出的字母（或数字）的数量是否就是他所感知到的数量呢？用这种整体报告法无法证实这一点。于是，斯柏林采用了一种新的方法——部分报告法。他将12个字母写在卡片上分为三行，每呈现一行符号，立即发出一个不同的音（高、中、低）。他要求被试在听到高音时，报告第一行的字母，听到中音的时候报告第二行的字母，听到低音的时候报告第三行的字母（见表4-1）。

表4-1 斯柏林部分报告法的实验程序

字母卡（出现时间50毫秒）	字母呈现后立即出现音调中的一个	被试根据音调指示报告字母
A D J E	高音	第一行
X P S B	中音	第二行
M L T G	低音	第三行

实验的结果是，采用这种部分报告的方法，被试能报告的字母数平均为9个。这与前面用整体报告法所测到的4~5个的结论有很大的差距。斯柏林认为，过去认为的知觉注意或记忆的范围是4~5个，并没有反映出最初信息储存的容量，而只是在映像消退之前能够提取出来的、转入到下一个记忆系统的项目数。

感觉记忆的特点是：信息的保存是形象的；保持时间极为短暂（1秒左右）；保

持容量大。在感觉记忆中呈现的材料，如果没有受到注意就会很快消失，如果受到注意就转入短时记忆。

二、短时记忆

短时记忆中信息的储存时间稍微长一些，但也只是1分钟左右。短时记忆的典型例证是人们从电话号码簿上查到一个电话号码，便立刻能根据回忆拨出这个号码，但当拨完以后，就很难再回忆起来。一般来说，从查到一个7位数的电话号码到拨完这个号码大约需要1分钟的时间。

短时记忆的容量远比瞬时记忆的容量少得多。实验证明，其容量大约是7±2个信息单位，就是说人的短时记忆系统最多能记住9个字母、单词或数字，最少能记住5个字母、单词或数字。而且，如果是有意义的句子和文章，你能回忆起比无意义的句子或文章更多的文字。

1956年，美国心理学家G.米勒在其题为《神奇数7加减2：我们加工信息的能力的某种限制》的论文中提出，短时记忆的容量为7±2。他从信息加工的观点出发，认为如果人对材料加以组织、再编码，记忆的容量还可以扩大。他提出了组块（chunking）概念。所谓组块是由若干较小的信息单位组织成的一个较大的信息单位。例如，呈现一系列的数字“6582390157”给一个人，他听一遍或读一遍之后，立刻回忆起来，只能想起5~9个单位。无意义的文字系列大约也是这样。但是，如果把以上的一系列数字分成三组：658-239-0157，他就有可能回忆起更多的数字。组块可以是由若干字母组成的一个单词（如M-A-N→MAN；D-E-S-K→DESK，B-O-O-K→BOOK），也可以是由若干单词组成的一个短语（如ON-THE-DESK→ON THE DESK）或句子（如I-AM-A-TEACHER→I AM A TEACHER）。由此可见，组块是一个可变化的信息单位，不是一个绝对的数量，它所包含的信息量可多可少。尽管如此，短时记忆的容量与长时记忆相比还是很有限的。

把信息单位组块化对提高人的记忆效率有十分重要的作用，它提供了扩大储存量的有效途径。因此，尽可能地扩展组块的容量是提高记忆效果的有效方法。学生学习也需要短时记忆，如记笔记、算算术都需要把听讲的内容和题目中的数字短时间地记住，否则就不能记笔记和进行演算。短时记忆保持的时间，在没有复述的情况下，一般只有5~20秒。1959年，美国学者彼得森（L. R. Peterson）的实验表明，学习任何材料，若在被试复述时给予干扰，在间隔18秒后，回忆的正确率就下降到10%，如果不被复述，在一分钟之内就会衰退或消失。

短时记忆易受干扰。任何性质的分心都能引起短时记忆的损失。只要插入新的识记活动，阻止复述，信息很快会消失，而且不能恢复。如果默默地复述，可以使即将消失的微弱信息重新强化，变得清晰、稳定，再经过精细复述，就可转入长时记忆加以保持。那些未经复述的信息或超容量的信息则随时间的流逝自然衰退而被遗忘。可见，复述是短时记忆的关键。

短时记忆的特点是：信息保持的时间短暂；容量有限；容易受干扰。短时记忆如果经过复述、运用或进一步加工，它就能被输入到长时记忆系统中去。

三、长时记忆

长时记忆是指信息经过记忆主体的充分加工后，在头脑中长时间地储存起来。长时记忆中的信息储存时间从 1 分钟以上到许多年甚至终生。它的信息容量是无限制的，即只要你愿意，长时记忆可以接收无数的信息量。

长时记忆中的信息往往是按照信息的意义归类的，所以，它是一种有组织的知识系统。这种有组织的知识系统是人长期学习的结果，也是人行为定向的依据，它使人能够对新输入的信息进行准确而有效的加工，使人能够有效地利用有关的信息解决当前面临的问题。本章所讨论的记忆规律主要是长时记忆的规律。

必须说明的是，感觉记忆、短时记忆和长时记忆并不是三种彼此分离的记忆系统。大量的实验研究表明，瞬时记忆中的信息如果被注意则可进入短时记忆；短时记忆中的信息经过复述则可进入长时记忆；而当需要利用过去输入的信息时，通常又把长时记忆中的信息提取到短时记忆系统中，以便这些信息参与当前的信息加工过程。信息在感觉通道内是被自动地登记下来的，内容不易为人们所意识。只有对感觉信息给予格外的注意，并赋予它一定意义时，它才能被意识到，此时信息已经转入短时记忆，正处在人当前的意识中。长时记忆是备用性的、静态的记忆，储存在长时记忆中的内容，如果不是有意地回忆，也不能被人意识到。图 4－1 是表示上述关系的示意图。

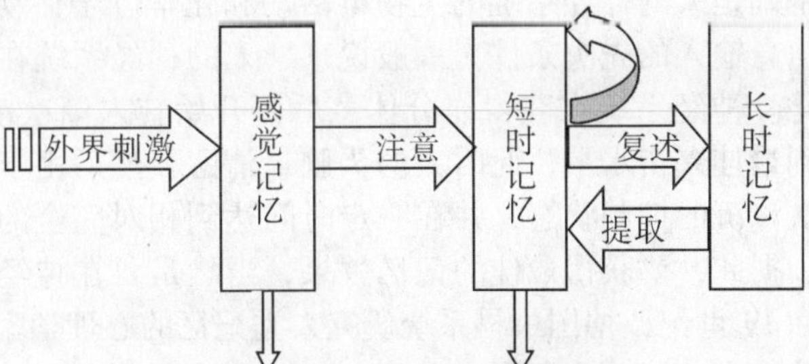

图 4－1　记忆的三级加工系统

第三节　影响记忆过程的因素

记忆不是头脑中一个单纯储存的静态过程，而是一个积极创新的动态变化过程。分析记忆的规律，有助于我们进一步理解和应用它。

一、识记（信息的输入）

（一）识记的概念

信息的输入和编码即识记，它是记忆获得信息的第一步。常言道："良好的开端是成功的一半。"识记效果直接影响着以后的记忆效果。它决定了保持的信息是否准确、保持时间的长短，也决定着将来回忆和再认信息时的准确性与信息提取时间。在计算机上，要把有关的信息（如数字或文字）输进去，必须编制程序，按照程序进行工作。类似地，人在输入记忆信息时，也要设法对信息进行适当的组织，这种对信息的组织过程称为信息编码。通过不同感官进入的信息，其编码方式是不同的。例如，由听觉器官进入的信息是按信息的声音特征编码的，由视觉器官进入的信息是按信息的视觉特征进行编码的。因此，我们常会觉得发音相似的词汇容易混淆，如你可能把"李红到李宏家通知李虹到李洪办公室去开会"听成同一个人的名字；同样，我们也会碰到形状相似的字被人混淆的情况，如汉字打字员常常把"材"打成"林"，把"己"打成"已"，把"间"打成"问"，把"庆"打成"厌"等。在长时记忆中，如何对信息编码，亦即如何组织信息是影响记忆效果的重要因素。因此，研究信息输入中的编码过程对于提高记忆效率具有重要意义。

（二）影响识记的条件

1. 识记时神经系统的兴奋水平

记忆的物质基础是人的神经系统的生物电活动和化学分子活动。因此，神经系统的活动状态是信息输入的先决条件。一般说来，人的神经系统在一天之内的生理功能呈规则性变化。神经系统在获得充分休息后便开始转入渐次活跃的兴奋状态，并在一定时间达到最佳兴奋水平，此时人的头脑最清醒。然后由于生理疲劳，神经系统开始转入渐次深沉的抑制状态，并在一定时间达到相对完全的抑制水平，此时人处在睡眠状态。据此，要获得最佳的记忆效果，当然是要在神经系统的最佳兴奋期进行学习。早在19世纪，德国最早系统研究人类记忆的心理学家艾宾浩斯（Ebbinghaus）就通过实验研究发现，每天上午11点至12点的记忆效率最高，而下午6点至8点的记忆效率最差。20世纪60年代，美国的布莱克（Blake）又进一步研究了短时记忆的最佳时间，结果证明上午10点30分左右是最好的记忆时间。

心理学家曾做过一个实验：在一天之内取5个时间点，分别为上午8：00、上午10：30、中午1：00、下午3：30、晚上9：00，将30名被试分成5组，使其分别与上述5个时间点对应；对每组被试进行相同的数字广度短时记忆测验，即主试说出某个数字（如38426、947635、18573942），要求被试复述同一数字，记录被试平均正确说出数字的位数。实验结果显示，被试在上午10：30的短时记忆效果最好，晚上9：00的效果最差。因此，上午10点30分左右记忆效果最好。

上述实验结果可作如下解释：人的大脑经过前一天晚上的充分休息，神经细胞的疲劳状态得到解除，到第二天上午逐渐恢复到最佳兴奋水平，因而最适宜接受知识信息。相反，下午的大脑由于上午的紧张学习，渐渐地由兴奋状态向抑制状态转化，接受知识信息的效果当然不如上午。

需要说明的是，由于个人的生活习惯不同、作息时间各异，神经细胞最佳兴奋水平的时间可能会有很大差异。因此，上述研究结果不可能对所有人都适用。

2. 对识记目的、任务的意识水平

日常生活中，人们都能体会到，亲身经历过的事件、情境或现象通常都能留下深刻的印象，使人持久不忘，有的甚至被终生储存下来。而对这些事件、情境或现象，人们当时并未有意要记住，也并不明确为什么要记住它。相反，对那些用语言符号表征的抽象概念、公式、法则、定理等知识信息，人们必须专心致志地反复领会、理解、背诵才能记住，也必须经常有意识地应用这些知识信息，才能持久储存。

在心理学研究中，我们根据主体有无明确的识记意图和目的、是否付出意志的努力，把识记分为无意识记和有意识记。无意识记又称为不随意识记，是指主体事先没有识记的意图和目的，也无须付出特别的努力，信息是自然而然地被纳入到记忆库中的。凡是对人有意义的、使人感兴趣的、能激发人情感的事件，常常被无意记住。在日常生活中，人们通过无意识记潜移默化地获得许多经验。但是无意识记具有很大的偶然性、情境性，所获取的信息具有片段性和随机性，因此，人类要获取系统而完整的信息则更多地需要借助有意识记。

有意识记也叫随意识记，是指在识记之前有预定的目的，运用一定的方法和策略，经过特别的努力去获取信息的过程。有意识记的目的明确，任务具体，方法灵活，并伴有积极的思维活动和意志努力，因此，它是一种主动而又自觉进行的识记活动。人们掌握系统的科学知识和技能，主要靠有意识记。在学习、工作中，有意识记居主导地位。

根据记忆信息的内容，可把记忆主体对亲身经历的事件、情境或现象的记忆称为情境记忆；把记忆主体对抽象的词汇概念、原理、公式、法则、定理等知识信息的记忆称为语义记忆。一般来说，情境记忆所需要的记忆努力较低，并不要求主体具有明确的记忆目的；而语义记忆则只有在较高的主体意识水平上才能获得较好的效果。

在心理学的一个实验研究中，给被试呈现不同颜色的字母组成的字母表，如O、B、P、C、M、O、R、D、X、Z、O……要求被试记住其中有几个字母O。但在实际提问时，除了要求被试回忆字母O的个数外，还要求他们回忆：①字母O的颜色有哪几种；②除了字母O以外，还有哪些字母；③非O字母有哪几种颜色？结果表明，被试对字母O的字数记得最准确，而对于其余三个问题，则因没有明确的记忆意向，在回答时错误百出，甚至根本无法回答。

上述实验结果表明，被试输入的信息只是那些被给予注意的信息，主体对要输入的信息的意识越清晰，就能集中注意这些信息，头脑中就越容易对这些信息留下深刻的印象。

3. 对识记材料的加工理解水平

在日常生活中，你会发现，望子成龙的家长常教两三岁的小孩背唐诗。父亲或母亲念一句，小孩跟着重复一句，经过若干次的重复，小孩可以准确无误地把一首唐诗背出来，但若要问他诗里说的是什么意思，他却回答不出来。这是因为他在这个年龄不可能对诗的意义获得理解或进行加工。若将这首诗交给18岁的中学生来背诵，情况就不一样了。因为他的加工水平或理解能力获得了充分发展，他积累了足够知识经验，能够对这首诗的意义进行足够的加工，因此他不仅能够背出这首诗的每一句，而且能够解释每一句的含义和作者的思想感情。我们根据所要识记的材料本身有无意义，或记忆主体是否理解其意义，把识记分为机械识记和意义识记。

机械识记是指学习者对没有意义的材料或对事物还没有理解的情况下，仅仅依据事物的外部联系，但凭反复诵读而将信息输入头脑的方式。例如，记人名、地名、电话号码、历史年代等。产生机械识记的原因有两点：一是识记的材料本身没有内在联系，只能按其外在的特点努力强记；二是材料本身有意义，但限于学习者本人的记忆库中缺乏理解当前信息的知识经验，在这种情况下也只得采用机械识记。机械识记的优点是保证识记材料的准确性，缺点是费时费力。而且，在这种识记中，由于对材料的加工水平较低，其效果不如意义识记。然而，由于现实生活中总有一些缺乏意义的材料需要人记忆，所以，机械识记仍是不可缺少的。

我们把运用已有的知识经验，在对识记材料进行充分加工或理解的基础上，依据事物的内在联系，将信息输入头脑的方式叫做意义识记。意义识记的先决条件是理解，理解是通过思维进行的。例如，了解一个词汇的含义，明确一个科学概念，弄懂一个公式的推导过程，把握文章的中心议题等。只有领会和理解材料本身的意义，并把它与已有的知识经验联系起来，把它纳入已有的知识系统，才能把它保留在记忆中。这种识记的优点是容易记住，保持时间长久，易于提取。缺点是记得不一定十分精确。然而，通过意义识记获得的信息具有系统、稳定和牢固的特点。

实际上，通过机械识记，人们储存的仅仅是信息的物理特征（如发音顺序或文字的形状），而通过意义识记，人们储存的是信息所表达的意义。例如，你可以教会三岁小孩背出“乘法口诀”，但不能教会他利用“乘法口诀”进行乘法运算。因为他脑中只储存了数字的读音，而未储存数字所表达的意义和数字与数字间的实质性关系。就记忆效果而言，意义识记相对机械识记的优越性不仅被日常学习经验所证明，而且被心理学实验研究所证实。早在19世纪，艾宾浩斯就证明，由80个音节组成的一首诗经过8次诵读即能达到正确回忆的水平，而由80个无意义音节组成的音节表则需要80次诵读才能正确回忆。对无意义音节我们无法实现有效的加工，只能凭借机械识记储存这些信息，而对诗歌则可以通过理解它所表达的思想感情来储存这些信息。一般来说，机械识记方式不仅费时间，而且储存时间短，很快就遗忘；而意义识记方式不仅省时间，而且一旦被储存，便能保持较长时间。下面的实验则进一步说明，对信息意义的加工水平不同，其记忆效果也各不相同。

实验过程：将被试分成甲、乙两组；要求甲组被试记住几个按“主—谓—宾”结构编写的简单句，要求乙组被试用上述句子中的同一主语和宾语编写句子，并记住自己编写的句子；主试向被试提示上述句子中的主语，要求被试回忆对应的宾语，记录两组被试对宾语的正确回忆率。实验的结果表明：甲组被试的正确回忆率为29%，乙组被试的正确回忆率为58%。由此可知，记忆效果因加工水平的提高而提高。

对上述结果的解释是：甲组被试在背诵这些句子时，虽然也对这些句子所表达的意义进行了加工，但对句子中的主语和宾语的对应关系可能未作进一步的加工理解；乙组被试因要自己造句，就必须得充分考虑主语与宾语间的内在联系，所造的句子是自己充分加工的产物。相对来说，乙组被试的加工理解水平要比甲组被试的加工理解水平更高。

对信息内容的加工理解水平会影响记忆效果，是因为信息内容的意义反映了事物的本质及其内在联系，也反映了信息内容与记忆主体已有的知识信息的内在联系，主体在输入新的信息时，实际上是将新信息同化（纳入）到旧信息结构中去了。

4. 对识记材料的组织方式

知识信息是一个有组织的系统。在输入信息时，如果是按照知识的固有结构组织信息，而不是按照随机排列输入的话，效果会获得意想不到的提高。信息加工心理学致力于研究如何组织信息才能增强记忆的效果，发现三种组织方式的效果是十分显著的。

（1）组块法。组块法是将若干零散的信息组合成有一定意义的、包含更多信息的组织方式，例如数字1、9、2、1是四个零散的自然数字，假如我们把这四个自然数字写成“1 9 2 1”，则转化成了一个组块，它表示一个数，更表示一个历史年代——中国共产党成立的时间。这时，组块所表达的信息就比数字包含的信息要多得多。下列实验可以证明，扩大组块信息量是提高记忆效率的重要方法。

实验过程：用听觉方式向被试分别呈现三组记忆材料，A组是由三个辅音字母构成的组块，如PTK、DBX、CHZ等；B组是由三个字母构成的单词，如HAT（帽子）、CAT（猫）、DOG（狗）等；C组是由三个单词构成的组块，如EAR－MAN－BED（耳朵—男人—床）等。然后要求被试分别回忆这些信息，记录正确回忆的百分率。实验结果显示，被试在同一时间内输入三个辅音字母与输入三个单词，其储存效果是相同的；在同一时间输入三个字母组成的单词比之输入三个辅音字母，其储存效果要好得多。据此可知，扩大组块的信息量可以提高记忆效果。

上述研究在学习中具有重要的意义。例如，记忆英语单词对中国人来说通常是一件苦差事。事实上，学生在背英语单词时常常独立地、逐个地念诵，假如能将单词结合到句子或课文当中记忆，效果就会提高；或者利用这些单词自己编排大量不同表达形式的句子，效果就会更加明显。

（2）层次法。层次法是将要输入的信息按照逻辑关系组织成一个完整的层次结构，然后通过理解这些信息的层次关系而输入这些信息的方法。层次法的效果可以通过下面的实验获得证明。

实验过程：要求A、B两组被试学习四组单词系列，每组单词系列都以网络图的形式呈现给被试，但A组被试所看到的网络图中的单词是按单词的包含关系有组织地排列的（如图 4－2 所示），B 组被试所看到的网络图中的单词是随机无组织地排列的；每组被试学习一组单词系列 1 分钟；学完四组单词系列后，要求他们不拘次序地回忆四个网络图中的所有单词，记录被试正确回忆这些单词的数量。实验结果显示，层次排列法的记忆效果比随机排列法的记忆效果好得多。

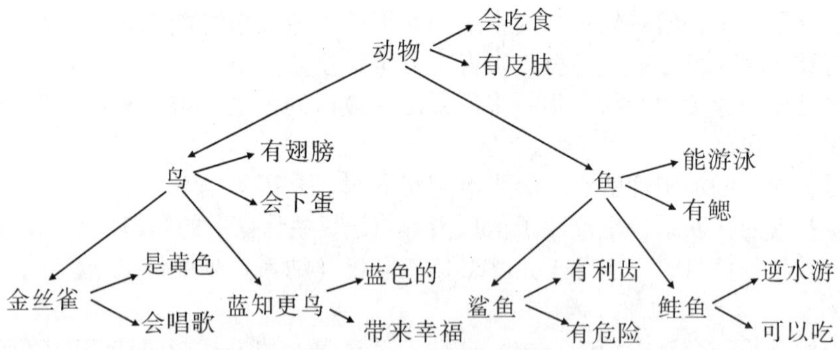

图 4－2 记忆网络模型

据此可知，把信息组织成层次结构能成倍地提高记忆效果。把具有包含关系的信息组成层次网络之所以能提高记忆效果，是因为这种一目了然的网络有助于主体在回忆时产生有效的联想。这种方法对于记忆教材的知识结构是非常有用的。如果你把某一单元的主要概念按其包含关系组织成一网络，或把某一章节的计算公式列成一个有组织的简表，就能大大增强你对这些概念或公式的记忆效果。

（3）定位法。定位法是把需要记住的信息按照一定的空间位置加以排列，在回忆的时候按照空间位置逐一加以搜索或联想。传说希腊诗人西蒙尼德斯有一次在一个大宴会厅里朗诵一首抒情诗，他在这首诗里热情赞美了卡斯托尔和波拉克斯两位大神。当他朗诵完这首诗后，两位大神把他叫到宴会厅外，就在这时，宴会厅倒塌了，宾客无一存活，全都血肉模糊，尸体难辨。而西蒙尼德斯根据他们在宴会厅里的就位一一将尸体辨认出来。这一传说不一定真实，但它说明了把要记住的东西按次序放置在自己所熟悉的位置上便能提高记忆效果。例如，我们可以把要记住的英语单词写在小纸条上，然后把纸条贴在相应的实物表面，按自己熟悉的空间位置排列起来，并以空间位置为线索，经常试图回忆这些单词，就能大大提高单词的储存量。

定位法不仅可以在实际生活中使用，也可以在想象中使用。假定在校园中有一条从饭厅到图书馆的路线，我们就可以利用这条路线来记忆许多工作中要记的东西，我们只需要在想象中沿着这条路线走，把所要记忆的每一件东西和这条路线上的一些确定位置联想起来就可以了。例如，要记住英文单词 tile、ball、hat、fan、dictionary、American，可以沿着下列顺序想象：我到饭厅吃早点，看到饭台的表面是 tile；出了饭厅我沿中大路向前走，看见中大路边的球场上有几个同学在打 ball；当我走到梅园时，看到一个小老头头戴着 hat，手摇 fan，在迈八字步，样子很好笑；当我走进图书馆门口时，迎面走来一个 American，手里拿着一本 dictionary，向我微笑着走出图书馆。

定位法的记忆效果有两个重要依据：第一，这种办法把若干零散的信息组织成一个完整的意义单位；第二，在各个信息与各空间位置间建立联想能使人对信息进行深入加工。

5. 识记材料的数量

同一时间内，输入的信息量越多，能够储存的信息量便越少；或者若要达到同样的记忆效果，待输入的信息量越多，所需输入时间便越长或所需次数便越多。例如，要求被试记忆七篇长度不等的课文，记录被试能背出每一篇课文所需的时间，并计算每背 100 字所用的平均时间。实验结果如表 4－2 所示：

表 4－2　信息数量与背诵时间的关系

课文字数（个）	背诵总时间（分）	背 100 字平均所用时间（分）
100	9	9
200	24	12
500	65	13
1 000	165	16. 5
2 000	350	17. 5
5 000	1 625	32. 5
10 000	4 200	42

据此可知，课文字数越多，背会 100 字所用的平均时间便越长。

因此，若要提高单位时间内的记忆效率，必须注意两点：一是每次输入的信息数量不要过多，否则会欲速则不达；二是要养成经常记忆的习惯，这样可以积少成多。

二、记忆的保持（信息的储存）

专栏4－2　舌尖现象

在日常生活中，我们是否会遇见这样一种情况：在街上碰到一位多年不见的老朋友，刚想喊他，却突然怎么也想不起他的名字。答案就在嘴边，我们能够清晰地感觉到，却没有办法把它说出口，这种体验就是所谓的“舌尖现象（Tip of the tongue phenomenon)”，简称TOT，这是一种“几乎就有了”的感受。答案就在嘴边，我们能够清晰地感觉到，却没有办法把它说出口，或无法加以具体描述。比如当你回忆小学同桌的姓名或者很久以前穿过的衣服的颜色时，便可能经历如下的体验：“它是一种强烈的情感。字的节律可以存在，只是缺乏一定的声音来装饰它。也可能隐约地感觉到点什么，像开首的元音或辅音，在飘忽地引诱着我们。它不停地在你心中跳动，力求以文字来填充。”这就是美国心理学家威廉·詹姆斯对舌尖现象的精彩描述。

舌尖现象是因为大脑对记忆内容的暂时性抑制所造成的，这种抑制来自于多方面，比如对有关事物的其他部分特征的回忆掩盖了所要回忆的那部分特征，又比如回忆时的情境因素以及自身情绪因素的干扰等。而消除了抑制，如经他人提示、离开回忆困难时的情境、消除紧张情绪等，舌尖现象往往就会消失。

资料来源：http：//www. psytopic. com/mag/post/psychological－phenomenon－aha－experience－and－dental－phenomenon. html.

（一）记忆材料在保持期间的变化

被输入的信息如果不复习和使用就会发生变化，这种变化有下列两种形式。

1. 量的变化

量的变化是指被输入的信息在储存期随着时间的延续会日益减少。例如，上中学时学会的数学知识或背会的语文课文，假如在大学期间不再使用，就会逐渐被淡忘，能被回忆起来的数量越来越少。这是每一个人都经历过的基本事实。但有一种记忆恢复现象却属例外。所谓记忆恢复，是指输入某种信息后相隔一段时间所测量到的保持量比输入这种信息后立刻测量到的保持量要多。例如，巴拉德（Ballard，1913）要求12岁的学生在15分钟内学习一首诗，从学习后的第一天开始，每隔一天让他们回忆，记录每次回忆的成绩。结果显示，学习以后立即回忆的数量不如第一、二天的，然而第三、四、五天的回忆数量又开始下降。记忆恢复现象在本实验中获得了证实（如图4－3所示）。

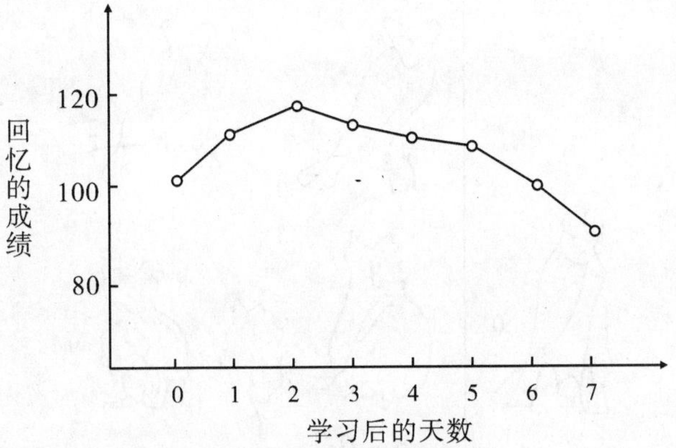

图 4-3　记忆的恢复曲线

后来进一步的研究表明，记忆恢复现象在儿童身上比较普遍，随着年龄增长，此种现象逐渐消失。至于发生这种现象的原因还有待进一步的研究。

2. 质的变化

由于人们的知识经验和加工的方式、深度不同，被输入的信息也会发生性质上的变化。这种变化有下列形式：①被输入的信息内容随时间延续逐渐简略概括化，许多细节趋于消失；②被输入的信息内容因过去经验的补充作用而趋于完整化、合理化；③被输入的信息内容由于想象的作用而趋于夸张化。

英国心理学家巴特莱特（Bartlett，1932）做过一个实验：把一张原刺激图形（如图 4-4 所示）给第一个被试看，然后要他根据回忆画出同样的图形，然后拿第一个被试画的图形给第二个被试看，要他根据回忆画出同样的图形，如此下去，直到第 18 个被试。实验结果显示，与原刺激图形相比，回忆图发生了非常明显的变化。第一个被试识记的无意义图形，经过 18 个被试的记忆改造，最后变成了一只猫的形象，这样大的差距说明信息在头脑中的储存不是静态的，而是会发生变化的。

图 4－4　记忆保持过程中图形的变化

卡迈克尔（L. Carmichael）等人做了一个被认为是经典的实验。他们让被试在短时间内观看一系列刺激图形，第一组被试在看图的同时还听到左边一排命名的名称，第二组听到的是右边一排的名称（如图 4－5 所示）。

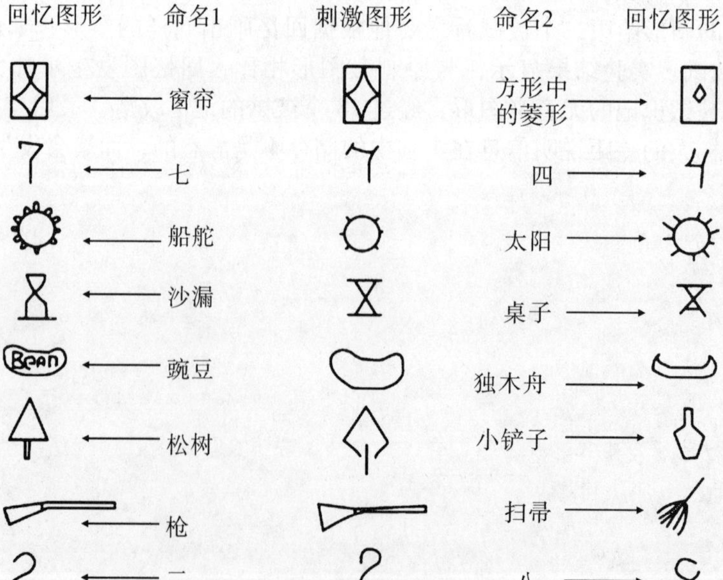

图 4－5　命名引起回忆图形的变化

图形呈现完毕，让两组被试画出他们所看到的图形。结果有大约 3/4 的被试所画的图形更像他们所听到的名称图形，这一实验证明了定式对保持的影响。不仅形象记忆内容在保持的过程中有可能被改造，甚至被歪曲，文字材料的保持也是如此。巴特莱特在另一个实验中，让许多被试阅读一篇名为《魔鬼的战争》的故事。过了一段时间，让他们复述故事内容，结果发现，经常阅读鬼怪故事的被试在回忆中增添了许多关于鬼的内容和细节，而受到逻辑学训练的被试在回忆中则大量删去关于鬼的描述，使故事变得更合乎逻辑。从识记的内容与回忆的内容之间的差异，可以看出，信息在头脑中的保持不是静止的、凝固的，而是一个重建的过程。识记内容在保持的过程中受到思维的“剪辑”加工，或者使之更加简略概括，或者使之更加完整合理，或者被想象所补充而变得更加详细生动，或者被夸张突出。

（二）信息储存的方式

在长时记忆系统里，信息是按照不同方式储存起来的。这些储存方式主要有下面几种：

1. 空间储存方式

一些来自具体客体的信息具有明显的空间特征，如大小、形状、方位等，这些信息输入头脑后立即被主体转换成它们的空间特征储存起来。例如，中学生学习中国地理时即可运用空间方式储存中国的主要河流、山脉、行政区域等。物理编码及定位法实际上也是空间储存的方式。

2. 系列储存方式

当信息之间具有连续顺序关系时，即可把许多信息组成一个系列储存在头脑中。例如小学生背诵“乘法口诀”、英语字母表、自然数、英语中的连续性词汇（如 one、two、three、four…）等。按照这种系列储存的信息在回忆时很容易由对前一个信息的回忆引起对后一个信息的回忆。

3. 层次储存方式

更多的信息是按照它们的类属关系构成层次结构被储存在头脑中的。例如，我们可以把“感觉与知觉”一章中关于知觉的的主要概念按类属关系组织成下面一个层次结构图（如图 4－6 所示）。

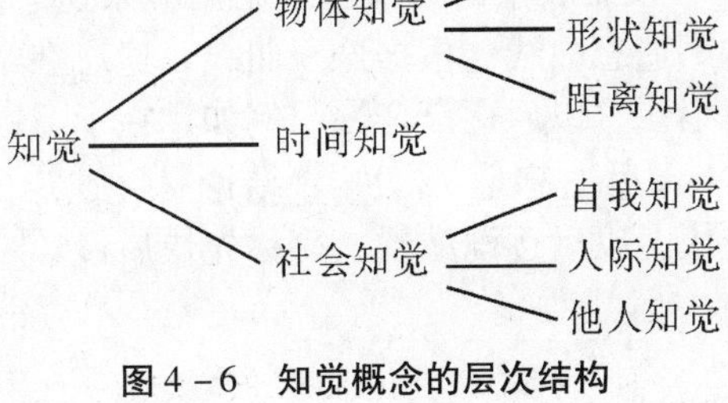

图 4－6　知觉概念的层次结构

只要将这个层次结构图记住了，知觉中的一些主要知识就可以以此为线索被回忆起来。同样，利用层次法可以储存本书中任何一章的主要概念，读者不妨去尝试一下，它可以大大提高记忆效果。

4. 对比储存方式

如果两个信息具有相反的性质，即可利用对比方式在记住一个信息的同时也记住另一个，按照这种方式储存起来的信息在回忆时常常成对出现。例如：妈妈—爸爸，爷爷—奶奶，炎热—寒冷，东西—南北等。这就是平常说的联想。

（三）遗忘

1. 遗忘的形式

被输入的信息在储存期间发生的最显著的变化就是遗忘。遗忘的主要形式有：

（1）完全遗忘。表现为被输入的信息既不能回忆也不能再认。

（2）局部遗忘。表现为被输入的信息虽然不能正确回忆但能再认。

（3）永久性遗忘。表现为被输入的信息若不复习将永远不能回忆或再认。

（4）暂时性遗忘。表现为被输入的信息在某个特定情境或时间内不能回忆或再认，当时过境迁时，这些信息又能回忆或再认了。这种情境通常发生在令人惊奇或激动的情境中，是由人的情绪干扰所致，所以实际上是一种假性遗忘。

2. 遗忘的进程

对遗忘进程的研究旨在查明遗忘发生的时间，以便找到克服遗忘的有效措施。最早研究遗忘进程的学者是19世纪的艾宾浩斯。他以自己为被试，以无意义音节为记忆材料，对遗忘进程做了系统研究。下面是其经常被人引用的一个经典实验：

让被试学习一个由13个无意义音节组成的音节表，到恰好能正确成诵为止，记录学习所用时间；20分钟以后，重新学习该音节表，到恰好能正确成诵为止，记录重新学习所用时间；按上述方法根据表4－3中的间隔时间反复进行。然后计算每次重新学习与初次学习所用时间的时间差，将这个时间差作为衡量两次学习间的储存量的指标，并按下列公式转换成储存的百分数：

$$\text{储存百分数} = \frac{\text{初次学习所用时间} - \text{重新学习所用时间}}{\text{初次学习所用时间}} \times 100\%$$

实验结果见表4－3，根据表中的数值可绘制出一条遗忘曲线（见图4－7），这条曲线被命名为艾宾浩斯遗忘曲线。根据这一曲线，遗忘在学习以后立即就开始了，而且遗忘在最初进展得很快，以后逐渐变慢。例如，在学习以后的20分钟内就遗忘了总数的41.8%，而31天后遗忘达78.9%。结论是：遗忘的进程是不均匀的，在识记的最初，遗忘得较快，以后逐渐减慢，简称先快后慢。

表 4-3　遗忘进程的实验结果

重学时间	储存的百分数	遗忘的百分数
20 分钟	58.2	41.8
1 小时	44.2	55.8
8~9 小时	35.8	64.2
1 天	33.7	66.3
2 天	27.8	72.2
6 天	25.4	74.6
31 天	21.1	78.9

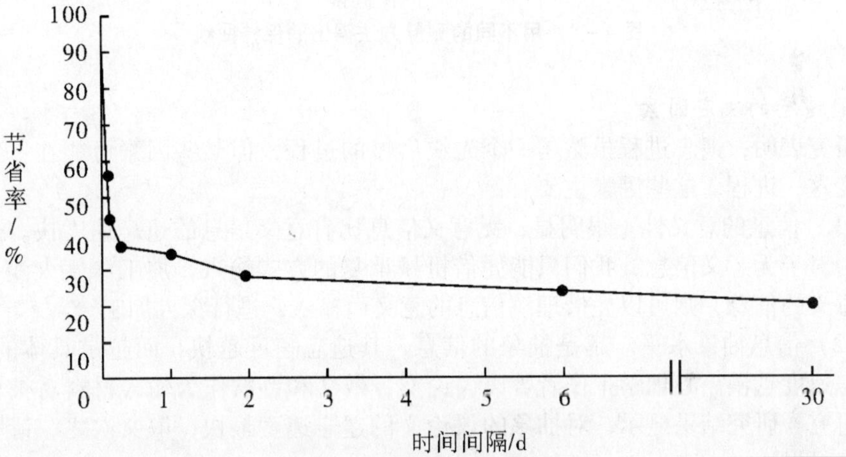

图 4-7　艾宾浩斯遗忘曲线

上述结论是基于无意义音节材料获得的。后来的研究者以有意义的文字为材料进行研究，所获结论虽有出入，但曲线的总趋势是一致的（见图 4-8），都说明信息在输入后不久遗忘得最多，以后随着时间的延续就较少遗忘了。

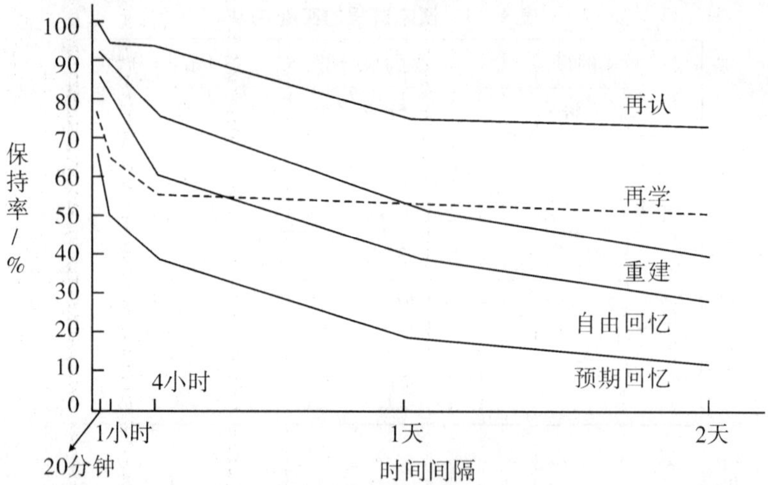

图 4－8　用不同的测量方法得出的保持曲线

3. 遗忘的决定因素

研究表明，遗忘进程虽然是一个先快后慢的过程，但某些因素可能在一定范围内改变这一进程。这些因素主要有：

（1）信息的意义性。很明显，无意义信息比有意义信息的遗忘速度快。这主要是因为对于无意义信息，我们只能凭借机械重复的方式输入，加工深度太浅；而对于有意义的信息，则可以凭借理解信息的意义而输入，进行深入加工。

（2）信息抽象水平。越是抽象的信息，其遗忘速度越快，而越是具体的信息，其遗忘速度越慢。心理学工作者曾以议论文、散文和诗歌作为输入材料对被试进行遗忘研究，研究结果显示，对抽象的议论文的遗忘速度最快，散文次之，诗歌的遗忘速度最慢。

（3）加工深度。加工深度越深，输入的信息就越不容易被遗忘。很明显，对信息理解得越透彻，信息在头脑中留下的印象就越深刻，因而就越能持久地储存。下面的实验证明，学习程度不同，储存量也就不同。

实验过程：将被试分成甲、乙、丙三组，要求他们学习由 12 个单词构成的词表；其中甲组被试学习 1 小时，将此时间确定为 100% 的学习程度，乙组被试学习 1.5 小时，即学习程度为 150%，丙组被试学习 2 小时，即学习程度为 200%；然后每隔一天要求他们回忆一次，记录各组被试的储存百分数。实验结果显示，学习程度越高，储存量越大。因此，学习程度的增加可以提高储存数量。

（4）信息的排列位置。遗忘也与信息的排列顺序有关。例如，如果让你回忆 26 个英文字母中的前三个和后三个，你会毫不困难地说出 ABC 和 XYZ，但若要你在相同的时间内回忆第 8～10 个英文字母，你就会感到困难，有时为了回忆起这三个字母，还不得不从 ABC 开始。同样，记忆一篇短文，假若诵读相同的次数，你会发现在回忆开头和结尾部分时错误较少或没有错误，但对中间部分的回忆错误较多。上述日常学习经验还获得了实验证明。

实验 1：让 68 名被试分别输入三种信息，15 个无意义音节，15 个独立的单词，15 个相关的单词；输入方法是让被试分别读一遍这三种信息，每读完一种信息，就让他们立刻回忆，记录对每一种信息能正确回忆的人数。实验结果显示，一般来说，记住三种信息的两端的人数较多，而记住信息中间部分的人数较少，其中尤以无意义音节最为明显。因此，信息序列的首尾部分容易储存，中间部分储存较困难。

实验 2：要求被试学习由 32 个单词构成的词表，学完以后要他们对这些单词进行回忆，说明回忆时可以不按原先的排列顺序。结果表明：①被试回忆单词的顺序是末尾的单词—开头的单词—中间的单词；②被试回忆的正确率，以末尾部分最高，开头部分次之，中间部分最低。

上述现象可用稍后要讨论的前摄抑制和倒摄抑制的原理说明。

4. 遗忘的机制：信息的干扰

传统心理学一直认为，遗忘是由于被输入的信息没有给予强化（复习）而在头脑中自然消失的结果。例如，早些时候学会的英语单词，如后来不再学习英语，就会在头脑中消失，使人回想不起来。信息加工心理学用实验证明，被输入的信息不能回忆起来并不是因为这些信息在头脑中消失了，而是因为输入的信息太多，彼此间产生了干扰。

实验过程：让甲、乙两组被试学习同一段散文材料，学完以后立即测验，计算正确回忆的百分数；然后把甲组被试分别安排在独立的、有隔音设备的暗室里，让他们连续 24 小时躺在床上停止任何外部行动，而让乙组被试仍从事正常活动；再要求两组被试同时回忆那段散文材料，计算两组被试正确回忆的百分数；最后比较两次测验成绩的差异。结果发现，乙组被试第二次测验的成绩比第一次测验的成绩降低了 12.6%，而甲组被试第二次测验的成绩比第一次测验的成绩提高了 1.8%。信息加工心理学据此认为，甲组被试输入信息以后，因身处暗室，不会有其他信息输入，原输入的信息处于激活状态而易于提取；而乙组被试输入信息以后因仍从事其他活动，在此期间输入了新的信息，新输入的信息干扰原输入的信息，使原输入的信息处于抑制状态而不能及时、有效地提取。

后来的大量研究都证明，信息间的相互干扰有两种形式：

（1）前摄抑制。先前输入的信息对后继信息的输入或提取的干扰作用叫前摄抑制。前摄抑制可用下面的实验证明。

将被试分成甲、乙两组；要求甲组被试先学习单词表 A，接着让他们学习单词表 B，然后回忆单词表 B；再要求乙组被试在甲组被试学习单词表 A 时休息，接着学习单词表 B，然后同甲组被试一样回忆单词表 B；记录两组被试对单词表 B 的正确回忆百分数。结果，甲组被试的正确回忆率为 25%，乙组被试的正确回忆率为 75%。因此，先前输入的信息对提取后继输入的信息具有明显的抑制作用。

（2）倒摄抑制。与前摄抑制相反，倒摄抑制指的是后继输入的信息对提取先前输入的信息的干扰作用。倒摄抑制也可用实验证明。

将被试分成甲、乙两组，要求甲组被试先学习无意义音节表 A，接着学习无意义音节表 B，然后回忆无意义音节表 A；要求乙组被试学习无意义音节表 A，接着休息，然后回忆无意义音节表A；记录两组被试对无意义音节表A的正确回忆率。结果，甲组被试的正确回忆率为26%，乙组被试的正确回忆率为56%。据此可知，后继输入的信息对提取先前输入的信息的确有明显的抑制作用。

上述结论是基于对无意义音节的记忆而获得的，实际上，对于有意义的信息的记忆也是如此。前面引述的用散文作记忆材料的实验即是证明倒摄抑制的证据。

明白了信息的干扰原理，就很容易解释为什么信息的排列序列会影响信息的储存量。实际上，在一系列的信息中，开头部分的信息只受倒摄抑制的干扰，末尾部分的信息只受前摄抑制的干扰，而中间部分的信息则受前摄抑制和倒摄抑制的双重干扰。所以相比之下，中间部分的正确回忆率就降低了。要使中间部分获得首尾部分相同的回忆效果，就要对中间部分给予加倍的学习。此外，根据干扰原理，在记忆重要的信息时，中间插入适当的休息可以避免信息间干扰，增强记忆效果。

5. 克服遗忘的有效方法：复习

从根本上说，要克服遗忘，就要复习，复习是增加储存量的根本措施。这一点可以从实验中获得证明。

实验过程：Spitzer让甲、乙两组被试学习一段文选，甲组在学习后不久进行一次复习，而乙组不给予复习。结果表明，无论复习后一天或一周，甲组的保持量均较乙组高：一天后甲组保持在98%，乙组保持在56%；一周后，甲组保持为83%，乙组保持为33%。结论是：复习能够提高储存量。

那么，如何复习呢？研究表明，复习必须坚持下列原则：

（1）及时复习。根据遗忘曲线表明的遗忘规律，不论被输入的信息是抽象的还是具体的，记住以后在短时间内遗忘得最多。因此，克服遗忘、增加储存量的有效措施是在学习之后不久就组织复习，即把复习工作安排在遗忘发生之前，而不要等到信息被大部分遗忘之后才开始复习。在课堂教学情境中，及时复习就是要求学生把当天学习的内容放在当天复习，不要把学过的内容集中到期末考试前才复习。

（2）正确分配复习时间。假定要求你用60分钟的时间输入一篇短文，你可以把这60分钟集中一次使用，即在1小时内反复阅读这篇短文；也可以把这60分钟分散到三天内分别使用，即每天用20分钟阅读这篇短文。我们把前者称为集中复习，把后者称为分散复习。一般说来，分散复习的储存效果优于集中复习，这可以从下面的实验中获得证实。

实验过程：将小学四年级学生分成甲、乙两组，要求他们学习同一首诗，其中要求甲组学生连续诵读这首诗，直到会背为止，记录他们诵读的总次数；要求乙组学生每天诵读两次，直到会背为止，记录他们诵读的天数，并计算总次数。结果表明，甲组学生平均需要诵读18次，乙组学生平均需要诵读7次。因此，分散复习的效果要优于集中复习。

复习时间过分集中，容易发生信息干扰；过于分散，容易发生遗忘，都不利于记忆内容的巩固。时间分配要适中，但没有一个统一的模式，这取决于许多条件。例如，根据识记与保持的一般关系来说，最初识记时，各次识记次数分布应该密集一些，因为教材的初步识记所能保持的时间是较短的，以后各次的间隔可以逐渐延长。对机械识记材料和技能学习，分散练习的优越性比较明显，而学习复杂的、需要思考的材料，每次需要较长时间的学习。材料愈容易、兴趣愈浓、动机愈强的学习，学习时间应该比较集中。相反，在材料难，缺乏兴趣，以及容易疲劳的情况下，则以分散学习为宜。同时，还要照顾到学生的年龄特点，低年级学生每次学习的时间应该短些。分散复习有助于信息的储存，可能是因为分散复习克服了学习中的疲劳状态；而集中复习可能因学习者产生的疲劳或厌烦情绪而降低了单位时间内的复习效率。

(3) 朗读与试图回忆相结合。在复习时，可以反复诵读学习材料，直到成诵为止；也可以在诵读的中间插入试图回忆，对储存效果进行自我检查。研究表明，诵读与试图回忆相结合的复习方法效果优于单纯的诵读。

实验1：让被试用9分钟的时间学习16个无意义音节和5段传记文章，要求A组被试将9分钟全部用于诵读，B组被试用1/5的时间于试图回忆，C组被试用2/5的时间于试图回忆，D组被试用3/5的时间于试图回忆，E组被试用4/5的时间于试图回忆；然后让求各组被试分别在立刻和4小时后回忆该篇文章，计算各组被试正确回忆的百分数。实验结果如表4－4－1所示，所有插入试图回忆的被试的信息储的存量均高于单纯诵读的被试，其中插入2/5以上的试图回忆的效果尤为明显。结论是诵读与试图回忆相结合比之单纯的诵读，其储存效果更好。另一个实验也证明了这一点。

实验2：将被试分成甲、乙两组，要求他们学习同一篇散文；学习次数为4次，但要求甲组被试单纯诵读4次，而要求乙组被试诵读2次，试图回忆2次；然后要两组被试在1小时后、1天后和10天后回忆3次，记录每次回忆的正确百分数。实验结果见表4－4－2，表中显示，无论1小时后、1天后或10天后检查，乙组被试的储存量均大大高于甲组被试的储存量。因此，在诵读中间插入试图回忆可以大大提高信息的储存效果。

表4－4－1　试图回忆的储存效果

时间分配	16个无意义音节回忆百分比		5段传记文回忆百分比	
	立刻	4小时	立刻	4小时
全部时间诵读	35	15	35	16
1/5用于回忆	50	26	37	19
2/5用于回忆	54	28	41	25
3/5用于回忆	57	37	42	26
4/5用于回忆	74	48	42	26

表 4-4-2　试图回忆的储存效果

被试	实验条件	储存百分数		
		1 小时后	1 天以后	10 以后
甲组	诵读 4 次	52.5	30	25
乙组	诵读与试图回忆各 2 次	75.5	72.5	57.5

上述两个实验都证明诵读与试图回忆相结合的复习方式的储存效果优于单纯诵读的储存效果。原因在于试图回忆能够及时获得记忆效果的反馈信息，使学习者能够根据反馈信息及时调整记忆活动和注意的重点。而单纯诵读不仅容易使人产生厌倦情绪和分散注意力，且在每个信息点上平均花费精力，就可能在容易记住的信息上过多浪费时间和精力，在难以记住的信息上却努力不够，从而降低了记忆效果。

试图回忆的比例占多少效果最好？这个问题很难回答，因为信息的许多特征都会使答案发生偏离。一般来说，将 1/3 的时间用于诵读，2/3 的时间用于试图回忆可能更合适。

三、信息的提取

信息的提取是使用已储存的记忆库中的信息的过程。例如，识别某个物体、解决某个问题等。信息的提取有两种形式：回忆和再认。

（一）回忆

1. 回忆的心理机制：联想

如果信息是有组织地被输入记忆库的话，主体能够按照信息间的组织方式由某一信息激活其他信息，这是回忆中通常的方式，称为联想。大多数信息的回忆是靠联想实现的。

联想的形式很多，常见的形式有：接近联想、对比联想、类似联想和因果联想。

（1）接近联想。由某一信息联想到在空间上或时间上与此相接近的信息，称为接近联想。如京—津、沪—杭是空间上的接近；秦—汉、明—清是时间上的接近。由于这种空间上或时间上的接近特征，人们很容易从北京联想到天津，从上海联想到杭州；由秦代联想到汉代，由明朝联想到清朝。促进接近联想的方法，是将空间或时间上相接近的信息组织在一起输入和储存。

（2）对比联想。由某一信息联想到与之具有相反特征的信息，称为对比联想。如黑暗—光明，善良—邪恶等。促进对比联想的方法，是把具有相反特征的信息组织在一起输入和储存。

（3）类似联想。由某一信息联想到与之具有相似特征的信息，称为类似联想。如冬天—严酷，春天—青春，夏天—热烈，秋天—萧条等。促进类似联想的方法，是把具有相似特征的信息组织在一起输入和储存。

（4）因果联想。由某一信息联想到与之具有因果关系的其他信息，称为因果联想。如下雨—积水，冰雪—寒冷等。促进因果联想的方法，是将具有因果关系的信息组织在一起输入和储存。

2. 回忆的决定因素

（1）线索。很多回忆都必须沿着一定的线索展开联想而完成。借助于信息表象和语言符号的双重线索，可以提高回忆的完整性和准确性。例如，有人问“你家有几扇窗户”，首先在头脑中出现家中窗户的表象，然后再提取窗户的数目，回忆效果会好得多。此外，在回忆过程中，要抓住关键线索。例如，在回忆英文字母时，如果问字母 B 后面的字母是什么，大部分人都能很快地回忆起来；但如果问字母 R 前面的字母是什么，回忆时就比较困难。在这种情况下，有的人从字母 A 开始通读字母表直到回忆起字母 R 前面的字母为止；而有的人则只从字母 G 开始，因为字母 G 在整个字母表中，形象比较突出。

（2）暗示。在回忆比较复杂而又不熟悉的信息时，呈现有关回忆内容的背景性信息资料，将有助于信息的迅速提取，因为这些背景性信息对回忆内容起着暗示作用。

（3）干扰。在回忆过程中，经常会发生提取信息困难的情况，这可能是其他因素干扰的结果。例如，考试时，有人明知考题的答案，但由于当时情绪紧张，一时不能提取。克服干扰的一种简便方法，是当时停止回忆，等情绪平静下来时再回过头来提取要回忆的信息。

（二）再认

1. 再认与再认错误

先前输入的信息重新呈现给主体时，仍能被主体所认知，即称为再认。

再认并不是信息在记忆中的简单印留，而是主体主动地、有组织地进行信息加工的过程。主体在识别某一信息时，一方面要对呈现的信息进行知觉分析，另一方面要提取记忆库中的有关信息，对知觉到的信息特征进行连续的比较分析，最后才达到再认。例如，在阅读汉字“材”的过程中，当识别出它的偏旁“木”字时，即完成了第一次比较分析；然后再分析“木”字右边是否有其他特征，如有其他特征，该字就不是“材”字，而是木偏旁的其他字。当然，这一系列比较分析过程是在主体很熟练的情况下，无意识地迅速完成的。

一般地说，再认比回忆要容易，这可以用下面的实验证明。

选择幼儿园儿童及小学 1 ~ 6 年级学生为被试，向他们呈现一组图片，然后分别以回忆和再认的方式检查其记忆效果。实验结果如表 4 - 5 所示，幼儿园及小学低年级学生的再认效果明显优于回忆效果，但随着年级的升高，其再认效果逐渐减弱。

表 4－5　图形记忆中再认和回忆的比较

班级 方式	幼儿园	小一	小二	小三	小四	小五	小六
回忆	38.4	52.1	56.3	65.5	70.1	72.7	77.9
再认	75.4	80.3	84.5	87.9	86.9	87.9	89.6
差	37.0	28.2	28.2	22.4	16.8	15.2	11.7

据此可知，再认的效果优于回忆的效果，其中对年龄小的儿童更为明显。

虽然对信息的再认比回忆容易，但再认中仍会发生错误。这种再认错误表现为两种形式：①不能再认，即先前输入的信息再次出现时，主体完全不能再认；②错认，即把从前未输入的信息错误认为输入过的信息。前一种形式是对输入过的信息不能有效提取，后一种形式是对输入过的信息作泛化提取。

2. 再认的决定因素

再认是否迅速、正确和稳定，受下列因素的影响：

（1）信息特征的相似性。相似的信息，再认时容易发生混淆，如“披和被、已和己、庆和厌”等。

（2）储存的时间间隔。输入的信息在记忆库中储存的时间越长，再认的效果越差。如向被试呈现612张图片，然后从中挑出68张，并将其与未呈现过的图片混在一起，令被试再认先前看过的图片。再认测验时间间隔为1小时、2小时、3天、7天、12天。实验结果显示，间隔2小时的再认成绩最好，以后随时间延长而下降。因此得出的结论是，再认效果随再认时间的延长而下降。

（3）性格特点。对一些信息的再认效果因被试的性格而有异。例如，通过独立性测验将被试分成独立组和依赖组，然后向两组被试呈现同一组图形，要求被试从复杂图形中识别简单图形。结果独立组的被试识别简单图形的效果明显优于依赖组的被试。

第四节　青少年记忆的特点及良好记忆品质的培养

一、记忆的品质

记忆的个别差异主要表现在不同的记忆品质上。记忆具有以下四点品质：

（一）记忆的敏捷性

这是记忆在速度上的表现，即人能迅速地识记和再现经历过的事物和现象。它以在单位时间内能记住和再现信息数量的多少为指标。例如，在一定的时间内记忆一篇阅读材料，有的人很快就能记住全部内容，而有的人用了大量时间却只能记住其中的一部分。这说明其识记的速度是不同的。识记的情况主要是通过回忆来检查的，在同样的时间内，有的人回忆量大于另一些人。这表明，回忆的速度因人而异。

（二）记忆的持久性

这是记忆在时间上的表现，即人能持久地保持所识记的内容。例如，同时记住的事物，在同等的时间间隔之后，有的人能长久地保持所识记的材料，有的人则很快地遗忘了。

（三）记忆的准确性

这是记忆在质量上的表现，即人能准确无误地再认和回忆所识记过的事物。也就是说，回忆出来的内容与原来识记过的事物本质上相符，没有发生歪曲和附会。这是记忆中一种最重要的品质。如果缺乏记忆的正确性，那么记得再快、再牢也是没有意义的。

（四）记忆的准备性

这是记忆在应用方面的表现，是指人能及时、迅速地从记忆库中提取当前所需要的信息。这也是一种非常重要的品质。有了记忆的准备性品质，才能体现出以上三个记忆品质的价值。

记忆的品质是人的记忆有个别差异的具体表现。我们应根据青少年记忆的特点，按照记忆的规律，培养和发展他们良好的记忆力。

二、记忆品质的培养

青少年期是指从儿童期向成年期过渡的时期，各国学者对其年龄范围有各自不同的界定。比较一致的划分是从10岁进入青春期，到21岁左右进入成人期。中间又分为前后两期，10～14岁为前期（少年期），是发育的迅猛阶段。15～20岁为后期（青年初期），生长发育逐渐缓慢并趋于稳定。青少年期是学习各种知识技能的重要时期，各个知识领域都在吸引着青少年，他们希望自己成为知识渊博的人。

如何根据青少年记忆的特点来提高他们记忆的效率，使青少年在较短的时间内记住更多的知识，这是人们关心的问题。培养青少年记忆能力的时候应当注意：

（一）明确识记的目的性，增强识记的积极性

有意识记的形成和发展是青少年记忆发展中最重要的质变，识记的目的性直接影响记忆的敏捷性和记忆的效率。首先，教师要在日常各种活动中经常向青少年提出具体明确的目的、任务和范围，提出识记的要求，并多用言语指导，促进他们言语调节机能的提高；其次，充分利用青少年的无意识记；最后，让青少年保持注意

力的高度集中，避免浪费时间和精力。事实证明，如果在记某一事物之前，教师向青少年提出具体的要求，那么就能调动青少年的积极性，真正提高记忆的速度，增强记忆的敏捷性，记忆的效果才会好。

（二）培养青少年在积极的思维过程中识记材料

教师在各种教学活动中应该帮助和指导青少年把“记”寓于“思”，即在记忆过程中积极进行思维活动，力求使他们弄懂所学的知识。首先，要使学生加深对记忆材料的理解，就要让学生在识记材料或复习时，把当前记忆的材料与其他的知识经验联系起来，把正在记忆的信息纳入已有的知识经验系统中。记忆的本身不是一个孤立的过程，它常常包含着复杂的思维活动，硬要记住许多材料也不一定能记住。但通过对材料的分析综合、消化理解、融会贯通则能记得好一点。实践证明，青少年对他们理解的事物，即使是抽象的公式、定理，在了解它的来龙去脉后就很自然地记住了，对不理解的事物的记忆就很差。其次，要使学生养成经常检查自己记忆效果的习惯，并善于运用各种追忆的方法。只有这样，才能及时弥补记忆的缺陷和不足。在理解的基础上进行识记，这样不仅可以提高所记忆信息的准确性，增强记忆的效果，而且有利于其他认知能力的发展。

（三）让青少年学会运用各种识记方法和策略

根据记忆的规律，使青少年自觉培养和发展自己良好的记忆力。青少年识记能力的强弱关键在于识记方法运用的好坏，教师在传授给青少年各种知识的同时，要培养青少年创造和利用各种识记方法的能力。所以，教师应教给他们一些常用的识记策略，比如，利用中介进行间接识记，建立各种联想、归类、分段识记等，这对提高青少年的记忆能力起到促进作用。很多研究结果都证明，凡是运用了记忆策略、识记材料，其效果总比机械记忆好。另外，根据遗忘规律和记忆与识记材料数量的关系，在一定的单位时间内，记得越多，所能保持住的信息量越少，因此，要养成学生及时复习、经常记忆的习惯。这样才能增强保持的牢固性，加强记忆的持久性。

（四）促进青少年掌握系统、完整的知识体系

青少年记忆效果的好坏与其情绪状态有很大关系。在积极的情绪状态下记忆往往能收到良好的记忆效果。相反，被迫地学习、对自己的记忆力缺乏信心的情绪状态必然影响记忆效果。要利用他们的兴趣，激发他们对识记材料的兴趣，促使他们把学到的知识尽量系统化，使脑子里的信息井然有序，并尽可能地学以致用。只有在运用中学习知识、强化知识，才能使所学知识变得灵活、系统，才能促进学生对知识融会贯通，才能让学生在实践生活中举一反三、触类旁通。这大大加强了记忆的准备性，增强记忆的效果。

《本章小结》

(1) 记忆是人脑对过去经验的反映，是主体通过识记、保持、再认和回忆三个环节在头脑中积累及保存经验的心理过程。记忆的神经生理机制包括机能定位说、机能系统整体说、记忆的分子说。

(2) 信息加工理论根据记忆的不同划分标准，可以把记忆分为感觉记忆（瞬时记忆）、短时记忆和长时记忆；形象记忆、语词记忆、情绪记忆和动作记忆；外显记忆和内隐记忆。

(3) 在长时记忆系统里，信息是按照不同方式储存起来的。

(4) 遗忘的进程是不均匀的，在识记的最初，遗忘的速度较快，以后逐渐减慢，简称先快后慢。遗忘的机制是信息干扰的结果。信息间的相互干扰有两种形式：前摄抑制和倒摄抑制。回忆的心理机制是联想，即回忆都必须沿着一定的线索展开联想而完成。

关键术语

记忆　保持　回忆　再认　遗忘　机械性识记　意义性识记　感觉记忆
短时记忆　长时记忆

进一步阅读

(1) 彭聃龄．普通心理学．北京：北京师范大学出版社，2001.
(2) 黄希庭．心理学导论（第2版）．北京：人民教育出版社，2007.
(3) 姚本先．心理学．北京：高等教育出版社，2005.

思考与练习

(1) 什么是记忆？它有哪几种类型？
(2) 记忆的过程包括几个环节？它们之间的联系是怎样的？
(3) 简述影响再认和回忆的主要因素。
(4) 什么是感觉记忆？局部报告法说明了什么？
(5) 短时记忆的特点是什么？
(6) 阐述遗忘发生的主要原因。
(7) 内隐记忆和外显记忆有什么不同？
(8) 如何培养良好的记忆品质？

第五章 意识与注意

本章学习要点

1. 意识及无意识的概念
2. 几种意识状态
3. 睡眠周期及睡眠障碍
4. 梦的本质及特征
5. 注意的概念
6. 注意的种类与特征
7. 注意规律在教学中的应用

你是否有这样的体验：尽管老师在课堂上讲得很投入，你却仍视而未见、听而不闻；在你专心思考问题时，你根本没有听到或听懂别人对你说的话；或者在一天内的某一段时间内你的精神状态特别好，思想容易集中，做事效率很高，而在这一天的某一段时间内你的精神较差，总是“心神不宁、心猿意马”？如果有过这样的体验，就说明你在日常生活和学习中经历了不同的意识状态。在不同的意识状态下，我们对周围的世界及自身变化的觉知和敏感程度处在不同的水平。当你入睡、做梦或醉酒时，意识状态的变化可能更加明显。本章从意识现象入手，主要探讨意识的基本概念、意识的几种状态及与意识状态相关的注意现象及其特点。

第一节 意识概述

一、什么是意识

（一）意识的概念

意识（consciousness）概念本身很复杂，从不同的角度可以赋予它不同的含义。在哲学层面上，“意识”是一种与物质相对立的精神实体，由思想、幻想、梦等构成。就心理状态而言，“意识”意味着清醒、警觉、注意力集中等。就心理内容而言，“意识”包括可用语言报告出的一些东西，如对幸福的体验、对周围环境的觉知、对往事的回忆等。在行为水平上，“意识”意味着受意愿支配的动作或活动，与自动化的动作相反。例如，早晨起床后，一个人在选择穿哪一件衣服时，是受意识支配的，而穿衣服的动作本身通常是自动化的，不受意识的控制。

我们可以从不同的角度理解意识：

（1）意识是一种觉知。从这个意义上看，意识意味着观察者觉察到了某种对象或事物。例如，你听到了音响中传出的优美的音乐吗？你看到了开满鲜花的草地了吗？你体验过大雪缤纷的北国风光吗？……当你觉察到这些外部事物的存在，说明你意识到了它们。同样人们不仅能觉察到这些外部的事物，也能觉察到自己的某些内部状态，如疲劳、眩晕、焦虑、舒服或饥饿等。人还能觉察到时间的延续性和空间布局等。

（2）意识是一种高级的心理官能。在这个意义上，意识对人的身心系统起统合、管理和调节控制作用。这种能力使人们在经验的背景上，有选择地分析客体和事件，对客观现实进行主动而稳定的认识。即意识不仅是觉察和感知信息的变动，它还具有能动性和调节作用。

（3）意识是一种心理状态。它可以分为不同的层次或水平，如从无意识到意识到注意是一个连续体。另外，意识还存在一般性变化，如觉醒、惊奇、愤怒、警觉等。在有些情况下，人们一般意识的形态也会改变，变成其他形态，如在睡眠、梦、幻想中，或是受酒精、药物、手术的影响。

综上所述，可以把意识定义为：个人运用感知觉、记忆、思维等心理活动，对自己内外身心状态和环境的觉知。具体来说，意识活动的内容包括：

（1）对外部事物的觉知，即对外部发生的事情的觉察。如觉察到老师正在提问。

（2）对内部刺激的觉知，即感觉到自身内部的状态。如不知怎么回答老师，感觉到自己的心跳在加速，面部在发烧。

（3）对自身的觉知，即能觉知到自己是各种体验的主体。如回答不出老师的问题，觉得很羞愧、内疚，于是下定决心认真学习，这是自我意识的表现。

（二）无意识的概念

无意识（unconsciousness）是相对于意识而言的，是个体不曾觉察到的心理活动和过程。按照精神分析学派弗洛伊德的观点，无意识包括大量的观念、愿望、想法等，这些观念和愿望因为和社会道德存在冲突而被压抑，不能出现在意识中。如果把人的心理比作一座冰山的话，那么人的意识便是露出水面的冰山顶端，它只占人的心理很小的一部分，大部分的心理活动或过程是无意识的。

常见的无意识现象有：

（1）无意识行为。有时人的行为，特别是那些已经自动化了的行为，不受意识的控制。例如，一个开车的人可以毫无困难地思考其他的问题，或与别人交谈，没有意识到自己是如何维持车的平衡的。在日常生活中，人们的许多小动作，如挠头皮等，也都是无意识的动作。如果把这些日常活动用录像带录下来，再播放给自己看，人们常常会对自己的行为感到惊讶。

（2）对刺激的无意识。人在活动时，有时没有觉察到对他们的行为产生了影响的事件，而实际上，这些事件对他们的行为产生了或大或小的影响。

(3) 盲视。有一类对刺激的无意识是由于脑损伤引起的。韦斯克朗兹（Weiskrantz）曾报道过一个案例：一个大脑皮层17区受损的病人，其视野的绝大部分变成了一个盲区。尽管他无法觉察到，也报告不出呈现于这个盲区的刺激，但可以对呈现于这个盲区的不同刺激进行分区，并超过几率水平。这表明病人实际上对在盲区的刺激是有知觉的，只是他自己都没有意识到，心理学家认为这种知觉是一种“无意识”。

在研究无意识的时候，人们往往会提及“潜意识”。“潜意识”通常被认为是精神分析理论中的概念，是指潜藏在意识层之下的情感、欲望和恐惧等复杂经验，因为受到意识的压抑，平时不被人所觉知。精神分析理论认为，潜意识的本能欲望虽被压抑，但会通过其他活动直接或间接地影响人的心理和行为。

一般认为，意识和无意识是同一范畴内相对应的一对概念，而潜意识只有在提到精神分析理论时才会被提及。在某种意义上说，无意识等同于潜意识，潜意识是关于无意识的早期研究。

二、意识状态

现代科学研究的结果发现，在正常条件下，意识本身具有不同的状态。在人的各种意识状态中，有的是自然的、普遍的，有的却是人为的、特殊的。

（一）可控制的意识状态

在这个状态里，人的意识最清晰，最能集中注意力，能够有意识地去完成一件事情。也就是说，在行为的过程中，你能够觉知到自己正在做这件事情，并可以对自己的行为进行调控。比如，学生在课堂上认真听课，当老师提出某个问题时，他集中精力思考并查阅有关资料，试图去解答这个问题，这时，我们说他是在有意识地学习。这是意识的第一状态。

（二）自动化的意识状态

在这个状态里，人们对自己的行为似乎有所意识，但又不太清晰。例如，你现在一边听课一边做笔记，你能意识到你在写字，但每个字怎么写，则又不是很清楚。你不需要费很大的努力，也不用有意识地注意怎样一笔一画地写字。自动化的意识状态是意识的第二种状态，它本身要求很少的注意力并且不妨碍同时进行的其他活动。

（三）白日梦状态

白日梦是指注意从外在的刺激转向内在的思想或想象的场景。白日梦是指包含很低水平意识努力的意识状态，是意识的第三种状态。它介于主动意识状态与睡眠、做梦两者之间，似乎是一方面清醒着一方面做梦，通常在不需要集中注意的情况下自发产生。

白日梦不是真正的做梦，而是意识处于一种迷糊状态。白日梦的产生是很自动化的，不需要费劲。例如，你在教室里听课的时候，觉得没有兴趣，不知不觉就想其他事情去了，有时候自己也很难控制。但如果教师的课上得非常有趣，你就不会做白日梦了。白日梦谁都会做，只是多少有些不同，而且内容总是与自己的生活和思想有一定的关系。白日梦的内容无所谓好坏，它只是大脑在改变状态而已。

一个人的意识状态实际是在不断地变化着的，精力集中的是一种，自动化的是一种，迷迷糊糊的又是一种。一个人在临入睡而没有真正睡着的时候，意识也是处于一种迷糊状态的。

（四）睡眠状态

意识的第四个状态就是睡眠状态。过去一般认为进入睡眠的时候意识是停止活动的，而大量研究结果表明，人在睡眠时意识并没有完全停止活动。关于睡眠的研究主要是通过脑电波来进行的，由于脑内的神经细胞有电位差，用特定的仪器就可以测到这些电位的变化。当人进入睡眠状态时，脑内神经细胞的电位仍在变化着，只是出现了不同的波形。在做梦的时候，脑电波的变化更为明显。这些都证明，睡眠时人并非完全失去意识，人在睡眠的时候是有意识活动的，睡眠只是意识的一种状态。

（五）其他意识状态

1. 催眠

催眠（hypnosis）是一种类似睡眠而实际上并非睡眠的特殊的意识状态。迄今为止，对催眠有不同的定义。但是一个较为普遍的看法是：催眠是由一定的技术手段而引发的一种意识的替代状态，它对各种暗示很敏感，并在知觉、记忆、动机和自我控制方面作出相应的变化反应。简单地说，催眠常常等同于高度受暗示性，对别人的暗示具有极高的反应性。而且被催眠的人觉得他的遵从行为是自发的，没有任何主观的企图和意志努力。因此，这种恍惚的意识状态是在一种特殊情境下，由催眠师的诱导而形成的。催眠师所设计的特殊情境与其所采用的诱导方法，这两者合起来就构成了催眠术。

催眠中富有戏剧性的现象给人一种印象：催眠之所以具有神奇功效，应归功于催眠师的高超技术。然而，扮演关键角色的却是有高度受暗示性的被催眠者，他们具有被催眠的特性，即催眠感受性，它反映了一个人可以在多大程度上对标准化的暗示作出反应。这些催眠感受性较高的人，还可能进行自我催眠，自己给自己暗示，并对这些暗示作出反应。

一般来说，催眠感受性是人的一种相对稳定的特性。研究催眠的心理学家们试图采用一种类似心理测量的工具，用以评定催眠感受性的高低。其中最著名的是心理学家希尔加德（Ernest Ropiequet Hilgard）所编制的斯坦福催眠感受性量表。被试通过在这个量表上得分的高低，表示他如果接受催眠，可能进入催眠状态的深浅。

得分越高，可能进入催眠状态也就越深。心理学的研究也表明，催眠术不是对每个人都有效的。根据希尔加德以533个大学生被试为研究对象的实验，他发现具有催眠感受性的人约占25%，能对其进入深度催眠者约占10%，大约有10%的人，无法对他们实施催眠。

专栏5-1　催眠的产生与发展

早在18世纪后半期，就有人对催眠术进行了研究，当时最有名的研究者是维也纳医生麦斯麦（Franz Anton Mesmer，1734—1815）。他提出了一种“动物磁力说”，认为人体内有一种动物磁力，此磁流分布不适当，人就会产生疾病，必须经由治疗者的手部接触，通过调整磁流而治疗疾病。由于此过程中许多受治疗者产生了催眠状态，这套程序被称为麦斯麦催眠术。他在法国巴黎以此法治病，名噪一时。但1784年，法国科学委员会对麦斯麦的奇怪治疗法进行了研究调查，否定了麦斯麦的“动物磁力说”，认为他提出的动物磁力没有客观的依据证实，麦斯麦的名声自此一落千丈。

1843年，英国医生布雷德（Braid James，1795—1860）对麦斯麦催眠术产生了兴趣，他阐明麦斯麦的治疗效果并非由治疗者流入受治疗者的某种动物磁力或神秘物质所致，而是由于受治疗者主观心理受到影响。他用生理学观点将催眠解释为一种类似睡眠的状态，即由于眼睛凝视一个光亮的、无生命的物体，如怀表之类，精神高度集中，产生疲劳状态而引发了催眠。他又用催眠来解释患者接受外科手术时的痛觉消失，发现催眠是凝视法与语言暗示所造成的现象。布雷德是第一个运用严谨实验研究催眠的人。

今日，世界催眠组织已经统合了催眠师应有的准则与操作原则，催眠术广泛应用在医学、心理治疗及许多催眠爱好者的日常生活中。

2. 幻觉

幻觉（hallucination）指在不寻常的情况下，个体意识发生歪曲，也就是看到或听到实际并不存在的事物。幻觉通常是由高度的唤醒、强烈需要的状态或无法抑制有威胁性的念头共同作用的产物。人在大脑经受某类不寻常的刺激（例如在高烧、癫痫发作和偏头疼期间）或患有严重精神疾病时，对个体心理事件的反应就好像它们是外部的感觉刺激，由此产生幻觉。它实为幻觉者的心理产物，而不是环境刺激的结果，却常常被相信是现实的真实反映。幻觉有时还伴随着高度唤醒和宗教狂热。实际上，在有些文化和环境中，幻觉被解释成神秘的灵感，赋予人超然的预知力。

3. 冥想

冥想（meditation），又叫静坐，是一种改变意识的形式。它通过获得深度的宁静状态而增强自我知识和良好状态。在冥想期间，人们也许集中注意力在自己的呼吸上并调节呼吸，采取某些身体姿势（如瑜伽姿势），使外部刺激减至最小，以至产生特定的心理表象，或什么都不想。简单地说，就是停止意识对外界的一切活动而达到“忘我之境”的一种心灵自律行为。这不是要使意识消失，而是在意识十分清醒的状态下，让潜在意识的活动更加敏锐与活跃。冥想的实践者已经提出，有规律地练习某些形式的冥想会增强意识，有助于个体获得启迪，并以新的方式看待那些熟悉的事情，把知觉和思维从自发的已学会的模式中解放出来。冥想并非仅仅是放松这么简单。后者只是简单地使身体和心情放松休息下来，冥想却是有意识地把注意力集中在某一点或某一想法上，在长时间反复练习后，使大脑进入更高的意识（类似禅的“入定”）。冥想实践中一流的佛教教师汉（Nhat Hanh）提出，对呼吸的觉知，以及只是欣赏你周围的事物都可以成为通向心理平衡的途径。

4. 心理促动药物

某些药物也可能令人产生一些特殊的意识状态。有些药物在使用后能对中枢神经系统产生影响而使个体的感知觉、情绪和行为等心理活动发生变化，这类药物被称为心理促动药物。按其作用的性质不同，心理促动药物可以分为三类。

（1）镇静剂。镇静剂指一些中枢神经抑制剂，主要包括鸦片、海洛因、吗啡、酒精之类。它首先使人产生一种轻微的欣快感，可以缓解和消除人们情绪上的紧张和焦虑。由于它降低了神经系统及行为的活动性，最后会导致睡眠。服用少量镇静剂没有关系，但过度服用可造成人的注意力、思维和记忆力的衰退。

酒精学名乙醇，是所有镇静剂中使用最多的药物。酒精不是毒品，酒类买卖不违法，所以社会上饮用者非常普遍。酒精对人的身心是否有害，关键取决于用量。少量饮酒对一般成人来说能起到舒筋活血，放松心情的作用，而过量饮酒，如当血液中酒精含量为 0.15% 时就会导致异常意识状态。酒精会改变正常的意识状态，酒醉后会有以下异常表现。①思维与知觉变得迟钝。醉酒后，人的反应迟钝、言语含糊、行为笨拙。多数饮酒者清醒时都认识到酒后驾车是错误的，并坚信自己不会这样做，但酒醉后，其道德判断会变得不成熟，常导致酒后驾车肇事。②近期记忆会受到破坏。酒精不会破坏对刚刚发生的事情的短时记忆和已有的长时记忆，但会破坏近期经验进入长时记忆的加工。酒醉后的第二天，醉汉往往会记不起他头一天遇到过谁，与其说和做了些什么。这种记忆中断的部分原因是酒精抑制了快速眼动睡眠，人无法将白天的经验转入长时记忆，严重的可能与大脑萎缩有关。功能磁共振成像扫描发现酗酒者的大脑明显萎缩（Wuethrich，2001）。③自我意识下降。许多失意者或失败者往往借酒消愁，以此来抑制对真实的失败自我的觉知。④注意力只集中在当时情境而不计后果。调查表明，多数强奸犯都陈述犯罪前曾饮酒。滥用酒精的危害不可低估，美国的一项调查表明，每年饮酒造成 1 400 多名大学生死亡、7 万件性攻击、50 万件伤害事件（Hingson et al.，2002）。

吗啡和海洛因的毒性大，是违禁药物，可吞服、注射，也可以混在香烟中吸食。服用后数分钟后就会有飘飘然的欣快感，稍后几个小时内，极度的快感便被疼痛和焦虑所代替，服用者感到身体僵硬、意识模糊、丧失胃口和性欲，最终陷入极度困倦状态。吸食海洛因很容易成瘾，即使服用时间很短，也会很快导致生理依赖，且耐药性特强，在几次后就必须增加剂量。长期服用海洛因会导致死亡，因为海洛因能抑制中枢神经系统的呼吸中枢，从而导致窒息死亡。

（2）兴奋剂。兴奋剂指可以提高和促进神经细胞的兴奋性与行为活动的一类药物，包括咖啡因、尼古丁、可卡因和安非他命等。少量使用兴奋剂可以提神，并且减轻疲劳，但大量使用则会使人焦躁不安。对兴奋剂的反应存在着很大的个体差异，但如果使用重度兴奋剂制成的毒品，则肯定会引起人的过度兴奋、活动不能间歇、不能入睡和妄想狂等。

摇头丸是安非他命的一种衍生物，它既是兴奋剂也算是致幻剂。服用大约半小时开始一直持续3～4小时，服用者有高度的欣快感，情绪高涨，摇头晃脑。摇头丸成瘾的直接危害是脱水，长时间舞动，热度过高，有血压升高和死亡的危险。长期服用摇头丸会导致心境永久性损害、昼夜节律失调、免疫系统功能下降、记忆和其他认知功能受损，还有患上帕金森氏综合征的危险。

尼古丁是一种天然的兴奋剂，主要存在于烟草中。烟草是人们最普遍使用的一种精神药物，我国吸烟者的人数很多，但尼古丁确实是一种烈性药，毒性很大。大量吸入尼古丁会引起腹痛、呕吐、出冷汗、头晕、肌肉震颤等，吸入过量还会引起抽搐、呼吸困难或死亡。尼古丁会让人成瘾。许多人在戒烟时会出现头疼、出汗、失眠、消化不良和易怒等症状，并且强烈地渴望吸烟。这些症状可能持续2～6周。一支点燃的香烟会释放出6 800多种化学物质，其中有很多是致癌物质。研究发现，肺癌患者中，97%的男性和74%的女性患者是吸烟造成的。被动吸烟引起的肺癌者占所有肺癌患者的20%。所以，为了人类的健康，应当禁止吸烟。

（3）致幻剂。致幻剂是指能使人产生幻觉的物质，主要特点是能够使意识尤其是感知觉发生扭曲。最常见的是LSD（麦角酸二乙基酰胺）和墨斯卡灵（Mescaline）。致幻剂使人产生欣快感，增强感觉的敏感性，并且使时间知觉错乱。有些人更能产生深度做梦般无法描述的神秘感，觉得自己整个身体成为外界环境的一部分，陶陶然，飘飘然。正因为如此，它在有些文化中被用于宗教仪式上。但是在情绪变化的另一极端，迷幻剂也可能使人产生梦魇般的焦虑、恐怖和妄想狂。此外，它还能够造成思维和判断的混乱，如果被坏人利用，将给社会带来极大危害。

第二节　睡眠与梦

人的一生约有三分之一的时间是在睡眠中度过的。其中，梦是睡眠过程中最主要的心理活动，也是一种有趣且重要的意识现象。

一、睡眠

（一）生物节律

人的意识状态的变化与人的身体功能的周期性变化密切相关。大多数人都能意识到他们的精神状态、精力和心情的波动与变化。

周期性变化，就是人们常说的节律，是大千世界的一种普遍现象。昼夜的变化、月亮的圆缺、春夏秋冬四季的轮回，都反映着反复循环的节律性。人和动物的心理和行为都会发生周期性的变化。而这种有机体的生理功能的周期性变化，被称为“生物节律”，它的存在表明有机体内部存在一个“生物钟”，随时监视着时间的进程。

人的行为与四种时间循环相联系。这四种时间循环大致相当于1年、28天、24小时和90分钟四种时间长短。在这四种时间长短里，人都表现出心理活动和行为的周期性波动。如年度和季节性循环与性活动的模式及心境障碍的发作相联系；28天的周期对应着女性的月经周期和情绪的变化，同时对男性的内分泌液产生影响；90分钟的周期与人的警觉性、白日梦和饥饿有关，也称为人的心理活跃周期。

在生物节律中，相对年、月、90分钟三种循环来说，对人的心理状态影响最大的是日周期。通常人们认为人的日周期是24小时，实际上人真正的日周期却是25小时，而一天24小时的人为划分，只是用以适应每月30~31天。心理学家研究发现，在完全与外部时间线索隔离的条件下，即去掉钟表、模糊办公时间和吃饭时间等外界时间线索，人依然能够表现出日节律，但周期却不是24小时，而是25小时。当再次给予外界时间线索后，人的生物钟就又调整成了24小时，可见人的日节律是25小时。日节律在人和动物身上都存在，它的主要表现为睡与醒的周期性循环。此外，也还有一些生理方面的节律变化，如血压、排尿、荷尔蒙分泌等。例如，一天中体温在下午达到顶峰，到夜里熟睡时降到最低点。人们一般在体温开始下降时发困欲睡，体温开始上升时醒来。正是人体内部的生物钟使人从生理上倾向于在一天的某个特定时间最易入睡。

如果人不按日周期进行正常睡眠，最常出现的情况是睡眠质量受损。当自身的生物钟与外界的时钟不同步时，就会出现一些问题。飞行时差就是一个最明显的实例。它通常表现为旅途结束后，人长时间地感到发困、懒散和食欲不振。研究表明，飞行时差的困扰程度因飞机飞行方向而有不同。当由东向西，如从北京去纽约时，时差表现为时间拉长，在这种情况下，还比较容易适应其困扰；如果是由西向东飞行，如从纽约回北京，时差表现为时间缩短，则困扰更大，适应起来也更困难。这种情况可能持续几天，当新的生物钟建立起来后便自行消失。飞行时差造成的身心困扰并非产生于旅途疲劳，而是人自身生物节律被干扰的结果，如果用同样长的时间做南北方向旅行，因处于同一个时区之内，就不会出现这种睡眠质量下降的现象。

（二）睡眠

1. 睡眠功能

对人类而言，睡眠的意义重大。从研究结果来看，关于睡眠作用的解释主要有两种。一种是功能恢复理论，即认为人经过白天的活动，消耗了精力和体力，需要通过晚间的睡眠来恢复。另一种生态学理论则从生态学的角度出发，认为睡眠是为了适应生态环境，从而保护自身免遭伤害。在生物的进化过程中，睡眠起着一种保护作用，保护个体也保护种族的发展。由于黑夜危险因素太多，为了避免遭受危险，必须减少活动，睡觉便可以起保护作用。所以，如果睡眠出了一定的问题，就会影响到我们正常的生理机能和心理活动。

现代心理学研究还认为，睡眠可以帮助个体完成清醒时未能结束的心理活动。有实验表明，在个人练习后立即让他睡眠，则他醒来后会有较好的记忆。原因是练习后立即睡眠，他可在睡眠中继续完成练习时未完成的信息处理工作。另外，睡眠可能在成长过程中也起到很大作用。在深度睡眠中，垂体腺会释放成长激素。随着人的衰老，垂体腺较少释放出这种激素，并且深度睡眠的时间变少。

如果长期缺乏睡眠或被剥夺了睡眠，人的身心健康会产生消极影响甚至危害。研究表明，睡眠缺乏会压制对抗疾病的免疫系统，还会损害记忆。而且，慢性的睡眠缺乏还可能改变新陈代谢和荷尔蒙的功能，使人过早衰老，产生肥胖、高血压和记忆缺失等问题。如在睡眠剥夺实验（Veasey et al.，2002）中，让被试持续 20 小时保持清醒状态，结果发现，睡眠剥夺虽然没有带来长期影响，但被试只要遭受了轻微的睡眠剥夺，就会变得萎靡不振、易怒，不能集中注意，创造性缺失，逻辑推理能力下降。不过，如果被试接着可以正常入睡，几天就能恢复到睡眠剥夺前的状态。也就是说，这种暂时性睡眠剥夺并不会给大多数人带来永久性危害。但是，睡眠缺乏的确会让人变得急躁、易怒、反应迟钝和学业成绩下降。

2. 睡眠周期

过去很长的一个时期，人们一直认为，人在睡眠中完全没有意识活动。但 1929 年德国神经生理学家柏格（Hans Berger）利用脑电波（EEG）对人类睡眠状态进行研究却发现，人在睡眠中，其意识既不是完全停止的，也不是以同一方式在持续活动，其本身也经历一个小小的周期性变化。

研究显示，当大脑处于清醒和警觉状态时，脑电波中有很多 β（beta）波，β 波是一种频率较高、波幅较小的波。在大脑处于安静和休息状态时，α（alpha）波取代 β 波，α 波的相对频率较低，波幅稍大。在睡眠状态时，脑电波则主要是 δ（delta）波，δ 波的频率更低，而波幅更大。

根据脑电波的研究可以将睡眠分为五个阶段。第一阶段为过渡期，个体感到困倦、意识进入朦胧状态，通常持续 1～7 分钟，呼吸和心跳变慢，肌肉变松弛，体温下降，脑电波为频率较慢但振幅较大的 α（alpha）波。第二阶段为轻睡期，持续 10～25 分钟，这时出现频率更慢的 θ（theta）波。第三、四阶段是沉睡期，以频率慢振幅极大的 δ（delta）波为主。睡眠的最后一个阶段，称为“快速眼动睡眠”（简称 REM）阶段，这时通过仪器可以观测到睡者的眼球有快速跳动现象，其呼吸和心跳变得不规则，肌肉完全瘫痪，并且很难唤醒。与 REM 阶段相对的前面四个阶段，因为不出现眼球跳动现象，故被称为非快速眼动睡眠（简称 NREM）。

快速眼动睡眠主要出现在中夜及以后，大约 90 分钟出现一次，一夜之间出现 4～5次。在第一次循环中，REM 大约持续 10 分钟，而在往后的循环中，REM 持续的时间逐渐延长，在最后的循环中，REM 可持续 1 小时。研究发现，REM 出现的时候就是人在做梦的时候，若这时将被试唤醒，78% 的人都说他正在做梦，并且能记得梦中内容；而那些在非快速眼动睡眠阶段被唤醒的被试，则只有 10% 反映正在做梦。

根据心理学家的实验观察研究，随着年龄的不同，REM 在睡眠中所占的比例也有所不同，年龄越小，REM 所占的比例越高，幼儿的 REM 占 50%，小学生占 30%，成人占 20%，老人占 10%。在新生儿的睡眠中，快速眼动睡眠所占时间最多，约占睡眠时间的一半。据此推论，婴儿的梦远比成人要多。中国人早就相信，婴儿睡眠时眼皮跳动是在做梦，此种看法已获得科学的证明。老年人睡眠时做梦较少，一夜中出现快速眼动睡眠的时间短，δ 波所占的时间越来越少，甚至没有，所以老人睡觉不沉。

二、睡眠障碍

常见的睡眠障碍包括失眠、梦游、梦话、梦魇、夜惊等。

（一）睡眠障碍的常见种类

1. 失眠

最常见的睡眠障碍就是失眠。很多人都有过入睡困难、睡眠不好的经历，这种现象通常称为失眠。大约有 40% 的成人报告自己有过失眠的经历。失眠随着年龄的增长有增加的趋势，女性比男性更为常见。对大多数人来说，失眠发生在一些特殊的时间或场合，如考试前或刚到一个新环境。失眠通常会伴随着其他方面的问题，最常见的是精神失调，如焦虑、精神抑郁等。在这种情况下，很难说清楚失眠究竟是原因还是结果，或两者相互影响。失眠对个体的生理功能及日常生活有一定影响，个体在睡眠不足时，记忆力会下降，而且感到无精打采，脾气也会变坏。

按照失眠的原因，可以把失眠划分为四类。

（1）情境性失眠。情境性失眠主要是由生活情境的改变造成的，如亲人离世、离异、面临重大决策等涉及一些造成个体心理压力的事件的出现，包括睡眠环境的改变，都可能造成情境性失眠。情境性失眠是一种暂时性失眠，当危机和压力消失或者逐渐适应新的情境时，个体就会逐渐恢复正常睡眠。

（2）假性失眠。有些人睡眠时间少于常人，因此在心理上有失眠感，常常对外宣称自己饱受失眠之苦。但观其状态良好，神采奕奕，无失眠症状，这种失眠不是真正意义上的失眠，应称为假性失眠，主要是没有认识到睡眠时间存在个体差异所致。这些人按通常的睡眠时间标准衡量自己的睡眠时间，由于自己的睡眠时间少于常人而产生了失眠感。其实，睡眠所需时间也随着年龄增长而有变化，中老年人不需要像青年人一样多的睡眠，于是有些人因身体衰弱或因年老睡眠减少而产生睡眠不足的感觉，这也会导致假性失眠。

（3）失律性失眠。如果改变生活程序，而习惯性的生物钟又无法在短时间作出调适，睡眠自然受到影响，这种因生活程序突然改变而形成的暂时性失眠，称为失律性失眠。如飞行时差所造成的睡眠困难、工厂里三班倒的工人出现睡眠困难等均属于此类。

（4）药物性失眠。药物性失眠是指由于咖啡因、茶或可乐类饮料导致兴奋，以至无法入睡造成的失眠。它还包括长时间服用安眠药物，在心理和生理上形成了对药物的依赖，当不吃或少吃时就无法入睡而导致的药物性失眠。

2. 梦游和梦话

梦游是睡眠中自行下床行动，而后回床继续睡眠，睡醒后对自己夜间的行动一无所知的怪异现象。梦游者能在梦游中做一些诸如拿取器具，甚至开门上街等活动。梦游者多为儿童，多数在成年后不治而愈。梦游并非严重病态，也与情绪困扰无关。梦话也叫梦呓，是指睡眠中说话的现象。

梦游和梦话都与做梦无关。因为梦游者梦游时脑电波正处在睡眠的沉睡阶段，而在此阶段人是不会做梦的，并且几乎所有的说梦话现象也是在沉睡阶段发生的。因此，把梦游和梦话分别称为“睡中行”和“睡话”似乎更为合适。然而，目前尚不知梦游和梦话的原因。

3. 梦魇和夜惊

梦魇和夜惊是两种并不相同但都会让人产生恶劣体验的梦境。梦魇是一种发生在快速眼动睡眠期、黎明即将到来时的一些内容吓人的梦，也称噩梦。做噩梦时，人无躯体运动或只有些微的运动。噩梦中醒来的人通常都能回忆起梦中的可怕内容，思维有条理，头脑冷静。对于梦魇的出现，一般认为是白天情绪压力所致。梦魇多为暂时性的，一般不至于带来严重后果，但若梦魇为持续性的，则常为精神疾病的症状，应予以重视。夜惊是一种极度惊恐的梦，夜惊者会有坐起、哭喊等躯体剧烈运动，通常发生在睡眠的第三或第四阶段。因夜惊醒来后，夜惊者往往是恍惚、惊慌的，不知自己在做什么，也记不起梦的内容。对于夜惊的原因，至今也不太清楚，不过由于多发生在儿童期，所以推断可能与神经系统和脑的成熟水平有关。

对于噩梦者，不妨通过下列步骤来尝试消除或减少噩梦的出现：①详细写下你的噩梦内容；②按照你的希望，改写梦的内容并且大声说出新梦；③重新入睡前，在你心里排演你所希望的梦并使之熟悉。有了这样的心理准备，也许头脑中新编的梦会代替噩梦。

（二）睡眠障碍的原因

既然睡眠障碍对人的危害如此之大，那么是什么导致了人们的睡眠障碍呢？虽然导致睡眠障碍的原因很多，但总结起来可以分为两类：

1. 生物学原因

临床研究发现，脑干尾端与睡眠有非常重要的关系，人们认为那是睡眠中枢之所在，此部位的各种刺激性病变引起过度睡眠，而破坏性病变则引起睡眠减少。另外，研究还发现睡眠时有中枢神经介质的参与，如 5 - 羟色胺与非快速眼动期睡眠有关，而去甲肾上腺素则与快速眼动期睡眠有关。

2. 心理社会原因

社会及心理因素也是造成睡眠障碍的一个主要原因。例如，受创伤者及高度压力人群容易出现梦魇或失眠等障碍，而经历过战争、灾难的人，睡眠有问题的比例更高。因此，可以通过心理咨询、心理放松训练，甚至药物等方式方法来改善睡眠质量，治疗睡眠障碍。

三、梦

梦是睡眠中的一种奇异现象，而做梦的经历，也是人所共有的。但我们对做梦一事的了解，似乎比睡眠更难。希腊哲学家柏拉图曾说："好人做梦，坏人作恶。"而中国的祖先却相信"圣人无梦"，意思是说圣人无妄念，所以不会做梦。在远古时期，人们往往把梦看作是神灵的启示，可以预兆吉凶。即使在现代化的社会里，仍然流行着对梦的诸多迷信。以今天心理学上对梦的研究来看，古时中西方对梦的看法有很多误解。

根据现代心理学家的研究，人人都会做梦，甚至连动物也会做梦。梦是人在睡眠中尤其是在快速眼动睡眠时期神经系统活动的结果，梦也是一种心理活动，是意识的一个层面活动的结果。心理学上对梦的一般的解释是：梦是在睡眠期中某一阶段的意识状态之下所产生的一种自发性的不随意的想象活动。在这个不随意的想象活动中个体身心变化的整个过程，被称为做梦（dreaming）。

对梦的研究大致分为两个时期：第一个时期是20世纪的前五十年，此时期对梦的解释几乎全是以弗洛伊德的理论为主；第二个时期是20世纪50年代以后一直到现在，此时对梦的研究乃是以实验室的观察为主。近年来的研究表明，梦是白天经历的意识过程的信息漏失，因此梦有中间转储和记忆存储的功能。实践证明，白天如果从事的脑力劳动多些或者做一些较为生疏的活动，夜里的梦就多些；相反，如果白天从事不大费脑筋的体力劳动，夜里的梦就会少些。

弗洛伊德是较早对梦进行探讨的心理学家，他认为梦与人的无意识有关。弗洛伊德将人的心理划分为意识、无意识和前意识三个层面。无意识指的是个体不能觉察到的心理活动和过程，前意识则指意识和无意识之间的过渡层面。按照弗洛伊德的说法，无意识中包含了大量的观念、想法、欲望、冲动等，这些观念和想法因为与社会伦理道德相冲突而被个体压抑在无意识中，个体无法觉察到。人的无意识中的内容虽然无法被意识到，但可以通过这样或那样的途径泄露出来，按照弗洛伊德的观点，其中一个重要途径就是梦。弗洛伊德认为梦是欲望的满足，而并不只是脑寻找一段故事来解释它的放电现象。梦是表达那些被内在"监督员"精心伪装起来的无意识欲望的象征。梦里回忆、报告的内容只是表面性的，其真实的意义是其潜在（隐含）的内容——无意识冲动和欲望，它们得不到外在的满足，从而在梦里以伪装的形式出现。在睡眠中，通常保持警惕的意识"监督员"处于放松状态，于是，通过各种心理活动，不可接受的无意识冲动被披上可接受的外衣浮现出来。在弗洛伊德看来，梦的内容就是各种形式的性象征。根据多年的研究，他在1900年出版了《梦的解析》一书。弗洛伊德对梦的分析建立在精神病人研究的基础上，失之偏颇，但现在普遍同意无意识的存在，也同意梦是一种无意识活动。

在梦的内容方面，霍尔（Calvin Hall，1966）的研究最具有代表性。霍尔发现，大多数的梦具有一般世俗性质，可能是将家庭、朋友和同事等某些特征加以联系组成，因此有一些梦相当普遍。一般来说，人们的梦境具有以下特征：

第一，自我中心是梦境的第一个重要特征。梦境主要与自己有关，人们很少梦到公共事务。霍尔认为梦境倾向于来自个体的内部冲突，例如，很多人都做过有关攻击性和不幸事件的梦。

第二，梦境受生活环境的影响，与当前的生活事件有关是梦的第二个重要特征。如果你正经受着严重的经济困难，或担心即将到来的考试，它们都会在梦中出现。

第三，睡眠中的外在或内在刺激可以影响梦的内容。例如，当一个人正处在快速眼动睡眠阶段，轻轻地在他的手臂上洒一些水，过少许时间再将他唤醒，并问他做了什么梦，有42%的人梦中有水，或下雨，或洗澡，或蹚水等。总之，梦是由某种刺激引起一些神经细胞活动的结果，只是它不被清醒地觉察，也不能控制而已。至于有一种所谓带预见性的梦，如梦到腿被狗咬了，过几天腿真的长了瘤，这如何解释呢？有的人认为这是神灵托梦，预示腿要出毛病，其实这是由身体内部刺激所引起的。腿上长瘤，它不是一天就能表现出来的，刚开始时，刺激相当微弱而很难被察觉，且在清醒状态下，人们多关心外界事物，对微弱的内部刺激就更难觉察得到。但进入睡眠后，大部分神经细胞都处于抑制状态，这些刺激就相对地强烈起来，使你有一些觉察而又不能控制，因此就可能将它与其他有关事物不自觉地联系起来，构成了梦，如梦到腿被狗咬了，或骑车把腿摔了等。这就是为什么做梦可能有一定预见性。

第三节　注意概述

一、注意的基本概念

（一）什么是注意

注意（attention）是和意识紧密相关的一个概念，但不同于意识。简单地说，注意是心理活动或意识对一定对象的指向和集中。

注意有两个明显的特点：指向性和集中性。指向性是指心理活动有选择地反映一定的对象，而离开其余无关的对象，并且抑制多余的活动。集中性是指心理活动停留在被选择的客体上的强度或紧张度。注意的指向性和集中性表明注意具有方向与强度的特征。由于心理活动对一定对象的指向和集中，注意的对象就能够得到清晰和完整的反映。

人在高度集中注意时，注意指向的范围就缩小。这时候，他对自己周围的一切就可能“视而不见，听而不闻”了。从这个意义上说，注意的指向性和集中性是密不可分的。

注意本身并不是一种独立的心理过程，而是各种心理过程的共同特性，即指向一定对象的特性。注意总是和心理过程紧密联系着的，如注意看、注意听等。由于注意不是一种独立的心理过程，所以它没有自己特定的反映内容，它是心理活动中的一种伴随现象，是一种心理状态。

（二）注意的功能

注意是人们从事任何实践活动所必不可少的心理条件。人们的工作、学习只有在人们集中注意的状态下才能减少事故或差错而取得良好效果。如学生在学习的过程中，如果没有注意的伴随，就不能有效地掌握知识。注意使人的感受性提高、知觉清晰、思维敏捷，从而使行为准确、及时。注意是一种复杂的心理活动，具有一系列的功能。

（1）选择性功能。注意的基本功能是对信息进行选择，这是由注意的指向性决定的，它使心理活动选择有意义的、符合需要的以及和当前活动任务相一致的各种刺激，避开或抑制其他无意义的、附加的、干扰当前活动的各种刺激。

（2）保持功能。外界大量信息输入后，每种信息必须经过注意才能被保持，如果不加注意，就会很快消失。因此，需要将注意对象保持在意识之中，一直到完成任务、达到目的为止。

（3）对活动的调节和监督功能。有意注意可以控制人的活动向着一定的目标和方向进行，适当分配和适时转移注意。工作和学习中的错误和事故一般都是在注意分散或注意没有及时转移的情况下发生的。

（三）注意和意识的关系

注意和意识既有联系又有区别。

一方面，注意不等同于意识，注意是一种心理活动或心理动作，而意识主要是一种心理内容或体验。注意提供了一种机制，决定哪些内容可以成为意识的内容，哪些不可以，与意识相比，注意更为主动和易于控制。只有被注意到的内外刺激才能被个体所察觉，进而产生意识。所以，俄罗斯教育家乌申斯基说：“注意是我们心灵的唯一门户，意识中的一切必然要经过它才能进来。”

另一方面，注意和意识密不可分。当人们处于注意状态时，意识内容比较清晰。人从睡眠到觉醒再到注意，其意识状态分别处在不同的水平。注意的分配和紧张程度的不同显示了个体处在什么样的意识状态。在可控制的意识状态下，人的注意集中在当前有意义的内容上，得到比较清晰和深刻的认识。自动化的意识状态要求很少的注意，意识的参与成分也相对较少。在白日梦状态下，人的意识内容不断地变化，实际在这些内容上所分配到的注意极少。在睡眠状态下，人们处于一种无意识状态，注意基本停止了活动。

专栏5-2　鸡尾酒会效应

在西方人们聚会的酒会上，酒会的长桌上摆满各式各样的食品，来宾可根据自己的口味选择喜欢的食品。同样，我们的耳朵对不同的声源也有选择功能。如在彼此交谈的人群中，在人声嘈杂的声音中，我们可以把自己的听力完全集中在某个人的谈话上，而把其他人的声音都摒退到背景声中。因此，个人所能接触并获知对方谈话的人，只有少数，而对其他多数宾客的言行举止，可能不会产生清楚的意识。我们在生活中是否有过这样的经历：在喧嚣的场合，如果哪个角落突然传来你的名字，你马上就会寻声望去，有时候你还能听到某个熟人的声音似乎也在附近，你的耳朵似乎能过滤声音。这种效应就称为"鸡尾酒会效应"。"鸡尾酒会效应"是心理学家对注意进行研究时发现的，它揭示了当人的听觉注意集中于某一事件时，意识会将一些无关声音刺激排除在外，而无意识则继续监察着外界的刺激，一旦一些特殊的刺激与自己有关，就立即能引起注意的现象。

二、注意的种类

我们对事物的注意，有时是自然而然发生的，不需要任何意志的努力；有时是带有目的的，需要付出意志的努力。这样，根据注意过程中有无预定目的和是否需要意志努力的参与，可以把注意分为无意注意、有意注意和有意后注意。

（一）无意注意

1. 什么是无意注意

无意注意又叫不随意注意，是指没有预定目的，也不需要意志努力的注意。无意注意一般是在外部刺激物的直接刺激作用下，个体不由自主地给予关注。例如，正在上课的时候，有人推门而入，大家不自觉地向门口注视；在大街上听到警笛鸣叫，行人会不由自主地扭头观望。无意注意更多地被认为是由外部刺激物引起的一种消极被动的注意，是注意的初级形式。人和动物都会产生无意注意。虽然无意注意缺乏目的性，但因为不需要意志努力，所以个体在注意过程中不易产生疲劳。

2. 引起无意注意的条件

引起无意注意的条件来自两个方面：一是客观刺激物的特点，二是人的主观状态。

（1）客观刺激物的特点。

①刺激物的强度。刺激物本身的强度是引起人不随意注意的原因之一，一声巨响、一道强光，或者一股浓烈的气味、一种鲜艳的颜色等都容易引起人的无意注意。所谓"酒香不怕巷子深"，这说明刺激物的绝对强度促使了无意注意的产生。另外，刺激物的相对强度在引起无意注意的条件中也有重要意义。在喧嚣的闹市中，大声的叫卖未必能引起别人的注意，但在安静的阅览室中，小声交谈就可能引起别人的注意。

②刺激物之间的差异。刺激物在形状、大小、颜色及持续时间等方面与周围环境和其他刺激物对比强烈、差异显著时，很容易引起无意注意。例如，“绿叶中的红花”、“鹤立鸡群”等的差异对比，教师讲课时声音突然提高或降低可以起到集中注意的作用。

③刺激物的活动和变化。与静止的物体相比，活动、变化的刺激物更容易引起人们的注意。例如，对于行人，闪烁的霓虹灯；对于学生，教师讲课时音调和节奏的变化；对于儿童，活动和可操作的玩具，这些更容易引起他们的注意。

④刺激物的新异性。刺激物新颖、独特、与众不同更容易吸引人们的无意注意。而新异性的程度是相对而言的，绝对的新异性是指人们从未经验过的事物及其特征，相对的新异性是指刺激物特性在日常生活中发生与众不同和不同寻常的变化。刺激物的相对新异性更能引起人们的注意。例如，人们对新出现的刺激物最初可能会“少见多怪”，以后渐渐“见怪不怪”了。

（2）个体自身状态。

无意注意虽然主要是由外界客观刺激的特点所引起的，但也决定于个体本身的状态。同样的事物可能引起一些人的注意，而不会引起另一些人的注意。一个人的个性倾向或经验等在无意注意中起着重要的作用，决定着一个人无意注意的方向。

①个体的需要和兴趣。人们总是不自觉地对自己需要的或感兴趣的事物产生注意。例如，建筑师由于职业的需要，当外出旅游时，各式各样的建筑物都会自然而然地引起他们的注意；一个人喜欢收集古玩，那么在读报、看电视或与人交往时，就很容易注意到这方面的信息；而对于一个寻医求药的人，各种医药信息也容易引起他的无意注意。一般来说，无意注意同人对事物的直接兴趣有关。

②个体的情绪和精神状态。一个人情绪稳定，心情舒畅，精神饱满，就会对平时不经意的事物产生注意；相反，情绪低落，精神萎靡，或身体处于疾病、疲劳状态，就很容易对许多事物视而不见。

③个体的知识经验。个体的职业和爱好使得人们各自的知识经验不同，与人们的知识经验有联系的事物更容易进入人们的注意范围。同样看一部影片，音乐工作者会注意其中的配乐，美术工作者会注意影片的用光以及色调。

（二）有意注意

1. 什么是有意注意

有意注意又称随意注意，是指有预定目的，也需要意志做努力的注意。我们工作和学习中的大多数心理活动都需要有意注意。工人上班，学生上课，交警指挥交通，都是有意注意在发挥作用。有意注意是一种积极主动、服从于当前活动任务需要的注意，属于注意的高级形式。它受人的意识调节和控制，是人类所特有的一种注意。

2. 引起有意注意的条件

有意注意虽然目的性明确，但在实现过程中需要有持久的意志努力，因此，容易使人产生疲劳，影响活动效率。了解有意注意产生和维持的条件，才能保证各种心理活动的顺利进行。

（1）活动的目的和任务。有意注意的重要特征是有明确的预定目的。对活动目的理解得越清楚、越深刻，完成任务的愿望越强烈，也就能更好地实现注意的维持和调节作用。心理学实验表明，当被试对活动要求不明确、目的不清楚，常容易分神，不能长时间维持有意注意。无意注意的产生主要是由刺激物的特点和活动过程本身激发起的直接兴趣引起的，而对活动结果产生的间接兴趣则是维持有意注意的重要条件。间接兴趣越稳定，活动过程中的有意注意也容易产生和维持。例如，一个学生在学习外语时，感到背单词、记语法的过程单调而枯燥，想要知难而退，但当他意识到掌握外语后可以开阔视野、增进交流、增加就业机会时，他就会积极投入到外语学习中去。

（2）活动过程的组织。心理学研究表明，形式单一、内容枯燥的活动容易使人疲劳厌倦，造成分心现象。因此，组织形式多样、内容活泼的活动是防止分心、维持有意注意的有效方法。这包括既要增加操作活动，手脑并用，又要增加讨论和竞赛，甚至用必要的言语提示来集中注意力。有经验的小学教师为增强学生的注意力、提高课堂效率，总是在变换教学活动的时候，数三声数，要求学生在"一、二、三"结束时，就转入新的学习活动。

（3）内外因素的干扰。有意注意进行中时常会有各种干扰，既有外部干扰，如与活动内容无关的声音和视觉刺激；也有内部干扰，包括主体生理上的疲劳、疾病以及心理上消极的思想和情绪。内外干扰越多，有意注意就越困难。因此，培养抗干扰能力，不受内外干扰因素的影响，对于维持有意注意是非常重要的。个体的意志力水平同抗干扰能力有密切关系。只有提高意志力，才能克服不良的注意习惯，抵御各种干扰，全身心地投入到学习和工作中去。

（三）有意后注意

有意后注意是指有预定目的，但不需要意志努力的注意。因此，它兼有不随意注意和随意注意两方面的特点。它既服从于当前的活动目的与任务，又不需要花费意志努力，因此有助于完成长期、持续的任务。它是在有意注意的基础上，经过学习、训练或培养个人对事物的直接兴趣达到的。在有意注意阶段，个体从事一项活动需要有意志努力。但随着活动的深入，由于兴趣的提高或操作的熟练，个体不用意志努力就能够在这项活动上保持注意。如学生在课堂学习中，一开始对老师讲的课不感兴趣，但是为了学习需要，不得不集中注意去学习，这时他的注意是有意注意。但随着老师讲的课程内容的展开，学生也慢慢有了兴趣，不知不觉地跟着老师所讲的课程内容走，这时的注意就是有意后注意。熟练地阅读课文、熟练地骑自行车等活动中的注意都是有意后注意。

有意后注意是一种更高级的注意。它既有一定的目的性，又不需要意志努力，在活动进行中不容易感到疲倦，这对完成长期性和连续性的工作有重要意义。但有意后注意的形成需要付出一定的时间和精力。

无意注意、有意注意和有意后注意在实践中紧密联系、协同活动。有意注意可以发展为有意后注意，而无意注意在一定条件下也可以转化为有意注意。例如，开始时，人们偶然为某种活动所吸引而去从事这种活动，后来通过实践认识到它的重要意义，便自觉地、有目的地去从事这种活动，并克服一定的困难，坚持对活动的注意，这时无意注意就转化为有意注意。

专栏5－3　儿童注意缺陷与多动障碍

儿童注意缺陷与多动障碍又被称为儿童多动症，主要特征是明显的注意不集中和注意持续时间短暂，活动过度，易冲动，常伴有学习困难和品行障碍。它在儿童中的患病率为3%～5%。

多动症的病因和发病机制至今未明，但与下列因素有较为明显的关系：在神经系统解剖和病理生理上发现异常，家族遗传，心理社会因素等。它常表现为活动过度，并常常有破坏性；注意力难以集中；好冲动，做事前不假思索，也不考虑后果；学习困难。儿童多动症多数在少年期以后逐渐缓解，少数持续至成人。目前采用行为矫治法和药物治疗相结合的治疗方式，效果明显。

第四节　注意的特征

一、注意的广度

（一）什么是注意的广度

注意的广度又称注意的范围，是指一个人在同一时间内能够清楚地把握注意对象的数量。它反映的是注意品质的空间特征。

心理学家很早就开始研究注意广度的问题。1830年，心理学家汉密尔顿（Hamilton）最先做了这方面的实验，他在地上撒了一把石子儿，发现人们很难在一瞬间同时看到六颗以上的石子儿。如果把石子儿两个、三个或五个组成一堆，人们能同时看到的堆数和单个的数目一样多。通过速示器进行的研究表明，成人在1/10秒内一般能注意到8～9个黑色的圆点或4～6个没有联系的外文字母。

扩大注意广度可以提高工作和学习的效率。例如，在学习时“一目十行”就可加快阅读速度。在生活中，排字工人、打字员、汽车驾驶员等职业都需要有较大的注意广度。但注意广度存在个体差异，有些人能一目十行，有些人却不能。注意广度经过训练可以有所改善。

（二）影响注意广度的因素

影响注意广度的因素主要有以下三个方面：

（1）注意对象的特点。注意的广度因注意对象特点的变化而有所不同。一般说来，注意对象的组合越集中，排列越有规律，相互之间能成为有机联系的整体，注意的范围就越大；反之，注意范围就狭窄。并且注意对象越简单则注意范围越广，越复杂则注意范围越狭窄。

（2）活动的性质和任务。用速示器呈现一些英文字母，其中有些存在书写错误，要求一组学生在短时间内判断哪些字母书写有误，并报告字母的数量；要求另一组学生报告所有字母的数量。结果，前者知觉到的字母数量要比后者少得多。可见，活动任务单一，注意范围就广；活动任务越复杂，越需要关注细节，注意的广度会大大缩小。

（3）个体的知识经验。一般来说，个体的知识经验越丰富，整体知觉能力越强，注意的范围就越大。专业素养深厚的人在阅读专业资料时可以做到“一目十行”，非专业人士即使逐字逐句阅读也不见得能正确理解。如围棋高手扫视一下棋盘，就能把握双方的形势和局面变化，这正是借助了良好的注意广度；一个初学者由于经验欠缺，就只能一部分一部分来关注棋势。

二、注意的稳定性

（一）什么是注意的稳定性

注意的稳定性也称为注意的持久性，是指注意在同一对象或活动上所保持时间的长短，这是注意的时间特征。但衡量注意稳定性，不能只看时间的长短，还要看这段时间内的活动效率。

注意的稳定性有狭义与广义之分。狭义的稳定性是指注意在某一事物上所维持的时间，如长时间看电视、读一本书等。但人在注意同一事物时，很难长时间地对注意对象保持固定不变。例如，把一只表放在耳边，保持一定距离，使他能隐约听到表的滴答声，结果被试时而听到表的滴答声，时而又听不到。注意这种周期性变化的现象，叫做注意的起伏。在注视双关图时，可以明显体验到注意的起伏（如图5－1所示）。

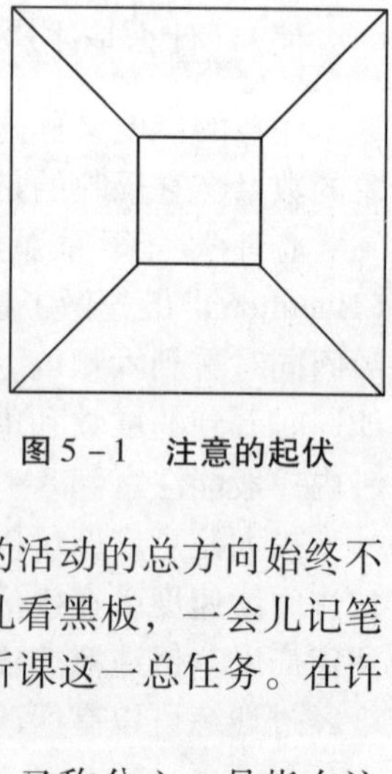

图5－1　注意的起伏

广义的稳定性是指注意在某项活动上保持的时间。在广义的稳定性中，注意的具体对象可以不断变化，但注意指向的活动的总方向始终不变。例如，学生在听课的时候，跟随教师的教学活动，一会儿看黑板，一会儿记笔记，一会儿读课文，虽然注意的对象不断变换，但都服从于听课这一总任务。在许多学习和工作中，我们都强调广义的注意的稳定性。

同注意的稳定性相反的表现是注意的分散。注意的分散，又称分心，是指在注意过程中，由于无关刺激的干扰或者单调刺激的持续作用引起的偏离注意对象的状态。无关刺激的干扰容易引起无意注意，并妨碍有意注意的活动；单调刺激的作用是指有意注意的活动如果千篇一律，毫无新意，会引起主体的疲劳和精神松懈，也会使人分心。

（二）影响注意的稳定性的因素

影响注意的稳定性的因素有如下三个方面：

（1）注意对象的特点。注意对象本身的一些特点影响注意维持的时间长短。一般来说，内容丰富的对象比单调的对象更能维持注意的稳定性。相对于一个透明的玻璃茶杯，人们可能会花更多时间来关注一幅色彩丰富的图画。此外，活动的对象比静止的对象更能维持注意的稳定性。相对于一幅画，人们又可能花更多时间关注活动的电视画面。对新生儿的研究表明，他们注视人脸和复杂图形的时间远比注视墙壁及灯光的时间长。但并不是说事物越复杂，刺激越丰富，注意就越稳定。过于复杂、变幻莫测的对象反而容易使人产生疲劳，导致注意的分散。

（2）个体的精神状态。除了外部刺激物的特点之外，个体的主观状态也影响注意的稳定性。一个人身体健康，情绪良好，精力充沛，就会在学习和工作中全力投入，不知疲倦；相反，一个人处于失眠、疲劳、疾病状态，或者在情绪受挫的情况下，注意无法保持稳定，活动效率也会大大降低。

（3）个体的意志力水平。注意的稳定性实际上就是保持良好的有意注意，因此也需要有效地抵抗各种干扰。个体具备坚强的意志力，就可以战胜各种困难，克服自身缺点和不足，始终如一地保证活动的进行和活动过程的高效率。

三、注意的分配

（一）什么是注意分配

让我们做一个简单的小游戏：用两只手各握一支笔，要求同时完成左手画方，右手画圆的任务。原想这样的任务很简单，做起来却发现这看似简单的任务其实很难。要是左手的方画好了，右手的圆就画砸了；要是右手的圆画好了，左手的方就画砸了。原因在于我们在完成这一任务时未能在同一时间把注意同时指向左右两手，而只能指向其一。

注意的分配是指在同一时间内把注意指向不同的对象和活动。

注意的分配在人的实践活动中有重要的意义。如教师需要一边讲课，一边注意学生的课堂反应；司机需要一边驾车，一边观察路况。事实证明，注意的分配是可行的，人们在生活中可以做到“一心二用”，甚至“一心多用”。有史料记载，一位法国学者当众表演，他能够边朗诵诗歌，边做数学运算。

（二）实现注意分配的条件

在实践活动中，注意分配是可以实现的。即在一定条件下，注意的分配是可能的，但必须要具备以下条件。

（1）同时进行的几种活动至少有一种应是高度熟练的。当一种活动达到自动化的熟练程度时，个体就可以集中大部分精力去关注比较生疏的活动，保证几种活动同时进行。我们可以做到边听报告边记笔记，显然是由于写字已经达到熟练甚至自动化的程度。驾驶技术高超的司机可以边驾车边为乘客报站名，也是这个道理。

（2）同时进行的几种活动必须有内在联系。有联系的活动才便于注意分配。这是因为活动间的内在联系有利于形成固定的反应系统，经过训练就可以掌握这种反应模式，同时兼顾几种活动。例如，歌唱演员有时自弹自唱同一首歌，甚至能够边唱歌边剪纸，这也是借助了活动间的内在联系或人为建立起活动间的联系，以达到注意的分配。

四、注意的转移

（一）什么是注意转移

注意的转移是指根据活动任务的要求，主动地把注意从一个对象转移到另一个对象。例如，在学校课程安排上，如果先上语文课，再上数学课，学生就应根据教学需要，把注意主动及时地从一门课转移到另一门课。

注意的转移不同于注意的分散。前者是根据任务需要，有目的地、主动地转换注意对象，为的是提高活动效率，保证活动的顺利完成，如看完一堂录像教学课，转而要求学生互相讨论。后者是由外部刺激或主体内部因素的干扰作用引起的，是消极被动的。注意的分散违背了活动任务的要求，偏离了正确的注意对象，降低了活动效率。如果两个学生在看教学录像的过程中交头接耳，互相说笑，而没有关注录像的内容，则显然是注意分散的表现。

（二）影响注意转移的因素

影响注意转移的因素有以下四个方面：

（1）原来注意的强度。个体对原来活动的兴趣越浓厚，注意强度越大，注意力越集中，注意的转移就越困难；反之，注意的转移就比较容易。对于一个沉迷于电脑游戏的孩子，很难让他转移注意力，去拿起书本温习功课。当然，如果对原活动的注意力本来就不够集中，人们就比较容易随活动任务的要求而转移注意。

（2）新注意对象的特点。注意转移的快慢和难易，还依赖于新注意对象的特点。如果新的注意对象越符合人们的需要和兴趣，或能够满足他的心理需要，注意的转移就越容易；反之，注意的转移就越困难。假如那个正玩电脑游戏的孩子，听到自己喜欢的电视动画片开演了，可能会离开电脑，将注意力转移到看电视上。

（3）明确的信号提示。在需要注意转移的时候，明确的信号提示可以帮助个体的大脑处于兴奋和唤醒状态，灵活迅速地转换注意对象。文艺演出中报幕员的角色其实也发挥着这方面的作用。这种提示信号，既可能是物理刺激（如铃声、号角），也可以是他人的言语命令，甚至可以是自己的内部言语的提醒。

（4）个体的神经类型和自控能力。神经类型灵活性高的人比不灵活的人更容易实现注意的转移，自控能力强的人比自控能力弱的人更善于主动及时地进行注意的转移。

主动而迅速地进行注意的转移对各种工作和学习过程都十分重要。有些工作要求在短时间内对各种新刺激作出迅速准确的反应，对注意转移的要求尤其高。例如，一个优秀的飞行员在起飞和降落时的五六分钟之内，其注意的转移就达200次之多。

第五节　注意规律在教学中的应用

注意是顺利地进行教学的必要前提。教师在教学过程中，善于组织学生的注意，培养学生的注意力，是使教学取得成效的重要条件。教师应当根据教学的具体情况与条件，灵活运用注意规律，使学生集中注意于教学活动，提高他们学习的效率。

一、注意种类在教学中的应用

（一）无意注意规律的应用

无意注意通常由刺激物的特点所引起。刺激物的特点既可能造成学生学习上的分心，影响学习，又可能引起学生无意注意，成为有利于教学的积极因素。因此，教师在课堂教学中，需要恰当地利用无意注意的积极作用，避免它的消极作用。

1. 应力求教学内容新颖丰富，切合学生实际

心理学研究表明，注意维持在单调贫乏的内容上的时间是短暂的，而新颖、丰富的内容却能保持相当长久的注意。因此，教师教学内容必须新颖、有趣、富有吸引力。对缺乏新颖感的内容，学生会感到索然无味，不能引起注意。同时，教学内容还必须与学生已有的知识经验相联系，才能为学生所理解。这就要求教师必须深入钻研教材，选择符合学生需要、切合学生实际的教学内容，激发和调动学生的学习兴趣，吸引学生的注意。

2. 力求教学方法和形式多样化，引起有益的无意注意

研究证实，长时间的单调刺激容易使大脑皮层产生抑制作用而导致疲劳，难以使注意稳定。所以在教学中，要采用多样化的教学形式和方法。教师既要讲，也要让学生读、写、练相结合，这样才符合无意注意的变化规律，且能引起和保持学生的注意。

教师的语言应准确、生动形象，讲课声调的高低与快慢应随教学内容和学生听课情况的不同而有变化。因为变化的刺激容易引起学生的无意注意，能增强语言表达的效果。教师的语言要富有感情，要以情动人，引起学生感情上的共鸣，从而引起和保持稳定的、集中的注意。而当学生不注意听讲时，教师可停顿，以引起学生的注意。

在教学过程中，教师还可以借助现代化教学手段以引起学生的无意注意。教师应多利用投影、幻灯、电视、电影、录影、录像、计算机多媒体系统等多种现代教育技术手段，以生动形象的内容引起学生的无意注意。

3. 优化教学环境，防止学生分心

首先，在教学环境方面，尽量减少和避免与教学无关的刺激干扰，防止分散注意的刺激出现。如学校应设在远离公路、闹市的地方，教室内不宜有过多的装饰或张贴，教师上课不应穿奇装异服，不应有过多的口头禅及过度的表情，直观教具的出示不能过早。其次，对有些无法消除的干扰，则尽量减弱其影响程度。

（二）有意注意规律的运用

学习既是一种自觉的、有目的的、以一定方式组织起来的活动，也是一种艰苦的劳动，因此不能只凭兴趣和无意注意组织教学，还必须有有意注意的参与。

1. 让学生明确学习目的和任务

在教学中要使学生产生和维持有意注意，最重要的是明确学习目的、意义和任务。学生对此认识得越清楚，就越能激发学习的自觉性，同时也利用了间接兴趣引起学生对教学活动的注意。因此，教师应在新课开始时，就向学生说明学习这门课程的目的、任务、性质与重要性，在每一章或每一个阶段的学习中，也要明确提出具体目的、任务及要解决的问题。在讲授重点和难点时，要预先说明问题的复杂性和重要性。

2. 激发和培养间接兴趣

间接兴趣能保持有意注意。教师在教学中，对那些难以产生直接兴趣的学科、内容应加强引导，激发和培养学生对学习该学科、该内容的美好结果的向往与追求，从而使之产生间接兴趣和求知欲，这样就会让学生的注意力集中在完成学习任务的各种活动上。

3. 培养学生克服困难的意志力

在教学中，教师要严格要求学生，经常向学生提出新问题、新任务、新要求。这些要求必须是明确的、具体的，是学生力所能及的，是学生通过努力可以完成的，并且要求学生严格执行。同时，要培养学生善于与注意分散作斗争的能力。加强意志力的锻炼，培养“闹中求静”的本领。

4. 合理组织教学

学习活动需要学生维持有意注意，但人的注意力又很难长久地集中。所以首先，教师应合理组织课堂教学，避免教学过程任务安排过满，节奏过于紧张，应该张弛有度，适当给学生放松休整的时间。同时要使每个学生都成为教学活动的积极参与者，引导学生积极思考，减少注意分散的机会。其次，在教学活动中，要尽可能地使学生动脑与动手相结合，因为实际操作本身要求有意注意参与其中，实际操作越复杂，对有意注意的要求也就越高，有助于引起和保持有意注意。

（三）有意后注意规律的运用

1. 引导学生将无意注意和有意注意两种注意交替使用

教学中，学生完全依靠有意注意来学习，大脑皮层长时间处于兴奋状态，容易产生疲劳和注意的涣散。但如果只让学生依靠无意注意学习，则很难完成学习任务。因为任何学科的内容不可能都是有趣和吸引人的，也不是轻而易举就能掌握的，必须通过有意注意来协调活动，才能完成学习任务。因此，在教学中，教师应当考虑让学生的有意注意和无意注意交替轮换使用。例如，在课的开始阶段，通过课前准备、组织教学、检查提问等唤起学生的有意注意，使学生的心理活动指向要学习的新知识。接着，通过生动形象的实例和灵活多样的教学形式，引起无意注意，使注意稳定集中。最后，新课授后，学生的注意容易涣散，此时，通过布置作业、指导复习把学生的注意再次转为有意注意。

2. 引导学生将有意注意转化为有意后注意

有意后注意是由有意注意发展转化来的。它既服从当前的活动目的与任务，又能节省意志的努力，不仅对完成长期、持续的任务特别有利，而且能大大提高活动的效率。当学生进行各种复杂的智力活动时，教师要设法增进他们对活动的了解，让学生逐渐喜欢上它，并自然而然地沉浸在这种活动中，这样才能在有意后注意的状态下，使各种智力活动取得更大的成效。培养有意后注意的关键在于培养他们对活动本身的直接兴趣和使技能达到自动化程度。

二、对学生分心现象的调控

（一）学生分心的表现

分心是与注意相反的心理特征，是指注意受到无关刺激的干扰，离开了应该指向和集中的对象而转移或分散到其他对象上去的心理状态，也称为注意的分散。

在教学过程中，学生分心常常表现为：

（1）注意的警觉水平降低。主要表现为对事物和活动不能作出清晰的反应，感觉似是而非，对老师提出的问题听而不闻或不知所措，或答非所问。

（2）注意缺乏灵活性。不能根据需要及时地进行注意转移，大脑中有时会出现一片空白。

（3）注意的稳定性差。不能把注意长时间地指向和集中于当前必须注意的对象，心理活动处于频繁动摇的状态，注意不断地从一个事物转移到另一个事物或其他不相干的事物上。

引起学生分心的原因很多，既有客观方面的原因，如无关刺激干扰、活动单调、教法不当、师生关系紧张、学习环境不佳等；也有主观方面的原因，如缺乏学习兴趣和信心、注意品质差、身体或情绪不佳、不理解学习内容等。教师要及时分析学生分心的原因，运用注意的规律，把学生的注意集中到教学中来。

（二）对学生分心的调控

分心是可以调控的，教师应根据实际情况，采取适当的方法，及时地把分心学生的注意力引导到学习活动中来。其具体方法有：

（1）环境调控。尽量消除教学环境和学生心理环境中多种可能导致分心的因素，消除不利于学生学习的心理倾向和环境气氛，让学生集中精神投入学习。例如，让学生收去课桌上与学习无关的东西，做好学习上的心理准备等。

（2）信号调控。在教学过程中，教师可以用目光凝视，变化表情、手势、语气和语调，或暂停言语等方法，向分心的学生示意，制止他们的分心表现，达到调控的目的。

（3）提问调控。当发现有的学生不注意听课时，教师可以结合教学内容，针对个别分心的同学或全部同学提问，使分心的学生把注意迅速转移到学习活动中来，并起到稳定全部同学注意的作用。

（4）表扬（批评）控制。教学过程中，教师可以表扬专心听课的学生，使分心的学生产生警觉，从而自觉改正错误，自动转入注意集中的状态。恰当的批评也是避免与控制分心的措施。但同时要讲究方式方法，以免因此而引起更多人分心。

（5）情绪调控。研究表明，人们和分心作斗争时，对分散注意的刺激物所抱的态度具有重要意义。例如，当学生在自习室专心复习准备考试时，窗外的割草机声音可能会干扰他们集中注意，甚至会引起他们的烦恼和愤怒，这种情绪其实比割草机的声音更能使学生分心。因此，为了集中注意，防止分心，除了设法排除外界的干扰刺激，还应该教学生学会情绪调控，对干扰刺激保持平静的态度，所谓“心静自然平”就是这个道理。

当然，教学过程中对学生分心最好的调控应该是教师引人入胜的讲解。因此，每个教师都必须努力提高自身的素质，提高教学艺术水平。这样，才能从根本上防止学生分心现象的出现。

《本章小结》

意识即个人运用感知觉、记忆、思维等心理活动，对自己内外身心状态和环境的觉知。意识状态包括可控制的意识状态、自动化的意识状态、白日梦状态、睡眠以及催眠、幻觉等。

睡眠分为五个阶段：过渡期、轻睡期、沉睡期（三、四阶段）和“快速眼动睡眠”（简称REM）阶段，人们通常在这个阶段做梦。前四个阶段又称为非快速眼动睡眠。常见的睡眠障碍包括失眠、梦游、梦话、梦魇、夜惊等。梦是人在睡眠期中某一阶段的意识状态之下所产生的一种自发性的不随意的想象活动。

注意是心理活动或意识对一定对象的指向和集中，具有选择性功能、保持功能以及对活动的调节和监督功能。注意分为无意注意、有意注意和有意后注意。

关键术语

意识　无意识　梦　注意　无意注意　有意注意　有意后注意　注意广度　注意稳定性

进一步阅读

[1] [奥] 弗洛伊德．梦的解析．陈焕文，翟飚译．北京：中央编译出版社，2008.

[2] 霍涌泉．意识心理学．上海：上海教育出版社，2006.

[3] [美] 理查德·格里格，菲利普·津巴多．心理学与生活．王垒，王苏译．北京：人民邮电出版社，2003.

思考与练习

(1) 什么是意识？什么是无意识？

(2) 意识有哪些状态？你怎样看待意识的各种状态？

(3) 人为什么要有睡眠？睡眠分为哪些阶段？

(4) 什么是梦？如何解释梦？

(5) 睡眠障碍有哪些？它们各自表现出什么症状？导致睡眠障碍的原因有哪些？

(6) 什么是注意？注意和意识是什么关系？注意有哪些功能？

(7) 注意有哪些种类？它们产生的条件各是什么？

(8) 如何运用注意规律组织教学？

第六章　思维与创造性

本章学习要点

1. 思维的概念及分类
2. 问题解决及其影响因素
3. 发散思维与创造性思维
4. 创造力的培养及影响因素

思维作为认知过程的核心环节，它并不是孤立存在的，而是与其他的认知过程有着密不可分的联系。通过思维过程可以达到理性认识，使认知取得质的飞跃。思维利用感觉和知觉积累感性材料，通过记忆积累已有的知识经验。人是生活在社会中的人，人认识事物的最初阶段是通过感觉和知觉来实现的。感觉是对事物的个别属性和表面现象进行反映。知觉是在感觉的基础上把感觉的事物的个别属性联系在一起，从总体上对事物进行把握。通过感觉和知觉，认识还停留在感性的阶段。记忆则是感知过的事物在大脑中的保持。思维则是在感知和记忆的基础上，进行分析和思考，以进一步认识事物的本质和规律。综上所述，思维是由复杂的脑机制所赋予的。思维对客观的关系、联系进行着多层加工，揭露事物内在的、本质的特征，是认识的高级形式。

第一节　思维概述

一、思维的概念

思维是人脑对客观事物间接的、概括的加工形式，以内隐或外显的语言和动作表现出来。而间接性和概括性则被认为是思维的两个基本特征。前者主要体现在人们通过事物或事件的表征来推断其发生原因。例如，警察在罪犯的犯罪现场，通过寻找一些罪犯在现场留下的痕迹，就可以在脑中推断出罪犯在现场作案时的场景；医生在给患者看病时，通过病人描述症状以及通过一些化验就可以得知病人的病情以及病人感染的是何种病毒。思维的这种能力，把本无直接关系的现象联系在一起，使得人们不必直接地去接触某些信息，通过这些规律，便可以成功揭露这些事物的本质。思维的概括性主要体现在人们通过建立事物之间的联系，把有相同性质的事物抽取出来，对其加以概括并得出认识。例如，通过描述“北京的天空是蓝色的，巴黎的天空是蓝色的，伦敦的天空是蓝色的”，人们可以从中得出天空的共同属性——蓝色。

二、思维的过程

（一）分析与综合

这是思维活动最基本的认知加工方式，其他的思维加工方式都是由分析与综合派生出来的。分析是指对事物的心理表征进行分解，以把握事物的基本结构和要素、属性和特征。即把一个事件的整体分解为各个部分，并把这个整体事件的各个属性都单独地分离开来的过程。综合是指在思想上把各个对象的各个部分联合为整体，将各种属性、方面、联系等结合起来，即分析的逆向过程。

（二）分类与比较

分类是指根据事物的共同性与差异性将事物分类，把具有相同属性的事物归入一类，具有不同属性的事物归入不同的类。比较是指将各种事物的心理表征进行对比，以确定它们之间的相异或相同的关系。

（三）抽象与概括

抽象是指将事物的本质属性抽取出来，舍弃事物的非本质属性。例如，对各种钟表的抽象就是，将“能计时”这个本质属性抽取出来，而舍弃大小、形状等非本质属性。概括是指将抽取出来的本质属性综合起来，并推广到同类事物中去。例如，把“由三条线段组成的封闭图形”叫做三角形，一个图形无论大小、形状、位置如何，只要它具有“由三条线段组成”和“封闭图形”这两个特征，就是三角形。抽象和概括是更高级的分析与综合活动。

（四）具体化与系统化

具体化是指把抽象和概括的知识用于个别的、具体的场合。在教学或实际工作中，应用一般原理来解决具体问题就是具体化的表现，它使我们对事物的认识得到深化和发展。系统化是指把本质属性相同的东西，分成一定的类别并归纳到一定的类别系统中去的过程。在教学过程中，对学习材料进行分类、编写提纲、列图表等，都是系统化的工作，它使我们对事物的认识更加明确、清晰和完整。

第二节　思维的种类

一、以思维的凭借物维度划分

以思维的凭借物维度划分，可以把思维分为动作思维、形象思维和抽象思维活动。

（1）动作思维：是伴随实际动作进行的思维活动

（2）形象思维：是运用已有表象进行的思维活动。

（3）抽象思维：也称逻辑思维，是利用概念进行的思维活动。概念是人反映事物本质属性的一种思维形式，因而抽象思维是人类思维的核心形态。

以上三种思维类型在人的一生中有一定的发展顺序。其中，最先发展起来的是动作思维。例如，幼儿在初学数数时，总是需要借助手指或者其他的事物来完成数数的过程，脱离这些事物，数数就难以完成。值得注意的是，虽然动作思维是最早发展起来的一种思维类型，但它并不会随着年龄的增加而消退，在高级思维类型发展成熟后，动作思维在某些活动中仍然对人们解决问题起到了促进作用。请仔细数数，图6－1中一共包含了几张人脸？在回答这一问题时，你是否会用手指协助计数呢？

图6－1　数人脸

处于发展阶段第二位的是形象思维。例如，小学低年级老师进行加法教学时，并不直接告诉学生“1+1=2”，因为这时的学生还没有形成符号概念。所以，老师采取了小学生容易理解的方法进行教学——“小红有一个苹果，老师又给了她一个，请问，这时小红一共有几个苹果?”将符号运算转化成为实物教学，这是形象思维的典型表现。之后，人们的抽象思维渐渐形成，人们开始理解各种符号的意义，并将其广泛应用到思维活动当中。详见图6-2。抽象思维作为一种重要的思维类型，具有概括性、间接性、超然性的特点，是在分析事物时抽取事物最本质的特性而形成概念，并运用概念进行推理、判断的思维活动。

图6-2 形象思维（左）与抽象思维（右）

二、以思维探索问题答案的方向划分

以思维探索问题答案的方向划分，可以把思维分为聚合思维和发散思维。

（一）聚合思维

聚合思维又称求同思维、辐合思维，是把问题所提供的各种信息聚合起来得出一个正确的或最好的答案的思维。它是一种有方向、有范围、有条理的收敛性思维方式，并且人们在解决问题的过程中经常运用聚合思维。例如，科学家在做科学实验时，要从已知的各种资料、数据和信息中归纳出科学的结论；企事业单位进行合理化改革时，要从许许多多方案中选取出最佳方案；公安人员破案时，要从各种迹象、各类被怀疑人员中发现作案人和作案事实等，都要运用聚合思维。应用聚合思维一般要遵循3个步骤：①收集掌握各种有关信息；②对掌握的各种信息进行分析清理和筛选；③客观地、实事求是地得出科学结论，获得思维目标。

（二）发散思维

发散思维又称求异思维、辐射思维，是从一个目标出发，沿着各种不同途径寻求各种答案的思维。不少心理学家认为，发散思维是创造性思维的最主要的特点，是衡量创造力的主要标志之一。发散思维的特点有四个。①流畅性。指在尽可能短的时间内生成并表达出尽可能多的思维观念以及较快地适应、消化新的思想观念。流畅性反映的是发散思维的速度和数量特征。②变通性。指克服人们头脑中某种自己设置的僵化的思维框架，按照某一新的方向来思索问题的过程。变通性需要借助横向类比、跨域转化、触类旁通等手段，使发散思维沿着不同的方面和方向扩散，表现出极其丰富的多样性和多面性。③独特性。指人们在发散思维中作出不同寻常的异于他人的新奇反应的能力。独特性是发散思维的最高目标。④多感官性。发散性思维不仅运用视觉思维和听觉思维，而且也充分利用其他感官接收信息并进行加工。发散思维还与情感有密切关系。如果思维者能够想办法激发兴趣，产生激情，把信息情绪化，赋予信息感情色彩，就会提高发散思维的速度与效果。

三、以思维的创造性维度划分

以思维的创造性维度划分，可以把思维分为再造性思维和创造性思维。

（一）再造性思维

再造性思维又称常规思维，是指人们运用已获得的知识经验，按惯常的方式解决问题的思维。其特征是，经常按某一规律从事相关的活动而产生的主观能动性，影响甚至决定之后从事的其他相关活动。

常规思维、定向思维与感性思维存在一定的区别与联系。其中定向思维是在动力定型驱使下的按照既定方向或程序进行思维的活动过程，与发散思维相对；感性思维则是分支认识的协同认知，定义和理解事物的存在。三者都存在着主观的作用力，定向思维小于常规思维，常规思维小于感性思维；因为都具有主观性，三者都不是固定不变的。常规思维既可以是定向思维也可以是感性思维，即常规思维可以按照长期形成的既定方向和程序进行，如猫抓老鼠；也可以是因为个人主观能动性等意识方面形成的感性思维习惯，如某人没有什么根据却认为这个问题是正确的。

（二）创造性思维

创造性思维是指以新异、独创的方式解决问题的思维活动，也是开拓人类认识新领域、开创人类认识新成果的思维活动。创造性思维是以感知、记忆、思考、联想、理解等能力为基础，以综合性、探索性和求新性为特征的高级心理活动，需要人们付出艰苦的脑力劳动。一项创造性思维成果，往往要经过长期的探索、刻苦的钻研甚至多次的挫折之后才能取得，而创造性思维能力也要经过长期的知识积累、素质磨砺才能具备。至于创造性思维的过程，则离不开繁多的推理、想象、联想、直觉等思维活动。

创造性思维的特点有：①具有极大的灵活性，它无现成的思维方法、程序可循，人可以自由地、海阔天空地发挥想象力；②具有艺术性和非拟化的特点，它的对象多属“自在之物”，而不是“为我之物”，创造性思维的结果存在着两种可能性。创造性思维具有十分重要的作用和意义。首先，创造性思维可以不断增加人类知识的总量；其次，创造性思维可以不断提高人类的认识能力；再次，创造性思维可以为实践活动开辟新的局面。此外，创造性思维的成功，又可以反过来激励人们去进行进一步创造性思维。

四、以思维的目的维度划分

以思维的目的维度划分，可以把思维分为上升性思维、求解性思维和决策性思维。

（一）上升性思维

上升性思维是指从个别事物的经验中，通过分析、综合、比较、归纳，概括出一般特征和普遍规律性的思维。从有限的个别性经验认识中发现共同性，并将其上升为普遍性认识，必须依靠比较、分析、抽象等方法。上升性思维所获得的普遍性，只是一种可能的普遍性。这其中还包含着想象、幻想的成分，其真实性还得由实践来检验。

（二）求解性思维

求解性思维是指围绕问题展开思维，依靠已有的知识去寻找原有知识与当前现状之间的中间环节，从而使问题获得解决。在上升性思维进行中，当普遍性与实践发生矛盾时，就会出现问题，这就促使了理解问题、解决问题的求解性思维的产生。人们要能够提出问题，首先要有一定的知识。一个问题的存在，就意味着在原有知识和当前现状之间存在着一片很大的空白，从而使得原有知识和当前现状之间不能构成一条合乎逻辑地联系起来的知识链条。所以解决问题的关键，就在于寻找能使已有知识与当前现状之间联结起来的中间环节。求得中间环节的方法，一是以已有知识去同化当前的现状，也就是获得理解，从而使问题得到解决；二是通过创造性活动去寻找这些中间环节，从而使问题可能获得解决。求解性思维与上升性思维、决策性思维相互渗透并密切联系，共同组成了逐步深化的思维过程。

应用求解性思维需注意两点。①对新获得的知识材料进行分析，找出它们与原有的认识模型的相同之处，按原有认识模型重新组织这些新的知识材料，从而达到和谐；对原有的认识模型进行改造，使之适应新的知识材料，从而达到和谐。②同时使用上述两种方法，对新的知识材料和旧的认识模型都进行分析改造，找出这两者之间的共同性，建立起更具一般性的思想体系，将新旧两种知识都包容在一个思想体系之中，使这两个体系联系起来成为一个整体，从而达到和谐。

（三）决策性思维

决策性思维是指对未来事件发生的可能性予以估计并从中选择最理想解决方案的思维。决策性思维的主要特征是未来性、辩证性和实践性。首先，决策性思维是对尚未付诸实践的若干可能实践的目标和方案进行比较、选择与确定的思维活动；其次，它又是对现存的、确定的条件的思维；最后，方案一旦付诸实践，决策者又要根据实践中反馈回来的信息进行方案甚至目标的修正和调整。由此可见，决策性思维的内容是确定与变异的对立统一，具有显著的辩证性，是辩证思维的一种重要形式。从功能看，决策性思维是直接指导人类实践的思维，因此实践性是决策性思维的又一显著特征。学生决策性思维能力的水平直接影响着他们进入社会后的适应性、应变性和创造性。

应用决策性思维需注意的原则是：①具体性原则，是对某一物或某一事未来发展趋势的抉择；②发展转化原则，考虑事物在时间空间中所可能经历的发展变化；③综合平衡原则，是使希望达到的目标和实际可能达到的目标之间的差距缩小到最低限度。

第三节　问题解决及其影响因素

思维的产生和过程起源于有待解决的问题。虽然我们每天都会碰到各种各样的问题，但这里所讲的问题是指疑难问题，也称难题，而不是指个人仅凭经验就可直接加以处理的问题。例如，像“你做过早操吗”这类问题，只需你从记忆中提取信息即可，无须思维活动的参与；但像“早操为什么有利于身体健康”这类问题，你记忆中未必有现成的答案，于是你感到困惑并设法寻求问题的答案。可根据问题规定的方式将问题分为两大类。一类是清楚规定的问题，其对问题的条件和要求均有清楚的说明。例如，如何计算平行四边形的面积？另一类是含糊规定的问题，其对问题的条件和要求没有清楚的说明，带有很大的不确定性。例如，有两根悬吊着的绳子，绳子不够长，当你抓住任何一根时无法碰到另外一根，此时，你如何将两根绳子系在一起？

一、问题解决的含义

问题解决是指由一定的情景引起的，按照一定的目标，应用各种认知活动、技能等，经过一系列的思维操作，使问题得以解决的过程。心理学家认为，提出问题是解决问题的先决条件，但仅仅满足于提出问题是不够的，提出问题的目的是有效解决问题。例如，证明几何题就是一个典型的问题解决的过程。几何题中的已知条件和求证结果构成了问题解决的情境，而要证明结果，必须应用已知的条件进行一系列的认知操作。操作成功，则问题得以解决。

20世纪40年代心理学家K. 敦克尔以大学生为对象进行实验，观察他们如何解决“用射线治疗胃肿瘤”的问题。实验结果显示，问题解决过程的总趋向是先确定问题的范围，指出可能的解决方向，再逐步缩小范围，提出问题解决的一般方法和具体特殊方法，一步步进行推理以逼近问题的解决。这种观点是把重点放在“提出假设”与“检验假设”两阶段，并对它作更详细分析所提出的。人们解决生活实践中的问题及学生学习和应用知识时，这种情况是最常见的。

二、问题解决的特征

（一）问题情境性

问题总是由问题情境引起的。问题情境就是生活中出现在我们面前，使我们感到困惑又不能利用经验直接解决的情况。正是这种情境性才促使我们进行思考、开动脑筋，并采取相应的策略去改变这种困境。问题解决的过程就是问题情境消失的过程。当一个问题解决之后，再遇到同类情境时就不会再感到困惑。

（二）目标指向性

问题解决是有明确目标指向的。问题解决的过程就是寻找和达到目标的过程。问题解决的过程可以通过直觉与猜测，也可以通过分析与推理，还可以通过联想与想象，但无论通过哪一种途径都必须受到目标的指引。

（三）操作序列性

问题解决包含一系列心理操作，这种操作是成序列、有系统的。在序列上出现错误，问题就无法解决。当然采用不同的方法和途径解决同一问题时会呈现出不同的序列。选择一种解决问题的方法和途径，实际上就是选择了一种序列和系统。

（四）认知操作性

问题解决的活动至少要有认知成分的参与，它的活动依赖于一系列的认知操作。解决问题当然有情感的伴随，也常常需要付诸行动，但是不可缺少的是认知操作。认知操作是解决问题的最基本成分。

三、问题解决的过程

对问题解决的过程，斯滕伯格等人（1986）用问题解决循环来加以描述。当我们面临一个需要解决的问题时，一般要经历下列几个步骤：确定问题、定义问题、形成策略、组织信息、分配资源、监控和评估（见图6－3）。这些步骤也不是刻板不变的，各个步骤之间可以交叉，有时可以改变其顺序，甚至可以跳过或增加某些步骤。

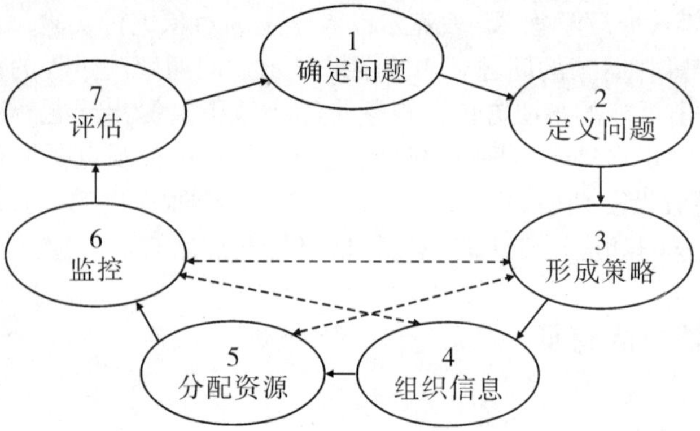

图 6－3　问题解决的过程

（一）确定问题

问题解决的第一步，是要认定有问题。有时把一个情境认定为有问题就会出现困难。也许你没有认识到有一个目标（如没有意识到学期终要完成一篇论文），也许没有认识到通向目标的道路会受阻（如没有留意平时要积累有关资料），也许没有认识到已有的解决方案不起作用了（如想以中学的学习方式来对付大学的学习）。如果是这样，你就不会想到要写一篇学期论文，这篇论文拟探讨什么问题。

（二）定义问题

一旦有了问题，下一步是要定义和表征这个问题，思考如何解决它。例如，在认定拟探讨某个问题的学期论文后，你就必须很好地定义论文的主题。这样才有可能决定要收集哪些资料和制定如何撰写论文的策略。正确定义和表征问题，是问题解决的关键。

（三）形成策略

一旦问题被定义下来，下一步就要形成一个解决问题的策略。策略可以是分析的，即把复杂问题的整体分解成为可处理的元素；也可以是综合的，即把各个元素集中在一起，进而组合成为有用的东西，还可以运用其他的策略。

（四）组织信息

一旦策略（至少是暂定的策略）形成后，就要把有用的信息组织起来以实现这个策略。当然，整个问题在解决过程中都在组织、了解有关信息。但在这一步骤中所组织的信息是有针对性的，目的是要找到一条最好途径来实现该策略。例如，你的问题是为你的学期论文组织信息，那么你可以拟订一个提纲来组织你的想法。如果你的问题是找到一个地点，那么你或许需要一张地图来组织相关信息。

（五）分配资源

除某些特殊问题外，大多数问题都是有限资源（包括时间、金钱、设备、空间等）的问题。因此就要考虑哪些问题值得花多少资源，这就需要知道如何分配何种资源。

（六）监控

从问题解决一开始，问题解决者就应进行监控，即检查自己正在做的事是否一步步地接近目标，还包括对时间以及花费的监控。监控能使你及时发现错误，错误有时是一开始就有，有时是中途出现，无论是哪一种情况都要对自己的行为加以调整。

（七）评估

在解决问题的过程中还要对答案进行评估。评估，有时要马上进行，有时可稍晚些或很久后进行。例如，起草了学期论文后，很可能要对初稿进行多次评估，并加以修改和校对。通常，评估会产生重大进展。通过评估，可能发现新问题，也可能对原先的问题进行重新定义，可能会形成新的策略，发现新的资源，或对已有资源利用得更充分。因此，当问题解决，出现一个新局面并开始新一轮循环时，这次问题解决的循环便完成了。

四、问题解决的策略

在问题解决过程中，问题解决者倾向于使用各种策略，促进问题解决。问题解决策略是指使问题发生某些变化并由此提供一定信息的处理、试验或探索。问题解决中所用的各种策略可以分为两大类：算法式和启发式。

（一）算法式

算法式是一种按逻辑来解决问题的策略。它是一种一定能得出正确答案的特定程序。例如，解一个6个字母的字谜（如 source），假如确实有这样的一个词存在，你只要系统地改变这6个字母的顺序，每次到词典中去查字母构成的排列，最终就能找到一个匹配的词（如 course 或者 source）。运用这种策略，问题解决者可能需要算出720种排列。因此，算法式的最大缺点是很费时间。

（二）启发式

启发式是由以往解决问题的经验形成的一些经验规则。如果你曾经换过汽车轮胎，当你的汽车轮胎在公路上出毛病时，你可能会想到用千斤顶抬起车来换轮胎这种有用的启发式策略。与算法式不同，启发式并不能保证得到答案，但这种缺点可以通过其容易且速度快的优点而得到补偿。在以往的研究中，心理学家已经发现人们经常使用的几种有效的启发式策略：手段—目的分析、顺向工作、逆向工作和假设检验。

1. 手段—目的分析

手段—目的分析是指问题解决者不断地将当前状态和目标状态进行比较，然后采取措施尽可能地缩小这两个状态之间的差异。当问题可分成若干个各自具有目标的更小问题时，人们常常采用手段—目的分析启发式。采用手段—目的分析来解决河内塔问题（见图6-4），就是把一个问题分成若干个比较小的问题，每个小问题都有自己的目标，通过子目标的实现使问题的当前状态达到最后的目标状态。手段—目的分析是人类解决问题最常用的一种策略。

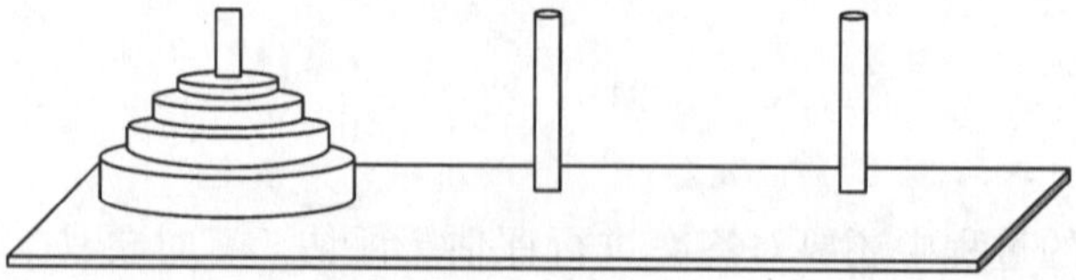

图6-4　河内塔游戏

游戏规则：游戏盘内有三根柱子，游戏开始时，四个大小不同的圆盘按照由上到下、由小到大的顺序叠放在第一根柱子上。之后，游戏者每次可以移动一个圆盘，但大圆盘不能放在小圆盘上。如此直至把所有圆盘都按照原有顺序放置在第三根柱子上，游戏结束。

2. 顺向工作

顺向工作也称顺向推理，是指从问题的已知条件出发，通过逐步扩展已有的信息直到问题解决的一种策略。例如，解下面这个密码算题：

$$\begin{array}{r} DONALD \\ +\ GEARLD \\ \hline ROBERT \end{array}$$

已知：$D=5$。任务要求：①把字母换成数字；②字母换成数字后，下面一行数字的答案必须等于第一行和第二行之和。

问题解决者往往采用顺向推理的策略，先从 $D=5$ 这一信息出发，找出可能性最大的一列，从中获得最多的信息，再利用加法中的某些规则进行推理，一步一步地找到正确答案。研究表明，顺向工作是专家问题解决行为的一个重要特点。专家在看到问题时，首先是发现问题提供了什么信息，然后立即想到用哪些方法能从这些信息中推出新的信息，从而对问题中各要素的相互关系增进了解，使问题解决。

3. 逆向工作

逆向工作也称逆向推理，是指从问题的目标状态出发，按照子目标组成的逻辑顺序逐级向当前状态递归的问题解决策略。其主要特点是将问题解决的目标分解成若干子目标，直至使子目标按逆推途径与给定的条件建立直接联系或等同起来，即目标—子目标—子目标—现有条件。例如，解下面问题：已知图 6 – 5 中的 *ABCD* 是一个长方形，证明 *AD* 与 *BC* 相等。从目标出发进行反推时，问题解决者可能会问：如何才能证明 *AD* 与 *BC* 相等？如果我能证明△*ACD* 与△*BDC* 全等，那么就能证明 *AD* 等于 *BC*。下一步的推理就是：如果我能证明△*ACD* 与△*BDC* 的两边和一个夹角相等，那么就能证明△*ACD* 和△*BDC* 全等。这样，从一个子目标出发反推到另一个子目标，以达到问题的解决。新手往往采用这种策略来解决问题。

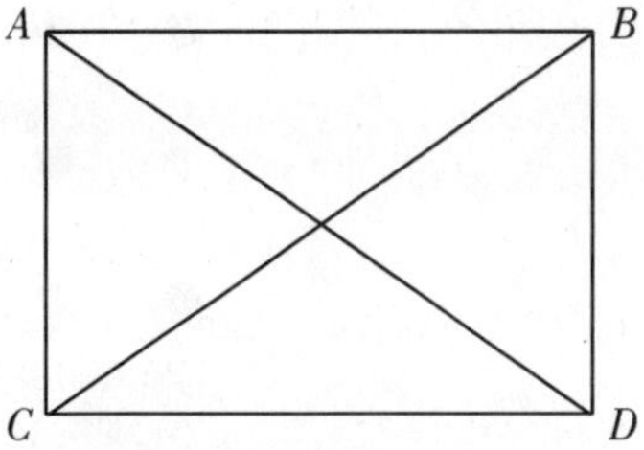

图 6 – 5　逆向工作

4. 假设检验

假设检验一般分为两步进行：①产生一个“候选”答案；②检验它是否真正的答案。如果这个答案被否定，则另产生一个“候选”答案，并再度检验，直到找出真正的答案为止。这种策略的缺点是：①没有提供如何尽快选择“候选”答案的方法，对答案的选择可能较费时；②解决问题的答案要求是完整的，否则难以检验，而要完整列出所有“候选”答案也较困难。

五、影响问题解决的因素

问题解决的思维过程受多种心理因素的影响。有些因素能促进思维活动对问题的解决，有些因素则妨碍思维活动对问题的解决。

（一）问题表征

问题表征是在头脑中对问题进行信息记载、理解和表达的方式。要能解决一个问题，不仅有赖于我们分解该问题的策略，也有赖于我们如何对该问题进行表征。如图 6 – 6 所示的九点方阵和火柴排图两个问题，看似简单，但做起来并不容易，不容易的原因是受到知觉情境的限制。左图中的 9 个点，很容易使人在知觉上将其构成一个封闭的四边，从而让人难以突破知觉经验，但四段直线必须延伸到 9 个点构成的区域之外才能达到目的；右图中的 6 根火柴是在平面上排列的，但想在平面上排成 4 个连接的三角形，6 根火柴无法达到目的，唯一的可能是将 6 根火柴架成立体的。

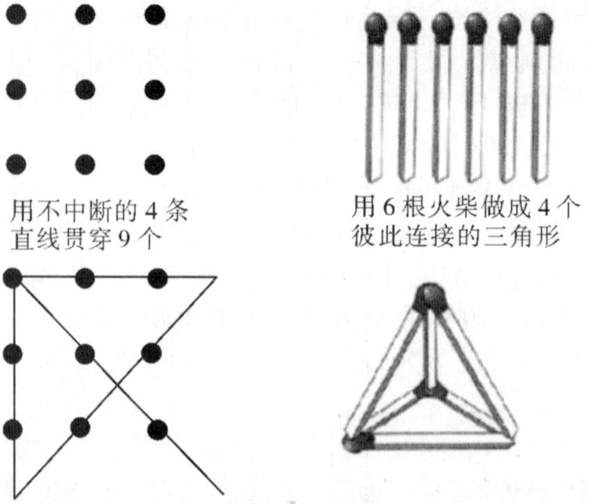

图6－6　问题表征对问题解决的影响

（二）思维定式

思维定式是个体先前的思维活动形成的心理准备状态对后继同类思维活动的决定趋势。定式常常是意识不到的，有时有助于问题的解决，有时会妨碍问题的解决。最初研究定式在问题解决中的作用的是梅尔（1930）。他在实验中，对部分被试利用指导语给予指向性的暗示，对另一些被试不给予指向性暗示。结果，前者绝大多数被试能解决问题，而后者则几乎没有一个被试能解决问题。

定式对问题解决的妨碍作用可以从陆钦斯（1942）的实验中看出。在实验中，告诉被试有三个大小不同的杯子，要求他利用这三个杯子量出一定量的水。其实验程序见表6－1。实验结果表明，通过序列1～5的实验，由于被试形成了利用B－A－2C这个公式的定式，结果，对序列6和序列7，也大都用同样方式加以解决，竟然没有发现原本应该显而易见的简单办法（即A－C和A＋C）。在这个例子中，定式使问题解决的思维活动刻板化。

表6－1　陆钦斯的量水问题实验序列

序列	三个杯的容量			要求量出水的容量
	A	B	C	
1	21	127	3	100
2	14	163	25	99
3	18	43	10	5
4	9	42	6	21
5	20	59	4	31
6	23	49	3	20
7	15	39	3	18

（三）功能固着

功能固着指一个人看到某个物品有一种惯常的用途后，就很难看出它的其他新用途。如果初次看到的物品的用途越重要，也就越难看出它的其他用途。这是一种特殊类型的定式，这个概念是德国心理学家敦克尔（1945）首先提出的。他在一个实验中，让学生们想办法在一块垂直的木板上放置蜡烛，并要使蜡烛能够正常地燃烧。敦克尔给每个学生三支蜡烛，以及火柴、纸盒、图钉和其他东西。被试中有一半人分到的是放在纸盒里的材料，另一半人分到的东西都散放在桌面上。敦克尔发现，把东西放在盒子里提供给被试，会使问题解决变得更困难，因为此时盒子被看作是容器，而不是能够参与解决问题的物体。在这个实验中，解决问题的方法是先将盒子钉在木板上，把它当烛台用。

另一个实验是美国心理学家梅尔（1931）设计的一项摆荡结绳的实验。该实验设计的问题情境是在一个房间内，由天花板上垂下两条绳子，要求被试设法将它们连接在一起。房间里还摆放有一把椅子、一把钳子和其他东西（见图 6－7）。问题是两条垂绳间距太远，被试无法同时用手将它们连接起来。实验设计的目的旨在观察被试能否突破功能固着，利用现场所陈列的材料，达到问题解决的目的。这一问题的解决办法是将钳子拴在一条垂绳上，使垂绳摆动，摆动期间有时两绳间的距离缩短，被试就可以同时抓住两条垂绳，即可结在一起。实验结果发现，一般大学生中只有 39.3% 的被试能够想到上述方法解决问题。显然，大多数被试没想到钳子可以用作摆锤，在他们看来，钳子的功能就是拔钉或剪断铁丝之类的。

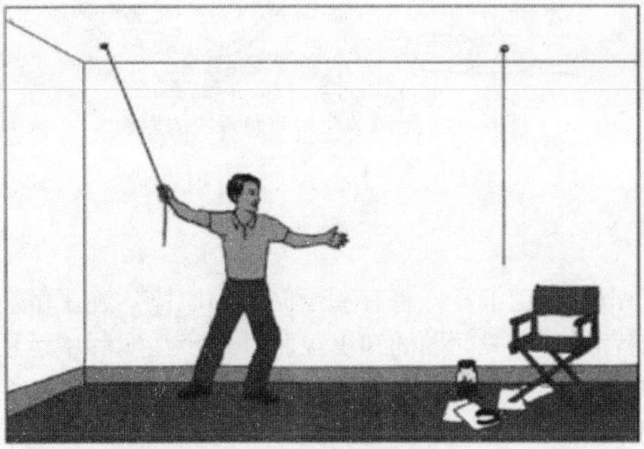

图 6－7　功能固着对问题解决的影响

（四）酝酿效应

当反复探索一个问题的解决而毫无结果时，把问题暂时搁置一段时间，几小时、几天或几个星期后再回过头来解决，反而可能很快找到解决办法。这种现象称为酝酿效应。在酝酿期间，个体虽在意识中终止了解决问题的思维过程，但其思维过程并没有完全终止，而仍然在潜意识中断断续续地进行着。通过酝酿，最近的记忆和已有的记忆被整合在一起，心理定式的效应弱化了，并激活比较遥远的思维线索，因而容易重构出新的事物，产生对问题的新看法，使问题得以顺利解决。

有人用实验说明了这种效应。对被试提出经济项链问题（见图6－8）："你面前有四条小链子，每条链子有三个环。打开一个环要花2分钱，封合一个环要花3分钱。开始时所有的环都是封合的。你的任务是要把这12个环全部连接成一个大链子，但花费不能超过15分钱。"（这个问题的解法是：把一条小链的三个环都打开，用这三个环把剩下的三个小链连接起来）实验中的三组被试都用半小时来解决问题，第一组，半小时中有55%的人解决了问题；第二组，在半小时解决问题中间插入半小时做其他事情，结果有64%的人解决了问题；第三组，在半小时中间插入四个小时做其他事情，结果有85%的人解决了问题。在这个实验中，主试要求被试大声说出解决问题的过程，结果发现第二、三组被试回头来解决项链问题时并不是接着已经完成的解法去做，而是像原先那样从头做起。因此，可以认为，酝酿效应打破了解决问题不恰当思路的定式，从而促进了新思路的产生。

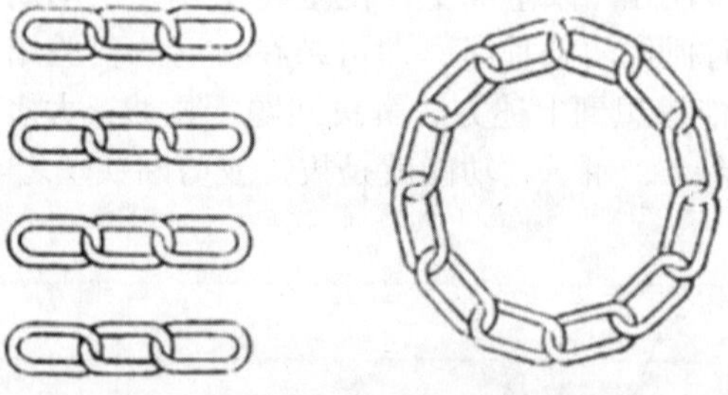

图6－8　酝酿效应对问题解决的影响

（五）知识经验

解决问题的知识经验越丰富，越有利于问题的解决。善于解决问题的专家与新手的区别，在于前者具备有关问题的知识经验并善于在实际中运用这些知识来解决问题。例如，一位老医生与一名刚参加工作的年轻医生在面对一名具有很多症状的患者时就会采取不同的处理方式。年轻医生不确定病人患了什么病，于是便会为病人开出各种各样的医学检查单，在有了一套几乎完整的症状信息之后，才可能作出正确的诊断。但有经验的老医生很可能会立即认定这些症状符合某种或少数几种疾病的诊断模式，仅仅对病人做了有限的检查后便能很快地作出相当准确的最后诊断。

那么，知识经验为什么能促进问题的解决呢？西蒙等人对这个问题进行过研究。他们把具有25个棋子的国际象棋盘以5秒的时间呈现给国际象棋大师和棋艺不太好的一般棋手（5秒的时间，被试完全能看清棋盘，但不能存入长时记忆）。分两种实验条件：第一种是把象棋好手下到一半的真实棋盘布局呈现给这两组被试；第二种是在棋盘上随机摆上25个棋子的布局呈现给这两组被试。呈现棋盘撤走后，要求被试把刚才看过的棋盘布局在另一棋盘上摆出来。结果发现：对于真实的棋盘布局，象棋大师能恢复25个棋子中的23个，而一般棋手则只能恢复6个左右；对于随机排列的棋盘布局，象棋大师和一般棋手能恢复棋子的数量是相等的，都是6个。研究还表明，专家在看棋盘上的有规律的25个棋子时，并不是看25个孤立的东西，而是以组块为单元，加上组块之间的关系来看棋盘的。根据对国际象棋大师的研究，西蒙认为，任何一个专家必须储存有5～10万个组块的知识，而要获得这些知识不得少于10年。由于专家储存有大量的知识以及把这些知识运用于各种不同情况的丰富经验，因而他能熟练地解决本领域所遇到的各种问题。新手需要冥思苦想才能解决的问题，对专家来说也许只要检查一下储存的解法就可以了。

（六）动机和人格

人在解决问题的过程中，总会伴随着一定的动机，如人们的社会责任感、学习态度、学习兴趣等都可成为活动的动机。心理学家的研究表明，适宜的动机水平有利于问题的解决，过强或过弱的动机水平不利于问题的解决。因为太强的动机水平会使人处于高度的紧张状态，因而容易忽视解决问题的重要线索。而动机太弱，个体又容易被无关因素干扰。

个体的人格差异也会影响解决问题的效率。理想远大、意志坚强、自尊、自信、自立、自强等优良的人格品质都会提高解决问题的效率。而缺乏理想、意志薄弱、骄傲懒惰、缺乏自尊、自卑等消极的人格特点都会妨碍问题的解决。

总之，影响问题解决的心理因素是多方面的。它们不是孤立地起作用，而是互相联系、互相影响、综合地影响着问题解决的思维过程。

第四节　创造性及其培养

一、创造性的含义及理解

（一）创造性的含义

对于创造性的理解，不同的学者持有不同的观点，一般认为创造性是指个体产生新奇独特的、有社会价值的产品的能力或特性，也称为创造力。新奇独特意味着能别出心裁地做出前人未曾做过的事，有社会价值意味着创造的结果或产品具有实用价值、学术价值、道德价值、审美价值等。创造性有两种表现形式：一是发明，二是发现。发明是制造新事物，例如瓦特发明蒸汽机，鲁班发明锯子。发现是找出本来就存在但尚未被人了解的事物和规律，如门捷列夫发现元素周期律，马克思发现剩余价值规律等。

（二）理解创造力这一概念要把握的要点

（1）创造力是一种有别于智力的能力，创造力测验的内容是智力测验上没有的，是智力测验测不出来的能力；

（2）创造力指在各种创造性活动中的能力，既包含科学创造活动，也包括技术创造和艺术创造活动，还有其他方面的创造活动；

（3）新颖独特是指前所未有、与众不同，这是创造力的根本特征，即创造出来的产品（包括物质的和精神的）有社会或个人价值。

（三）判断创造性的辅助标准

由于创造性是一项主观标准，因此，需要提出一些辅助标准，以利于准确、一致地判断是否具有创造性，具体如下：

（1）开创发明，如汽车、激光器等。

（2）取得了意想不到的技术效果的技术方案，如炸药。

（3）克服技术偏见的技术方案，如具有一定粗糙度的电刷。

（4）解决了人们长期渴望解决的技术问题的技术方案，如用液氮冷冻法在牲畜身上打烙印。

（5）开发在商业上获得成功的技术方案，如当年的磁化杯、今天的智能手机。

二、知识对创造性的影响

不管是对问题的分析、推理还是联想都离不开原有的知识经验，但知识经验量的多少并不足以决定创造性思维的水平，对知识理解的深度以及知识经验的组织方式对创造性具有重要影响。只有在知识经验之间建立了丰富的联系，形成了良好的知识结构，学习者获得的知识才是灵活的，才可以广泛地迁移应用。只有“活”的知识才有助于学习者以新颖的方式理解和解决问题，“死”的知识反而会束缚学习者的思维。

（一）智力对创造性的影响

创造性与智力是一种相对独立，在一定条件下又有相关的非线性关系（见图6－9），这种关系可归结为四点：

（1）低智商不可能有高创造性；

（2）高智商有可能有高创造性，也可能有低创造性；

（3）低创造性的智商水平可高可低；

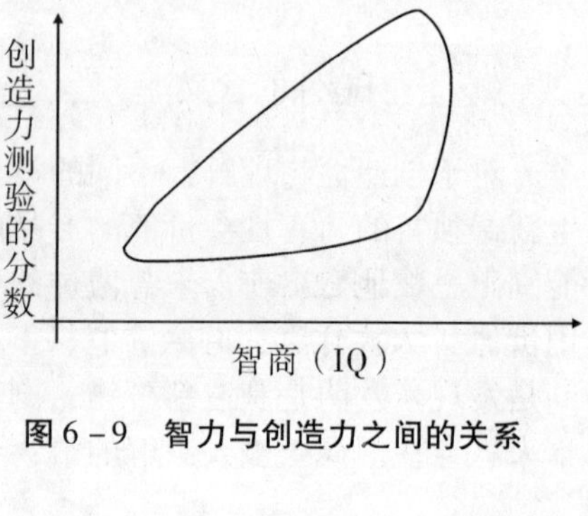

图6－9　智力与创造力之间的关系

（4）高创造性必须有高于一般水平的智商。可见，高智商不是高创造力的充分条件，但可以说是高创造性的必要条件。

（二）个性因素对创造性的影响

一般而言，创造性与个性之间具有互为因果的关系，具有创造性的人往往具有一些相应的人格特征与品质。综合有关研究，高创造性的人一般具有以下个性特征：

（1）兴趣广泛，对新事物有强烈的好奇心，喜欢猎奇和尝试用新奇的方法来探究问题；

（2）目标专一，有毅力，不管遇到什么困难，咬定青山不放松；

（3）独立性强，自信心强，不迷信权威，不随大流，不落俗套；

（4）有高度责任感，有勤奋好学、孜孜不倦、锲而不舍地探索未知世界的精神；

（5）诙谐、幽默，即使面对困难和严肃的问题时，也能表现出较多的幽默感；

（6）心理承受力强，不怕错误和失败，善于在挫折面前进行自我调整。此外，有决心，敢于前进，好表现等，这些也都是有利于创造性发挥的个性特征。

（三）环境对创造性的影响

家庭、学校和社会的环境对人的创造性有重要影响。大量研究发现，比起智力，创造性受环境的影响更大。环境对创造性的影响主要表现在以下几个方面：

（1）过于严格、过于要求服从的家庭教养方式不利于儿童创造性的发展。对子女的教育应采用适当辅导策略，气氛民主的家庭环境有利于孩子创造性的培养。

（2）过于强调纪律和规范，过于强调唯一标准答案，缺乏自由和开放气氛的学校环境会妨碍学生创造性的发展。如果学校气氛民主，教师不以权威方式管理学生，鼓励学生发展自主性，容许学生自行探索，这种环境有利于学生创造性的培养。

（3）某些社会文化特征对创造性的发展具有重要影响。如果一个社会过于强调社会规范，因循守旧，个体创造性就会受到抑制。因此，创造一个具有一定开放性和自由性的成长环境，尊重学生的独立性，尊重差异，对创造性培养具有重要意义。

三、创造力与创造性思维

创造性思维善于寻优，选择最佳方案，机动灵活，富有成效地解决问题，是创造力得到有效开发的基础。创造性思维主要包括以下几种：

（一）辐射思维

以一个问题为中心，思维路线向四面八方扩散，形成辐射状，找出尽可能多的答案，扩大优化选择的余地。科学家在研究新理论时，思维的触角往往伸向多个学科进行探求。人们在从事某项工作、解决某个问题时，往往也是多比较、多权衡，多寻找几个思路、几个方案，以增强解决问题的应变能力。

（二）多向思维

从不同的方向对一个事物进行思考，更能从他人没有注意到的角度去思考。如数学中的“三点找圆心法”，就是从三个角度去探试。古人看庐山，“横看成岭侧成峰，远近高低各不同”。角度更多一些，这样才能对事物有更全面更透彻的了解，才能抓住事物的本质，发现他人不曾发现的规律。爱因斯坦创立的相对论就是在用不同视角对事物进行观察后，对其相互之间的关系作出了自己的解释。

（三）换元思维

根据事物有多种构成因素的特点，变换其中某一要素，以打开新思路与新途径。在自然科学领域，一项科学实验常常要变换不同的材料和数据反复进行。在社会科学领域，这种方式的应用也是很普遍的。如文学创作中人物、情节、语句的变换，企业管理中的人员调整等。

（四）转向思维

思维在一个方向停滞不前时，应及时转换到另一个方向。大画家达·芬奇在绘画创作过程中观察人物、景物和事物时，就善于不停地从一个角度转向另一个角度，对创作对象、题材的理解随着视角的每一次转换而逐渐加深，最终抓住了创作对象的本质，创作出一幅幅传世之作。还有一些人在探索过程中，“旱路不通走水路”，在本专业研究未达到预期效果时，及时转向相关学科和边缘学科，也同样作出了重大的贡献。当今的学科发展日益呈现出既高度综合又高度分化的趋势，各种交叉学科、边缘学科和横断性学科层出不穷，跨学科研究已成为一种趋势。

（五）对立思维

从对立的方向去思维，从而将两者有机地统一起来。邓小平同志就是将社会主义制度和资本主义制度两种不同的社会制度结合起来进行思考，提出了香港回归后的祖国统一的“一国两制”的构想。我党又以此为例，顺利地解决了澳门回归的问题。

（六）反向思维

从相反的方向去思维，寻找突破的新途径。吸尘器的发明者就是从“吹”灰尘的反向角度“吸”灰尘去思考，从而运用真空负压原理，制成了电动吸尘器。

（七）原点思维

从事物的原点出发，从而找出问题的答案。在探究事物时，我们常常会遇到这样的情况：对百思不得其解的问题，最终回到问题的原点去重新思考，答案随即出现。例如，在美国纽约，一只鳄鱼皮制成的女式提包，按尺寸大小标价1 500 ~ 4 000美元不等。因此很多人都将鳄鱼皮当成财富的象征，巴赛蒂斯先生花了几年的时间调查"谁最需要鳄鱼皮"，在众多的答案中，有一个答案被认定为唯一的答案：鳄鱼最需要鳄鱼皮。我国的古语"解铃还需系铃人"，讲的也是这个道理。

（八）连动思维

由此"思"彼的思维。连动方向有三：一是纵向，看到一种现象就向纵深思考，探究其产生的原因；二是逆向，发现一种现象，则想到它的反面；三是横向，发现一种现象，能联想到与其相似或相关的事物。即由浅入深，由小及大，推己及人，触类旁通，举一反三，从而获得新的认识和发现。如"一叶落知天下秋"，"窥一斑而知全豹"，"运筹帷幄之中，决胜千里之外"。

四、创造力的培养

培养学生创造性思维能力已是目前一个全球性的问题。"为创造性而教"已经成为学校的主要目标之一。根据影响创造性的因素，可以采取相应措施来培养学生的创造性。

（一）创设有利于创造性产生的适宜环境

（1）创设宽松的心理环境。教师应给学生创造一个较为宽松的学习心理环境，让学生感受到"心理安全"和"心理自由"。如果营造了这样一种环境，学生就不会产生危机感和受批评的恐惧，也就不必为自己的创造意识设防。要做到这一点，需要家庭、学校和社会三者共同的努力。

（2）给学生留有充分选择的余地。在可能的条件下，应给学生一定的时间和空间，让学生有时间、有机会干自己想干的事，给学生留出一定的时间让他们从事一些具有创造性的活动，为创造性行为的产生提供机会。因此，在课程安排上，应注意为学生提供自由选择的机会，如实行选修课制度，让学生有机会选择不同的学习课程；加强学生综合素质的培养，如进行抽象逻辑思维和具体形象思维的培养；给学生呈现应用创造性思维才能解决的问题等。

（3）改革考试制度与考试内容。考试制度和考试内容对学校的教学有着直接的影响。为真正选拔出有创造性的人才，促进学校创造性人才的培养，必须对传统的考试制度和考试内容进行改革。

（二）注重创造性个性的塑造

创造性高低与人格有着密切关系。培养学生的创造性人格，应该注意以下几点：

（1）保护好奇心。保护儿童的好奇心，就能促使他们对创造性活动拥有浓厚的兴趣，从而促进其创造性活动的进行。对学生任何奇特的问题，应给予鼓励和赞赏，不应忽视或讥讽。

（2）解除学生对答错问题的恐惧心理，惧怕犯错误是阻碍创造性发挥的一个重要因素。学生往往会因为怕犯错误而不去尝试，从而失去发展创造性的良机。因此，教师应该解除他们怕犯错误的恐惧心理，鼓励学生大胆进行一些尝试和冒险；对学生所提问题，无论是否合理，均以肯定态度接纳他；对出现的错误，不应全盘否定，更不应指责，应鼓励学生正视并反思错误；引导学生尝试新的探索，而不是一味循规蹈矩。

（3）鼓励独立性和创新精神。在教学中，教师应重视学生提出的与众不同的见解、观点。对平常问题的处理能提出超常见解者，教师应给予鼓励。同时，教师应采取多样的形式和方法支持学生的创新精神。

（4）重视非逻辑思维能力培养。在各种创造活动中，非逻辑思维都起着重要作用，它贯穿整个创造活动的始终。因此，教师应鼓励学生大胆猜测，给学生进行猜测、想象的机会，对答案不必拘泥于常规，并尽量让他们获得成功的体验。为了丰富学生的想象力，可以应用实物、图片、多媒体等来辅助教学，也可以组织学生参观、访问、开展丰富多彩的课外活动等，从而使学生头脑中的表象更为鲜明、完整。

（5）给学生提供具有创造性的榜样。通过给学生介绍或引导阅读文学家、艺术家或科学家传记，或带领其参观各类创造性展览、科学博物馆，使学生领略到创造者对人类的贡献，受到创造者优良品质的潜移默化的影响，从而启发他们见贤思齐的心理需求。另外，鼓励学生与有创造性的人接触也是提供榜样的一个很好的渠道，通过与有创造性的人接触，学生会产生模仿尝试的欲望，并由此在不知不觉中受到熏染。同时，教师也应注意自身的榜样作用，通过不断开发自身的创造性来影响学生，使他们切实体验到创造性活动的魅力。

《本章小结》

思维是人脑对现实事物间接的、概括的加工形式，以内隐或外显的语言或动作表现出来，是具有意识的人脑对客观现实的本质属性与内部规律的自觉、间接和概括的反映。思维是高级的心理活动形式。人脑对信息的处理包括分析、抽象、综合、概括、对比等过程。

问题解决是一种兼具创造性、操作性的思维方式和智力活动。对问题的发现和澄清，经常是解决问题的第一步。提出问题是解决问题的先决条件，提出问题的目的是有效解决问题。

创造性是指人们应用新颖的方式解决问题，并创造新的、有社会价值的产品的心理过程。创造性的心理成分主要包含：辐合思维、发散思维和远距离联想能力以及人的坚持性、自信心、意志力、责任感等人格因素。

关键术语

思维　动作思维　形象思维　抽象思维　聚合思维　发散思维　再造性思维
创造性思维　问题解决

进一步阅读

[1]［美］约翰·杜威．我们如何思维．伍中友译．北京：新华出版社，2010.
[2]［美］霍华德·加德纳．改变思维．任恺等译．北京：中国人民大学出版社，2009.

思考与练习

(1) 什么是思维？思维可分为多少种类型？

(2) 思维的过程有哪些？

(3) 简述问题解决的含义及常用的问题解决策略。

(4) 简述影响问题解决策略的因素。

(5) 斯滕伯格等人认为问题解决需要经历哪些步骤？

(6) 试分析日常生活中，有哪些心理因素影响着问题的解决。

(7) 什么是创造性？创造力的培养应注意什么？

(8) 创造性思维有哪些？

第七章　学　习

本章学习要点

1. 学习的实质
2. 学习的类型
3. 行为主义学习理论
4. 认知主义学习理论
5. 人本主义学习理论
6. 建构主义学习理论

在日常生活中，“学习”是一个使用频率非常高的术语，“好好学习，天天向上”是毛泽东同志对我们的谆谆教导。当前，我们正处在由“学历社会”向“学习社会”转型的时代，如何高效学习直接关系到人才培养的质量和社会适应的水平。学习心理是教育心理学的重要组成部分之一，古今中外，不少思想家、哲学家、心理学家、教育家都特别重视对学习问题的思考与研究。20 世纪以来，国外逐渐形成了一些重要的学习理论流派，并不断得到发展，取得了不少的研究成果。通过对本章的学习，要掌握学习的实质、学习的特点、学习的条件、学习过程、学习结果等学习活动的规律，深刻理解学习理论，提高学习效率。在本章中，我们将讨论学习的实质与类型以及行为主义学习理论、认知主义学习理论、人本主义学习理论、建构主义学习理论等基本理论。

第一节　学习的实质与类型

“学而时习之，不亦说乎。”（《论语·学而》）学习是人的发展需要，是贯穿人的一生的重要活动。但学习是非常复杂的现象，掌握有关学习心理的知识是人进行高效学习的重要条件。学习的实质是什么？学习有哪些类型？在本节中，我们将对此进行探讨。

一、学习的实质

（一）广义学习的特点

学习的概念有广义与狭义之分。广义学习也即一般意义的学习，是指人和动物在生活过程中，凭借经验而产生的行为或行为潜能的相对持久的变化。它是动物和人类在生活中的普遍现象。从低等动物到高等动物，从婴儿到成人，都存在学习的行为。广义学习主要有以下几个特点：

1. 人和动物共有

学习包括了人类学习和动物学习。人能够学习，动物也能够学习，因此学习并非人的专利和特权。当然，由于人的身心发展水平高于动物，因此人类学习在学习的性质、内容、形式、水平等方面都与动物学习存在本质的区别，而且高于动物学习。

2. 表现为行为或行为潜能的变化

一般而言，我们可以凭借行为或行为潜能的改变来推断学习的发生。学习会导致个体出现某些方面的变化，这些变化可以是直接可见的行为变化，也可以是在当前行为中不表现出来，却影响着人们未来的行为潜能或生活方式的变化。

3. 所引起的变化相对持久

由药物、疲劳、疾病等因素也能引起行为或行为潜能的变化，但这些变化都是比较短暂的。如运动员服用兴奋剂之后造成的成绩提高就是一时性的，因此就不是学习。而一旦我们学会了游泳、骑车、打球、书法等技能，几乎可以终生不忘。习得的知识概念虽然有时会发生遗忘，但相对于因药物或疲劳等引起的暂时性变化来说，它们的保持时间仍是比较持久的。

4. 由反复经验引起

学习获得的行为既不包含因有机体年龄增长而出现的自然成熟及大脑发育所带来的变化，也不包括因疾病和脑损伤而引起的变化。由经验而产生的学习主要有两种类型：一类是由有计划的练习或训练而产生的正规学习；另一类则是由偶然的生活经历而产生的随机学习。

总之，学习不是本能活动，而是后天习得的活动，是由经验或实践引起的，只有通过反复练习、实践、训练而使个体行为或行为潜能发生相对持久的变化才能称为学习，这就是学习的实质。

（二）人类学习的特点

与广义的学习相对，狭义的学习主要指的是人类学习。人类学习是指在社会生活实践中，以语言为中介，自觉、积极、主动地掌握人类的社会历史经验和个体经验的过程。人类学习和动物学习有着本质的区别。人类学习主要具有以下几个特点：

1. 获得社会历史经验和个体经验

人类学习除了要获得个体的行为经验外，还要掌握人类世世代代积累起来的社会历史经验和科学文化知识，而动物学习局限于自身的直接经验。

2. 在实践、交往中实现

人类学习是在改造客观世界的社会生活实践中，在与他人的交往过程中，通过积极的思维活动来实现的，而动物学习是有机体对于一定刺激所作出的单一反应。

3. 通过语言的中介作用来实现

人类学习是通过语言的中介作用来实现的，可以通过语言来获得大量的间接经验，有效地实现间接经验的内化，而动物学习是不能借助语言来实现间接经验的内化的。

4. 有目的的、自觉的、积极主动的过程

人类学习是一种自觉的、有目的、有计划的、主动的过程，而动物学习是一种被动的、消极的、适应的过程。

（三）学生学习的特点

学生学习是人类学习中的一种特殊形式，通常指学生在学校里进行的学习。一般而言，学生学习是指在教师的指导下，有目的、有计划、有组织、有系统地进行的，在较短的时间内接受前人所积累的科学文化知识的过程。学生学习既不同于人类历史经验的形成过程，也不同于一般条件下人们所进行的学习。学生学习具有以下几个主要特点：

1. 以掌握间接知识经验为主

学生学习以掌握人类现成的知识经验为主，无须事事去亲历实践。当然，有时也要求学生实践，但实践多半是对知识的验证与练习，而不是为了发现新知识。所以，掌握间接知识经验并不是说学生不用去发现和实践体验，而是让学生在教师的传授、引导下获得人类的认识成果。

2. 在教师的指导下，有目的、有计划、有组织地进行

为了保证在有限时间内完成社会对学生学习的要求，对学生的学习内容、学习方式、学习时间安排等就要制订详尽的计划，并依照计划有效地进行组织。教师在学生的学习中起着极其重要的作用，因为教师可以使学生少走弯路，在较短时间内有效地掌握知识和技能。

3. 具有准备性

学生学习主要不是为了适应当前的环境，而是为了适应将来的环境，为将来的实践活动做准备。教师要注意用各种方法让学生明确学习的社会价值和社会意义，培养和激发学生的学习动机，提高其学习的主动性和积极性。

4. 学会做人和做事

学生学习的主要目的是学会做人和做事，因此，不仅要让学生掌握科学知识、技能，还要发展其智力，培养其良好的品德以及促进其人格的健全发展。在中小学阶段，教师要通过有计划、有组织的各种教育活动，发展学生的认知能力，促进学生健全人格的发展。

二、学习的一般分类

学习现象非常复杂，既涉及学习者内部的过程又涉及其外部影响，既有内容问题又有形式问题，既有低级的学习水平又有高级的学习水平，既有简单的学习形式

又有复杂的学习形式。由于学习理论家所持学习观点以及分类角度的不同，就会有各种不同的学习分类。根据学习内容、结果、目标、方式等不同方面，可以把学习分为不同的种类。以下介绍几种较有代表性的学习分类。①②③

（一）根据学习内容进行分类

以冯忠良等人为代表的我国学者认为，依据学习的不同内容和结果，可以把学生的学习分为知识学习、技能学习和行为规范学习三类。

（1）知识学习。知识学习是指通过一系列的心智活动来接受和占有知识，在头脑中构建起相应的认识结构。它主要包括对教材的感知和理解，解决的是知与不知、知之深浅的问题。

（2）技能学习。技能学习是指通过学习或练习，建立合乎规则的活动方式的过程。它主要指动作技能和智力技能的学习，解决的是会不会做的问题。

（3）行为规范学习。行为规范学习是指把外在于主体的行为要求转化为主体内在的行为需要的内化过程，是品德形成的过程，它比知识、技能的学习更为复杂。解决的不仅是知与不知、知之深浅的问题，更是愿意与不愿意的问题。

这种分类比较符合中国的教育实际，有助于教师掌握不同类型学习的特点和特殊规律，便于教师在教育教学中针对不同类型的学习进行教学和指导，常被学校教育工作者所采用。

（二）根据学习结果进行分类

美国心理学家加涅（Robert Mills Gagné，1916—2002）根据学习结果的不同，把学习分为言语信息、智慧技能、认知策略、动作技能、态度五种类型。

（1）言语信息。言语信息是指能用语言文字表达的知识，表现为学会陈述观念的能力。它帮助学生解决“是什么”的问题。

（2）智慧技能。智慧技能是指应用符号与环境相互作用的能力，是学习解决“怎么做”的问题。

（3）认知策略。认知策略是指内部组织起来的、用于调节控制自己的认知活动的特殊认知技能，表现为用来调节和控制自己的注意、学习、记忆、思维和问题解决过程。

（4）动作技能。动作技能是指习得的、协调自身肌肉活动的能力，表现为平稳而流畅、精确而适时的动作操作能力。

（5）态度。态度是指习得的、决定个人行为选择的内部状态，表现为影响着个体对人、对物或对某些事件的选择倾向。

---

① 姚本先．心理学．北京：高等教育出版社，2005. 307.

② 冯忠良，伍新春，姚梅林等．教育心理学．北京：人民教育出版社，2000. 188 ~ 194.

③ 陈琦，刘儒德．当代教育心理学（修订版）．北京：北京师范大学出版社，2007. 114 ~ 118.

（三）根据学习目标进行分类

美国心理学家布鲁姆（Benjamin Bloom，1913—1999）根据学习目标的不同，把学习分为认知学习、情感学习和动作技能学习三大类。其中认知学习由低到高分为六级：知识、领会、应用、分析、综合、评价。

（1）知识。知识是指对所学材料的记忆，包括对具体事实、方法、过程、概念和原理的回忆。其所要求的心理过程是记忆。这是最低水平的认知学习结果。

（2）领会。领会是指能解释、把握所学材料的意义。可以借助三种形式来表明对材料的领会：一是转换，即用自己的话或用不同于原先表达方式的方法表达自己的思想；二是解释，即对一项信息加以说明或概述；三是推断，即对事物之间的逻辑关系进行推理。领会超越了单纯的记忆，代表最低水平的理解。

（3）应用。应用是指将所学材料应用于新的情境（特殊的和实际的）之中，包括概念、规则、方法、规律和理论的应用。应用代表较高水平的理解。

（4）分析。分析是指将整体材料分解成其构成成分并理解其组织结构，能区别和了解事物间的内部结构、内部联系。其包括对要素的分析（如一篇论文由几个部分构成）、关系的分析（如因果关系分析）和组织原理的分析（如语法结构分析）。分析代表了比应用更高的水平。

（5）综合。综合是指把已有经验中的各部分或各要素组合成新的完整知识系统，从而产生新的知识结构。综合包括三个水平：用语言表达自己意见时表现的综合（如发表一篇内容独特的演说或文章）；处理事物时表现的综合（如拟订一项操作计划）；推演抽象关系时表现出的综合（如概括出一套抽象关系）。综合代表了比分析更高的水平。

（6）评价。评价是指根据内在证据和外部标准对所学的材料能作出价值判断的能力，即确定所学知识的价值。评价可按材料的内在标准（如材料内在组织的逻辑性）或外在标准（如材料对目标的适用性）来进行。评价目标是最高水平的认知学习结果。

（四）根据学习方式及新旧知识关系进行分类

美国心理学家奥苏伯尔（David Paul Ausubel，1918—2008）根据学习进行的方式，把学习分为接受学习与发现学习；根据新学知识与学习者原有知识的关系，把学习分为意义学习和机械学习。

（1）接受学习。接受学习是指学习的内容是以某种定论或确定的形式通过传授者传授的，学习者接受事物意义而无须自己去独立发现的学习。在学校中，接受学习表现为在教师指导下，学生接受事物意义的学习。接受学习是学生课堂学习的主要形式。通俗地讲，接受学习就是教师传授，学生接受。

（2）发现学习。发现学习是指讲授者不直接把学习内容教给学习者，而让学习者自己独立思考和探索，以发现知识的学习。许多科学的创造发明就属于发现学习。在学校中，发现学习表现为学生在学习情境中，通过自己的探索获得问题答案。

(3) 意义学习。意义学习是指将符号所代表的新知识与学习者认知结构中已有的适当观念建立起非人为的和实质性的联系。意义学习是一种理解材料意义的学习。

(4) 机械学习。机械学习是指将符号所代表的新知识与学习者认知结构中已有观念建立起人为的和非实质性的联系的过程。机械学习是一种不理解材料的意义，是靠死记硬背进行的学习。

在上述分类中，需要注意的是：接受学习和发现学习并不是截然对立的，它们既可以是机械的，也可以是有意义的。奥苏伯尔认为，学校里的学习应该主要采用有意义的接受学习。

(五) 根据学习的意识水平进行分类

(1) 内隐学习。内隐学习是指有机体在与环境接触的过程中不知不觉地获得了一些经验，并因之改变其事后某些行为的学习。

(2) 外显学习。外显学习是指有意识的、做出努力的和清晰的、需要付出心理努力并需按照规则作出反应的学习，包括一个试图形成任务的心理表象，搜寻同功能系统的知识的记忆，以及试图建立和检验任务操作的心理模型。

第二节　学习的基本理论

学习理论是心理学中最古老的研究领域之一，也是教育心理学中最重要的核心研究领域。学习理论是指有关学习的实质、学习的过程、学习的规律以及制约学习的各种条件的理论探讨和解释。一百多年来，心理学家在探讨学习理论的过程中，由于各自的哲学基础、理论背景、研究手段的不同，形成了各种不同的学习理论流派。行为主义学习理论、认知主义学习理论、人本主义学习理论和建构主义学习理论的主要观点有哪些？它们对教育教学有什么作用与启发？在本节中，我们将对此进行探讨。

一、行为主义学习理论

行为主义学习理论认为，一切学习都是通过条件作用，在刺激 S 和反应 R 之间建立直接联结的过程。在刺激—反应联结的建立中，强化起着关键作用。在刺激—反应联结之中，个体学到的是习惯，而习惯是反复练习与强化的结果。行为主义学习理论的代表学说主要有：桑代克的联结学习理论、巴甫洛夫的经典条件反射理论、斯金纳的操作条件反射理论以及班杜拉的社会学习理论等。

(一) 联结学习理论

美国心理学家桑代克（Edward Lee Thorndike，1874—1949）对教育心理学的创建作出了突出贡献。他是第一个系统地论述教育心理学的有关内容、真正使教育心理学成为一门独立学科的人。从1896年起，他用准确、精密的数量化的方法，用小鸡、鱼、猫等动物为实验研究的对象，系统地研究动物的学习行为，从而提出了学习心理学中最早也最为完整的学习理论。他于1903年写成了《教育心理学》一书，这是世界上公认的最早的、比较科学而又系统的教育心理学专著，西方教育心理学的名称和体系由此而确立。

1. 桑代克的“迷箱”（puzzle box）实验

桑代克以动物为对象研究其学习过程，其中最著名的是饿猫逃出迷箱的实验。将饿猫放入迷箱中，箱外放置着可望而不可即的食物（鲜鱼）。饿猫初入迷箱中时，在乱叫、乱抓、乱撞中，偶尔触动了开门机关，得以逃出并获得食物。在以后的实验中，猫在迷箱中的错误、盲目的动作随练习次数的增加而逐渐减少，直至最后猫一被放入迷箱中即可触动开门机关，逃出并得到食物。根据这一实验结果，桑代克提出了学习的联结观点：动物和人类的学习是刺激与反应之间的联结过程，知识和技能的获得必须通过尝试、错误、再尝试直至成功的过程。

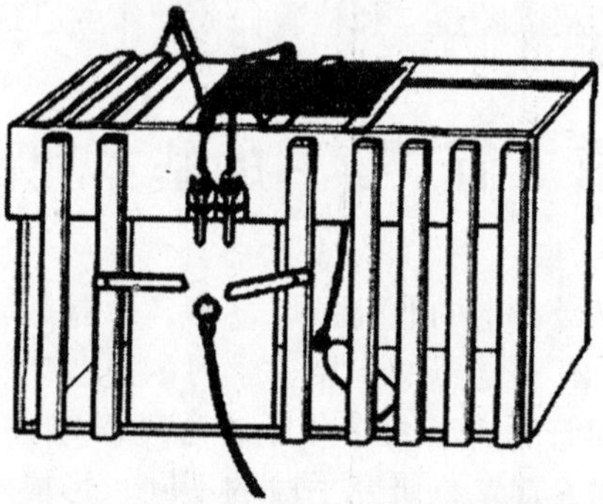

图7-1　桑代克的“迷箱”实验装置①

2. 桑代克联结理论的基本观点

（1）学习的实质是建立S-R联结。桑代克认为，学习的实质是建立某种情境（situation）与某种反应（response）之间的联结（connection），即建立S-R联结。因此，其学习理论被称为联结理论（bond theory）。对于实验中的猫而言，即建立迷箱情境与触动开门机关这一反应之间的联结。桑代克认为：“学习即联结，心即人的联结系统。”所谓学习，就是在一定情境的影响下，唤起“原本联结”中的一种联结倾向，并使之加强。

（2）学习过程是尝试错误的过程。桑代克认为，联结的建立是一个盲目尝试并不断减少错误的渐进过程，简称尝试错误过程或试误过程（trial and error）。桑代克从饿猫需要不断尝试去触动开门机关以逃出迷箱的学习曲线中得出结论，动物的学习是通过尝试错误而逐渐发生的，联结学习的过程是渐进的“尝试与错误”直至最

① 姚梅林．学习心理学——学习与行为的基本规律．北京：北京师范大学出版社，2006. 112.

后成功的过程，经由此过程的学习称为试误学习（trial－and－error learning）。

（3）学习规律主要有准备律、练习律和效果律。桑代克认为，联结的建立需要遵循一定的学习规律，主要有准备律、练习律、效果律三条学习主律。①准备律（law of readiness）。准备律是指在试误学习的过程中，当刺激与反应之间的联结事前处于某种准备状态时，实现它则感到满意，不实现则会感到烦恼；反之，当此联结不准备实现时，实现它则感到烦恼。此学习律其实就是学习的动机原则，能否反应，取决于有机体是否有动机准备。②练习律（law of exercise）。练习律是指在试误学习的过程中，任何刺激与反应的联结，如果经常进行练习与运用，则其联结的力量就会逐渐增强（应用律）；如果不运用，则联结的力量会逐渐减弱（失用律）。③效果律（law of effect）。效果律是指在试误学习的过程中，情境与反应之间联结的加强和减弱受反应之后的效果的支配。若反应之后得到奖赏，则该情境与反应之间的联结加强（满意律）；若反应之后受到惩罚，则联结减弱（烦恼律）。

20世纪20年代前，西方教育心理学的研究范畴几乎都没有超出桑代克的理论体系范围，其观点影响和支配西方教育心理学理论与实验研究长达50年之久。

（二）经典条件反射理论

经典条件反射（classical conditioning）理论最早是由俄国生理学家巴甫洛夫（Ivan Petrovich Pavlov，1849—1936）提出的。他的理论对苏联和美国的心理学产生了广泛而深远的影响。

1. 巴甫洛夫的“狗分泌唾液”实验

在巴甫洛夫的经典实验中，他将狗放入经过严格控制的隔音实验室内。食物可以通过遥控装置被送到狗面前的食物盘中，狗的唾液分泌量可以通过仪器随时测量并记录。实验开始后，首先向狗呈现铃声刺激，然后给予食物，便可开始观察并记录狗的唾液分泌反应。当铃声与食物反复配对呈现多次以后，仅呈现铃声而不出现食物时，狗也会作出唾液分泌反应。在这个实验开始时，食物可以诱发狗的唾液分泌反应，而铃声不能诱发狗的唾液分泌，这时食物叫无条件刺激，铃声叫中性刺激，诱发的唾液分泌反应称为无条件反应。在铃声与食物经过多次匹配之后，单独呈现铃声而没有食物时，狗也会分泌唾液。此时，中性刺激铃声因具有了诱发原来仅受食物制约的唾液分泌反应的某些力量而变成了条件刺激，单独呈现条件刺激即能引起的反应则叫做条件反应。这就是经典条件反射的形成过程。

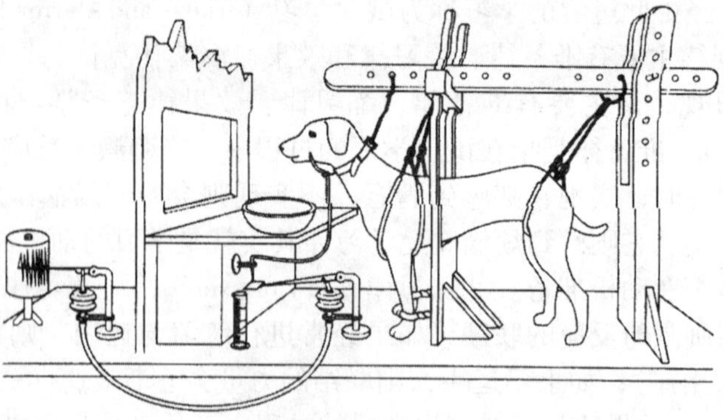

图 7－2　巴甫洛夫经典条件反射的实验装置①

2. 巴甫洛夫的经典条件反射理论的基本观点

（1）获得与消退。获得（acquisition）是指由条件刺激取代无条件刺激引起条件反射的现象。在条件反射形成过程中，条件刺激与无条件刺激之间的时间间隔十分重要。一方面，条件刺激和无条件刺激必须同时或近于同时呈现，间隔太久则难以建立联系；另一方面，条件刺激作为无条件刺激出现的信号，必须先于无条件刺激而呈现，否则也将难以建立联系。消退（extinction）是指在条件反射形成之后，如连续单独出现条件刺激，而不呈现强化物，则原来形成的条件反射将会逐渐减弱，最后趋于消失。然而，要完全消除一个已经形成的条件反射则比获得这个反射要困难得多。

（2）强化与强化物。强化（reinforcement）是指在条件作用中，用于影响刺激—反应联结强度或增强条件反射出现频率的人为程序。在经典条件反射中，如果与条件刺激同时或稍后呈现食物，就会增强以后条件反射的出现强度，这个过程即为强化。强化物（reinforcer）则是一些刺激物，它们的呈现或撤除能够增加反应发生的强度或概率。在经典条件反射实验中，强化效应因食物这个无条件刺激的出现而产生，因而食物即为强化物。任何习得的行为如果得到强化就会得到巩固；而不予强化的行为有可能逐渐消失。

（3）泛化与分化。泛化（generalization）是指形成条件反射后，与实验中所采用的条件刺激相类似的其他刺激（如类似铃声的其他声音）也会引起相似的条件反射。相反，分化（discrimination）是指个体所学到的条件反射只对受到强化的条件刺激作出反应，对其他类似而未受过强化的刺激不作反应。

巴甫洛夫的经典条件反射学说的影响是巨大的。在俄国，以巴甫洛夫的经典条件反射学说为基础的理论曾在心理学界相当长的时间内占统治地位。在美国，行为主义学派的心理学家华生、斯金纳等均受到巴甫洛夫的经典条件反射学说的影响。

---

① 姚梅林．学习心理学——学习与行为的基本规律．北京：北京师范大学出版社，2006. 48.

（三）操作条件反射理论

操作条件反射理论是美国新行为主义心理学家斯金纳（Burrhus Frederick Skinner，1904—1990）在吸收桑代克的学习联结理论的基础上提出的学习理论。该理论因突出强化在学习中的作用，并由此形成了所谓程序学习的教学模式，曾对教学改革产生过重大影响。

1. 斯金纳的“斯金纳箱”实验

斯金纳在以白鼠等动物为被试进行的精密实验研究中，运用了一种特殊的实验装置——斯金纳箱（Skinner box）。箱内有一个伸出的杠杆，下面有一个食物盘，只要箱内的动物按压杠杆，就会有一粒食丸滚到食物盘内，动物即可得到食物。斯金纳将饥饿的白鼠关在箱内，白鼠便在箱内不安地乱跑，活动中偶然压到了杠杆，一粒食丸则滚到食物盘内，白鼠便吃到了食丸。以后白鼠再次按压杠杆，又可得到食丸。由于食物强化了白鼠按压杠杆的行为，因此白鼠后来按压杠杆的速度迅速上升。由此斯金纳发现，有机体作出的反应与其随后出现的刺激条件之间的关系对行为起着控制作用，它能影响以后反应发生的概率。他认为，学习实质上是一种反应概率上的变化，而强化是增加反应概率的手段。如果一个操作（自发反应）出现以后，有强化刺激尾随，则该操作的概率就增加；已经通过条件作用强化了的操作，如果出现后不再有强化刺激尾随，则该操作的概率就减少，甚至消失。这就是操作性条件反射的基本过程。

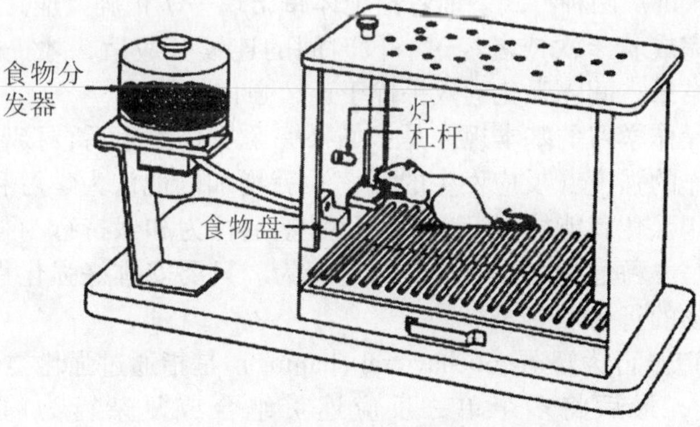

图 7-3　斯金纳操作条件反射的实验装置[①]

2. 斯金纳的操作条件反射理论的基本观点

（1）经典条件反射与操作条件反射。斯金纳将条件反射分为两种类型：一是反应性条件反射（respondent conditioning），二是操作性条件反射（operant condition-

① 姚梅林．学习心理学——学习与行为的基本规律．北京：北京师范大学出版社，2006. 116.

ing)。反应性行为是由特定刺激所引起的，是不随意的反射性反应，是经典条件反射的研究对象。而操作性行为则不与任何特定刺激相联系，是有机体自发作出的随意反应，是操作性条件反射的研究对象。在日常生活中，人的行为大部分都是操作性行为，操作性行为主要受强化规律的制约。

（2）强化原理。斯金纳认为强化是操作性行为形成的重要手段。强化在斯金纳的学习理论中占有极其重要的地位，是其学习理论的基石和核心。斯金纳把凡能提高个体操作性反应频率的一切安排，均称为强化。产生强化作用的刺激，称为强化物。强化物分两类：一类为正强化物（positive reinforcer），指当个体反应后在情境中提供的任何有助于该反应频率提高的刺激（如食物），由正强化物所形成的强化作用称为正强化（positive reinforcement）；另一类为负强化物（negative reinforcer），指当个体反应后撤销情境中已有的刺激能够使该反应频率提高的刺激（如停止电击），由负强化物所形成的强化作用称为负强化（negative reinforcement）。通俗地讲，正强化是实施奖励的过程，负强化是撤销惩罚的过程。无论是正强化还是负强化，其结果都是增加行为反应将来发生的概率。

斯金纳在总结大量动物实验研究的基础上，提出了强化程序表（schedule of reinforcement）。强化程序表有很多种不同的安排方式，其中最主要的有两个分类维度。①根据出现反应与呈现强化物之间的时间间隔来划分，有立即强化（immediate reinforcement）与延迟强化（delayed reinforcement）两种方式。前者指个体只要表现出一次正确反应，就立即提供强化物；后者指个体表现出一次正确反应，过一定时间之后才提供强化物。立即强化的效果优于延迟强化的效果。②根据出现反应与呈现强化物的交替方式来划分，分为连续强化（continuous reinforcement）与间隔强化（partial reinforcement）两种方式。前者指个体每出现一次正确反应，就提供强化物；后者指个体连续完成若干次或者经过一段时间的连续反应后，才提供一次强化物。根据动物实验的结果，间隔强化的效果优于连续强化的效果。

斯金纳认为操作学习的基本规律是：如果一个操作发生后，接着呈现一个强化刺激，则这个操作的强度（反应发生的概率）就增加。他认为学习和行为的变化是强化的结果，控制强化就能控制行为。强化是塑造行为和保持行为强度的关键。塑造行为的过程就是学习过程，教育就是塑造行为。只要安排好强化程序，就可以随意地塑造人和动物的行为。

（3）行为塑造。行为塑造（behavioral shaping）是指通过强化类似“分解动作”的形式逐步渐进，最后将多个单一反应连贯组合成复杂行为的方法。张春兴（1998）以弱智儿童基本生活技能的学习为例来说明行为塑造的过程：①先把个体学习的目标行为选择并确定下来，如训练弱智儿童自己在桌前吃饭；②开饭前，当他会自行走向饭桌（第一个反应）时，立即予以奖励（强化）；③他走向饭桌且自行坐上座位（第二个反应）时，立即予以奖励；④坐定后自行拿起调羹（第三个反应）时，立即予以奖励；⑤用调羹自行吃饭（第四个反应，亦即目标行为）时，立即予以奖励。[①]

(4) 行为矫正。行为矫正（behavior modification）是利用条件反射的原理来强化学生良好的行为以取代或消除其不良行为的一种方法。行为矫正的目的是，通过操作条件反射中强化或消退的原理，使个体在某种情境下形成的不适当行为或不良习惯得以消除，从而使个人获得健康的生活方式。

(5) 惩罚。惩罚是指当有机体作出某种反应以后，呈现一个厌恶刺激，以消除或抑制此类反应的过程。惩罚与负强化不同，负强化是指通过厌恶刺激的排除来增加反应在将来发生的概率，而惩罚则是通过厌恶刺激的呈现或所予刺激的取消来降低反应在将来发生的概率。但是，惩罚并不能使行为发生永久性的改变，它只能暂时抑制行为，而不能根除行为。因此，惩罚的运用必须慎重，惩罚一种不良行为应与强化一种良好行为结合起来，方能取得预期的效果。

(四) 社会学习理论

社会学习理论（social learning theory）是在20世纪60年代初期由班杜拉（Albert Bandura，1925—　）提出的，旨在修正极端行为主义的学习理论。

1. 班杜拉的"模仿—攻击"实验

班杜拉（1965）以儿童攻击行为的学习为主题进行了实验研究。[②] 他把幼儿园的66名儿童分为三组：楷模奖赏组、楷模惩罚组和楷模无强化组。另选两名成年男性扮演模仿对象（楷模）。实验按下列程序进行：

第一步：将所有被试带入一个房间观看一段录像，故事情节是一成年人（楷模A）走向一个成年塑料人，让这个塑料人走开，塑料人不动，他就开始攻击这个塑料人。例如，坐在塑料人身上，拿棍子敲打它的鼻子，并骂它。

第二步：将三组被试分开，分别观看录像的后半部分。楷模奖赏组的被试看到的是，在成年人继续攻击塑料人的同时，另一个成年人（楷模B）带着糖果和饮料走向楷模A，对他的攻击行为夸奖一番，并奖励他糖果和饮料。楷模惩罚组的被试看到的是，在成年人继续攻击塑料人的同时，另一个成年人（楷模B）摇着双手走向楷模A，严厉责备了他的攻击行为，并打了这个成年人一顿，警告他不许再攻击塑料人。楷模无强化组的被试看到的是，成年人继续攻击塑料人，攻击完了，录像也就结束了，没有出现另一个成年人（楷模B）。

第三步：将全体被试带到另一间特制的房间内，房间里有一个塑料娃娃和许多别的玩具。每个被试可以在房间里待10分钟，主试则在另一间房间透过单向玻璃观察和记录被试的行为，特别是其对待玩具的态度。

第四步：主试告诉被试，假如谁照录像中的方式攻击塑料娃娃的话，谁就会得到相应的奖赏，并告诉被试他们可以单独再在房间里待10分钟，主试同样在另一个

---

① 张春兴．教育心理学——三化取向的理论与实践．杭州：浙江教育出版社，1998. 188.

② Albert Bandura, Influence of Model's Reinforcement Contingencies on the Acquisition of Imitative Response. *Journal of Personality and Social Psychology*, 1965, 1. pp. 589～595.

房间透过单向玻璃观察和记录被试的行为，特别是其对待玩具的态度。

实验结果（见图7－4）显示：①在获得奖赏许诺之前，楷模奖赏组的被试的模仿攻击行为表现得最多，楷模惩罚组的被试模仿攻击行为表现得最少，说明对楷模的积极强化倾向于提高学习者攻击行为的频率；②在获得奖赏许诺之后，三组被试的模仿攻击行为表现几乎相等，说明积极强化是引发攻击行为的主要决定因素，而对楷模的强化只影响攻击行为的表现频率，而不影响被试攻击行为的获得；③三组被试中男性的模仿攻击行为频率均明显高于女性，说明男性比女性更容易表现攻击行为。上述结果证实了班杜拉关于行为的习得是模仿的结果，而行为的表现是强化的结果的观点。

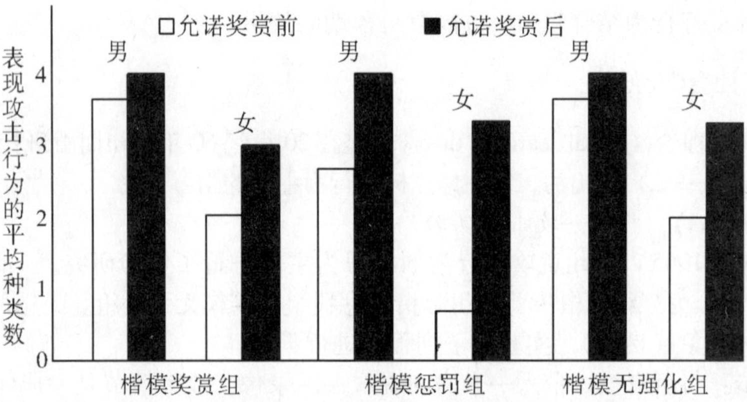

图7－4　模仿、强化与攻击行为的关系（Bandura，1965）

2. 班杜拉社会学习理论的基本观点

（1）个人—环境—行为的交互决定模式是学习的基础。班杜拉反对斯金纳的单向的环境决定论。他认为，环境因素并不能孤立地决定人的学习行为。除环境因素外，个人对环境中的人和事物的认知、情绪、意向、信念、期待等心理事件，更是影响学习行为的重要因素。另一方面，行为本身也影响着环境以及个体对环境的看法。因此他认为，个体的行为是由个人、环境与行为三者交互决定的，称为交互决定论。人受环境的影响，人也能影响环境；环境影响人的行为，行为也改变着环境；人对环境的看法和态度影响行为，行为的结果也影响着人对环境的看法和态度。正是在这种彼此交互决定的情况下，人的行为在不断地形成，并得以修正，学习才得以发生。

（2）学习是观察而非强化的结果。班杜拉认为在没有强化的情形下，学习照样可以发生，强化不是学习的先决条件。他认为，行为的习得与行为的表现是两个不同的概念，行为的习得是观察模仿的结果，而行为的表现则是强化的结果。也就是说，强化只同行为的表现相联系，而与行为的习得无关。

（3）观察学习的心理过程。班杜拉（1977）把观察学习的心理过程划分为注意过程、保持过程、再生过程、动机过程四个子过程。

①注意过程（attentional process）。指观察者将诸如感觉通道、知觉活动、信息加工等心理资源贯注于示范行为的过程。

②保持过程（retention process）。指观察者将观察过程中获得的有关楷模的示范行为的信息转换为表象或语言符号，并储存在记忆中的过程。

③再生过程（reproduction process）。指个体依据楷模行为的表象和符号在外显行为中实现的过程，也就是把楷模的行为以自己的行动表现出来。

④动机过程（motivational process）。班杜拉认为个体是否表现某种已经学会的行为取决于是否存在强化，因而强化就具有了动机的性质。如果学习者观察到他人的某种行为或者自己表现的这种行为受到了奖赏，他就会倾向于表现这种行为；而如果学习者观察到他人的某种行为或者自己表现的这种行为受到了惩罚，他就会倾向于终止这种行为。强化包括直接强化（外部强化）、替代强化和自我强化。

（4）自我效能感理论。班杜拉最早提出了“自我效能感”这一概念。自我效能感指人们对自己是否能够成功地从事某一成就行为的主观判断。当个体确信自己有能力进行某一活动时，他就会产生高度的自我效能感，并在实际中实施这一活动。在人们获得了相应的知识、技能后，自我效能感就成为学习行为的决定因素。班杜拉研究指出，影响自我效能感形成的最主要因素是个体自身行为的成败经验，同时，归因方式也直接影响自我效能感的形成。

（五）行为主义学习理论的教育作用与启示①

行为主义把学习看成学习者个体的活动，指向个体的外部（行为反应）。虽然行为主义把复杂的学习简单化，以低等动物的学习解释人类的学习，模糊了人的学习与动物的学习之间的本质区别。但他们注意到了行为的影响，加深了当前教育对行为学习机制的理解，他们的理论有助于预测、控制、塑造和矫正行为。例如，根据桑代克的试误说和学习规律，在教育教学过程中，教师应允许学生犯错误，并鼓励学生从错误中得到启发与教训。根据巴甫洛夫提出的条件反射的分化与泛化规律，在教育教学过程中，教师应经常对刺激进行分化，如引导学生分辨质量和重量、谦让和退缩，有利于学生准确地掌握知识。斯金纳提出的强化理论，启示了教师应用正强化方式塑造学生的行为，如对上课守纪律的学生进行表扬；用负强化方式矫正学生的行为，如学校中曾被记过的学生因改过自新而被撤销了记过。根据班杜拉提出的社会学习理论，教师应给学生提供仿效的榜样，让学生通过观察学习获得符合社会准则的行为。

二、认知主义学习理论

认知主义学习理论认为，学习是主动地在头脑内部构造认知结构，有机体当前

---

① 洪显利．教育心理学的经典理论及其应用．北京：北京大学出版社，2011. 15.

的学习依赖于他原有的认知结构和当前的刺激情境，学习受主体的预期引导。他们强调整体观，注重人类的学习内部心理过程，注重学习过程中认知结构的建构。认知主义学习理论的代表学说主要有：苛勒的完形—顿悟学习理论、托尔曼的认知—期待学习理论、布鲁纳的认知—发现学习理论、奥苏伯尔的有意义学习理论、加涅的信息加工学习理论等。

（一）完形—顿悟学习理论

格式塔心理学的主要代表苛勒（Wolfgang Köhler，1887—1967）曾在1913—1917年期间，对黑猩猩的问题解决行为进行了一系列的实验研究，提出了完形—顿悟学习理论。

1. 苛勒的“黑猩猩取香蕉”实验

在苛勒的黑猩猩问题解决的系列实验中，他把黑猩猩置于笼内，笼外放有食物，食物与笼子之间放有竹竿。对于简单的问题，黑猩猩只要使用一根竹竿便可获取食物，对于复杂的问题，则需要黑猩猩将两根竹竿接成长竹竿方能获取食物。通过实验，苛勒认为，黑猩猩之所以用竹竿得到香蕉从而解决问题，是因为黑猩猩知觉到整个问题情境，顿悟了工具、手段与目标物香蕉之间的关系。学习不是尝试错误的过程，而是一个顿悟的过程。

图7-5 苛勒的“接竿问题”实验①

2. 完形—顿悟学习理论的基本观点

（1）学习是通过顿悟过程实现的。苛勒认为，学习是个体利用本身的智慧与理解力对情境及情境与自身关系的顿悟，而不是动作的累积或盲目的尝试。动物只有

① 洪显利．教育心理学的经典理论及其应用．北京：北京大学出版社，2011. 119.

在清楚地认识到整个问题情境中各种成分之间的关系时，顿悟才会出现。顿悟是对情境全局的知觉，是对问题情境中事物关系的理解，也就是完形的组织过程。

（2）学习的实质是在主体内部构造完形。完形是一种心理结构，是对事物关系的认知。苛勒认为，学习过程中问题的解决，都是通过对情境中事物关系的理解而构成一种“完形”来实现的。例如，在黑猩猩接竿取物实验中，黑猩猩往往先看一看目的物，考虑到所要达到的目的，再开始接竿取物。它的行为是针对食物（目标），而不仅是针对竹竿（手段和工具）的。这就意味着，动物领会了食物（目标）和竹竿（工具）之间的关系，才发生了接竿取物的动作。

完形—顿悟学说作为最早的认知性学习理论，肯定了主体的能动作用，强调心理具有一种组织的功能，把学习视为个体主动构造完形的过程，强调观察、顿悟和理解等认知功能在学习中的重要作用，这对反对当时行为主义学习论的机械性和片面性具有重要意义。当然，尝试—错误和完形—顿悟是两种不同方式、不同阶段或不同水平的学习类型。一般来说，简单的、主体已有经验可循的问题解决，往往不需要进行反复的尝试—错误；而对于复杂的、创造性的问题解决，大多需要经过尝试—错误的过程，方能产生顿悟。

（二）认知—期待学习理论

托尔曼（Edward Chace Tolman，1886—1959）受格式塔学派的影响，强调整体行为是指向一定目的的，有机体对环境的认知是达到目的的手段。托尔曼提出了认知—期待学习理论，也叫认知—目的学习理论或符号学习理论。

1. 托尔曼的“期待”实验

为了探索动物在学习过程中的认知变化，托尔曼设计了一些巧妙的实验，其中以白鼠学习走迷津实验为代表。进行实验时，将白鼠置于箱内的出发点，然后让它们自由地在迷津中探索，迷津中有到达食物箱的三条长短不等的通道。当白鼠在迷津内经过一段时间的探索后，再次把它们置于箱子的出发点，观察并研究它们的行为。得到的实验结果是：若三条通道畅通，白鼠选择第一通道到达食物箱；若A处堵塞，白鼠选择走第二通道；若B处堵塞，则它们选择走第三条通道，如图7-6所示。通过实验研究，托尔曼认为，学习是有目的的，是期待的获得。

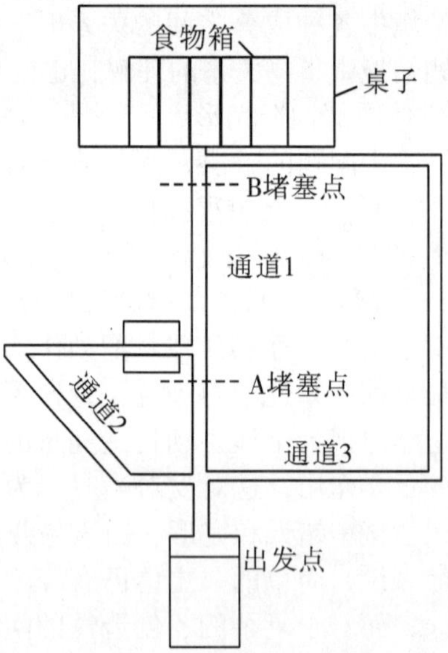

图 7-6　三通道迂回迷津[①]

2. 托尔曼认知—期待学习理论的基本观点

（1）学习是S-O-R建立的过程。托尔曼反对把情境（刺激）与反应之间的关系看成是直接的联系，即S-R。他提出“中介变量”的概念，认为中介变量是介于实验变量和行为变量之间并把两者联系起来的因素。S-R的公式应为S-O-R，O代表中介变量，目的与认知就是最重要的中介变量。所以他的学习理论又称为认知—目的说。

（2）学习是期待的获得。托尔曼认为动物学习是有目的的，学习就是期待的获得。期待是个体关于目标的观念。个体通过对当前的刺激情境的观察和已有的过去经验而建立起对目标的期待。同时托尔曼认为有机体在达到目的的过程中会遇到各式各样的环境条件，他必须认知这些条件，才能克服困难，达到目的。所以，对环境条件的认知是达到目的的手段或途径。学习是认知达到目的的符号，这里可形成“认知地图”。所谓认知地图是指在头脑中形成的对环境的综合表象，包括路线、方向、距离，甚至时间关系等信息。

（3）潜伏学习观。托尔曼用实验证明潜伏学习的存在，提出了无强化学习观。他认为，学习在无强化的条件下也会发生，只不过学习效果在无奖励的情况下没有表现出来而已，只要有恰当的条件，学习的效果就会表现出来。

（三）布鲁纳的认知—发现学习理论

美国认知教育心理学家布鲁纳（Jerome Seymour Bruner，1915—　）主张学习的

① 韩进之．教育心理学纲要（第2版）．北京：人民教育出版社，2003. 103.

目的在于以发现学习的方式，使学科的基本结构转变为学生头脑中的认知结构。因此，他的学习理论常被称为认知—结构学习理论或认知—发现学习理论。

1. 布鲁纳学习理论的基本观点

（1）认知结构观。布鲁纳认为，学习的本质是主动地形成认知结构。布鲁纳的学习理论强调学习是认知结构的组织与重新组织。认知结构是人的认识活动赖以形成的心理结构，学习的实质在于主动地形成认知结构。认知结构是递进的、多层次的，由低级水平向高级水平的发展。个体认知表征的方式包括动作表征（enactive representation）、形象表征（iconic representation）和符号表征（symbolic representation）三个阶段。布鲁纳的认知结构观是其认知—发现学习论的心理学基础。

（2）发现学习论。布鲁纳倡导发现学习。发现学习（discovery learning）是指讲授者不直接把学习内容教给学习者，而是通过学习者自己的独立思考与探索，以发现知识。在学校中，发现学习表现为，学生在学习情境中通过自己的探索获得问题答案。布鲁纳说："发现不限于那种寻求人类尚未知晓的事物的行为，正确地说，发现包括用自己的头脑亲自获得知识的一切形式或方法。"

布鲁纳认为发现学习有四大优点（Bruner，1961）：①学生自行发现与自行组织的知识，有助于长时记忆；②学生主动思维式的学习活动，有助于开发学生的智力；③学生从主动发现过程中获得成就感的满足，不需要靠外在赏罚去维持其动机与兴趣，有助于激发内在动机；④学生养成自主学习的习惯，有助于以后的独立求知与研究能力，有助于学会发现技能与技巧。

（3）学习阶段论。布鲁纳认为，学习一门学科包含着新知识的获得、转化和评价三个差不多同时发生的过程。新知识的获得是与已有知识经验、认知结构发生联系的过程，是主动认识理解的过程。知识的转化是对新知识作进一步分析和概括，使之转化为另一种形式，以适应新的任务。评价是对知识转化的一种检验，检验对知识的分析、概括是否恰当，运算是否正确等。

（4）内部动机观。布鲁纳非常重视学习的主动性，认为人类的学习是主动学习。他重视学生学习的内在动机，认为学习的最好动机是对所学材料本身的兴趣，不宜过分重视奖励、竞争之类的外在刺激。

2. 布鲁纳教学理论的基本观点

（1）教学的目的在于理解学科的基本结构。

由于布鲁纳强调学习的主动性和认知结构的重要性，所以他主张教学的最终目标是促进学生对学科结构的一般理解。所谓学科的基本结构，是指学科的基本概念、基本原理、基本态度和方法及其相互关系。因此，布鲁纳把学科的基本结构放在设计课程和编写教材的中心地位，使之成为教学的中心。他认为，学生理解了学科的基本结构，就容易掌握整个学科的具体内容，就容易记忆学科知识，从而促进学习迁移，促进儿童智力和创造力的发展，并可以提高学习兴趣。

（2）掌握学科基本结构的教学原则。

①动机原则。所有学生都有内在的学习愿望，内部动机是维持学习的基本动力。学生具有三种最基本的内在动机：好奇内驱力（即求知欲）、胜任内驱力（即成功

的欲望）和互惠内驱力（即人与人之间和睦共处的需要）。教师如能善于促进并调节学生的探究活动，便可激发他们的这些内在动机，使他们有效地达到预定的学习目标。

②结构原则。任何知识结构都可以用动作、形象和符号三种表征形式来呈现。动作表征借助动作进行学习，无须语言的帮助；形象表征借助表象进行学习，以感知材料为基础；符号表征借助语言进行学习，经验一旦转化为语言，逻辑推导便能进行。至于究竟选用哪一种呈现方式为好，则视学生的认知发展水平、知识背景和课题性质而定。

③程序原则。教学要引导学习者通过一系列步骤有条不紊地陈述知识的结构，以提高他们对所学知识的掌握、转化和迁移的能力。通常每门学科都存在着各种不同的程序，它们对学习者来说有难有易，不存在对所有的学习者都适用的唯一程序。

④强化原则。教学规定适合的强化时间和步调是学习成功重要的一环。结果的知道应恰好在学生评估自己作业的那个时刻。知道结果过早，易使学生慌乱，从而阻挠其探究活动的进行；知道结果太晚，易使学生失去受帮助的机会，甚至有可能使之接受不了正确的信息。

总之，为了促进学生良好认知结构的发展，教师必须全面深入地分析教材的基本结构，引导学生加深对教材结构的理解；注意教学本身应有新异性，难度不能过高或过低，以激发学生的好奇心和胜任感；根据中小学生的经验水平、年龄特点和材料性质，选取灵活的教学程序和结构方式来组织实际的教学活动过程；同时，应注意提供有助于学生矫正和提高的反馈信息，并教育学生进行自我反馈，以提高学习的自觉性和能动性。

（四）奥苏伯尔的有意义学习理论

美国认知教育心理学家奥苏伯尔（David Paul Ausubel，1918—2008）从20世纪50年代中期开始致力于有意义言语材料的学习与保持的研究。

1. 奥苏伯尔学习理论的基本观点

（1）有意义学习的实质。

奥苏伯尔认为，有意义学习的实质就是以符号代表的新观念与学习者认知结构中原有的适当观念建立起非人为的实质性联系的过程。所谓实质性联系，是指表达所用的语词虽然不同，但又是等值的，也就是说这种联系是非字面的联系。所谓非人为的联系，是指有内在联系而不是任意的联想或联系，即建立在某种合理的或逻辑基础上的联系。

（2）有意义学习的条件。

有意义学习的产生既受学习材料本身性质（客观条件）的影响，也受学习者自身因素（主观条件）的影响。因此，进行有意义学习必须要满足以下两方面的条件：

①客观条件。有意义学习的材料本身必须具有逻辑意义，在学习者的心理上是可以理解的，是在其学习能力范围之内的。一般来说，学生所学的教科书或教材大

都是有逻辑意义的。

②主观条件。第一，学习者必须具备有意义学习的倾向，即积极主动地把新知识与学习者认知结构中原有的适当知识联系起来的倾向性。第二，学习者认知结构中必须具有能够同化新知识的适当的认知结构。如果学习材料本身有逻辑意义，而学习者认知结构中又具备了适当的知识基础，那么这种学习材料对学习者来说就构成了潜在的意义，即学习材料有了和学习者认知结构中的适当观念建立联系的可能性。第三，学习者必须积极主动地使这种具有潜在意义的新知识与认知结构中的相关旧知识发生相互作用，使认知结构中的旧知识得到改善，使新知识获得实际意义，即心理意义。

奥苏伯尔认为在有意义学习的所有条件中，影响新知识学习的最重要的条件是学习者原有的认知结构的适当性，包括认知结构中是否有适当的、起固定作用的观念可利用，新观念与同化它的原有观念的可辨别程度，原有观念的稳定性和清晰度三个方面。有意义学习的目的，就是使符号代表的新知识获得心理意义。

（3）学习的类型。

奥苏伯尔按学生学习的方式将学习分为接受学习与发现学习，按学习内容与学习者认知结构的关系又将学习分为有意义学习和机械学习（参见本章第一节中的“学习分类”）。奥苏伯尔强调有意义的接受学习，认为它可以在短时间内使学生获得大量的系统知识，这正是教学的首要目标。此外，奥苏伯尔把有意义学习由简单到复杂分为符号学习、概念学习、命题学习三种类型：符号学习是指学习者获得符号所代表的意义的学习；概念学习是指掌握概念所表达的抽象意义，即掌握同类事物共同的关键特征；命题学习是指揭示一组有关概念所表达的复合意义，即掌握概念与概念之间的实质性联系。新旧概念的关系不同，学习的模式也就不同。奥苏伯尔总结出三种学习模式：第一种是下位学习（类属学习），是指把新学观念归属于认知结构中的原有观念而获得意义的学习；第二种是上位学习（总括学习），是指通过综合归纳获得意义的学习；第三种是并列结合学习（组合学习），是指通过并列结合关系获得意义的学习。由上述三种学习类型可以推导出教师课堂教学的三种基本方式，即演绎式、归纳式和比较式。课堂教学过程实际上就是教师根据教学内容与学生已有知识结构的关系综合运用演绎式、归纳式和比较式教学方式的过程。

2. 有意义学习的教学过程

奥苏伯尔所提倡的有意义学习在实际教学进程的实施被分为以下三个阶段：

（1）先行组织者技术。“先行组织者”（advance organizer），是指先于学习任务本身呈现的一种引导性材料，它的抽象、概括和综合水平高于学习任务，并且与认知结构中原有的观念和新的学习任务相关联。其目的是为新的学习任务提供观念上的固着点，增加新旧知识之间的可辨别性，以促进学习的迁移。先行组织者包括陈述性组织者与比较性组织者两种。

（2）呈现学习材料。教师呈现教材的方式，可以口头讲解为主、讨论为辅，再结合多媒体教学手段。无论采取何种方式，教师必须随时引导学生注意，在讲解时用语清楚明确，不使学生感到难懂或产生误解。

(3) 形成知识系统。教师在教材讲解过程中，要遵守两个原则。一是渐进分化(progressive differentiation) 原则，即从一般概念的说明，逐渐进入详细内容的讲解。从概括到分化的教学活动中，教师可采取举例与类比等方式，使学生了解新知识与其已有知识的异同。二是整合协调 (integrative reconciliation) 原则，即将分化后的知识再前后连接起来，成为一个有组织的，具有整合性与协调性的知识整体。

(五) 加涅的信息加工学习理论

美国教育心理学家加涅 (Robert Mills Gagné, 1916—2002) 提出信息加工学习理论，认为学习过程是信息的接收和使用过程，是主体和环境相互作用的结果，学习者的内部状况与外部条件是相互依存、不可分割的统一体。

1. 加涅学习理论的基本观点

(1) 学习的本质。加涅认为，学习反映了人的心理倾向和能力的变化，这种变化要持续一段时间，而且不能把这种变化简单地归结为生长过程。

(2) 学习分类。加涅在综合行为主义学习理论和认知主义学习理论的基础上，系统地提出了他的学习层次分类和学习结果分类观。加涅早期 (1965) 根据学习情境由简单到复杂、学习水平由低级到高级的顺序，把学习分成信号学习、刺激—反应学习、连锁学习、言语连锁学习、辨别学习、概念学习、规则学习、问题解决学习八种学习类型，构成了一个完整的学习层级结构。为了更好地与教学实际相结合，加涅 (1977) 根据学习结果，把学习分成言语信息、智慧技能、认知策略、动作技能、态度五种学习类型 (参见本章第一节)。

(3) 学习过程。加涅从信息加工观点出发，提出了一个关于学习过程的信息加工模型 (如图 7-7 所示)。

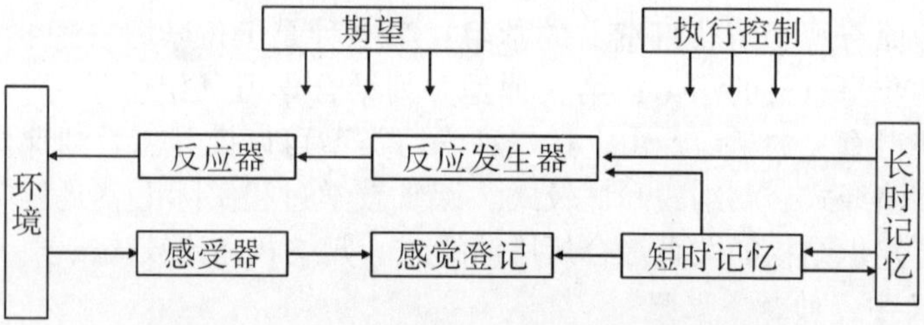

图 7-7 加涅关于学习过程的信息加工模型①

该模型表明，学生从环境中接受刺激，刺激的物理信息通过感受器转换为神经信息，并依次进入感觉登记和短时记忆，在短时记忆中经过编码进入长时记忆，并以编码的形式存储在长时记忆系统。当需要信息时，存储在长时记忆系统的信息通过检索而被提取出来。被提取的信息可以直接通向反应发生器，从而产生反应，也可以参与短时记忆的信息加工过程，并造成行为反应。当然，学生的期望与执行控

① 莫雷. 教育心理学. 广州: 广东高等教育出版社, 2002. 150.

制在这一过程中发挥着重要的作用：前者是学生期望达到的目标，是动机因素；后者则决定着学生完成信息加工过程的认知策略。加涅依据这个模型把学生的学习过程划分为动机、领会、习得、保持、回忆、概括、操作、反馈八个阶段。

2. 加涅关于学习条件的基本观点

加涅学习理论中最具特色的方面是他关于学习条件的观点，这是他学习理论的核心。他认为，不同类型的学习、在学习的不同阶段以及形成不同的学习结果，都要具有特有的条件。这种条件包括两个方面：一是内部条件，指学生开始学习新的内容时应该具备的知识和能力；二是外部条件，指学习者所处的外部环境条件，诸如教学内容的排列、教学方式、反馈信息的方式等。以下简要介绍加涅针对学习类型、过程和结果及其需要具备的条件的分析，以更好地促进学生的学习。

表 7－1　针对不同学习类型的学习条件

学习类型	促进学习的条件
信号学习	①信号刺激（即条件刺激）与无条件刺激必须同时呈现；②信号刺激（即条件刺激）与无条件刺激必须多次配对重复呈现。
刺激—反应学习	①作出特定反应后必须给予强化；②反应与强化之间的时间间隔要尽可能地短；③刺激情境必须多次呈现。
连锁学习	①已经具备适当的刺激—反应形态；②按照适当的顺序进行多次练习；③必要的强化。
言语连锁学习	①已经掌握被连锁的单词和连接词；②按照适当的顺序呈现单词；③及时反馈。
辨别学习	①具有完成连锁反应的能力；②采用对比连锁练习；③及时反馈。
概念学习	①具备完成辨别反应的能力；②呈现有关概念的肯定例证与否定例证。
规则学习	①具备与形成特定规则相关的概念；②通过语言指导、帮助学生形成规则；③复述规则。
问题解决学习	①学生已经懂得了与特定问题有关的规则；②学生具备辨别问题的能力；③教师通过语言指导、帮助学生分析问题与规则之间的关系。

表 7-2 针对不同学习阶段的学习条件

学习阶段	促进学习的条件
动机阶段	激发学习动机是整个学习过程的预备阶段。如果学生对学习的结果产生一种期望，就意味着激发了学生的学习动机。为此，教师需要在学生学习新内容之前，先让学生达到某种目标，使学生形成一种信念，即通过努力能够达到预期的目标。
领会阶段	①学生必须对刺激给予注意；②学生对刺激具有辨别能力，以便对学习材料进行选择性知觉。
习得阶段	习得阶段的信息加工是把知觉范围内的信息经过编码过程转换为容易存储的形式，而短时记忆的编码过程需要在已存储在长时记忆系统的知识的参与下才能完成。这就要求学生一方面具备与新学习的内容相关的已有信息；另一方面具备获得规则的能力，以便把新旧信息联合成原理。
保持阶段	知识的保持是长时记忆的功能。在保持期间，一方面，信息如果长期不用，就会逐渐消退；另一方面，长时记忆系统中存储的信息有可能因干扰而导致提取困难。因此，为了促进知识的有效保持，一是要给学生提供使用信息的机会；二是要采取必要的克服信息干扰的教学策略。
回忆阶段	对知识的回忆不仅受制于长时记忆系统中信息的干扰作用，而且受外部刺激的影响，教师需要指导学生善于寻求有利于回忆的外部线索。
概括阶段	概括的实质是把此处获得的知识应用到彼处，这就是学习的迁移。因此如果学生能够在不同的情境中进行学习，则有利于促进知识的迁移。
操作阶段	操作不仅是巩固知识的重要手段，而且具有反馈功能和强化功能。因此，实现操作性学习，一是学生要懂得操作的规则；二是教师要善于利用操作的结果促进学生学习动机的增进。
反馈阶段	反馈的作用在于调整学生今后的学习行为，因此反馈要及时。此外，教师反馈的形式要多样化，要考虑反馈对学生的心理效应。

表 7-3 针对不同学习结果的学习条件

学习结果	促进学习的条件
言语信息	①学生具有学习新言语信息的知识结构；②学生具备对新信息的编码策略；③以多样化的形式呈现言语信息；④言语信息的呈现必须在有意义的背景上进行。
智慧技能	①对构成新技能的过去技能的熟练程度；②具有将过去的技能组成新技能的能力；③引导回忆构成新技能的过去技能；④通过言语指导把过去技能放到新的情境中来理解；⑤对新技能的及时复习；⑥促进新技能的迁移。
认知策略	①学生在学习新的策略时要回忆已有的相关规则，并进行比较；②对新策略的掌握要把语言描述和问题解决的操作结合起来；③多次联系，并及时反馈。

（续上表）

学习结果	促进学习的条件
动作技能	①学生回忆构成新动作的已有动作；②教师提供语言指导和示范练习；③学生多次练习，并及时反馈。
态度	①激发学习的期望；②利用楷模进行示范教育；③为学生的态度转变提供强化。

加涅的学习理论融合了行为主义与认知心理学派的观点，试图通过综合来解释学习的多样性、过程、结果和条件，因此他的学习理论具有相当程度的折中主义性质。他的理论的精华部分是关于学习条件的观点，这不仅是他对学习条件的细致分析，而且为教师的教学设计提供了具有可操作性的思路。

（六）认知主义学习理论的教育作用与启示①

认知主义学习理论主张学习是主动形成认知结构的过程，认为学习过程是认知结构的组织和再组织过程，强调意义和理解、学习者原有的认知结构的作用以及学习材料本身的内在联系，强调通过学习者的内部认知加工形成认知结构，探究信息加工的历程及其规律。虽然比较偏重知识掌握，忽视能力的培养，但是他们立足教学实际，强调学生学习的积极主动性、学习者的独立思考与内在动力、学习的认知过程与结构的形式，有助于当前教育教学的改革。

布鲁纳倡导的发现学习有利于激发学生的好奇心以及探索未知事物的兴趣，有利于调动学生的内部动机和学习积极性，并有利于学生创造性思维的发展。教师和家长应在学生的发现学习中激发其好奇心和求知欲，使学生养成主动学习、独立求知的学习习惯。

奥苏伯尔提出的有意义接受学习仍是当前课堂学习的基本形式，它强调在教师的合理指导下，学习者可以尽快地在较短时间内掌握大量的间接知识，这样获得的知识是系统的、完整的、精确的，而且便于储存和巩固。在教学中，教师应切实掌握有意义接受学习的原理，将言语讲授法与其他的教学方法适当地结合起来。

加涅提出的学习信息加工模式、学习过程、学习结果和学习条件等，为教师理解具体的学习和教学过程，进行教学设计提供了重要的可操作的思路。

三、人本主义学习理论

人本主义心理学是20世纪60年代在美国兴起的一个心理学流派，其主要代表人物是美国心理学家马斯洛（Abraham Haload Maslow，1908—1970）和罗杰斯（Carl Rogers，1902—1987）。

① 洪显利．教育心理学的经典理论及其应用．北京：北京大学出版社，2011. 16 ~ 17.

（一）人本主义学习理论的基本观点

人本主义心理学家认为，人性的本质是善的，人生而具有善良的种子，只要后天环境适当，种子就会自然地成长。人本主义的学习理论不主张客观地判定教师应教给学生什么知识，而是主张从学生的主观需求着眼，帮助学生学习他喜欢而且认为有意义的知识。人本主义学习理论的基本前提可以归纳为四个理念：①个人有绝对的自由；②个人有选择的权利；③个人对自己的选择负有责任；④个人具有超越自我的潜力。人本主义学习理论有三点独特之处：其一，人本主义学习理论多半是根据经验原则提出教育上的观点与建议；其二，人本主义学习理论力图把握学习者整个的成长过程；第三，人本主义学习理论强调教育环境的创设要符合学生人性发展的实际需求。

人本主义心理学认为，个体生而具有不断成长的潜力，只要个体处于有利的环境中，这种潜力就会驱动个体迈向不断成长的方向。因此，每个人的行为都是有动机的，每个人的行为都为动机所驱使。所有学生都有学习动机，只是有的学生的学习动机未必专注在某个老师所教的科目上。因此，能否使所有学生的学习动机专注于教师所教的科目上，显然是教学成败的关键所在。人本主义的学习动机理论是内部动机论，主要代表是马斯洛提出的需要层次理论（参见第九章）。该理论认为，人的多种需要可按其性质和发展的次序分为由低而高的七个层次：生理需要、安全需要、归属与爱的需要、尊重需要、认知需要、审美需要、自我实现需要。其中，自我实现的需要是最重要的动机因素，同时也与学生创造性的培养有着密切关系。

（二）罗杰斯的学习理论

1. 以学生为中心的教育理念

罗杰斯在教育上的主张秉承其以当事人为中心的治疗理念，将学生视为教育的中心；学校为学生而设，教师为学生而教。罗杰斯把教育的重点放在建立良好的师生关系或教师对学生态度的转变上。他认为，促进学生成长的关键是教师对待学生的态度，一个好的教师必须充分信任学生能够发展自己的潜能；尊重学生的个人经验，重视他们的感情和意见；以真诚的态度对待学生，且自身应表里如一；深入理解学生的内心世界，设身处地地为学生着想。只有这样，才能免除学生精神上的各种威胁和挫折，才可能使学生自我实现的学习动机得以自然表现。教师的根本任务不再是传授知识经验，而是建立一个积极、接纳、无任何威胁的学习环境，促使学生自我指导、自我学习。

2. 以自由为基础的学习原则

在《学习的自由》一书中，罗杰斯（1969）详细解释了他所坚持的以自由为基础的自由学习（freedom to learn）的原则。其要点包括：

（1）人都有其天赋的学习潜力。人类的天赋学习能力，自幼表现为对环境的探索，对外部事物的好奇心。除非教育方式不当，伤害了幼儿的好奇心，否则，只要好奇心存在，儿童对学习活动的意愿就会永远维持。

(2) 教材有意义且符合学生需要才会产生有意义的学习。教材是否有意义，不在教材本身，而在学生对教材的看法。若所学教材能满足他的好奇心，或是能提高他的自尊感，他自然乐于学习。此外，教材必须符合学生的生活经验，因为只有增进了他的生活经验，才有助于实现他的生活目的。

(3) 在较少威胁的教育情境下才会产生有效学习。学生在校学习，他在心理上永远是无法完全免于威胁的。教师必须充分理解每个学生的条件，尽量在教学要求上使每个学生获得成功的机会皆能多于失败，使每个学生皆有展现其优点的机会，从而减少学校教育的威胁气氛，以利于学生的学习。

(4) 主动自发、全心投入的学习才会产生良好效果。有效的学习只能建立在自由学习的基础上。所谓学习的自由，是指教师在安排学习活动时，只需提供学习活动的范围，让学生自由选择学习方向，自己去探索发现结果，教师的作用在于协助。

(5) 自评学习结果可以培养学生的独立思维与创造力。以自由为基础的教学要求学生对自由选择的学习结果进行自我评价，除了核对答案与改正错误之外，要检讨自己的学习过程、学习方法和学习态度，为自己的行为负责，这也就有助于学生独立思维能力的培养与创造力的提高。

人本主义的学习论认为学习就是学习者获得知识、技能和发展智力，探究自己的情感，学会与教师及集体成员交往，阐明自己的价值观和态度，实现自己的潜能，达到最佳的境界的过程。人本主义学习论以潜能的实现来说明学习的机制。其强调在学习中人的因素，尊重学习者，把学习者视为学习活动的主体，重视学习者的意愿、情感、需要和价值观。这些都对教育改革起到了积极的启发作用。

（三）人本主义学习理论的教育作用与启示①

人本主义学习理论强调尊重人的价值和主观能动性，强调人是不可分割的整体。从整体着眼，从人的需要、感情、价值观等内在的心理状态入手，去了解人、研究人。他们扩大视角，研究有关人类与自我实现的一切问题，强调教育环境的创设要符合学生人性发展的实际需求。他们的基本观点与理论模型可以为我们当前的快乐学习、情意教育、教学管理心理、学校中的社会心理等问题的研究与实践提供一些新的观点和途径。如重视对学生在教学过程中的认知、情感、兴趣、动机、潜能等内部心理世界的研究，设身处地地为学生着想，使学生感到学习的乐趣，从而全身心地投入学习。他们反对强制学生适应学校，重视智育，不重视整个人全面发展的传统教育的目标，提出教育的目标应指向学生个人的创造性、目的和意义，培养积极愉快地适应时代变化的心理健康的人，主张教师充分地尊重与理解学生，创设自由的、宽松的、快乐的学习气氛，激发学生的学习积极性，从而促进学生人格的健全发展。这对我国当前教育目标的制定，培养学生的健康情绪、增强其对社会的适应性等内容的引入，具有一定的启示作用。

---

① 洪显利．教育心理学的经典理论及其应用．北京：北京大学出版社，2011. 17～18.

专栏 7-1　夏山学校的特征与成效

夏山学校之所以出名，是因为该校所采取的教育方式与人本主义教育的理念完全吻合。夏山学校的教育风格是：只求学校适应学生，而不求学生适应学校。尼尔（1960）阐述了学校的创办宗旨："我认为儿童们天性聪敏而纯真。若成人不刻意给予任何限制或教导，他们自己就会发展到天赋才能所及的地步。"（第 4 页）"当一个儿童在操作机械时，如果成人自认为善意地教导他如何操作（一般学校教育均是如此），无异于剥夺了儿童从操作中自行发现机械原理时的快乐。更糟糕的是，经由成人刻意教导的结果，是儿童感到自卑，不敢自行尝试，养成凡事靠人帮助的依赖心理。"（第 25 页）在这样一种办学宗旨指导下，夏山学校的教育方式表现出一些特征：①入学年龄不受严格限制，一般入学多在 5~15 岁之间；②采用混合编班制，小班 5~7 岁，中班 8~10 岁，大班 11~15 岁；③学校虽设有课程，但只为教师而设，学生上课与否不加限制；④学校不举行成绩考查，因此不存在及格与不及格的问题；⑤学生全部住校，每周的前五天，学习活动完全自由，周六举行生活讨论会，凡事公决，师生共同遵守。

20 世纪 60 年代中期，曾有教育心理学家（Bernstein，1967）在追踪调查该校校友的基础上，总结了夏山学校的办学效果：①学生在与异性的交往中比较自然；②在自由环境中能主动发展个人的兴趣；③成年后与子女关系密切；④在校期间未能学到以后从事社会工作所必需的知识与能力。

（资料来源：张春兴．教育心理学——三化取向的理论与实践．杭州：浙江教育出版社，1998. 276.）

四、建构主义学习理论①

建构主义是行为主义发展到认知主义以后的进一步发展。建构主义认为，学习不是被动、客观地接受外部知识的过程，而是主动地以已有经验为基础建构内部认知结构的过程。学习过程同时包含两方面的建构：一方面，对新信息的理解是通过运用已有经验，超越所提供的信息而建构成的；另一方面，从记忆系统中所提取的信息本身，也要按具体情况进行建构，而非单纯提取。简言之，学习既是对新信息意义的建构，也是对原有经验的改造和重组。建构主义学习理论的基本观点包括知识观、学习观和学生观等内容。

（一）建构主义学习理论的四大取向

1. 激进建构主义（radical constructivism）

这是在皮亚杰思想基础上发展起来的建构主义，以格拉塞斯费尔德和斯特菲为代表。激进建构主义有两条基本原则：①知识不是通过感觉而被个体被动地接受的，而是由认知主体主动地建构起来的，建构是通过新旧经验的相互作用而实现的；②认识的机能是适应自己的经验世界，帮助组织自己的世界，而不是去发现本体论意义上的现实。激进建构主义者相信，世界的本来面目是我们无法知道的，而且也

① 冯忠良，伍新春，姚梅林等．教育心理学．北京：人民教育出版社，2000. 164~169.

没有必要去推测它，我们所知道的只是我们的经验。

2. 社会建构主义（social constructivism）

这是主要以维果茨基的理论为基础发展起来的建构主义，以鲍尔斯费尔德和库伯等人为代表。社会建构主义认为，世界是客观存在的，对每个认识世界的个体来说是共通的。知识是在人类社会范围里建构起来的，且在不断地被改造，以尽可能与世界的本来面目保持一致，尽管永远达不到一致。其强调个体在学习中建构自己的知识和理解过程的社会性。他们认为，知识不仅是个体与物理环境的相互作用内化的结果，而在此过程中，语言等符号具有极为重要的意义。儿童知识经验发展的基本途径是通过“最近发展区”把潜在水平变成现实水平的过程。

3. 社会文化取向（social cultural approach）

社会文化取向与社会建构主义有很大的相似之处，但前者更强调心理活动与一定的文化、历史和风俗习惯背景的密切联系。它着重研究不同文化、不同时代和不同情境下个体的学习与问题解决等活动的差别。他们借鉴文化人类学的方法，研究一定文化背景下的个体为达到某种目的而进行的实际活动，并认为这些实际活动是以一定的社会交往、社会规范、社会文化产品为背景的。个体以自己原有的知识经验为基础，通过一系列的活动，解决出现的各种问题，最终达到活动的目标。他们认为，学习应该像这些实际活动一样展开，在为达到某种目标而进行的实际活动中，解决遇到的实际问题，从而学习某种知识。这种观点提倡师徒式教学，就像工厂中师傅带徒弟那样去教学。

4. 信息加工建构主义（information – processing constructivism）

信息加工建构主义虽然坚持信息加工的基本范式，但完全接受了“知识是由个体建构而成的”的观点，强调外部信息与已有知识之间存在双向的、反复的相互作用。新经验意义的获得要以原有的知识经验为基础，从而超越所给的信息，而原有经验又会在此过程中被调整或改造。斯皮诺的认知建构灵活性理论就属于信息加工建构主义理论。

（二）建构主义学习理论的基本观点

1. 知识观

建构主义认为，知识并不是对现实的准确表征，它只是一种解释、一种假设，并不是问题的最终答案。相反，它会随着人类的进步而不断地被“革命”掉，并随之出现新的假设。知识不可能以实体的形式存在于具体个体之外，尽管我们通过语言符号赋予知识一定的外在形式，甚至这些命题还得到了较普遍的认可。但这并不意味着学习者会对这些命题有同样的理解，因为这些理解只能由个体基于自己的经验背景而建构起来，它取决于特定情境下的学习历程。

2. 学习观

建构主义认为，学生不是被动的信息吸收者，学习不是知识由教师向学生传递的过程，而是学生主动建构自己知识的过程，这种建构不可能由其他人代替。学习并不是简单的信息积累，它同时包含由于新旧经验的冲突而引发的观念转变和结构重组。学习过程并不是简单的信息输入、存储和提取，而是新旧经验之间双向的相互作用过程。

3. 学生观

建构主义者认为，学生并不是空着脑袋走进教室的。在日常生活中，在以往的学习中，他们已经形成了丰富的经验。所以，教学不能无视学生的这些经验，另起炉灶，从外部装进新知识，而是要把儿童现有的知识经验作为新知识的生长点，引导儿童从原有的知识经验中"生长"出新的知识经验。教学不是知识的传递，而是知识的处理和转换。由于经验背景的差异，在学生的共同体之中，这些差异本身便构成了一种宝贵的学习资源。教学就是要增进学生之间的合作，使他看到那些与他不同的观点，从而促进学习的进行。

（三）建构主义学习理论的教育作用与启示①

建构主义学习理论强调学习的主动性、社会性和情境性，提出许多关于学习和教学的见解。如建构主义的知识观认为，知识只是一种关于各种现象的较为可靠的假设或解释，处在不断的变化发展中，知识并不能精确地概括世界，在具体问题中，需针对具体情境进行再创造。所以，学习不能满足于教条式的掌握，而是需要不断深化，把握它在具体情境中的复杂变化。建构主义的学习观认为，学生不是被动的信息吸收者，学习不是知识由教师向学生传递的过程，而是学生主动建构自己知识的过程，这种建构不可能由其他人代替。通过师生间和学生间相互作用的合作学习、交互教学、问题解决活动，可培养学生的求知欲和探究欲，极大地激发学生的思维活动，有利于学习者对知识结构形成深刻的理解。建构主义的学生观认为，要考虑学生原有的经验基础，重视学生已有的观念。教师应了解学生、洞悉学生、引导学生，并与学生共同针对某些问题进行探索，做到真正的教师主导、学生主体。在课堂教学中，应该改变传统的老师教、学生学的灌输式的教学方法。

基于建构主义学习理论的知识观、学习观和学生观，新课程改革也强调教师在教学中要唤醒学生类似的生活经历，调动学生已有的知识储备，促进学习。教学活动必须建立在学生已有的知识经验基础上，体现学生学习的过程是在教师的引导下自我建构、自我生成的过程。教师在课堂教学中要尊重学生已有的知识与经验，不断强化学生的能动意识，使学生认识到，学习的过程不是消极的接受过程，不是简单的信息累积过程，而是新旧经验之间双向的相互作用过程，是主动进步与发展的过程。

本章分别介绍了学习及其类型、当代教育心理学的四大学习理论等内容。学习者通过理解学习的实质及不同学习类型的特点，准确掌握学习的基本理论，这对促进有效学习与教学具有积极的作用。本章所介绍的各类学习理论对学习的本质和规律的阐释不尽相同。例如，行为主义学习理论把学习解释为特定情境中个体外显行为的改变，尤其强调强化在学习中的重要作用；认知主义学习理论把学习视为知识的同化与利用，特别强调过去学习中形成的认知结构在获取新知识中的意义；人本

① 洪显利．教育心理学的经典理论及其应用．北京：北京大学出版社，2011. 18 ~ 19.

主义学习理论则将学习视为整体的人的成长和潜能的发挥，尤其关注创设自由学习情境的教育价值；建构主义学习理论则将学习视为主动建构自己知识，强调新旧经验之间双向的相互作用过程。可见，虽然上述四大学习理论对学习本质的主张和对学习规律的解释极不相同，有的甚至彼此对立，但是公平地说，它们都对学习心理的研究作出了各自的贡献，都从不同的侧面或在不同的层次上揭示了学习的部分规律。学习是多层次、多侧面的复杂过程，如果教师能够认识到这一点，就不应该执着于哪种理论一定是正确的。这四大学习理论在教学上各有价值，不宜采用同一标准比较其效用。例如，行为主义学习理论的价值可能更多体现在学生的良好行为习惯养成方面；认知主义学习理论对于知识教育和课堂教学的改革更具有参考价值；人本主义学习理论的意义在于教育者必须创造适合学生身心健康成长的教育环境；建构主义学习理论则对现代教学设计与教学模式具有重要的指导作用。因此，只要学校和教育者根据教育教学的实际情况灵活而有选择性地综合运用这些理论来指导自己的教育教学行为，只要学习者能运用学习理论所揭示的学习活动规律自觉指导自己的学习实践，就一定能收到事半功倍之效。

《本章小结》

本章主要讲述了学习的定义、学习的不同分类以及各心理学流派关于学习的理论。

行为主义学习理论：桑代克的联结学习理论、巴甫洛夫的经典条件反射理论、斯金纳的操作条件反射理论以及班杜拉的社会学习理论等。

认知主义学习理论：苛勒的完形—顿悟学习理论、托尔曼的认知—期待学习理论、布鲁纳的认知—发现学习理论、奥苏伯尔的有意义学习理论、加涅的信息加工学习理论等。

人本主义学习理论：人本主义学习理论的基本前提包括个人有绝对的自由、个人有选择的权利、个人对自己的选择负有责任、个人具有超越自我的潜力。

建构主义学习理论：学习不是被动、客观地接受外部知识的过程，而是主动地以已有经验为基础建构内部认知结构的过程。

关键术语

学习　联结学习理论　完形—顿悟学习理论　认知主义学习理论　信息加工学习理论
社会学习理论　人本主义学习理论　经典条件反射　操作条件反射　建构主义学习理论

进一步阅读

[1] 洪显利. 教育心理学的经典理论及其应用. 北京：北京大学出版社，2011.
[2] 边玉芳. 心理学经典实验书系：教育心理学. 杭州：浙江教育出版社，2008.
[3] 张春兴. 教育心理学——三化取向的理论与实践. 杭州：浙江教育出版社，1998.
[4] 陈琦，刘儒德. 当代教育心理学（修订版）. 北京：北京师范大学出版社，2007.
[5] 姚本先. 心理学. 北京：高等教育出版社，2005.
[6] 泛珠三角地区九所师范大学联合编写. 现代心理学（第2版）. 广州：暨南大学出版社，2008.

思考与练习

(1) 理解学习的实质。
(2) 掌握巴甫洛夫的经典条件反射理论。
(3) 掌握托尔曼的认知—期待学习理论。
(4) 掌握苛勒的完形—顿悟学习理论。
(5) 掌握斯金纳的操作条件反射理论。
(6) 掌握班杜拉的社会学习理论。
(7) 掌握加涅的信息加工学习理论。
(8) 掌握罗杰斯学习理论的基本观点。

第八章　智　力

本章学习要点

1. 智力的含义
2. 智力与能力的关系
3. 智力与知识、学习
4. 智力理论
5. 智力发展及其个体差异
6. 影响智力发展的因素
7. 智力的开发与培养

智力是个体重要的心理品质，对智力的研究由来已久，它一直是心理学家备感兴趣的领域。对学生智力的开发和培养，也是学校教育的重要目标之一。同时，智力的个别差异也是影响学习的重要因素，不仅影响着教学内容和教学方法的选择，也影响着教学中师生交互作用的方式。本章着重介绍智力的含义、理论、影响因素及其发展特点，同时也对如何开发智力提出有效的方法。

第一节　智力概述

国内外学者的多项研究表明，智力是影响学习和活动的重要因素，智力与学生的学习成绩存在着中等程度的相关。本节着重介绍智力的含义，智力与能力的关系，智力与知识、学习的关系。只有了解和掌握了这些基本概念和知识，才有助于在教育教学活动中更好地提高学生学习的速度、深度和灵活性，使其取得更高的学业成就。

一、智力的含义

智力（intelligence）是一个复杂的概念。关于什么是智力，长期以来备受争议，至今心理学家对智力尚无公认的确切定义。近几十年来，国内外心理学家进行了大量的研究，提出了不少关于智力定义的观点，归纳起来有如下几类：

（一）智力是抽象思维的能力

智力测验的创始人，法国心理学家比纳（A. Binet）认为，善于判断、善于理解、善于推理是智力的三要素。美国心理学家推孟（L. M. Terman）也认为，一个人的智力和他的抽象思维能力成正比。

（二）智力是一种潜在的学习能力

有些心理学家认为，智力就是学习能力，学习成绩代表智力水平。智力高的学生学习快，获取和保存的知识多；智力低的学生学习慢，获取和保存的知识少。所以有人认为，智商在105以下的高中生不易考取大学，智商在120～125的高中生可考取理想的大学。

（三）智力是适应环境的能力

瑞士心理学家皮亚杰（J. Piaget）认为，智力的本质就是适应，儿童认识的发展就是个体对环境适应的逐步完善和日益智慧化的过程。这一类解释认为，在一特定的环境中，智力高的人能很快地作出相应的反应，智力低的人则相反。

（四）智力是各种认知能力的有机综合

美国心理学家韦克斯勒（D. Wechsier）与我国心理学家朱智贤把智力看成是一种整体的能力，是各种基本认知能力的综合。韦克斯勒认为，智力是一个假设的结构，它是一个人有目的地行动，合理地思维，并有效地处理周围事物的整体能力。朱智贤认为，智力是一种综合认知能力的心理特征，主要包括三个方面：感知记忆能力，特别是观察能力；抽象概括能力（包括想象力）；创造力，即创造性解决问题的能力。

（五）智力就是智力测验所测的能力

有些心理学家认为，智力是抽象的概念，离开智力测验几乎无法了解智力的含义，这是一种操作性定义，对智力的内涵并没有作出规定。例如，弗里曼（F. W. Freeman）指出，智力就是运用智力测验所得到的东西。希尔加德指出，智力就是智力测验测定的结果。

由上可见，智力具有多种属性，可以从不同的角度或方面予以界定。但大多数心理学家仍认为：智力是使人能顺利地从事某种活动所必需的一般性综合认知能力，由注意力、观察力、记忆力、想象力和思维能力等基本因素组成，其中以思维能力为核心，创造力是智力的最高表现。

关于智力的这种观点应理解为：第一，智力与认识过程有关，但并非是认识过程本身；第二，构成智力的各种认识特点必须比较稳定，那些变化无常的认识特点不能称为智力；第三，智力不是五种因素的机械相加，而是五种因素的有机结合；第四，智力是一种能力，而情绪、情感、性格、气质、动机、兴趣、意志等非能力的特征则属于非智力因素。

二、智力与能力

我国学者认为智力与能力是两个相对独立的概念，两者既有联系，又有区别。

（一）智力与能力的区别

1. 智力与能力所属的范畴不同

智力属于认知活动的范畴，它是保证人们有效地进行认知活动的稳定心理特点的综合；能力属于实际活动的范畴，它是保证人们成功地进行实际活动的稳定心理特点的综合。两者的发展虽有联系，但并非完全一致。一个智力水平很高的人，他的能力不一定很强；同样，一个能力很强的人，他的智力水平也不一定很高。

2. 智力和能力在组成因素及结构方面各不相同

智力由观察力、注意力、记忆力、想象力、思维力等因素组成，而能力则由组织能力、定向能力、适应能力、实际操作能力、创造能力等因素组成。智力以思维力为核心组成一定的结构，而能力的结构则是由几种因素并立组成。

3. 智力与能力着重解决的问题不同

一般说来，智力偏于认识，它着重解决知与不知的问题，智力与知识相联系。能力则偏于活动，它着重解决会与不会的问题，能力与技能相联系。

4. 智力和能力发展的主要影响因素不同

智力涉及的先天因素较多，而能力涉及的后天因素较多。每一个人的智力从发展的情况看，属于与生俱来的因素可能要多一些。而能力则受后天的因素影响较多，参与过什么样的活动就会培养出什么样的能力，而且随着活动领域的扩大，其能力也会随之增加。

（二）智力与能力的联系

1. 能力中有智力，智力中有能力

智力与能力总称为智能。中国古代思想家一般把智与能看作是既有区别又有联系的两个可以相互转化、共同提高的概念。《荀子·正名》曰：“所以知之在人者谓之知，知有所合谓之智。所以能之在人者谓之能，能有所合谓之能。”由此，能力依存于智力。王夫之在《读四书大全说》中写道：“如人学弈棋相似，但终日打谱，亦不能尽达杀活之机，必亦与人对弈，而后谱中谱外之理，皆有以悉喻其故。”可见，智力又依存于能力。正因为智与能的联系如此密切，故古代不少名篇均将两者结合起来称为“智能”，其实质都是把智与能结合起来作为考察人才的标志。

2. 智力与能力存在交叉关系

智力属于认知活动的范畴，能力属于实际活动的范畴。但认识和活动又是统一的：认识离不开一定的活动基础；活动又必须有认识参与。认识的参加有利于活动的进行，活动的开展又有利于认识的提高。因此，智力与能力之间是一种互相制约、互为前提的交叉关系。所以教学的实质就在于认识和活动的统一，在教学中，发展智力和培养能力是分不开的，发展智力有助于能力的提高，提高能力也有助于智力的发展。

3. 智力和能力的核心成分都是思维

智力与知识相关，能力与技能相关。而知识与技能是密切联系、相辅相成的。知识是技能的基础，技能是知识的应用；知识有助于技能的形成，技能有助于对知识的理解和巩固。与知识相联系的智力，并不与技能相排斥；与技能相联系的能力，也并不与知识绝缘。不管智力还是能力，其核心成分都是思维，其最基本的特征是概括，概括是智力和能力的首要特点。

4. 智力和能力都是先天和后天的“合金”

尽管智力涉及的先天因素多，能力涉及的后天因素多，但只有把先天因素与后天因素结合起来才能使两者都得到培养与发展。

总之，我们应从“区别”和“联系”的辩证统一中来考察智力和能力。在发展智力的同时注意培养能力，在培养能力的同时注意发展智力。

三、智力与知识

智力与知识都是保证活动获得成功的重要条件。智力与知识是两个不同的概念，但两者相互联系，又相互促进。

智力与知识之间的区别主要表现在：

第一，智力与知识的内涵不同。知识是一种认知成果，是人们认识自身及外部客观世界的结果，是人类社会历史经验的总结和概括；智力是认知操作能力，决定着人们是否能更好地去认识自身和外部客观世界，是人的个性心理特征。

第二，智力的发展和知识的掌握并不一定同步。智力的发展和知识的掌握并不完全同步，两者之间会存在三种情况：一是智力的发展落后于知识的掌握；二是智力的发展超过知识的掌握；三是智力发展水平和知识掌握程度基本一致。同时，知识在人的一生中可以随年龄增长而不断积累，永无止境；而智力随着年龄的增长，则会表现出一个发展、停滞和衰退的过程。

智力与知识的相互联系主要表现为：

第一，智力是在掌握知识的过程当中逐步发展起来的。孔子说过：“多学近乎知。”俗话说：“无知必然无能。”人在掌握知识的同时，必然离不开一些智力操作，这将会在不同程度上发展自己的智力。因此，缺乏必要的知识是智力发展的最大障碍，离开了学习和训练，智力就得不到发展。

第二，掌握知识又以一定的智力发展水平为必要前提。智力是掌握知识的内在条件，为知识的掌握提供了可能性。智力发展水平高的人，由于分析、综合能力强，思维敏捷，思路清晰，掌握起知识来又多又快；智力发展水平低的人，由于思路狭窄，反应迟钝，掌握知识时常常有较大的困难。因此，智力发展水平的高低会直接影响着掌握知识的快慢、难易和牢固程度。

由于智力与知识既有联系，又有区别。因此，教师在教学工作中，既不能只专注于知识的传授而忽视学生智力的发展，也不能脱离知识的学习去发展学生的智力。而应该让学生在掌握知识的基础上发展智力，在发展智力的要求下掌握知识，把学生的智力发展寓于整个教学活动中，变单纯的知识性教学为智力性教学，使学生的知识和智力都得到发展。

第二节　智力理论

自20世纪以来，心理学家从各个不同的角度对智力进行了广泛的研究，形成了不同的智力理论。本节主要介绍智力的因素理论、结构理论和认知理论。了解这些理论，既可以深化我们的认识，进一步理解智力的本质，也可为科学有效地培养学生的智力提供理论基础。

一、智力的因素理论

（一）单因素论

智力单因素论者认为，智力是一种总的能力。例如，高尔顿、比奈、推孟等人都认为，智力是单因素的。所以他们编制的智力测验量表只提供单一分数（智商），只测一种智力。

（二）二因素论

英国心理学家斯皮尔曼（C. Spearman）在1904年首先用自己创立的因素分析法对智力结构进行研究，从而提出智力的二因素论。他认为，人的智力由一般因素（G因素）和特殊因素（S因素）构成。G因素是一切智力活动的共同因素，S因素只与特定的智力活动有关。每个人的一般因素与特殊因素都不相同，即使具有同样一种特殊因素，在程度上也会有差异。一般因素与特殊因素互相联系，其中，一般因素是智力的核心，特殊因素对于智力只具有偶然意义。

（三）群因素论

群因素论是由美国心理学家瑟斯顿（L. Thurstone）于1938年提出的。他认为，智力的核心不是单一的G因素，而是由言语理解能力、言语流畅性、归纳推理能力、空间知觉、计算能力、记忆能力和知觉速度七种不同的心理能力构成的能力因素群。这些基本心理能力的不同搭配，构成了每个个体独特的智力结构。

（四）流体智力与晶体智力理论

流体智力与晶体智力理论是美国心理学家卡特尔（R. B. Cattell）于1963年在对各种测验题目进行深入研究的基础上提出的。他认为，一般智力或G因素可以进一步分成流体智力（fluid intelligence）和晶体智力（crystallized intelligence）两种：流体智力是指一般的学习和行为能力，如机械记忆、分类和图形关系等，由速度、能量、快速适应新环境的测验来度量，流体智力的主要作用是学习新知识和解决新问题，它主要受人的生物学因素影响；晶体智力是指已获得的知识和技能，如词汇、言语理解和普通常识等以回忆储存的信息为基础的能力，晶体智力测量的是知识经验，是人们学会的东西，其主要作用是处理熟悉的、已加工过的问题，晶体智力与人的文化背景、教育和经验密切相关。

到20世纪80年代，经过进一步研究发现，随着年龄的增长，流体智力和晶体智力经历的是不同的发展历程。与其他生物学方面的能力一样，流体智力随生理成长曲线的变化而变化，到20岁左右达到顶峰，在成年期保持一段时间以后，开始逐渐下降；而晶体智力发展较迟，在成年期不仅不会下降，在以后的发展过程中反而还会有所增长。

二、智力的结构理论

（一）阜南的智力层次结构理论

英国心理学家阜南（P. E. Vernon）继承和发展了斯皮尔曼的二因素说，于1971年提出了智力的层次结构理论。他认为，智力的结构是按层次排列的。智力的最高层次是一般因素（G）；第二层次分两大因素群，即言语和教育方面的因素、操作和机械方面的因素；第三层次分成几个小因素群，包括言语理解、数量、机械信息、空间能力、手工操作等；第四层次为特殊因素，即各种各样的特殊能力（见图8－1）。

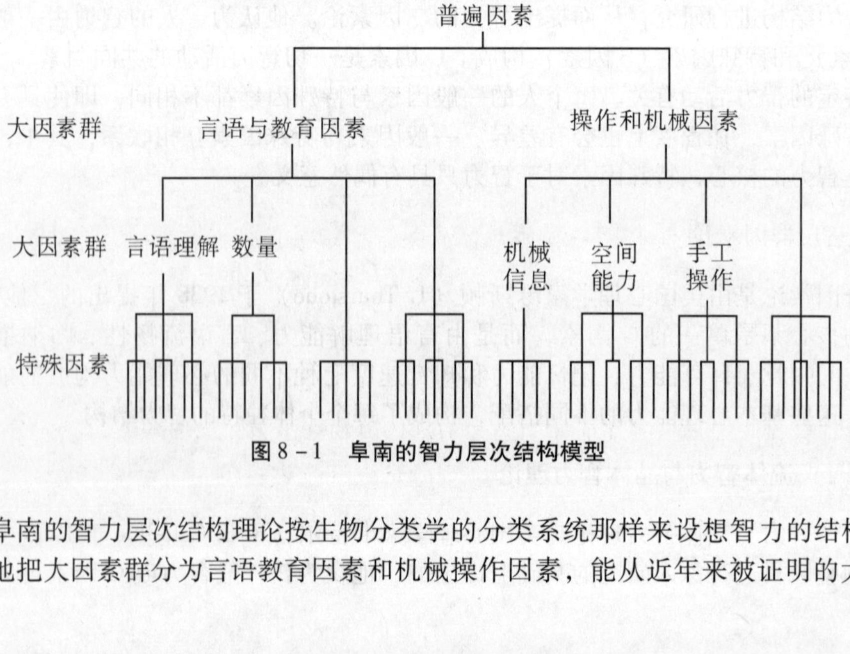

图8－1　阜南的智力层次结构模型

阜南的智力层次结构理论按生物分类学的分类系统那样来设想智力的结构，特别是他把大因素群分为言语教育因素和机械操作因素，能从近年来被证明的大脑左半球以言语机能为主，而右半球以对空间图像的感知为主的脑科学研究成果中得到一定支持。

（二）吉尔福特的智力三维结构理论

美国心理学家吉尔福特（J. P. Guilford）认为，任何一项智力活动都是对一定内容进行操作并产生一定产品的过程，因此，对智力结构的分析应该从智力活动的内容、操作和产品三个维度去考察。据此，他提出了智力的三维结构理论并不断修订。直到 1988 年，该理论最后修订为如图 8－2 所示的模型，即智力的结构可以比作一个由智力活动的内容、操作和产品构成的，具有长、宽、高的三维立方体。

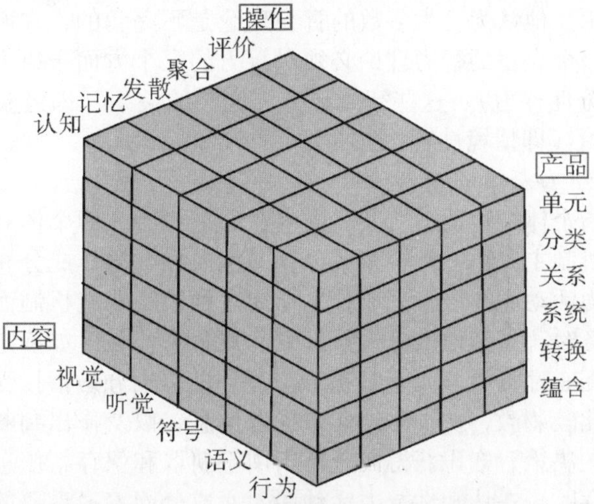

图 8－2　吉尔福特的智力三维结构模型

由图 8－2 可见，智力活动的“内容”是指智力活动的对象或材料，包括视觉、符号、语义、行为和听觉 5 个项目；智力活动的“操作”是指智力活动的过程，包括短时记忆、长时记忆、认知、发散思维、聚合思维和评价 6 个项目；智力活动的“产品”是指运用上述智力操作所得到的结果，包括单元、分类、关系、系统、转换和蕴含 6 个项目。整个智力就是内容、操作和产品各维度所属项目相乘的结果。所以，人的智力在理论上可以区分为 5×6×6＝180 种，三维立方体上的每个小方块代表一种独特的智力，这些不同的智力可以分别通过不同的测验来加以检验。

吉尔福特的三维智力结构理论对智力结构提出了一种动态的看法，同时考虑了信息加工的内容、操作和产品，有助于智力测验工作的深入。但这一理论在实际应用当中有一定的困难，因为他的三维智力结构模型共由 180 种独特的智力因子组成，显得过于精细，目前尚未有哪一种智力测验可以评定该模型包含的所有智力层面及其因子。此外，吉尔福特否定一般智力存在的观点也受到一些学者的批评。

三、智力的认知理论

20世纪60年代以来，随着计算机科学的发展和认知心理学的兴起，智力研究的一个深刻变化就是从单纯分析智力的结构转向对智力活动内部过程的探索上。认知心理学以信息加工为核心，把人的心理过程看成是信息加工过程。它关心的不是智力活动的结果，而是其信息加工过程。

（一）智力的三元理论

美国耶鲁大学教授斯腾伯格（R. J. Sternberg）于1985年从信息加工的角度提出了智力的三元理论。他认为，大多数的智力理论是不完备的，它们只从某个特定的角度解释智力。一个完备的智力理论必须对智力的三个方面予以说明：智力的内部构成成分（即成分性智力）、这些智力成分与经验的关系（即经验性智力）以及智力成分的外部作用（即情境性智力）。

1. 成分性智力（componential intelligence）

成分性智力指个体智力活动所必需的内在心理机制，即个体对初级信息进行加工的能力。这种机制主要由三种智力成分，即元成分、操作成分和知识获得成分构成。元成分是智力活动的高级管理成分，作为一种策略构造机制而发挥作用，它的功能是在完成任务时，对其他成分进行计划、评价和监控，如确定问题的性质、选择解题步骤、分配心理资源、调整解题思路等；操作成分是指接受刺激，将信息保持在短时记忆中比较刺激，从长时记忆中提取信息，以及作出判断反应的过程，它负责执行元成分的决策；知识获得成分是指用于获取和保存新信息的过程，它负责新信息的编码和存贮。在认知性智力活动中，元成分起着最重要的核心作用，它决定人们解决问题时使用的策略。

2. 经验性智力（experiential intelligence）

经验性智力指根据经验调整所运用的成分从而获益的能力。经验性智力既包括有效地应付从未见过的新异事物，也包括自动地应付熟悉的事情。在完成非常熟悉任务的时候，取得良好表现依赖于操作成分的自动执行，如阅读、驾车、打字时的自动编码等；而在完成不熟悉任务时，获得良好的成绩依赖于元成分对推理和问题解决的辅助方式。

3. 情境性智力（contextual intelligence）

情境性智力指在日常生活中适应环境、塑造环境和选择新环境的能力。为了达到目标，凡是有一定智力的人都能运用元成分、操作成分和知识获得成分。但是，智力行为是因条件的改变而变化的，在不同的情境中，人的智力行为有不同的表现。例如，一个人在实验室中解决物理问题时所用到的知识和元成分与他力图摆脱尴尬处境、平息家庭冲突时所用的知识和元成分是不同的。

斯腾伯格的智力三元理论从人的内部世界、外部世界及经验与智力的关系三个方面来阐述智力的结构，强调智力的动态过程，揭示了智力活动的内部机制。根据这种理论编制的智力测验能测量出人们是怎样解决问题的，因而它对深入了解智力的实质，促进智力的训练和培养具有重要的意义。

（二）智力的 PASS 模型

加拿大的戴斯（J. P. Dass）等人于 1990 年把信息加工理论、认知研究的新方法与因素分析法结合起来，并以苏联心理学家鲁利亚（A. R. Luria）的大脑三级功能区学说为理论基础，提出了人类智能活动的三级认知功能系统的智力模型。

PASS 是指“计划—注意—同时性加工—继时性加工（Planning - Attention - Simultaneous - Successive，PASS）”，它包含三层认知系统，即注意—唤醒系统、同时—继时编码加工系统、计划系统。注意—唤醒系统是整个系统的基础，主要功能是使大脑处于一种适宜的工作状态，在智力活动中起激活和唤醒作用；同时—继时编码加工系统处于中间层次，负责对外界信息的接收、解释、转换、再编码和存贮，是智力活动中主要的信息加工系统；计划系统属于最高层次，它执行的是计划、监控、调节、评价等高级功能，负责在智能活动中确定目标、制定和选择策略、决定和修改解决问题的方法，以及对方法和结果进行评价，实现对整个操作过程的监控和调节。这三个系统协调合作，保证了一切智力活动的运行。

（三）真正智力理论

该理论由美国哈佛大学教授帕金斯（D. N. Perkins）于 1995 年提出。他认为，智力有三个基本方面：神经的、经验的和反省的。神经智力是神经系统的功能，大部分由遗传因素决定，是不可传授的，类似于卡特尔所说的流体智力。经验智力是从经验中习得的，它是知识的扩展和组织，类似于卡特尔所说的晶体智力。反省智力是指记忆和问题解决的策略，类似于元认知或元认知监控的成分。帕金斯教授还提出了智力的公式：智力 = 能量 + 技巧 + 内容知识。公式中的能量是指人的神经系统的生理功能，技巧是指策略性知识，内容知识是指陈述性知识和程序性知识。

第三节　智力发展及其个体差异

人的智力发展具有什么特征？对个体智力发展的水平应如何评定？人与人之间智力的发展存在哪些差异？对这些问题进行研究和探讨，将有助于我们更好地认识和了解智力，发展智力。

一、智力发展的特征

关于智力的发展，心理学家曾提出过许多假设。大量的研究表明，智力和人的其他机能一样会随着个体年龄的增长而发生变化。一般来说，智力的发展可分为三个阶段：增长阶段、稳定阶段和衰退阶段。

心理学家贝利曾用3种智力量表对同一组被试跟踪考察达36年之久。根据贝利的研究，13岁以前，智力是直线上升的，之后缓慢发展，到25岁的时候达到最高峰，到26~35岁保持高原水平，35岁以后开始有下降趋势，如图8-3所示。

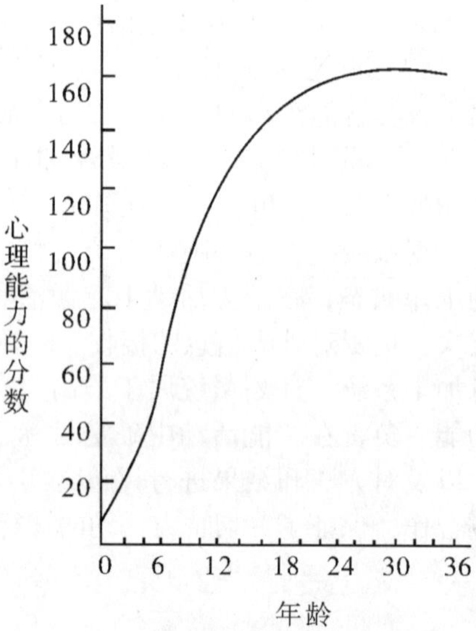

图8-3　智力发展曲线图

（一）从出生到青春初期是智力发展的加速期

根据贝利的研究，13岁以前，人的智力是直线上升的，在这以后便缓慢发展。布鲁姆1964年也根据自己对1 000名被试的跟踪研究提出智力发展假说。他认为如果把一个人的智力以17岁时的水平作为100%，那么，从出生到5岁就可以获得50%，到5~8岁又增长30%，剩余的20%在8~17岁时获得。在贝利和布鲁姆之后的其他研究也证实了人类的智力发展存在非匀速增长的现象，从出生到青春初期是智力发展最迅速的时期。

（二）构成智力的各因素在发展情况上不相同

自卡特尔提出流体智力与晶体智力理论以来，许多心理学家都对哪一种智力可能会衰退得较快进行了研究，结论大多与卡特尔的观点类似，即晶体智力在成年后较少随年龄增长而下降；而流体智力在较早的年龄段就开始下降，而且年龄越大，这种智力衰退得越快。

迈尔斯（W. R. Miles）等人也对智力各因素的发展做了研究，研究表明，各种不同的智力因素在发展速度上是不同的，某些智力因素发展或成熟得较早，另外一些智力因素却发展或成熟得较迟。而且，各种智力因素的衰退速度也不一样。一般来说，知觉能力发展较早，也首先开始下降；其次是记忆能力和动作反应速度，但两者相比，记忆衰退得更早、更快，比较和判断能力直到50岁才开始下降，见表8-1。

表8-1　不同智力因素的发展状况

能力＼年龄	10~17	18~29	30~49	50~69	70~89
知　觉	100	95	93	76	46
记　忆	95	100	92	83	55
比较和判断	72	90	100	87	69
动作及反应	88	100	97	92	71

（100为最高水平，其他数字是和最高水平的比较）

由表中应该看到，由于一些智力测验多半侧重对知觉理解速度和敏捷性、短时记忆等方面的测量，而这些能力在20~30岁处于高峰状态，所以此期间的智力测验成绩较好，以后这些能力逐渐衰退，因而智力测验成绩显示出个体智力水平降低。事实上，个体到40岁以后，其思维能力正处于高水平阶段，虽然此时其知觉、机械识记等的速度和敏捷性不如青年人，但是他的判断概括和推理能力都远远超过青年人。如果不考虑这些因素，就断言个体的智力在35岁以后就逐渐下降，既不全面也并非事实。同时，智力发展变化还具有明显的个别差异。身体健康、勤于用脑的人，到70岁时智力仍很少下降；而健康不佳，特别是神经系统和脑部有疾病的人，智力衰退之快常超过生物学上的“老化”速度。

二、智力的测量

（一）对智力测验的认识

1904年，斯皮尔曼提出了智力G因素的存在，这成为智力测验产生的理论基础。1905年，法国心理学家比内（A. Binet）和医生西蒙（T. Simon）在G因素理论的影响下，编制了世界上第一个智力测验量表，即比内—西蒙智力量表。由此开始，智力测验已经走过一百多年的历史，并且活跃在社会生活的各个方面。

1. 智力测验及智力商数

智力测验也叫一般能力测验，是运用测验方式评估人的智力发展水平高低的一种科学方法。用于进行智力测验的工具叫智力量表。

智力商数简称智商（intelligence quotient），也就是平时所说的IQ。智商是个体智力水平的数量化，用于衡量智力水平的高低，是智力测验所得的结果。这一概念由德国心理学家斯腾（W. Stern）首先提出。

2. 智力年龄

智龄（MA）是比内在量表编制中提出的概念，用来表示儿童智力达到的年龄水平，它以儿童完成项目的数量相对应于某一实足年龄一般儿童达到的正确项目为依据。比如，一个9岁的儿童通过了10岁组的测试题，这个儿童的智龄就是10岁，也就是说他的智力相当于10岁一般儿童的平均智力。

3. 比率智商

比内—西蒙智力量表的发表引起了各国的兴趣，各国相继翻译和修订。其中美国斯坦福大学的推孟修订发表了《斯坦福—比内智力量表》，在该量表中，为了比较不同年龄儿童智力的高低，推孟采用了斯腾首创的智商（IQ）概念，作为比较儿童聪明程度的相对指标。计算智商的公式为：IQ = MA（智力年龄）/CA（实际年龄）×100。即智商是由智力年龄（MA）与实际年龄（CA）之比乘以100而得到的。这种用智力年龄和实际年龄的比率计算出来的智商叫比率智商。

从公式可以看出：智商100为中等智力水平，越是高于100，表明智力越高；越是低于100，表明智力越差。同时，还可以用智商来比较不同年龄人的聪明程度。例如，一个5岁的儿童，他的智龄是6岁，则其智商是120，而一个10岁的儿童，智龄是11岁，则其智商是110，虽然他们的智龄都是超过实际年龄1岁，但从聪明程度看，前一个儿童比后一个儿童更聪明。

比率智商假定人的智力年龄必然随着实际年龄一起增长，但事实上人的智力年龄并非是始终随实际年龄等速增长的。人的实际年龄在不断增加，而他的智力发展到一定阶段后就相对稳定了。如果仍用比率智商来表示人的智力水平，则随着年龄增长，智商会逐年下降，这是不合理的。

4. 离差智商

为了克服比率智商的局限，美国心理学家韦克斯勒（D. Wechsler）在其编制的《韦克斯勒智力测验量表》中提出并采用了离差智商的概念。

离差智商就是用一个人在其他同龄人中的相对位置来衡量他的智力水平。计算公式为：$IQ = 100 + 15Z$，其中 $Z = (X - \bar{X}) / SD$。

公式中，X 为个人原始分数，$\bar{X}$ 为同年龄团体的平均分数，SD 为团体分数的标准差，Z 为标准分数。例如，甲被试的测验得分高于他所在年龄组平均分2个标准差，其 $IQ = 100 + 15 \times 2 = 130$；乙被试的测验得分低于他所在年龄组1个标准差，其 $IQ = 100 + 15 \times (-1) = 85$。即离差智商表明被试所得分数相对地离处于同年龄标准化样组的均数之上或之下有多远，也就是以离差的大小表明智力高低。离差越大，且为正数者，则智商越高；而离差越小，且为负数者，则智商越低。由于离差智商反映的是一个人的智力在同年龄组中的相对位置，因而不受个体年龄增长的影响。目前，国际上已普遍采用这种智商概念。

（二）对智力测验的基本评价

目前人们对智力测验的评价并不统一，有的人持肯定的态度，但也有一些人持怀疑的态度。

持肯定态度的人认为，智力测验作为一种工具是有一定实用价值的。首先，它能帮助教师和家长了解学生智力发展的情况，以便因材施教；其次，由于智力测验对学生未来的学业成就有一定的预测能力，因此能为学生升学的可能性和就业的准备提供一些有用的信息。

持怀疑态度的人主要是怀疑智力测验的预测性、公平性及担忧测验结果带来的影响。对智力测验预测性持怀疑态度的人认为，目前的智力测验测到的只是智力的一小部分而非全部，或认为智力测验测出的不是智力而是人所具有的知识技能，而且人一生中的智力都是在发展变化的，因此一次智力测验很难代表其以后的智力状况；对智力测验公平性持怀疑态度的人认为，智力测验不可能不受知识技能的影响，而知识技能的掌握却要受到社会文化因素的制约，因此，智力测验可能对具有良好教育条件的儿童有利，而对那些不具备良好教育条件或不熟悉测验语言的儿童不利，这种测验是不公平的；对智力测验结果带来的影响持批评态度的人则认为，智力测验的结果很可能会微妙地影响家长或老师对孩子学习成就的期望，而这种期望又会在很大程度上影响孩子的成就动机，这样一来，那些被智力测验测定为“一般”或“中下”的孩子就要“倒霉”了。

那么，应该如何看待智力测验？我们认为，尽管智力测验还很不成熟，如测验所依据的理论基础还有种种争论，从而人们对它应包括的项目内容和测验手段也提出了不同的看法，但是智力测验对于衡量一个人聪明与否仍然是有效的。另外，许多有关智商稳定性和预见性的实验表明，人一生中的智商会有一定的发展变化，但智商的稳定性会随年龄增长而增长，从而也证明了智力测量是具有预测性的。同时，按照卡特尔的智力理论，智力中的晶体智力是通过社会文化经验获得的，也就是说智力本身就含有知识技能，因此智力测验要完全排除知识技能的影响既不可能也不应该。当然，考虑到文化公平的问题，是应该注意对测验中知识文化的渗入进行适当的控制。

总之，我们应该承认智力测验有一定的实用价值，但不能夸大它的作用，对智力测验要谨慎使用和合理解释。对学生的智力诊断，应把智力测验的结果、学生学业成绩及其他表现结合起来考虑。

三、智力发展的个体差异

由于各人的先天素质存在差异，特别是后天条件诸如社会、环境、家庭、学校、所从事的实践活动以及主观努力程度等因素的不同，个体的智力发展也会呈现差异。

（一）水平差异

在智力发展水平上，不同的人所能达到的最高水平是不同的。研究表明，人类的智力基本上呈两头小、中间大的正态分布形式（见表8－2）。

表 8-2

IQ	类　别	占人口的百分比
140 以上	极优秀	1.33
120～139	优　秀	11.30
110～119	中　上	18.10
90～109	中　等	46.50
80～89	中　下	14.50
70～79	临　界	5.60
70 以下	智力落后	2.90

在一个代表性广泛的人群中，有接近一半的人智商在 90～110 之间，而智力发展非常优秀和智力落后者在一定人口中只占相当小的比例。因此，人的智力差异从低到高表现为许多不同的层次。心理学在研究儿童智力发展水平时，通常采用超常、中常、低常的概念来概括儿童智力水平的三个等级。智力超常儿童指 IQ≥140，即智力发展水平显著超过同龄人平均智力水平的儿童。智力低常儿童则是指 IQ<70，即社会适应能力（如学习、劳动、生活自理能力等）低下的儿童。

（二）表现时间早晚差异

在智力成熟的时间上，人的智力表现早晚是各不相同的，个体之间存在着很大的差异。

有的人在儿童时期就显露出非凡的智力和特殊能力，这叫“人才早熟”、“早慧”或能力的早期表现。古今中外，人才早慧、智力早熟的神童不胜枚举，如唐代诗人白居易 6 个月大时就识得“之”字和“无”字，6 岁显诗才，9 岁通音律，年纪轻轻就写下“离离原上草，一岁一枯荣”的千古名句；德国大诗人、思想家、政治家歌德，4 岁前就识字读书、能朗诵诗歌，8 岁时已经能用德语、意大利语、法语、拉丁语和希腊语阅读与书写等。智力早熟的现象在文学、音乐、绘画领域最为常见。

但也有的人智力表现较晚，即所谓“大器晚成”。事实上有许多人的优异智力或天才表现较晚，甚至是到晚年才表现出来，如著名画家齐白石 40 岁以后才表现出杰出的绘画才能；生物学家达尔文 50 多岁才开始得出研究成果；爱因斯坦天资不好，直到 3 岁才学会说话，在校成绩很一般，但最后成了闻名遐迩的物理学家等。

（三）类型差异

智力是由各种因素构成的综合体。同一种智力在不同的人身上会有不同的表现，因而构成了不同的智力类型。

智力类型的差异可以表现为人们在完成知觉、表象、记忆、想象、思维等活动时，不同的人可能会采取不同的途径。如产生知觉活动时，有的是主动观察型，而有的是被动观察型；进行记忆活动时，有的是视觉记忆型，有的是听觉记忆型，有的是动觉记忆型，有的是混合记忆型；在言语和思维方面，有的是生动的思维言语型，有的是逻辑联系的思维言语型，还有的是中间型等。

智力类型的差异也可表现为在完成同一活动时，不同的人是由不同智力因素的综合来保障的。如智力同样优秀的人，有的记忆力特强，抽象概括能力并不怎么好；有的则相反，抽象概括能力很好，但记忆力并不突出。

智力类型的差异还可以有其他表现形式。如采用韦克斯勒儿童智力量表测量不同年龄的儿童，发现智商相同的儿童，他们的言语智力和操作智力也会存在差异。另外，不少心理学家还指出，不同学生之间的认知方式或认知风格不同，即使他们智力水平相同，在领会、记忆、运用知识的方式上也会有很大差异。

（四）性别差异

智力有无男女性别差异？传统的观点认为，女性的智力发展较男性弱，这主要是根据男性取得的社会成就远远高于女性这一事实作出的判断，但是这种推断缺乏实证研究的支持。大量的研究结果表明，男女在智力上的差别呈总体平衡而部分不平衡的特点，男女两性在不同的智力类型上各有优势。

1. 男女智力发展水平的差异

研究结果表明：全体男性与全体女性的平均智力在总体上是平衡的，很难区分出男女智力的高下。但在个体智力上，男女则有很大差异，男性中出现智力低下与智力超常这两种情况的比率都高于女性。也就是说，男性的智力发展较为悬殊，女性的智力发展则较为均匀。如我国的心理学工作者研究发现，无论在中学还是大学，处于成绩优秀和较差两端的以男生居多，而成绩中等的以女生居多。

2. 男女智力发展速度的差异

研究表明，在不同的年龄阶段，男女智力的发展是有差异的，并随年龄的增长而互占优势。在婴儿期，男女智力几乎没有差异；在幼儿期，女孩的智力略高于男孩，但不明显；从学龄期开始，男女两性的智力出现了明显差异，女性智力明显优于男性，这种优势到了青春发育高峰期有所减弱；从12岁以后，男性的智力就开始逐渐赶上并超过女性，且这种优势随年龄的增长表现得越来越明显；直到整个青春发育期结束以后，这种明显的因年龄增长产生的差异才逐渐减弱。

3. 男女智力类型的差异

大量研究表明，男女两性的智力结构在某些方面是不平衡的，即在智力结构中，男女各有自己的特点和优势项目。

感知方面：女性感知一般优于男性，但在空间知觉能力方面，女性不如男性，女性更容易产生各种错觉和幻觉。

注意方面：女性的注意稳定性优于男性，但注意转移的品质不如男性；一般来说，女性较之男性更容易在实践活动中获得较高的注意分配性；另外，男性的注意多定向于物，而女性的注意多定向于人。

记忆方面：女性擅长于形象记忆、情绪记忆和运动记忆，但逻辑记忆不如男性；女性长于机械记忆，而男性长于意义记忆。

思维方面：从思维品质来看，无论是思维的深刻性，还是思维的灵活性、独创性和敏捷性，总体上男性均优于女性。

想象方面：性别差异在无意想象上表现得不明显，但在有意想象的发展上，女性更容易带有形象性的特点，男性则更容易带有抽象性的特点；在再造想象中，男女两性无明显的水平差异，但在创造想象中，男性的水平明显高于女性。

20 世纪 70 年代以后，对于智力性别差异的探讨主要从数学能力、空间认知能力和语言能力三方面进行。研究发现：女性在语言能力测验中占优势，而男性在空间能力、数学能力测验中占优势。

第四节　智力的开发与培养

个体的智力发展受遗传、环境和教育等因素的影响，遗传因素规定了智力发展可能的水平和范围，而环境和教育因素则决定了智力发展的程度。智力的开发与培养就是在承认遗传对智力发展的重要作用的前提下，最大限度地使个体的智慧潜能得到充分的显现和发展。

一、影响智力发展的因素

关于影响、制约智力发展因素的问题，历史上曾有过长期的争论。遗传决定论和环境决定论便是其中两种极端对立的观点。

遗传决定论者认为，人的智力完全是遗传而来的，智力是由遗传因素决定的，这种理论否定后天生活条件，特别是实践在人的智力发展中的作用。环境决定论者则认为，人的智力是由环境因素机械决定的，这种理论完全否认遗传因素，尤其否认人的主观能动性在智力发展过程中的作用。

现代心理学研究表明，智力的发展只由遗传或环境某单一因素所决定的结论是不能被证实的。自 21 世纪二三十年代后，越来越多的人认为，遗传因素和环境因素对智力的发展都是重要的，并主张遗传和环境的相互作用。近年来，许多学者更强调环境和教育在智力发展中的作用，一些学者认为，环境和教育是在社会实践中，通过人的主观努力发生作用的。

（一）遗传因素

遗传就是父母把自己的性状即结构和机能特点传给子女的现象。关于遗传在智力发展中的作用，心理学家从三个方面对此进行过研究：一是用同卵双生子和异卵双生子来研究血缘关系疏密不同的人在智力上的类似程度，如果遗传对智力发生作用，那么血缘越密切的人，智力的发展水平应该越接近；二是研究养子女与亲生父母和养父母智力发展的关系，如果遗传对智力发展有作用，那么孩子与亲生父母智力的相关程度，应该比与养父母智力的相关程度高；三是对从小就被分开、生活在不同环境中的同卵双生子进行追踪研究，如果遗传确实发生作用，那么同卵双生子即使生活在不同环境中，他们的智力发展仍应保持较高的相关。这些研究都表明，在智力发展过程中，遗传因素的作用是重要的，但同时环境因素的作用也是存在的。

素质是有机体生来就具有的某些生理特点，主要是神经系统、感觉器官和运动器官的解剖生理特点，特别是大脑的解剖生理特点。遗传通过素质影响人的智力发展。素质是智力发展的自然前提，没有这个前提，智力就不能得到相应的发展。例如，轻度脑发育不全的儿童不可能发展计算能力，天生的盲人难于发展绘画能力，生来聋哑的人无法发展音乐能力。但是，素质本身不是智力，也不能决定一个人的智力水平，它只能为智力的发展提供可能性，个体只有通过后天的教育和实践活动，才能使先天的潜在可能性变成现实。

（二）环境因素

环境指客观现实，即个体生活的整个活动空间，包括自然环境和社会环境。

营养是影响智力发展的一个重要因素，特别是幼年的营养直接关系到智力的发展。当代脑科学研究表明，营养不良会造成儿童脑神经细胞的数量比正常儿童少，脑细胞的发育受到影响，从而也影响了儿童智力的发展。

发展智力要重视早期环境的作用，有研究表明，丰富的环境刺激有利于儿童智力的发展。孩子出生后，如果在他们睡觉的床上方吊着会转动的音乐玩具，他们仰卧时，就能自主地观察这一切，两个星期后，他们就会试着用手抓东西；而没有接受刺激的婴儿，这种动作要到5个月时才会出现。研究还发现，有安全感的孩子喜欢探索环境，而探索环境正是智力发展的重要条件。

教育，儿其是学校教育是环境因素中的主导力量，因为学校教育是一种有日的、有计划、有系统地为学生提供知识和促进学生智力发展的过程，因而学校教育更直接地决定个体能力发展的速度和水平。

（三）个体的实践活动和主观能动性

智力是在个体的实践活动中得以形成和发展的，从事活动是智力发展的基本途径。在实践中，活动对活动者不断提出的能力要求就会跟活动者现有的能力水平形成一对矛盾。只有通过活动，个体才能解决矛盾，其能力才会得到发展。因此，离开了实践活动，即使拥有了良好的素质与良好的环境和教育，其智力也不可能得到发展。我国古代唯物主义哲学家王充提出“施用累能”，即能力是在使用过程中积累起来的。“勤能补拙”也充分说明实践因素在个体智力发展中的积极作用。

智力的发展还离不开人的主观努力，即人的主观能动性。一个人刻苦努力，积极向上，具有广泛的兴趣和强烈的求知欲，他的智力就可能得到发展。相反，一个人饱食终日，得过且过，对工作没要求，在事业上无大志，对周围的一切事物态度冷淡、缺乏兴趣，他的智力就不可能得到较好的发展。

总之，智力的形成和发展依赖于多种因素的交互作用，生物遗传因素是智力发展的自然前提，智力是在遗传因素的作用下，在环境和教育的影响下，通过个体的社会实践活动和主观能动性而发展起来的。

二、智力的开发与培养

（一）智力的早期发展与培养

1. 优生

优生是遗传学中的研究课题，心理学论及优生主要是为了改善人的先天素质。因为要想保证人的先天遗传素质健全，首先要注意的就是防止患上遗传疾病。1986年的统计资料显示，在我国新生儿中，2%～3%有各种出生缺陷，其中80%是由遗传因素造成的。在15岁以下死亡的儿童中，40%是由各种畸形、遗传病或与遗传有关的疾病造成的。而在智力低下的患者中，90%与遗传有关。因此，为了防止遗传病的增加乃至局部性的蔓延，为了保证儿童的智力发展具有良好的先天素质，每个成人除了加强预防疾病意识外，还应在改善人类的生存环境方面以及在遗传咨询、婚前咨询与生育咨询方面作出认真的努力。

2. 营养

脑的发育状况是影响智力活动的物质基础，而营养水平又是影响脑发育的关键因素之一。越来越多的证据表明，胎儿和婴儿的营养状况影响脑细胞的数目，进而影响他们的智力发展。研究表明，大脑神经系统神经细胞数量的增加大约在婴儿出生后一年完成，此后神经细胞的数量便不再增多。因此，在胎儿或婴儿出生后第一年内，如果其营养不良，就会影响胎儿和婴儿脑细胞的数目。另外，由于胎儿和婴儿的脑还没有完全发育，脑的沟回还不明显，脑细胞的体积也不大，神经纤维的长度和分支也不发达，因此刚出生的婴儿的脑重只相当于成人的1/3，但到了2岁半至3岁时，其脑重就达到成人的2/3。所以，从胎儿到3岁是脑发育的关键期，相应地对营养也有更高的要求。这期间，如果婴儿营养充足，其脑和神经系统就能得到正常发育，从而为智力发展提供良好的物质基础。否则，就会因营养不良给智力发展带来严重后果。英国研究者发现，缺乏营养的儿童记忆力差，缺乏好奇心和探究精神。

3. 早期教育

早期教育是指由成年人对婴幼儿实施的教育，这是人生的启蒙教育，对其人生具有奠基意义。国内外学者研究指出，儿童早期教育在很大程度上影响着一个人今后智力发展的水平。如果儿童在生活的早期被剥夺了智力刺激，那么他们永远达不到原本应该达到的智力发展水平；反之，如果给孩子优越的早期教育，他们的智力就会得到惊人的发展。一项对智力超常儿童的调查表明，这些儿童几乎都经历过良好的早期教育阶段。而印度“狼孩”的例子也从反面说明了早期教育的重要性。1920年发现的狼孩卡玛拉，在8岁回到人群中生活时，智力只相当于6个月大的人类婴儿的发展水平。之后虽对她实施了系统的教育训练和智力开发，但直到17岁临死时，她的智力水平也仅相当于3～4岁的正常儿童。

在对儿童进行早期教育和早期训练的过程中，应该注意以下几方面的问题：

(1) 要创造一个良好的心理环境。良好的心理环境是儿童智力发展的前提条件。婴幼儿处于个体发展的最初阶段，他们的身心发展需要爱、温暖、安全和鼓励，需要游戏活动。在充满爱和温暖的环境里，儿童的智力才可能得到发展。美国教育家格林等人曾对没有达到相应的智力发展水平的儿童进行调查，发现造成儿童智力发展阻滞的一个重要原因是处于不良的家庭环境，主要是家庭成员之间的矛盾、家庭气氛紧张使儿童感到了一种无法摆脱的压力，这阻碍了他们学习和活动的兴趣，甚至使他们有时出现消沉和神经质的现象。因此，父母和老师要有正确的教育观，为儿童的智力发展创造一个良好的心理环境。

(2) 要适应儿童身心发展的特点。早期教育应该是全面的、适时的、适宜的。全面是指就早期教育的内容来说，应该包括德、智、体、美、劳等多方面的教育，促进孩子的全面发展。有的家长只一味追求早期的智力教育，忽视了健康教育、品德教育，这是一种片面的做法；适时是指教育孩子必须把握住时机，根据孩子的心理年龄特点和发展水平对其进行智力开发与品行培养；适宜就是在教育内容和方法上，必须考虑孩子的心理发展水平和接受能力，不能对孩子进行成人式教育。

(3) 要给儿童提供适宜的材料和活动。早期教育应根据儿童身心发展的特点，采取相应的教育措施，给儿童提供适宜的活动。例如，婴幼儿时期是语言和感知发展的最佳时期，在家庭或幼儿园中，家长和教师就应该采取看图讲故事、做游戏等适当方式，使儿童广泛地接触大量事物，提高儿童的语言理解和表达能力。同时，家庭和幼儿园还应该给儿童提供足够的空间与丰富的材料，如优良的读物、富有启发性的玩具等。

总之，对儿童的早期智力开发不是简单地传授知识和技能，更重要的是向儿童提供丰富的智力刺激以促进儿童言语能力、想象力、观察力等认知能力的发展；在开发智力的同时，也应重视对儿童兴趣、情感、意志、性格等非智力因素的培养，因为良好的非智力因素能有效促进智力的发展。

（二）学科教育与智力开发

在学科教育中开发智力是新课程改革的根本要求。教师要在学科教学中开发学生的智力，就必须遵守适应智力开发要求的教学原则，即适应智力开发要求的教学所必须遵守的基本要求。这些教学原则主要有：

1. 心理依据原则

心理依据原则是指在教学过程中，教师要遵循学生的心理发展规律，把教学内容的安排与学生已有的心理发展水平及其可能的发展区结合起来，从而真正实现教学对个体发展的促进作用。维果茨基在论及教学与发展的关系时，曾精辟地提出了“最近发展区”的概念，布鲁纳、皮亚杰等人也非常强调教师必须要准确把握学生的心理发展规律。

现代心理学的研究表明，儿童的心理发展规律与成人是不同的，而且不同年龄阶段的心理特征也各有差异。只有当学校教学内容的结构和教学方式符合儿童的心理规律发展时，其教学才容易被学生接受，并起到有效地促进学生的智力和能力发展的作用。这就要求教师不但要准确地了解不同年龄阶段儿童的心理发展规律，还要把教材与学生的心理发展规律结合起来，促使学生在掌握学科基本知识的同时发展认知能力。

2. 智力发展原则

智力发展原则是指在教学过程中，教师要认真考虑教学内容的智力培养价值，遵循学生的智力发展规律，精心设计教学方案，改革教学方法，以促进学生的智力、能力发展为目标来传授基本知识和基本技能。

美国要素主义教育学派的代表人物贝斯特在《教育的荒地》一书中指出，学校教学的目标就是发展学生的智力，“真正的教育就是智力训练”。我国的林崇德教授也提出：把培养学生的思维品质作为发展中小学生智力与能力的突破口，同时，以数学能力和语文能力作为中小学生智力与能力的基础，这样就形成了一个交叉组合的开放性的动态系统，把对中小学生智力与能力的培养和常规教育有机地结合起来。长期的教育改革实践表明，这种努力是有效的，为更好地把传授知识与培养能力协调起来提供了一条切实可行的途径。

3. 优化性原则

在教育史上，苏联教育家巴班斯基明确提出“教学过程最优化”思想，即要求教师在全面考虑教学原则、方法及学生特点的基础上，选择一整套教育教学方法，以最小的代价取得最大的教学效果，提高最优化水平。

提出这条原则的目的是，减少各种教育资源的投入，减轻师生过重的负担，即不能因为特别强调培养学生的智力和能力，就延长学生的学习时间，增加他们的学习任务。而是要把智力开发与日常的教学工作紧密地结合起来，在学习时间不变，甚至学习时间缩短的条件下，发展学生的智力和能力。

4. 不平衡性原则

中小学生智力和能力的发展存在着不平衡现象。主要表现在：一是在不同问题上表现出不同的智力和能力；二是在不同的活动上表现出不同的智力和能力。

这就要求在教学工作中要承认中小学生在智力和能力方面的个体差异是客观存在的。因此教学要从实际出发，因材施教，针对个体在不同问题上表现出的不同智力和能力，合理设计教学内容，科学制定智力与能力的发展指标，并开展相关的促进学生智力发展的训练活动。

（三）元认知训练与智力开发

元认知就是对认知活动本身进行反思的一个知识系统，即对认知活动的再认知。元认知的特点在于对认知过程进行分析和调控，从而不断改进个体的思维方法和提高个体的思维能力。因此许多心理学家认为，元认知的培养可以作为智力开发的突破口，是智力开发的关键环节。

我国心理学家通过对元认知的大量研究后认为，元认知的实质就是人对认知活动的自我意识和自我调节。自我意识以主体及活动为意识对象，对人的认知活动起着监控作用。通过自我意识的监控，人就能通过控制自己的意识而相应地调节自己的思维和行为。元认知对思维和行为的调节表现在：选择适宜的解决问题的策略，监控认知活动的进行过程，不断获得和分析反馈信息，把握和修正自己的认识过程，坚持或更换解决问题的方法和手段。可见，元认知对智力开发的作用主要表现为对认知活动的监控和对认识过程的反思。它可以使学生在获取知识经验的过程中，不仅“知其然”，而且“知其所以然”。因此，元认知对人的智力开发具有举足轻重的作用，应在学校教育中特别重视对学生元认知能力的训练和培养。

《本章小结》

智力是使人能顺利地从事某种活动所必需的一般性综合认知能力，由注意力、观察力、记忆力、想象力和思维能力等基本因素组成，其中以思维能力为核心，创造力是智力的最高表现。智力与能力、知识既有联系，又有区别。

有关智力的理论主要有智力的因素理论、结构理论和认知理论。智力的因素理论有单因素论、二因素论、群因素论、流体智力与晶体智力理论；智力的结构理论有智力的层次结构理论、智力的三维结构理论。可以用智力商数（IQ）的大小表示智力水平的高低。智商有比率智商和离差智商。

人类的智力发展存在非匀速增长的现象。智力发展的个体差异表现为水平差异、表现时间早晚差异、类型差异和性别差异。

智力发展的影响因素有遗传因素、环境因素、个体的实践因素和个体的主观能动性。

关键术语

能力　智力　知识　智商　比率智商　离差智商　智力理论　智力发展　智力开发

进一步阅读

[1] 林崇德，辛涛．智力的培养．杭州：浙江人民出版社，1996.
[2] 白学军．智力发展心理学．合肥：安徽教育出版社，2004.

思考与练习

(1) 什么是智力?
(2) 试分析智力与能力、知识之间的关系。
(3) 有关智力的理论有哪些? 其主要观点和理论价值是什么?
(4) 谈谈你对智力测验的认识。
(5) 智力发展的个体差异表现在哪些方面?
(7) 智力发展的影响因素有哪些?
(8) 应如何开发儿童的智力?

第九章 人 格

本章学习要点

1. 人格的内涵
2. 影响人格形成的因素
3. 人格的类型论
4. 人格的特质论
5. 人格的测验

在生活中，我们可以看到人与人之间的差异性，也能看到人与人之间的相似性。人们面对同一种情境时，会有许多各不相同的反应。1995 年 4 月 16 日发生在美国俄克拉荷马市的汽车爆炸袭击事件及 2001 年 9 月 11 日发生在美国纽约市的恐怖事件给当地人的生活带来了不可估量的影响。在这些事件发生的时候，人们都有着相似的心理反应，如震惊、愤怒、悲伤、恐惧。但是当这些事件渐渐过去后，人们身上所表现出来的情绪又有所不同。一些人向别人倾诉他们的情感，一些人则把他们的情绪藏在心中，也有很多人从宗教那里寻求心灵的安慰。一些幸存者在一年后与他们所在的社区联系得更紧密，另一些人则决定搬离此地。有人每天关注调查的进程，有人则故意回避、不听不闻。

有一句格言道："人与人之间很少有差异，但差异真正起作用。"这句话大体可以反映人格心理学的研究内容。人格心理学家希望了解，什么东西让你与身边的人不同？为什么有人结交新朋友易如反掌，而有的人却形单影只？为什么有的人情绪容易抑郁，而有的人生来乐观？为什么有的人内向，而有的人外向？我们能否预测一个人的事业成就？诸如此类的问题正是人格心理学所要探讨的内容。

第一节 人格概述

一、人格的定义

人格（personality）一词来源于拉丁文"person"，原意是指希腊戏剧中演员所戴的面具。在希腊戏剧中，不同的角色戴着不同的面具。由于面具与角色的身份、地位、职业相匹配，因此后来面具的含义很快被扩展，人们用面具来指代其他一些东西。心理学就沿用了面具的含义，将其转意为人格。人格一词有着许多不同的含义：一是指一个人在别人眼中留下的印象，是一个人在生活中所戴的"面具"；二是指一个人在生活中扮演的角色或真实的自我；三是指与自己的职业相适应的特点，是一个人内部的心理品质；四是指一个人的尊严和优越感，表明了一个人的重要性、声望。这些都是生活中人们对人格的直观感受。

不同的学科领域对人格有着不同的理解。

在神学家看来，人格是表示上帝三位一体的神性，他们认为神存在于圣父、圣子和圣灵三位之中，而每一位都享有相同的本质。这一理解强调了人格的内部性和真实性。

在哲学家眼中，人格是真实的、有理性的人的本性。他们更愿意探索人格的本质意义，如德国哲学家莱布尼茨就把人格定义为“赋有理解的实体”，而英国哲学家洛克则认为“人格是一个会思考的聪明的存在物”。哲学家大都将人的理性和自我意识作为人存在的核心与根本属性。

伦理学家把人的崇高价值作为人格的核心。他们认为人格是将人与动物区分开来的标准，具有崇高性。主观经验是人格最后的心理评价标准。

法学家则更加强调人格的法律地位。他们认为“人格是享有法律地位的任何人”，不仅包括一个自然人的权利与义务，而且包括一群人或法人的权利与义务。

在心理学中，人格属于探讨完整个体与个体差异的领域。到目前为止，由于心理学家各自的研究取向不同，因而对人格的看法也存在很大的差异。其中台湾心理学家杨国枢教授（1978）对人格下的定义比较有综合性：“人格是个体与其环境交互作用的过程中所形成的一种独特的身心组织，而这种变动缓慢的组织使个体适应环境时，在需要、动机、兴趣、态度、价值观念、气质、外形及生理等诸方面，各有其不同于其他个体之处。”①

综合大多数心理学家的观点，可以这样定义人格：人格是个体在遗传素质的基础上，通过与后天环境的相互作用而形成的相对稳定和独特的心理行为模式。

二、人格的特征

人格是一个内涵丰富的概念，其概念反映了人格的特征。

（一）人格具有独特性

一个人的人格是在遗传、成熟的基础上，通过与环境、教育等后天因素的交互作用而形成的。因此，不同的遗传、生存及教育环境会形成不同的人格特征。“人心不同，各如其面”，人与人之间没有完全相同的心理面貌。每一个人的人格都由独特的个性倾向与心理面貌特征组成。即使是同卵双生子，他们的心理面貌也不完全相同。

人格的独特性并不是说人与人之间在人格上毫无共同之处。生活在同一社会群体中的人也有一些相同的人格特征，例如，由于中国文化的影响，中国人就具有一

---

① 杨国枢. 普通心理学. 台北：大洋出版社，1978.

些共同特点。但是，从总体上讲，每个人的人格都是独一无二的。

（二）人格具有稳定性

人格具有稳定性。一个人的人格及其特征在时间上具有前后一致性，在空间上具有一定的普遍性。在行为中偶然发生的、一时性的心理特征，不能称为人格。例如，一个人比较内向，那他在大多数时间与场合都会表现出内向的特征，这种特点不可能在短期内有较大的变化。当然，一个人偶尔也会表现出与自身特点截然不同的举动，如一个平时处事稳重的人，偶然表现出轻率的举动，就不能由此说他具有轻率的人格特征。人格具有经常性、稳定性。“江山易改，本性难移”就很好地说明了人格的稳定性。

然而，人格的稳定性只是相对的，一个人的人格并不是一成不变的。人格还具有可塑性。人格在主客观条件相互作用的过程中发展起来，同时又在主客观条件相互作用的过程中发生变化。随着生理的成熟和环境的变化，人格也可能产生或多或少的变化。

（三）人格具有整体性

人格是由多种成分构成的一个有机整体，具有内在的一致性，受自我意识的调控，是人的整个心理面貌。人格的各个成分相互联系、相互制约、相互依存，如果其中一部分发生变化，其他部分也将发生改变。当一个人的人格结构各方面彼此和谐一致时，他的人格就是健全的；否则，就会出现适应性的困难和障碍，甚至出现人格分裂。

（四）人格具有社会性和生物性

人格不仅受生物因素的制约，而且受社会因素的制约。在人格形成和发展过程中，既有生物因素的作用又有社会因素的作用。不能将人格的形成简单地归结于某一种因素。同时，也不能将两种因素在人格发展中的作用简单地等同起来。生物因素只给人格发展提供了可能性，而使这种可能转化为现实性的是社会因素。如果离开了人类的社会生活，人的正常心理就无法形成和发展。人在社会交往中逐渐形成和发展自己的人格特点，对人格的形成和发展起决定作用的是社会生活条件。

（五）人格具有功能性

一个人一旦形成某些人格特点，这些人格特点会反过来影响他的生活方式、处事态度、工作方式，甚至决定他一生的命运。“一个人的人格就是一个人的命运。”从这个意义上说，一个人的人格是人生成败的根源之一。面对同样的人生境遇，不同人格特点的人会选择不同的人生策略，并由此改变他们的命运。因此，人格具有强大的功能性。

三、人格的结构

人格是一个复杂的结构系统，它包括了许多成分，其中主要包括气质、性格、自我调控等方面。

（一）气质与性格

1. 气质

气质（temperament）是表现在心理活动的强度、速度、灵活性与指向性等方面的一种稳定的心理特征，也就是我们生活中所讲的脾气、秉性、性情。气质不是推动个体进行活动的心理原因，而是心理活动稳定的动力特征，它影响个体活动的一切方面。具有某种气质的人，会在内容完全不同的活动中显示出同样性质的动力特征，它仿佛使一个人的整个心理活动都涂上了个人独特的色彩。例如，一个学生每逢考试就激动不安，等待朋友时坐立不安，参加比赛前沉不住气，并且经常抢先，则该学生具有情绪激动的气质特征。气质决定了一个人的“风格与节奏”。人的气质差异是先天形成的，受神经系统活动过程的特性所制约。人自生下来就表现出某些气质特征。例如，婴儿一出生就表现出某些气质差异，有些婴儿安静、平稳、害怕陌生人，有的婴儿好动、吵闹、不怕陌生人。

生活中的气质类型大体可以分为四种：胆汁质、多血质、粘液质和抑郁质。

（1）胆汁质。胆汁质的人感受性低而耐受性高，不随意的反应性强，反应的不随意性占优势，外向性明显，情绪兴奋性高，抑制能力差，反应速度快而不灵活。

（2）多血质。多血质的人感受性低而耐受性高，不随意的反应性强，具有外向性和可塑性，情绪兴奋性高且外部表现明显，反应速度快而灵活。

（3）粘液质。粘液质的人感受性低而耐受性高，不随意的反应性和情绪兴奋性不高，明显内向，外部表现少，反应速度慢而具有稳定性。

（4）抑郁质。抑郁质的人感受性高而耐受性低，不随意的反应性低，严重内向，情绪兴奋性高且体验深，反应速度慢，具有刻板性和不灵活性的特点。

现实生活中大多数人的气质类型都不是单一类型，而是两种或者更多类型的复合体。

气质是人的天性，并没有好坏之分。它只给人们的言行涂上某种色彩，并不能决定一个人的智力水平，更不能决定一个人的社会价值，也不具有直接社会道德评价含义。一个人活泼与否、稳重与否，都与他们的社会成就、道德水准无关。气质不能决定一个人的成就，任何气质类型的人只要经过自己的努力与奋斗，都有可能在不同的实践领域中取得成功。

2. 性格

性格（character）是一种与社会相关最密切的人格特征。性格一词来源于希腊文，原意为雕刻，后来转意为印刻、标记、特性。性格是一个人在现实生活中表现出来的稳定态度和习惯化了的行为方式。在性格中包含许多社会道德含义。性格表现了人们对现实和周围世界的态度，并表现在其行为举止中。人对现实的态度和与之相应的行为方式的独特结合，就构成了一个人区别于其他人的独特性格。

性格是稳定的，但又具有一定的可塑性。研究表明，性格是人在实践活动中，在与客观世界相互作用的过程中形成和发展起来的。客观事物的各种影响通过主体的心理活动在个体的反映机构中保存、固定下来，构成一定的态度体系，并以一定的形式表现在个体行动之中，形成个体特有的行为方式。性格是在主体与客体的相互作用过程中形成的，同时又在主体与客体的相互作用过程中发生缓慢的变化。

性格是在社会生活中逐渐形成的，同时也受个体的生物学因素的影响。研究发现，大脑皮层的额叶与性格有关。但是，由于受社会历史文化的影响，性格带有明显的社会道德评价意义，直接反映了一个人的道德风貌。性格更多地体现了人格的社会属性，而气质更多地反映了人格的生物属性。个体之间的人格差异，其核心是性格的差异。

性格可以分解为四个组成部分：

（1）性格的态度特征。性格的态度特征主要指的是一个人如何处理社会各方面关系的性格特征，即他对社会、对集体、对他人以及对自己的态度的性格特征。好的表现为有爱心、责任心强、乐于助人、正直、诚恳、谦虚、谨慎等；不好的表现为缺乏爱心、自私自利、不负责任、缺乏教养等。

（2）性格的意志特征。性格的意志特征指的是一个人对自己的行为自觉地进行调节的特征。按照意志的品质，良好的意志特征表现为有远大的理想、行动有计划、独立自主、果断、勇敢、坚韧不拔、有毅力、自制力强等；不好的意志特征表现为鼠目寸光、盲目、随大流、容易受暗示、优柔寡断、放任自流等。

（3）性格的情绪特征。性格的情绪特征指的是一个人的情绪对其活动的影响，以及他对自己情绪的控制能力。良好的情绪特征是善于控制自己的情绪，情绪稳定，常常处于积极乐观的心境状态；不良的情绪特征是事无大小都容易引起情绪反应，而且情绪对身体、工作和生活的影响较大，意志对情绪的控制能力又比较薄弱，情绪波动大，心境容易陷入消极悲观。

（4）性格的理智特征。性格的理智特征指的是一个人在认知活动中的性格特征。如认知活动中的独立性和依存性：独立性者能根据自己的任务和兴趣主动地进行观察，善于独立思考；依存性者则容易受到无关因素的干扰，善于借用现成的答案。

性格的各个部分相互关联、相互制约，有机地组成一个整体。而且，性格的各个特征并不是一成不变的机械组合，在不同的场合下常常会显露出一个人性格的不同侧面。

（二）自我调控系统

自我调控系统是人格中的内控或自控系统，具有自我认知、自我体验、自我控制三个子系统，这三个系统对人格的各种成分进行调控，保证人格的完整、统一与和谐。①

1. 自我认知

自我认知（self－cognition）是指对自己的洞察和理解，包括自我观察和自我评价。自我观察是指对自己的感知、思想和意向等方面的觉察；自我评价是指对自己的想法、期望、行为及人格特征的判断与评估，这是自我调节的重要条件。如果一个人不能客观、正确地认识自我，就容易产生以下两种思想极端：要么只看到自己的不足和缺陷，过分贬低自己，产生强烈的自卑感；要么就只看到自己的优势，并且过分放大自己的优点，导致盲目自大、自傲。比较正确地认识和了解自己是自我调节与人格完善的重要前提。

2. 自我体验

自我体验（self－experience）是指伴随自我认识而产生的内心体验，是自我意识在情感上的表现。如一个人对自己作出积极的评价时，就会产生自尊感；作出消极的评价时，就会产生自卑感。自我体验可以使自我认识转化为信念，进而指导一个人的言行；自我体验还能伴随自我评价，激励适当的行为，抑制不适当的行为。如一个人在认识到自己不适当的行为所带来的后果时，会产生内疚、羞愧的情绪，进而制止这种行为的再次发生。

3. 自我控制

自我控制（self－regulation）是指自我意识在行为上的表现，是实现自我意识调节的最后环节。如一个学生意识到学习对自己发展的重要意义时，会激发努力学习的动机，在行为上表现出刻苦学习、不怕困难的精神。自我控制包括自我监控、自我激励、自我教育等成分。

专栏9－1　测测你的人格自我认同感②

根据埃里克森的看法，大多数青少年和年轻人都通过努力抗争来形成自我认同感。正如同其他发展阶段的情况一样，我们针对这一危机的解决情况，为我们今后人格的发展和调整确立了一个模式。奥克斯和普拉格（Ochse & Plug，1986）编制了一个量表，用来测量成人是否能成功地通过埃里克森提出的八个发展阶段。自我认同感形成阶段中使用的一些术语将在下面给予介绍。你可以用这一部分来测验自己，看一看这些问题是否适合你，然后根据下列标准给自己打分：1＝完全不适合，2＝偶尔适合，或者基本不适合，3＝常常适合，4＝非常不适合。

① 彭聃龄．普通心理学．北京：北京师范大学出版社，2001.

② ［美］Jerry M. Burger. 人格心理学．陈会昌译．北京：中国轻工业出版社，2000.

题目：

(1) 我不知道自己是怎样的人；

(2) 别人总是改变对我的看法；

(3) 我知道自己应该怎样生活；

(4) 我不能肯定某些东西在道义上是否正确；

(5) 大多数人对我是哪一类人的看法不一致；

(6) 我感到自己的生活方式很适合我；

(7) 我的价值为他人所承认；

(8) 当周围没有熟人时，我感到能更自由地成为真正的自己；

(9) 我感到自己生活中所做的事并不真正值得；

(10) 我感到对我生活的集体适应良好；

(11) 我为自己成为这样的人感到骄傲；

(12) 人们对我的看法与我对自己的看法差别很大；

(13) 我感到被忽略；

(14) 人们好像不接纳我；

(15) 我改变了自己想要从生活中得到什么的想法；

(16) 我不太清楚别人怎么看我；

(17) 我对自己的感觉改变了；

(18) 我感到自己是为了功利的考虑而行动或做事；

(19) 我为自己是生活于其中的社会一分子感到骄傲。

记分时，先将1、2、4、8、9、12、13、14、15、16、17、18题的回答结果转换一下，如选择的是1，就打4分；选择2，打3分；选择3，打2分；选择4，打1分。其他问题则保持不变，然后把19个问题的得分相加。

奥克斯和普拉格发现，用这个量表对南部非洲15~60岁的人进行测试时，他们的平均得分在56~58之间，标准差在7~8之间。这表明，大多数人的得分在平均得分正负7或8分的范围。得分明显高于该数字的，表明他的自我认同感发展良好；得分明显低于该数字的，表明他的自我认同感还处在形成和发展阶段。

四、影响人格的因素

在人格的形成与发展的问题上，历史上有两种极端的观点：一种是遗传决定论，另一种是环境决定论。现在持极端看法的人已经很少了。现代心理学家们不再主张人格形成的原因只是遗传或环境因素，而是共同认为，人格是遗传因素和环境因素相互作用的结果。其中，遗传因素是人格的自然前提，在此基础上，环境因素对人格的形成和发展起决定性作用。人格是人在实践活动中，在人和环境的相互作用过程中形成和发展起来的，是一个人生活经历的反映。具体来说，影响人格形成与发展的因素可以归结为以下几方面。

（一）生物遗传因素

遗传因素在人格形成中有着重要的影响。最常用的检验遗传与环境在人格特征中的作用的是双生子研究方法。这种方法利用了一种自然现象：人类有两种双胞胎。一种是同卵双生子，即两个胎儿来自同一卵子。这种双胞胎从外表看起来很像，并且有相同的基因。另一种是异卵双生子，他们来自不同的卵子。这种异卵双生子在遗传上与一般的兄弟姐妹之间是一样的。

双生子的研究首先假定两个同性别的异卵双生子间和两个同卵双生子间的成长环境相类似。也就是说，在运用这一方法的研究中，不管是哪一类双胞胎都是同一年龄、同一性别并且生活在有同一规则的同一家庭中。因此，环境对他们人格形成的影响对于这两类双生子来说都是一样的。但是，如果说遗传对人格也有影响，那么同卵双生子的人格会比异卵双生子更相像，因为同卵双生子有相同的基因，而异卵双生子的基因不完全相同。

表 9－1　同卵双生子研究的相关系数

	同卵双生子	异卵双生子
利他性	0. 53	0. 25
共情性	0. 54	0. 20
照顾别人	0. 49	0. 14
攻击性	0. 40	0. 04
果断性	0. 52	0. 20

研究者运用双生子法测量了两类双生子中每个人的人格特质，然后来看这些双生子兄弟或姐妹在这些特质上的相似性。如果同卵双生子间在这些特质上得分的相关度高于异卵双生子，就可以证明遗传对人格有影响。鲁希顿（Rushton，1986）[①]研究了成年的同卵双生子与异卵双生子的五种人格特质，数据显示，同卵双生子在每一种特质上的相似性都高于异卵双生子。同卵双生子得分的相关系数平均在 0. 50 左右，而异卵双生子得分的相关系数在 0. 25 到 0. 30 之间。行为遗传研究者把这些数据代入公式，估计出在成年人稳定的人格特质中，大约 40% 是从父母那里继承而来的。

我国的一项双生子研究经历了近 20 年的时间（1964—1982），研究者于 1964 年通过各种生理指标确定了 22 对同卵双生子和 18 对异卵双生子，并对他们进行了追踪研究。1982 年，研究者又对这些双生子进行了明尼苏达多项人格测验，并计算了

① ［美］Jerry M. Burger. 人格心理学．陈会昌译．北京：中国轻工业出版社，2000.

每项人格分量表的遗传率。结果显示，人格的许多特质都有遗传的可能性。①

关于遗传对人格的作用问题，今天仍然没有明确的结论。但有一点是可以肯定的，人格中的一些特征与遗传有着密切的关系。

（二）自然环境因素

除了遗传因素对人格有影响以外，生态环境、气候条件、空间拥挤程度等因素都会影响人格的形成和发展。有一个著名的研究实例是巴里（Berry，1966）关于阿拉斯加州的爱斯基摩人和非洲的特姆尼人的比较研究。这个研究说明了生态环境对人格的影响。②

爱斯基摩人以渔猎为生，夏天在船上打鱼，主食为肉，没有蔬菜。他们过着流浪生活，以帐篷遮风避雨。这个民族以家庭为单元，男女平等，社会结构比较松散，除了家庭约束外，很少有持久、集中的政治与宗教权威。在这种生存环境下，父母对孩子的教养原则是能够适应成人的独立生存能力要求。男孩由父亲在外面教授打猎，女孩由母亲在家里教导家务。儿女教育比较宽松、自由，父母不打骂孩子，鼓励孩子自立，使孩子逐渐形成坚定、独立、冒险的人格特征。而特姆尼人生活在灌木丛生的地带，以农业为主，种田为业。居住环境固定，因此形成了规模为300～500人的村落。其社会结构稳固，有比较分化的社会阶层，建立了比较完整的部落规则。在哺乳期内，父母很疼爱孩子，但断奶后孩子就要接受严格的管教，这种生活环境使孩子形成依赖、服从、保守的人格特点。

另外，气温也会提高人的某些人格特征的出现频率。例如，热天会使人烦躁不安，对他人采取负面的反应，发生反社会行为。世界上炎热的地方，也是发生攻击行为较多的地方。

自然环境因素对人格并不起决定性的作用，但不同的自然环境会使人表现出不同的行为特点。

（三）文化环境因素

文化环境因素对人格的形成与发展也有着十分重要的影响。在人格研究的早期，心理学家不重视文化因素。20世纪初期，随着文化人类学的兴起，人们开始理解文化因素对于人格形成与发展的重要性。

美国文化人类学家阿伯拉姆·卡丁纳（Abram Kardiner）认为人格是文化的产物，并提出了基本人格结构的概念。基本人格结构是指生活在某一特定社会中的每一个人都共同具有的有效的适应工具，同一文化环境中的人所具有的共同人格特征。艾里克·弗洛姆（Eric Fromm）还提出了社会性格的概念，他认为，社会性格是指一个社会中绝大多数成员所具有的基本性格结构。社会性格具有以下基本特征：第一，是群体心理或民族心理；第二，是一个群体在共同的处境下，在共同的生活方

---

① 彭聃龄．普通心理学．北京：北京师范大学出版社，2001.

② 彭聃龄．普通心理学．北京：北京师范大学出版社，2001.

式和基本的实践活动基础上形成的；第三，是激发一个群体的行为的共同内驱力。社会性格是经济、政治、历史诸因素交互作用的结果。可以看出，文化对人格的影响已经被绝大多数人认同。

社会文化对人格具有塑造功能，不同的社会文化形态形成不同的人格特点，而且不同的社会文化产生不同的社会价值标准。美国文化人类学家本尼迪克特（R. Benedict）通过研究发现，不同的部落文化类型造就了不同的人格差异。新墨西哥州的祖尼印第安人属于日神型人，他们节制、温和，没有强烈的个性。温哥华岛上的夸库特尔人则属于酒神型人，他们偏爱个人竞争，热衷于自我炫耀，以财富聚集来显示社会地位，粗暴、富于攻击性。另一位美国文化人类学家米德（M. Mead）通过对三个原始部落的人格研究，进一步揭示了文化形态对人格特点的影响。米德在调查了新几内亚的三个原始部落后发现，尽管三个部落分布在方圆不到一百公里的范围内，但是相互间的性别角色却迥然不同。阿拉佩什人，无论男女都十分顺从、温柔，攻击性很低。蒙杜古马人，男女都冷酷残忍，带有强烈的攻击性。在蒙杜古马人身上所表现出的人格类型，只有在我们社会文化中的缺少教养、野蛮暴烈的男子身上才能发现。蒙杜古马女人的野蛮也丝毫不逊色于我们社会中那些凶残的男子。德昌布里人，他们恰恰是阴阳颠倒，女人占统治地位，在经济生活中扮演重要角色，而男人则很少有责任心，并且多愁善感，依赖性极强。

这些研究都证明了社会文化对人格的影响。

（四）家庭环境因素

家庭对一个人的人格形成与发展具有重要而深远的影响。家庭被认为是“制造人格的工厂”。家庭是儿童最初的生活环境，许多心理学家认为，从出生到5、6岁是人格形成的最主要阶段。因此，家庭对于人格的形成具有举足轻重的影响。

1. 亲子关系

亲子关系是指父母与子女之间的关系。这种关系是儿童建立的最早的人际关系，亲子关系的好坏不仅直接影响儿童的身心发展，而且也影响到儿童以后形成的多层次的人际关系。

在家庭中，父母与子女的关系最为密切。霍妮（K. Horney）指出，在所有影响人格形成的因素中，亲子关系是最重要的。儿童必须得到成人的帮助才能满足需要，如果父母不能给予儿童真正的爱，就会造成儿童的不安全感。一个儿童的父母如果经常表现出这类行为，就会使儿童对父母产生敌意。这样儿童就会陷入一种既依赖父母又敌视父母的不幸处境之中，最后还可能导致神经症。马斯洛（H. Maslow）认为，儿童在2岁以内接受的教育特别重要。失去了安全、爱和尊重的儿童是很难自我实现的。

母爱在儿童性格的形成和发展中起着重要的作用，是儿童性格健康发展的重要条件。缺乏母爱的认同往往会使儿童形成不合群、孤僻、任性和情绪反应冷漠等不良性格特征。父亲对儿童在性别角色的发展上起着重要作用。父亲为男孩提供模仿同化的榜样，为女孩提供与异性成人交往的机会。幼年没有与父母接触过的儿童，在性别的社会化方面，往往是不完全的。

在家庭的诸多因素中，不同的教养方式对儿童人格的形成与发展有着特别重要的作用。大体上可以将家庭教养方式分为三类。第一类是权威型教养方式，采用这种方式的父母在子女教育中，表现得过于强势，孩子的一切都由父母来控制。在这种环境下长大的孩子容易形成消极、被动、依赖、服从、懦弱，做事缺乏主动性，甚至不诚实的人格特征。第二类是放纵型教养方式，采用这种方式的父母对孩子过于溺爱，让孩子随心所欲，父母对孩子的教育有时达到失控的状态。在这种家庭环境中成长的孩子多表现为任性、幼稚、自私、野蛮、无礼、独立性差、唯我独尊等。第三类是民主型教养方式，父母与孩子在家庭中处于一种平等和谐的氛围中，父母尊重孩子，给孩子一定的自主权和积极正确的指导。父母的这种教育方式能使孩子形成一些积极的人格品质，如活泼、快乐、直爽、自立、彬彬有礼、善于交往、思想活跃等。

2. 家庭气氛和父母榜样

家庭情绪气氛可以划分为融洽与对抗两种类型。家庭中的情绪气氛是由家庭全体人员营造而成的，但主要是由夫妻关系所决定的。家庭中的夫妻关系影响家庭其他成员之间的关系，影响孩子人格的形成与发展。

研究表明，宁静愉快的家庭中的孩子，在家里感到有安全感，生活乐观、愉快、信心十足，能很好地完成学习任务。气氛紧张及冲突多的家庭中的孩子缺乏安全感，情绪不稳定，容易感到紧张和焦虑，长期忧心忡忡，害怕父母迁怒于自己而受严厉的惩罚，对人不信任，容易发生情绪与行为问题。①

父母被认为是孩子的第一任老师，是孩子学习的榜样，社会信仰、规范和价值观等首先通过父母传给孩子。父母的一言一行都潜移默化地影响孩子的人格发展，孩子随时随地模仿父母的行为。因此，孩子与父母的性格往往相似。

3. 家庭结构

一般认为有三种主要的家庭结构：大家庭、核心家庭和破裂家庭。

大家庭指几代同堂的家庭。大家庭中的孩子易受家风、家规等影响，这有助于他们形成良好的人格特征。但可能会有与长辈在教育孩子问题上看法不一致或隔代溺爱的情况出现，致使孩子无所适从，使他们产生恐惧、焦虑等不良人格特征。

核心家庭指一对夫妇和一个孩子组成的家庭。核心家庭中没有所谓的隔代溺爱，但由于年轻的父母缺乏教育孩子的经验和方法，可能有时对孩子过于放纵，有时又管教过严。夫妇俩一般都有工作，缺少与孩子相处的时间。

破裂家庭指父母中一人死亡或判刑监禁，或父母离婚的家庭。许多研究表明，破裂家庭会给孩子的人格带来不良的影响。但是，如果有良好的教育，破裂家庭的孩子也可以形成良好的人格特征。

4. 出生顺序

在家庭里排行的顺序是人格形成的一个很重要的因素。兄弟姐妹之间为取得父

---

① 叶奕乾等．普通心理学（修订二版）．上海：华东师范大学出版社，2004.

母情感上的关注而进行的竞争和采取的对策是其成年后人格形成的主要因素。

高尔顿（F. Galon）研究了许多著名科学家的出生顺序，发现其为长子及独生子女的比例相当高。阿德勒（A. Adler）也特别强调出生顺序对儿童人格的影响。

头胎出生的孩子责任感强，获得成就的较多。由于老大是父母的第一个孩子，很受父母重视，因此承担家庭事业的责任往往落在老大身上。父母对老大的爱不是溺爱，而是更严格的爱，父母更注重其毅力的培养，因此，老大一般性格坚强。老大的性格体现在工作中，会更有责任感，做事踏实，容易获得成就。头胎出生的孩子比之后来出生的孩子，学习成绩更好，进大学的人数多，但同时，在问题儿童中所占的比例偏高。美国早年的一项调查表明，在26名航天员中，有23名为老大或独生子。在婚姻关系中，老大更愿意承担家庭的责任，婚姻关系一般比较稳定。但老大往往过于强调家庭的责任，会要求伴侣去孝顺自己的父母、照顾自己的弟弟妹妹，这样会使伴侣感到自己的位置被放在老大的家庭成员之后，如处理不好，容易影响夫妻关系。

中间孩子有两种倾向，对于中间出生的孩子来讲，他们既没有得到父母对老大的重视，也没有得到父母对老幺的宠爱。他们面临上有哥哥姐姐下有弟弟妹妹的较为复杂的人际关系，这就可能使他们的性格具有两种不同的倾向：一是具有反叛性，希望得到父母更多关注；二是在处理与兄弟姐妹的关系中，他们得到了锻炼，具有更好的交往、适应能力。

最后出生的孩子聪明乖巧，自尊心强。作为父母最小的孩子，他们往往得到更多的宠爱。他们一般都很聪明，因为他们从小受到哥哥姐姐的调教和训练，在玩的过程中得到了学习。比起同龄人，他们拥有大孩子般的思维，智力开发得比较早。由于父母对他们一般没有承担家庭重任的期待，生活环境给他们的压力小，他们生活得比较宽松，因而通常比较灵活、快乐。由于经常受到保护，他们会表现出淘气或乖巧的特点，但往往缺乏毅力。

专栏9-2　XYZ型：三种家庭教养方式①

Kagiticibasi（1990）依据家庭中两代人之间的“独立—依赖”关系，归纳出了三种典型的家庭教养方式：

X型：家庭中父母与子女在物质和精神上的关系都是相互依赖的，亲子关系的取向是顺从，属于集体主义模式。如韩国和日本的母亲总是热心于保持与孩子的交互关系，母亲千方百计地要把自己与孩子“焊接”起来，她们认为母子的亲密关系是儿童健康发展的重要条件。在家庭教育中，母亲总是力图创造一种“关系上的协调”，但是她们却难以培养孩子的心理独立性。

① 彭聃龄．普通心理学．北京：北京师范大学出版社，2001.

Z型：家庭中两代人之间在物质和情感上是相互独立的，亲子关系的取向是独立的，属于个人主义模式。如美国和加拿大的母亲认为母子之间的分离与个体化是孩子人格健康发展的条件。所以，母亲尽力把自己与孩子分离开，以培养孩子的独立性，母亲在家庭中创设的是一种“个体上的协调”。但是，这也会带来双方情感上的孤独与失落。

Y型：将上述两种模式综合起来，强调在物质上的独立，在情感上的相互依赖。中国与土耳其的家庭近似这种模式。如对土耳其的研究发现，土耳其青年既忠于家庭，又注重本人才能的自我实现。在具有集体主义文化基础的发展中国家，在大规模的城市化和现代化背景下，家庭人际关系可能向Y型转化。

（五）学校环境因素

除了家庭，学校教育的作用也非常重要。儿童是在学校里形成较固定的自我意识和社会意识的，学校对儿童的评价以及儿童在学校中的地位也对儿童的人格产生影响。

学校是对学生进行有目的、有计划地教育的场所。人格适应不良最初是由不良的亲子关系造成的，然而学校在教育上的失误也会造成学生人格适应不良。在学校教育中，有以下几方面的因素会影响学生人格的形成。①

1. 课堂教育

学生通过课堂教育接受系统的科学知识。学习是一种艰苦的劳动，通过学习可以发展学生的坚持性、自制力、主动性和独立性等良好的性格特征。在学生接受系统科学知识的过程中，知识的学习有助于学生形成良好的人格特点。

2. 班级集体

学校的基本组织形式是班集体。学生在集体中生活，班集体对学生的人格特征形成具有重要意义。每一个学生在班级里都处于一定的地位，扮演着各种不同的角色，这种角色地位必然影响人格的发展。研究表明，担任班委的同学在自尊心、责任感和安全感等人格特征方面表现比较突出。良好的班风、和谐的人际关系都直接影响着学生的人格发展。

3. 教师

教师在学生人格形成过程中扮演着重要的角色。教师是学生学习的榜样，教师的言行对学生有着潜移默化的作用。一般来说，学生年龄越小，受教师的影响越大。教师与学生的关系也影响着学生的人格发展。有研究表明，喜欢教师的学生说谎少，容易形成诚实的特征；不喜欢教师的学生则经常说谎，不容易形成诚实的特征。美国社会心理学家勒温（Kurt Lewin）将教师管教学生的方式划分为三种类型：第一种类型是专制的方式，容易导致学生情绪紧张，甚至带有攻击性；第二种类型是放

---

① 叶奕乾等．普通心理学（修订二版）．上海：华东师范大学出版社，2004.

任的方式，容易让学生形成无团体目标、无组织、放任的人格特点；第三种类型是民主的方式，可以让学生形成积极友好的态度、稳定的情绪。

（六）大众传媒

在现代社会，大众传媒的触角已经深入到我们生活的各个角落，它包括报纸、杂志、电视、广播以及互联网。现在的信息在几秒钟之内就可以传遍全世界。人们只需要轻轻按一下按钮，就可以听音乐或看新闻、戏剧。我们被大众传媒带来的大量的各种信息所包围。电视、电影、互联网等既为儿童提供了现实世界的信息，又提供了想象世界的信息。社会的道德评价、文化规则，还有社会的阴暗和丑陋都通过大众传媒铺天盖地地向人们倾泻而下。但儿童毕竟还不成熟，他们不可能像成年人那样具备足够的判断力，他们容易误解他们所看到和所听到的东西。例如，人在现实生活中就不可能像卡通人物那样，被人敲了脑袋、推下悬崖后还面带微笑。因此，有时候大众传媒扮演了诱导儿童走上歧路的角色。

今天，大众传媒对我们生活的影响越来越突出，已经成为影响人格形成与发展的另一个十分重要的因素。

（七）自我调节因素

人格是在人和环境相互作用的实践活动中形成与发展的，但任何环境都不能直接决定人的人格特征，所有的环境影响只是为人格发展提供了条件，环境并不能直接改变人。人是具有主体性和能动性的。任何环境的影响还必须通过人已有的心理发展水平和心理活动才能发生作用。社会各种影响只有被个人理解和接受后，才能转化为个体的需要和动机，才能推动其付诸行动。因此，实际上自我调节因素在人格形成与发展的过程中是最重要的因素。缺少了自我调节，任何影响都不会真正地产生作用。人是一个高度地不断自我完善的调节系统，一切外来的影响都要通过自我调节而起作用。在这个意义上，每个人都在塑造着自己的人格。

第二节　人格理论

人格理论包含两种主要的理论形式：类型论与特质论。类型论用人的一种或少数几种主要的特质来说明人格；特质论同时用人的多种特质来说明人格。例如，类型论说某人是一个内向的人，特质论说某人是沉静、较孤僻和处事谨慎的人。类型论是一种人格分类的理论，特质论是一种人格分析的理论。

一、人格类型理论

人格类型（personality type）体现了人格心理学中对人格的分类。

（一）我国古代对人格的分类

中国最早的一本医学著作《黄帝内经》中就出现了关于人格分类的理论。这本古代医书按阴阳学说把人分为五种类型，即太阴、少阴、太阳、少阳、阴阳和平。春秋战国时期的孔子根据教育实践经验，提出了人格分类的方法。他不仅从人的智力上把人分为上智、中人和下愚三类，而且从人格上将人分为狂者、中行和狷者三种。子曰："不得中行而与之，必也狂狷乎？狂者进取，狷者有所不为也。"意思就是说，"狂者"进取，敢作敢为；"狷者"拘谨，什么事都不大肯干；"中行"介于两者之间。孔子认为，中行最好，既不过分进取，也不过分拘谨。

三国时期的刘邵在《人物志》中深入探讨了人才的心理特点，将人格划分为十二大类。

表 9－2　人格十二大类

类型	特征	优缺点
强毅之人	狠刚不和	厉直刚毅，材在矫正，失在激讦
柔顺之人	缓心宽端	柔顺安恕，每在宽容，失在少决
雄悍之人	其奋勇决	雄悍杰建，任在胆烈，失在多忌
惧慎之人	畏犯多忌	精良畏慎，善在恭谨，失在多疑
凌楷之人	秉意劲持	强楷坚劲，用在桢干，失在专固
辩博之人	论理赡给	论辩理绎，能在释结，失在流宕
宏晋之人	意爱周洽	晋博周给，弘在覆裕，失在溷浊
狷介之人	砭清激浊	清介廉洁，节在俭固，失在拘扃
休动之人	志慕超越	休动磊落，业在攀跻，失在疏越
沉静之人	道思回复	沉静机密，精在玄微，失在迟缓
朴露之人	申疑实谣	朴露径尽，质在中诚，失在不微
韬谲之人	原度取容	多智韬情，权在谲略，失在依违

（二）克瑞奇米尔的类型论

20 世纪 20 年代，德国精神病医生克瑞奇米尔（E. Kretschmer）根据自己的临床观察，提出了体格类型说。他指出，病人所患精神病的种类与他的体型有关。克瑞奇米尔将体型分为三类：强壮型（肌肉发达）、瘦长型（高而瘦）和矮胖型（矮而胖）。瘦长型的人，内向而孤僻；矮胖型的人，外向而易动感情；强壮型的人介于两者之间。躁狂抑郁症的患者多是矮胖型的人，精神分裂症的患者多是瘦长型的人。

克瑞奇米尔认为精神病与体型密切相关。①

表9－3　精神病与体型

	例数	矮胖型	瘦长型	强壮型	发育异常型	无特征
精神分裂症	5223	13.7%	50.3%	16.9%	10.5%	8.6%
躁狂抑郁症	1361	64.6%	19.29%	6.79%	1.19%	8.4%
癫狂症	1505	5.59%	25.1%	28.6%	29.5%	11.1%

（三）斯普兰格的类型论

德国教育家和哲学家斯普兰格（E. Spranger）用价值观来划分人格类型。他认为，社会生活中有六个基本领域：理论、经济、审美、社会、权力和宗教。斯普兰格按照这六个领域将人格划分为六种类型：理论型、经济型、审美型、社会型、权力型和宗教型。每一种人格类型都各有特点。

（1）理论型。这种类型的人以追求真理为目的，认识活动是首要的，情感居于次要地位。他们总是冷静而客观地观察事物，关心理论，力图把握事物的本质。他们对实际的和功利的问题缺乏兴趣，缺乏生存竞争力。理论家和哲学家属于这种类型。

（2）经济型。这种类型的人以经济的观点看待一切事物，把经济价值提高到一切价值之上，以实际功利来评价事物的价值，重视人的能力和资历。以纯经济观点看待人类，以获取财产或利益为其生活目标。实业家属于这种类型。

（3）审美型。这种类型的人以美为最高人生意义，对实际生活不大关心，总是从美的角度来评价事物的价值。艺术家属于这种类型。

（4）社会型。这种类型的人重视爱，以爱他人为人生的最高价值；具有献身精神，有志于增进他人或社会福利。慈善、卫生和教育工作者都属于这种类型。

（5）权力型。这种类型的人重视权利，并努力去获得权力，有强烈的支配和命令别人的欲望。

（6）宗教型。这种类型的人生活在信仰中，富有同情心，以慈善为怀。

（四）荣格的类型论

瑞士心理学家荣格（G. Jung）根据两种态度——内倾与外倾，四种功能——思维、情感、感觉和直觉将人格划分为八种类型。

（1）外倾思维型。这种人喜欢分析、思考外界事物，生活有规律，客观而冷静，但比较固执己见，情感压抑。

（2）外倾情感型。这种类型的人多为女性，她们的思维常常被情感压抑，没有

① 张述祖，沈德立．基础心理学．北京：教育科学出版社，1987.

独立性，非常注重与社会和环境建立情感及和睦关系。

（3）外倾感觉型。这种类型多为男性，他们喜欢追求欢乐，活泼而有魅力，对客观事物感觉敏锐，精明而务实，但容易变成寻欢作乐的酒色之徒。

（4）外倾直觉型。这种人喜欢追求外部世界的新感觉，容易变化而富于创造性，有多种爱好，但难以坚持到底，做事常常凭主观感觉。

（5）内倾思维型。这种人喜欢离群索居，独自追求自己的理想，常以主观因素为依据分析事物，待人冷漠，倔强偏执，情感易受压抑。

（6）内倾情感型。这种人沉默寡言，不易接近，给人一种神秘莫测的吸引力，但内心有非常丰富、强烈的情感体验。

（7）内倾感觉型。这种人对事物有深刻的主观感觉，喜欢通过艺术形象表现自我，缺乏思想和情感，较为被动，安静而沉稳，自制力强。

（8）内倾直觉型。这种人富于幻想，性情古怪，思想往往脱离现实，不易被人理解，常产生各种离奇的幻想和想象，体验奇特怪异。

荣格所划分的这八种类型只代表了极端的情况，生活中许多人是多种人格类型的复合。实际上，每个人都会表现出某种占优势的人格类型，但在其身上还有不占优势的第二种或第三种类型。

二、人格特质理论

在理解人格的时候，人们除了将某些人格归于某一种类型以外，还习惯确认某些人具有某些特质（trait）。研究特质的人们试图确定能够描述大多数人的那些特质，并用这些特质来预测行为。

一种特质就是一个人格维度。特质心理学家假定：人格特征在时间上是相对稳定的，也就是在大多数时候保持一致性；人格具有跨情境的稳定性，也就是在多数情境中，人格特质是一致的。

（一）奥尔波特的特质论

美国心理学家奥尔波特（G. Allport）将特质看作是决定个体行为的基本特性，是构成人格的基本元素，也是评价人格的基本单位。奥尔波特认为人格特质有以下特点：

（1）特质不是有名无实的。每个人都有其“内在的、一般的行为倾向”。

（2）特质比习惯更具有一般性。特质与习惯相似，但又不像习惯那么狭窄。

（3）特质具有动力性。特质支撑行为，是行为的基础和原因。特质是动力的，不需要外界刺激来激发。

（4）特质的存在可以从实际生活中得到印证。特质不能被直接观察到，但是可以对它进行科学的验证，尤其是可以通过观察一个人不断重复的行动来证实特质的存在。

（5）一种特质对另一种特质是相对独立的。

（6）特质本身与道德或社会判断不等同。

（7）特质既可以是某个个体所具有的，也可以是群体所具有的。任何群体都是独特性与普遍性的统一。

奥尔波特是人格特质理论的创始人。他把人格特质分为两类：共同特质（common trait）与个人特质（unique trait）。共同特质是同一文化形态下的人们所共有的、相同的特质；个人特质是个人所独有的特质，它代表着个体之间的人格差异。例如，一方面，共同生活在中国文化形态下的每个中国人都具有某些共同点，这就是文化的共同性人格特质；另一方面，每个中国人之间又存在着这样或那样的差异，这就是个人特质。

按照个人特质在生活中的作用，又可将个人特质分为三种：首要特质、中心特质和次要特质。首要特质是影响个体各方面行为的特质，它是最典型、最具概括性的特质，在人格结构中处于支配的地位。例如，在三国演义中，诸葛亮的首要人格特质就是足智多谋，而奸诈狡猾则是曹操的首要人格特质。中心特质是决定一个人的一类行为而不是全部行为，能够代表一个人的主要行为倾向的特质。一般人身上可以有5~10个中心特质。例如，忠君、清高、善谋略、才华出众、沉着冷静、温文尔雅等是诸葛亮的中心人格特质，而狠毒、无情无义、诡计多端、权欲熏心、猜疑妒忌等是曹操的中心人格特质。次要特质是只在特殊场合下才表现出来的个体的一些不太重要的特质。例如，有的人平时一贯内向，但偶尔也会在特殊场合中表现出外向的次要特质。

（二）卡特尔的特质因素论

卡特尔（R. B. Cattell）认为，特质是建筑人格的砖石，因此特质的概念是卡特尔理论中最重要的内容。他将特质分为以下几类：

1. 个别特质与共同特质

卡特尔继承了奥尔波特的做法。他认为某个人具有的特质称为个别特质，一个社区或一个集团成员所具有的特质叫共同特质。虽然一个社区中的每个成员都具有共同特质，但是这些特质在个别人身上的强度和情况并不相同，而且这些特质的强度在同一个人身上也随时间不同而异。

2. 表面特质与根源特质

卡特尔还区分了两种特质类型：表面特质（surface trait）与根源特质（source trait）。表面特质是指通过外部行为表现出来，能够观察到的特质。根源特质是指那些对人的行为具有决定性的特质。根源特质是人格的内在因素，表面特质是从根源特质中派生出来的。一种根源特质可以影响多种表面特质，所以根源特质使人的行为看似不同，实际上却具有共同的原因。

经过多年的研究，卡特尔找出了16种相互独立的根源特质，并据此编制了《长特尔16种人格因素量表》。卡特尔认为每个人身上都有这16种人格特质，只是在表现程度上有差异。例如，任何人都有智力，这是一种根源特质，但每个人的智力水平都有所不同。一个人身上的根源特质的数量或强度会影响他的各个方面，如阅读什么书，与什么人交朋友等。

3. 动力特质

有的特质是关于人格的动力的。动力特质（dynamic trait）促使人朝着一定的目标去行动，它们是人格的动力性因素。卡特尔提出了三种主要的动力特质。

（1）能。能是一种具有动力性质的素质根源，与内驱力、需求或本能相似。

（2）外能。也是一种动力性根源特质，但它来自环境及外界因素。能与外能的区别主要是来源不同。能主要是先天遗传的，而外能是习得的。外能又可分为情操和态度。

（3）辅助。动力特质是层层从属的，它们之间有附属、补助的作用，这种关系就是辅助。情操是能的辅助者，态度是情操的辅助者。每一种情操都是几种或许多种能的辅助者。能的欲望不是直接获得满足的，它通常通过发展多种外能，从事多种活动间接地得到满足。

（三）现代“五因素模型”

塔佩斯等（Tupes & Christal）运用词汇学的方法对卡特尔的人格特质进行了再分析，发现了五个相对稳定的因素：神经质性（Neuroticism）、外向性（Extraversion）、求新性（Openness）、随和性（Agreeableness）和尽责性（Conscientiousness）。我们可以发现这五个因素的第一个字母能组成OCEAN（海洋）一词，它正好代表容纳了人类人格的“海洋”。

（1）神经质性维度。它反映了人们的情绪稳定性和调节情况。那些经常感到忧伤、情绪容易波动的人在神经质性的测量上会得高分。消极情绪有许多不同的种类，如悲伤、愤怒、焦虑和内疚等，它们都有着不同的原因。在神经质性上得分低的人多表现为内心平静、自我调试良好，不易出现极端化的、不良的情绪反应。

（2）外向性维度。外向的人非常喜欢交际，通常还表现为精力充沛、乐观、友好和自信。内向的人含蓄而不带敌意，自主而不追随他人，稳健而不迟缓。

（3）求新性维度。它是指对经验持开放、探求的态度，而不仅仅是一种人际意义上的开放。构成这一维度的特征包括活跃的想象力、对新观念的自发接受、发散性思维和智力方面的好奇。在求新性上得分高的人是不保守、有独立思想的人；得分低的人则多数比较传统，喜欢熟悉的事物而不容易接受新生事物。

（4）随和性维度。在随和性维度上得分高的人是乐于助人的、可信赖的和富于同情心的，而那些得分低的人则多对人抱有敌意、为人多疑。随和性高的人注重合作而不强调竞争，随和性差的人则喜欢为了他们的利益和信念而斗争。

（5）尽责性维度。这是指我们如何控制自己、如何自律。在该维度上得分高的人做事有条理、有计划，并能持之以恒；得分低的人做事马虎大意，容易见异思迁，不可靠。

第三节　人格测验

一、人格的问卷测验

人格的问卷测验就是根据要测量的人格特质，编制许多相关的问题，要求受测者根据自己的实际情况逐一回答这些问题，再根据受测者的答案，去测量受测者在这种人格特质上表现的程度。为完成这种人格测量而编制的测量工具叫自陈问卷或自陈量表。问卷的项目形式一般采用非判断式或选择式。现在流行的主要有以下几种格式：

（1）是否式。提供一个陈述句或问句，并列出“是”和“否”两种选项，要求受测者选择其中的一个选项。例如：

你喜欢热闹的事情吗？　　是□　　否□

（2）二选一式。提供两个意思相反的陈述句（A、B），要求受测者选择其中符合自己实际情况的一个选项。例如：

A. 我喜欢批评那些有权威和有地位的人。□

B. 在长辈或上级面前，我会感到胆怯。□

（3）是否折中式。提供一个陈述句或问句，并列出“是”、“否”和“不一定”三种选项，要求受测者选择其中的一个选项。例如：

你总是喜欢待在安静的房间里吗？　　是□　否□　不一定□

（4）文字等级式。提供一个问句，同时列出几个（通常是五个）程度不等的选项，供受测者选择。例如：

你对自己的工作感到满意吗？

非常满意 □　比较满意 □　无所谓 □　不大满意 □　非常不满意 □

（5）数字等级式。实际上是文字等级式的变式，只不过是将文字式选项改为数字式选项。例如：

你对自己的工作感到满意吗？

非常满意————————非常不满意

1　2　3　4　5

编制问卷的基本假设是受测者最了解自己的人格特征。因为个人随时随地都在观察自己的行为，而他人不可能了解自己行为的所有方面。

常见的人格测量问卷有以下几种：

（一）明尼苏达多相人格问卷

《明尼苏达多相人格问卷》（MMPI）是由美国明尼苏达大学临床心理学系主任

哈萨维（Hathaway）和心理治疗家麦金利（Mckinley）于40年代共同编制的。MMPI所涉及的范围很广，包括身体各方面的情况（如心血管系统、生殖泌尿系统、呼吸系统等），情绪反应、精神状态以及个人对政治、法律、宗教、家庭、婚姻和社会的态度。该量表可鉴别强迫症、偏执狂、精神分裂症、抑郁性精神病等。

明尼苏达多相人格测验包括10个临床量表：疑病（Hs）、抑郁（D）、癔病（Hy）、精神病态（Pd）、男子气或女子气（Mf）、妄想狂（Pa）、精神衰弱（Pt）、精神分裂症（So）、轻躁狂（Ma）、社会内向（Si），另外还有4个效度量表：说谎分数（L）、诈病分数（F）、校正分数（K）、疑问分数（Q）。

在测验时，受测者对每一个问题选择"是"、"否"、"不能确定"这三种答案中的一个。测验时间一般为45分钟，最多90分钟，如果是文化水平低的受测者将可能超过2小时，病人所需的时间更长。题目如：

（1）偶尔我也会想到一些坏得说不出口的事。　是□　不能确定□　否□
（2）我很少有大小便不通的问题。　是□　不能确定□　否□
（3）我希望我能像别人那样快乐。　是□　不能确定□　否□
（4）有时我觉得自己就要崩溃了。　是□　不能确定□　否□
（5）我害怕独自待在空旷的地方。　是□　不能确定□　否□
（6）我很看重我的衣着式样。　是□　不能确定□　否□
（7）我喜欢电影里的爱情镜头。　是□　不能确定□　否□
（8）和我性别相同的人最容易喜欢我。　是□　不能确定□　否□
（9）我的父亲是个好人。　是□　不能确定□　否□
（10）每隔几夜我就会做噩梦。　是□　不能确定□　否□

中国科学院心理研究所宋维真研究员等人从1980年开始对该问卷进行修订，于1989年完成了标准化工作，取得了中国版的信度和效度资料，并制定了中国常模。它的测量对象是16岁以上具有初中文化程度的中国人。修订后的项目仍为566个，他们只是对项目中的个别词句做了适当的改动。

《明尼苏达多相人格问卷》是一个极好的临床人格测验，它不仅能够全面地测量人格特质的各个方面，而且可以用于编制新量表和研究工作，其信度和效度也比一般人格测验要高。但是它项目太多，测验需要很长的时间。许多受测者时常因为测验时间的关系而不能坚持做完，或勉强完成而影响了结果。其另一缺点就是该问卷对特质的描述多用病理上的名词，如果用来解释正常的人格，既不容易，也常常引起误解。

（二）卡特尔16种人格因素问卷

《卡特尔16种人格因素量表》（简称16PF）是由美国伊利诺州立大学卡特尔教授经过几十年的系统观察、科学试验以及因素分析统计后逐渐形成的。卡特尔筛选出16种人格根源特质：

①因素A：乐群性　②因素B：聪慧性
③因素C：稳定性　④因素E：恃强性
⑤因素F：兴奋性　⑥因素G：有恒性

⑦因素 H：敢为性　　⑧因素 I：敏感性
⑨因素 L：怀疑性　　⑩因素 M：幻想性
⑪因素 N：世故性　　⑫因素 O：忧虑性
⑬因素 Q1：实验性　　⑭因素 Q2：独立性
⑮因素 Q3：自律性　　⑯因素 Q4：紧张性

卡特尔人格问卷除了对人格的双重个性进行测验应用外，还可以用来测验心理健康因素、专业成就者的人格因素、创造能力人格因素、新环境中成长能力人格因素等。另外，卡特尔还设计了三个用于中小学生以及学前儿童的人格问卷和一些单一分数的问卷（如焦虑量表、神经症量表和抑郁量表）。

卡特尔人格问卷具有信度和效度比较高、编制比较科学、施测比较方便等优点。而且，它的项目尽量选用“中性”的题目，避免含有社会上公认的“是非”倾向题，这就容易保证受测者作答的真实性。

二、人格的投射测验

投射测验（Projective Test）是以弗洛伊德心理分析人格理论为依据的。心理分析理论强调人的行为由无意识的内驱力所推动。这些内驱力受到压抑，不为人们觉察，但影响着人们的行为。根据这种理解，人们难以通过问题直接了解一个人的情感和欲望，进而对他的人格作出评定。但是，如果给被试一些模棱两可的问题，那么他的无意识欲望有可能通过这些问题投射出来。所谓投射测验，就是根据这种想法设计出来的。

投射测验的基本方式是向被试提供预先编制的一些未经组织的、意义模糊的标准化刺激情境，让被试在不受任何限制的情况下，自由地对刺激情境作出反应，然后通过分析被试的反应，推断被试的人格特征。投射测验具有以下特点：

（1）测验材料一般都很含糊，模棱两可，没有明确的含义，对被试也没有限制。

（2）测验的目的具有明显的隐蔽性，被试一般不知道自己的心理反应将得到什么样的合理解释，这样就最大限度降低了被试的心理防卫和伪装程度。

（3）对测验结果的解释重在对被试的人格特征获得整体性的了解，而不是仅关注某个或某些人格特质。

下面介绍两种著名的投射测验。

（一）罗夏墨迹测验

罗夏墨迹测验是由瑞士精神病学家罗夏（H. Rorschach）于 1921 年设计的，共包括 10 张墨迹卡片，其中 5 张为黑白的，另外 5 张为彩色的。施测的时候，每次按顺序给被试呈现一张卡片，同时问被试，“你看到了什么”、“这可能是什么”或“这使你联想到了什么”等，允许被试自己转动图片从不同角度去看。这种测验属于个别测试，每次只能测一个人。施测时，主试一方面要记录被试的语言反应，另一方面还要注意被试的情绪表现和伴随的动作。

对罗夏墨迹测验的评分和解释是很困难的，极费时费力，只有训练有素、经验丰富的人才能掌握这种方法。而且对测验结果还必须综合多方面作合理的解释，不能单凭其中任何一个结果来判断一个人的整体人格状况。

罗夏墨迹测验主要应用于精神病学的临床诊断，也可用于人格研究的跨文化研究。有人认为，这种测验在研究潜意识方面特别有效；但也有人认为，这种测验的信度与效度较低。因此，现在对罗夏墨迹测验的应用较少。

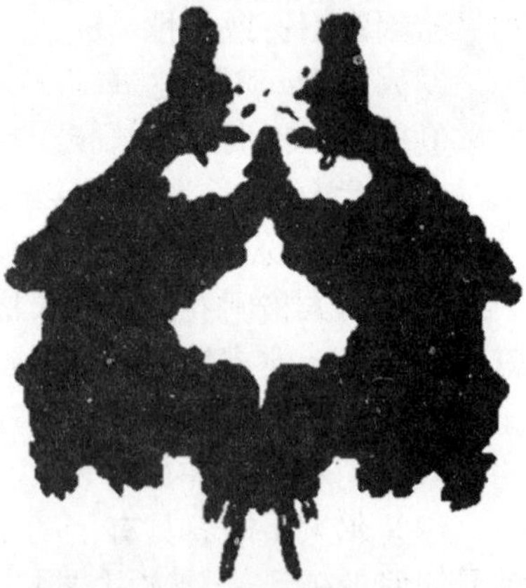

图9-1　罗夏墨迹图片之一

（二）主题统觉测验

主题统觉测验（Thematic Apperception Test，简称TAT）是由美国心理学家默里（Murray）编制的。这种测验的性质与看图说故事的形式很相似。全套测验由30张内容模棱两可的图片构成，另有一张空白图片，图片内容多为人物，也有部分景物，不过每张图片中至少有一个人物。测验的时候，每次给被试一张图片，让他根据所看到的内容编出一个故事。故事的内容不受限制，但必须回答以下四个问题："图片中发生了什么事情？""为什么会出现这种情景？""图片中的人物正在想些什么？""故事的结局会怎样？"

图9-2　主题统觉测验图片之一

编制这种测验的基本假设是：

（1）人们在解释一种模糊的情境时，总是倾向于将这种解释与自己过去的经历和目前的愿望保持一致。

（2）在面对测验图片讲述故事时，被试同样得用到他们过去的经历，并在讲述的故事中表达他们的感情和需要。

在测验中，默里提出可以从以下六个角度进行分析：

（1）主人公。被试讲述的故事中，主人公的形象可以反映他本人的特征。

（2）主角的动机倾向与情感。故事中主人公的所作所为及其情绪体验，如屈辱、成功、冲突、激动等，可能正是被试自己的状态和心境。

（3）主人公的环境压力。故事中主人公面临的环境压力可能就是被试本人面临的压力。

（4）结局。把主人公的力量与环境力量进行对比，故事中主人公奋争或妥协的结果如何，主人公是快乐的还是沮丧的等。

（5）主题。主题实际上是前四种因素的组合，主人公的愿望与环境压力的相互作用和故事结局一起构成一个故事的主题。

（6）兴趣与情操。被试在讲述故事时，对主题的选择、角色的表现是积极的还是消极的。

通过对以上六个方面的综合考察，可以揭示被试掩藏的个性特征。

投射测验的优点是弹性大，被试可在不受限制的条件下，随意作出反应。由于投射测验使用图片，因而便于对没有阅读能力的人进行测验。

投射测验也有缺点。它在评分的时候缺乏客观标准，对测验的结果难以进行解释。同样的反应由于施测者的判断不同，解释很可能不一样。另外，投射测验不能对特定行为提供较好的预测。与问卷法相比，投射测验还具有在单位时间里可施测的被试数量太小的缺点，不便于大规模实施。

三、人格的情境测验

人格的情境测验的理论基础是社会学习理论。社会学习理论主张，如果能将某种刺激与个体行为反应之间的关系确定下来，那么就可以创造某种情境来预测或监视个体的行为。这就是情境测验的设计原则。

情境测验就是主试在某种情境下观察被试的行为反应，进而了解其人格特点。情境测验可用于教育评价、人事甄选上。依据这两种情况，可以将情境测验分为两种：性格教育测验和情境压力测验。

（一）性格教育测验

虽然学校教育总是教育学生应该拥有许多优秀品质，如诚实、合作、友爱等，但很少能使用客观的测量工具来鉴定这些品格教育的效果，性格教育测验（Character Education Test）就弥补了这方面的缺憾。例如，一次考试结束后，可以将每份试卷复印一次，然后再分发给学生并附上答案，让他们自己评卷、打分。最后对比两份试卷的评分就可以测量出学生的诚实度。

（二）情境压力测验

情境压力测验（Situational Stress Test）是指特别设计一种情境，使被试产生面临情境的压力，然后由主试观察、记录被试是如何应付的，从而了解他的人格特质。

这种测验重视分析、实验和控制程序，具有科学性，得到的结果也比较精确，而且比较令人信服。但由于此研究只重视现实因素，忽略了个体行为经验与遗传因素，因此也受到了批评。

《本章小结》

（1）人格是个体在遗传素质的基础上，通过与后天环境的相互作用而形成的相对稳定和独特的心理行为模式。人格具有独特性、稳定性、整体性、功能性，是社会性与生物性的统一。

（2）人格是一个复杂的结构系统，它包括了许多成分，其中主要有气质、性格、自我调控等方面。气质更多地与生理性相关，性格更多地与现实态度有关。影响人格形成的因素包括：生物遗传因素、自然环境因素、文化环境因素、家庭环境因素、学校环境因素以及自我调节因素。

（3）人格理论包含两种主要的理论形式：类型论与特质论。人格类型论主要有：克瑞奇米尔的类型论、斯普兰格的类型论以及荣格的类型论。人格特质论主要包括：奥尔波特的特质论、卡特尔的特质论以及现代“五因素模型”。

关键术语

人格　气质　性格　自我调控系统　人格理论　人格类型　人格特质
人格测验　投射测验　情境测验

进一步阅读

［1］郑雪．人格心理学．广州：暨南大学出版社，2001.
［2］［美］赫根法．现代人格心理学历史导引．郑雪等译．石家庄：河北人民出版社，1988.
［3］陈仲庚．人格心理学．沈阳：辽宁人民出版社，1986.
［4］张春兴．现代心理学．上海：上海人民出版社，1994.
［5］［美］Jerry M. Burger. 人格心理学．陈会昌译．北京：中国轻工业出版社，2000.
［6］［美］L. A. 珀文．人格科学．周榕等译．上海：华东师范大学出版社，2001.

思考与练习

（1）正确理解人格的概念及内涵。
（2）人格的结构包括哪些要素？
（3）结合实际理解影响人格的因素。
（4）理解奥尔波特人格特质论的主要观点。
（5）理解卡特尔的人格特质理论，掌握表面特质与根源特质概念。
（6）现代人格“五因素模型”包含哪些人格特质？
（7）综合理解人格类型论与人格特质论。
（8）人格测验的方法有哪几种？

第十章　情绪、压力与适应

本章学习要点

1. 理解情绪的内涵、情绪与情感的区别和联系、三种基本表情
2. 了解情绪的基本理论
3. 了解压力的概念及来源、心理冲突的类型、社会支持的相关概念
4. 能够结合实际情况，选择相应的调节方式应对压力

在生活中，人随时随地都会发生喜怒哀乐等情绪上的起伏变化，人的一切活动无不打上情绪的印记。情绪像是染色剂，使人的生活染上各种各样的色彩；情绪又似催化剂，使人的活动加速或减速进行。人需要积极的、快乐的情绪，它是人获得幸福与成功的动力，使人充满生机；人也会体验焦虑、痛苦等消极的情绪，它使人心灰意冷、沮丧消沉，若不妥善处理，还可能严重危害身心。人的一生，就是这样游弋在情绪海洋中，在色彩斑斓的情绪世界里领略着人生五味。

与此同时，每个人的生活中都有压力，这些压力来自各个方面：工作、学业、感情……然而，为什么有的人能够在压力之下活得轻松自在，有的人却每天都是愁眉苦脸呢？难道，那些生活轻松的人有什么异于常人的智慧？其实生命如旅行，若似蜗牛负重，何以轻松上阵？唯有抛却肩头挂碍，才能走得步履从容！

什么是情绪？为什么有的心理学家将情绪称为“生命的指挥棒”、“健康的寒暑表”？我们面对的压力来自哪些方面？这些压力会对我们的身心健康造成哪些影响？我们应该怎样正面抗击压力？……面对这样多的问题及困惑，我们都将在本章一一作出解释。

第一节　情绪概述

一、情绪的概念与三种表情

（一）什么是情绪

1. 情绪的概念

由于情绪的极端复杂性，关于什么是情绪至今还没有得到一致的结论。但是，分析情绪的组成部分有利于我们更好地理解情绪的实质。总的来讲，情绪是一种主观的、生理的、有目的的社会现象。

首先，情绪是一种主观感受，它使我们以一种特殊的方式去感觉事物，如愤怒或高兴。其次，情绪也是一种对情境的生物反应和生理应答。在情绪状态下，我们的身体（如心脏、肌肉等）以一种与在非情绪状态下不同的方式被激活。再次，情绪也是有目的的，就像饥饿是机能的和有目的的一样，愤怒会促使我们去与敌人战斗，而害怕促使我们逃离危险。最后，情绪是社会现象。在社会交往过程中，在言语沟通的同时，我们也向他人传递明显的面部和躯体信号（如眼神、声调等），从而交流我们的情绪性思想。

表 10－1 对情绪的四个成分作了总结。主观成分确立了情绪情感，它具有个人重要性，可以确定情绪的性质和强度。生物成分包括在特定的情境中，准备和调节行为的高级神经系统、自主神经系统和内分泌系统。神经生理活动与情绪交织在一起，一个没有被唤醒就感到愤怒的人，简直是不存在的。机能成分属于一个人怎样从情绪中受益的问题，没有情绪的人是一个绝对的进化不利者，没有能力害怕、兴奋或爱的人，其身体和社会生存的潜能是非常有限的。情绪是机能的，它们能够产生动机，使人有效地应对生活中的情境。情绪的表达成分是指它的社会、交流方面。通过姿势、手势、音调以及面部表情，人的情绪得以表达。在和他人进行交流的过程中，我们向他人发出情绪信号，同时也从他人那里获得相关的情绪信号。

表 10－1　情绪的四个成分

成分	对情绪的贡献	显示
主观的（认知的）	情感　现象学的意识	自我报告
生物的（生理的）	唤醒的　生理准备　动作反应	脑结构的活动 自主神经系统的活动 内分泌（荷尔蒙）系统的活动
机能的（目的的）	动机　目标定向的欲望	对即将到来的情境，选择合适的应对方式
表达的（社会的）	交流	面部表情 身体姿势 音调

情绪的四个成分只是分别强调了情绪过程的不同方面。只从其中任何一个维度来定义情绪都是不充分的，因为情绪不是它的任何一个成分。

通常认为，情绪（emotion）是“人对客观事物的态度体验及相应的行为反应”[①]。这说明，情绪是以个体的主观愿望和需要为中介的一种心理活动。当客观事物符合我们的主观愿望和需要时，就会引起积极、肯定的情绪；反之，则会产生消

① 彭聃龄．普通心理学．北京：北京师范大学出版社，2001. 355.

极、否定的情绪。“久旱逢甘霖，他乡遇故知”会让我们感到欣喜和欣慰，“物是人非事事休，欲语泪先流”带来的更多是无奈和忧伤。

同时，当代心理学家将情绪界定为“一种躯体和精神上的复杂的变化模式，包括生理唤醒、感觉、认知过程和行为反应”①。假设在茫茫人海中遇到了你心仪的对象，你的生理唤醒水平将是激烈的心跳，你的感觉也将是积极和幸福的。相关的认知过程就表现为你将当时的情境界定为快乐的解释、难忘的记忆和美好的预期。你的外显行为反应可能会表现为微笑（表情）或手足无措（行为）或与之建立进一步的亲密关系等。现在，让我们来具体理解一下这四个基本成分。

生理唤醒（physical arousal）是情绪所伴随的生理变化。当个体作出情绪反应时，呼吸、心率、血压、血管容积、皮肤电反应、脑电反应及内外分泌腺反应可能会发生变化，如呼吸急促、心跳加速、血压升高、手掌出汗、反胃等。感觉（sensation）是一种主观体验。情绪一词的词根是“move”，基本意思是“动”。情绪确实能使人“动”起来。当人体在情绪状态下被唤起，我们就能够在游戏、婚礼或求知中体验到“感动”或“激动”。认知过程（cognitive process）是个体对客观事物或情境的评价过程。情绪和人的一些适应性行为（adaptive behaviour）密切相关，包括攻击行为、躲避行为、安全寻求行为、助人行为和生殖行为等。这些行为能帮助我们的族群得以生存和繁衍后代并更好地适应环境的变迁。

2. 情绪与情感

在日常生活中，情绪与情感经常被混用，或者被看作是同义词。从心理学的角度来说，情绪和情感（feeling）的区分是相对的，实际上它们指的是同一心理过程的同一心理现象，只是分别强调了同一心理现象的两个不同方面，是一种复合状态。情绪更倾向于行为，情感更倾向于体验。

一般来说，与自然需要（生物学的）紧密联系在一起的内心体验谓之情绪。它有情景性强、表情和行为表现明显、冲动性大、发生时间短暂等特点。这一概念既可以用于人类，也可用于动物。而与社会需要密切联系的内心体验谓之情感，是内在的、稳定的、意识性的，往往无明显表情和行为冲动伴随；侧重于人的主观体验及对其他正在进行着的心理活动起评价和监督作用；常被用来描述具有深刻而稳定的社会意义的感情，如对祖国的热爱、对敌人的仇恨、对美的欣赏、对丑的厌恶等。

事实上，情绪依赖于情感（情绪的各种变化一般都受到已经形成的情感及其特点的制约）；情感也依赖于情绪（人的情感总是在各种不断变动着的情绪中得到自己的表现）。离开了具体的情绪过程，人的情感及其特点就不可能现实地存在。因此，从某种意义上说，情绪是情感的外在表现，情感是情绪的本质内容。它们既是在有机体的种族发生的基础上产生的，又是人类社会历史发展的产物。

3. 情绪的特点

情绪是一种与环境、认识、行为等多方面相联系的有机体的复合状态，从任何

---

①［美］理查德·格里格，菲利普·津巴多. 心理学与生活. 王垒，王苏等译. 北京：人民邮电出版社，2003. 352.

一个角度去认识、度量它都过于简单化了。无论是从它的动力性、激动度，还是从它的强度和紧张度来进行分析，每一种特征的变化都具有两极对立的特征，也就是说，每一种特征都存在着两种对立的状态。例如，肯定—否定，喜悦—悲哀，热爱—憎恨，兴奋—宁静，紧张—轻松等。这就是情绪的两极性。而在每对相反的情绪中间又存在着程度不一的差异，表现为多样化的形式。

（1）肯定—否定。

情绪的两极性首先体现在情绪肯定和否定的对立性质。凡是能满足已激起的需要或能促进这种需要得到满足的事物，便能引起人的肯定性质的体验，如高兴、愉快、满意、欢喜等。凡是不能满足已激起的需要或妨碍这种需要得到满足的事物，便会引起人的否定性质的体验，如愤怒、憎恨、忧愁、烦恼等。因此，情绪的两极性首先表现为肯定与否定对立的两极。构成肯定—否定两极的情绪并不是绝对互相排斥的，它们可以在一定条件下相互转化，甚至可以在同一事物中同时出现。

（2）积极的（增力的）—消极的（减力的）。

情绪的两极性可以表现为积极的或增力的和消极的或减力的。一般来说，需要得到满足时产生的肯定情绪是积极的、增力的，可以提高人的活动能力，如愉快的情绪驱使积极行动；需要得不到满足时产生的否定情绪是消极的、减力的，会降低人的活动能力，如悲伤引起的郁闷会削弱人的活动能力。在不同的情况下或对于不同的人，同样的情绪可能既具有积极的性质又具有消极的性质。例如，恐惧易于引起行动的抑制，减弱人的精力，但也可能驱使人唤起他的精力同危险情景进行斗争。

（3）紧张—轻松。

情绪的两极性还可以表现为紧张和轻松（紧张的解除），这样的两极性通常在人活动的紧要关头或最有意义的关键时刻表现出来。例如，考试或比赛前的紧张情绪，以及考试和比赛之后出现的紧张的解除或轻松的体验，都能代表这种两极性。紧张的程度取决于当时情境的紧迫性，也决定于人的应变能力及心理准备状态。通常紧张状态能引起人的积极行动，但过度紧张也会使人不知所措、精神瓦解。关键时刻过去之后，人就可以体验到轻松或紧张的解除的感觉。如果以前的紧张状态越高，等关键时刻过去就越感到轻松。

（4）激动—平静。

情绪的两极性还可以表现为激动和平静。激动的情绪表现为强烈的、短暂而爆发式的体验，如激愤、狂喜、绝望。激动的产生往往与在人生活中占重要地位、起重要作用的事件的出现有关，同时它又出乎原来的意料，违反原来的意向，并且超出了意志的控制。与短暂而强烈的激动相对立的是平静的情绪，人在多数情境下处于安静的情绪状态之中，在这样的场合，人能从事持续的智力活动。

（5）弱—强。

最后，情绪的两极性可以表现在强度上，即人的任何情绪在强度上都有一系列由弱到强的等级变化，如从愉快到狂喜、从烦恼到憎恨、从担心到恐惧等。情绪的强度越大，整个自我被卷入的可能越大。情绪的强度决定于引起情绪的事件对人的意义以及个人的既定目的与动机是否能够实现和达到。情绪强度的大小决定于情绪事件对于个体意义的大小。

（二）表情

表情是人的情绪感觉的外部特征，是一种独特的情绪语言，在人类社会活动中具有重要意义。首先，表情具有信息传递和社会交际功能。言语本身是人类特有的交际工具，它表达思想和感情，而言语的语音、声调、节奏等也可称为“情绪语言”，它与面部表情和姿态表情一起成为辅助言语交际的有力工具。有时人们觉得用言语表达情意显得过于直爽、唐突或难于启齿时，就会求助于表情。国外有关研究也表明，在进行口头沟通的过程中，接收信息的人从发出信息者那里获得的信息，其中38%来自于发讯者的语调，55%来自于面部表情，只有7%来自于语词本身。表情负载着大量信息，在人际交往和沟通中具有极其重要的作用，是人们交往和沟通的重要渠道。一个人要顺利与他人进行交往，既要善于运用表情，又要善于识别表情。其次，表情也是判断人的内心体验的标准之一。在日常生活中，人们通过表情反映自己的意愿，也通过对他人表情的观察和体验来了解周围人的态度与意愿。一般而言，表情主要包括了面部表情、身段表情和言语表情。

1. 面部表情

面部表情是指通过眼部肌肉、颜面肌肉和口部肌肉的变化来表现各种情绪状态。例如，不同的眼神可以表达人的各种不同的情绪和情感。

表 10－2　日常生活中常见的眼部表情

眼部表情	含　义
眼睛注视	注意、引人注视自己
瞪眼视人	克服他人、敌视、愤怒、反对、不以为然
眼光坚定	有把握
眼光柔和	爱恋
眼神灵动、有神采	高兴、欢迎
闪露凶光	敌意、大怒
眼球向下动	羞怯、忧郁、胆小、腼腆、考虑
眼球向上动	快活、有希望、回忆、幻想
眼不安定	担忧、不放心、焦急
眼珠旋转不停（避开他人的眼光）	心虚、掩饰
斜睨	疑心、不信任、轻蔑、敌视、偷看、指示方向
两眼睁大	惊讶、奇异、意外、害怕

2. 身段表情

身段表情是除面部之外身体其他部位的表情动作，头、手和脚是表达情绪时主要使用的身体部位，包括身体表情和手势表情两种。

身体表情是表达情绪的方式之一。在不同的情绪状态下，人的身体姿态会发生不同的变化，如高兴时“捧腹大笑”，恐惧时“紧缩双肩”，紧张时“坐立不安”等。举手投足、两手叉腰、双腿起胯等身体姿势都可表达个人的某种情绪。

手势表情常常是表达情绪的一种重要形式。手势通常和言语一起使用，表达赞成还是反对、接纳还是拒绝、喜欢还是厌恶等态度和思想。手势也可以单独用来表达情感、思想，或作出指示，在无法用言语沟通的条件下，单凭手势就可表达开始或停止、前进或后退、同意或反对等思想感情。“振臂高呼”、“双手一摊”、“手舞足蹈”等手势，分别表达了个人的激愤、无可奈何、高兴等情绪。心理学家的研究表明，手势表情是通过学习得来的，它不仅有个别差异，而且存在民族或团体的差异。后者表现了社会文化和传统习惯，同一种手势在不同民族中可能用来表达不同的情绪。

图 10－1　日常生活中常见的手势

3. 言语表情

言语表情是情绪在言语的声调、节速和速度上的表现。例如，朗朗笑声表达了愉快的情绪，而呻吟表达了痛苦的情绪。言语是人们沟通思想的工具。同时，语音的高低、强弱、抑扬顿挫等，也是说话者表达情绪的手段。例如，声音尖锐、急促、声嘶力竭时，表达了一种紧张、悲壮而兴奋的情绪；语调缓慢而深沉时，表达了一种悲痛而惋惜的情绪。

二、四种基本情绪

由于情绪的复杂性，长期以来如何对情绪进行准确的分类一直困扰着研究者们。我国古代思想家荀子将情绪分为好、恶、喜、怒、哀、乐六大类，倡导“六情说”。法国哲学家笛卡尔认为，人有惊奇、爱悦、憎恶、欲望、欢乐和悲哀六种原始情绪，其他情绪都是它们的组合或分支。美国心理学家普拉切克（Plutchik）提出了八种基本情绪：悲痛、恐惧、惊奇、接受、狂喜、狂怒、警惕、憎恨。每一种基本情绪都具有强度、相似性和两极性三个维度，可以用一个倒锥体来说明三个维度之间的关系（见图 10－2）。此外，有的心理学家还提出了情绪的九种类别。

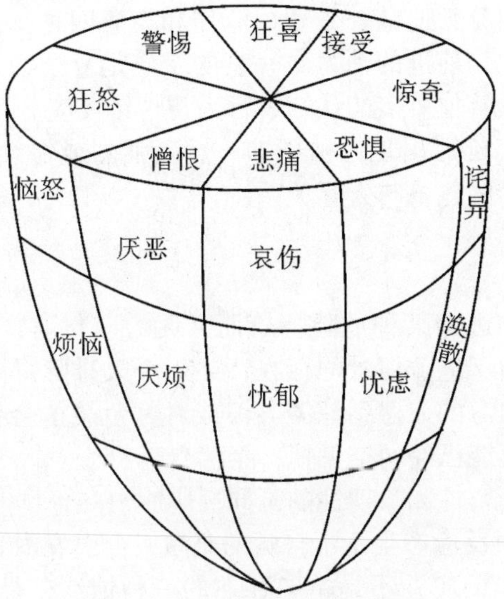

图 10－2 普拉切克的情绪三维模式

但通常认为，人有四种最基本、最原始的情绪，即快乐、愤怒、悲哀和恐惧，它们与人的基本需要相关联，常常具有较高的紧张性。

（一）快乐

快乐是指一个人达到盼望和追求的目的后产生的情绪体验。由于需要得到满足，愿望得以实现，心理的急迫感和紧张感解除，快乐随之而生。快乐有强度上的差异，从愉快、兴奋到狂喜，这种差异与所追求的目的对自身的意义以及实现的难易程度有关。另外，当人们的愿望在意想不到的时机和场合得到满足时，也会给人带来更大的快乐体验。

（二）愤怒

愤怒是愿望得不到满足，实现愿望的行为一再受到阻挠引起的紧张所积累而产生的情绪体验。愤怒时，人的紧张感增加，有时不能自我控制，甚至出现攻击行为。愤怒也有程度上的区别，一般的愿望无法实现时，人只会感到不快或生气；但当遇到不合理的阻碍或恶意破坏时，愤怒会急剧爆发。这种情绪对人的身心伤害也是明显的。

（三）悲哀

当失去心爱的事物，或理想和愿望破灭时，我们所产生的情绪体验就是悲哀。悲哀的强度取决于失去的事物对主体心理价值的大小，心理价值越大，引起的悲哀越强烈。悲哀从强度上分为遗憾、失望、悲伤和哀痛四种。当然，悲哀并不总是消极的，它有时能够转化为前进的动力。悲哀的反应是复杂的，不仅会有单纯的悲哀反应，有时候还会涉及其他更多的认知、行为与情绪反应。有些悲哀反应是正常的，但是有些悲哀反应却会延迟出现，被压抑、过度强烈或持续过久，变成未完成的、慢性的哀伤，影响生命的能量与人际关系。

（四）恐惧

恐惧是企图摆脱和逃避某种危险情景而又无力应付时产生的情绪体验。所以，恐惧的产生不仅仅是由于危险情景的存在，还与个人排除危险的能力和应付危险的手段有关。一个初次出海的人遇到惊涛骇浪或者鲨鱼袭击会感到恐惧无比，而一个经验丰富的水手对此可能已经司空见惯，泰然自若。

恐惧可以区分为短暂性和长期性的不同反应。

（1）短暂性的恐惧反应产生于不自觉的刺激，会引发内心不安的反射情绪。

（2）长期性的恐惧反应并不是单一存在的一种情绪，是会由其他情绪累积后，转化为一种反射动作，以避开伤害和保持生存的一种行为。如环境适应不良、缺乏自信、缺乏安全感等。

图 10－3　人的四种基本情绪：快乐、愤怒、悲哀和恐惧

专栏 10-1　情商自我测验

美国耶鲁大学心理学教授彼得·萨洛维提出：现代社会，凡期待在人生道路上获得成功者，不但要有高智商（IQ），而且要有高情商（EQ）。你关心过自己的情商水平吗？根据国内外有关情商的研究，这里设计了一组测试指标，你不妨试试，自测一下你的情商有多高。

对下列问题请回答："是"或"否"

1. 对自己的性格类型有比较清晰的了解？
2. 知道自己在什么样的情况下容易发生情绪波动？
3. 懂得从他人的言谈与表情中发现自己的情绪变化？
4. 有扪心自问的反思习惯？
5. 遇事三思而后行，不赞同"跟着感觉走"？
6. 遇到不顺心的事能够抑制自己的烦恼？
7. 遇到意想不到的突发事件，能够冷静应对？
8. 受到挫折或委屈，能够保持能屈能伸的乐观心态？
9. 出现感情冲动或发怒时，能够较快地"自我熄灭"？
10. 听到批评意见，包括与实际情况不符的意见时，没有耿耿于怀的不乐？
11. 在人生道路上的拼搏中，相信自己能够成功？
12. 决定了要做的事不轻言放弃？
13. 工作或学习上遇到困难，能够自我鼓劲、克服困难？
14. 相信"失败乃成功之母"？
15. 办事出了差错，自己总结经验教训，不怨天尤人？
16. 对同学、同事们的脾气性格有一定的了解？
17. 经常留意自己周围人们的情绪变化？
18. 与人交往知道要了解和尊重他人的情感？
19. 能够说出亲人和朋友各自的一些优点与长处？
20. 不认为参加社交活动是浪费时间？
21. 没有不愿同他人合作的心态？
22. 见到他人的进步和成就没有不高兴的心情？
23. 与人共事懂得不能"争功于己，诿过于人"？
24. 与朋友相处能够"严以律己，宽以待人"？
25. 知道失信和欺骗是友谊的大敌？

上述 25 个题，测量的是情商所包含的五个方面的内容。

如果你在第 1~4 题中答"是"达 3 个以上，则表明你对自己的情绪有较高的认知。如果你在第 5~10 题中答"是"达 4 个以上，则表明你对自身的情绪有较高的控制力。如果你在第 11~15 题中答"是"达 4 个以上，则表明你善于自我激励。如果你在第 16~18 题中答"是"达 3 个以上，则表明你能够了解他人的情绪。如果你在第 19~25题中答"是"达 5 个以上，则表明你长于人际关系的管理。

总体衡量，25 题中答“是”达到 20 个以上者，属高情商；答“是”在 14 ~ 19 个之间者，情商属于中等；答“是”在 13 个以下者，情商则偏低。倘若发现你的情商偏低，也无须恐惧，找准欠缺点，有针对性地加强自我修养和锻炼，是可以提高的。

资料来源：佐斌．大学生心理发展．北京：高等教育出版社，2004. 319 ~ 320.

三、主要的情绪理论

（一）詹姆斯—兰格理论

美国心理学家威廉·詹姆斯（W. James）和丹麦生理学家卡尔·兰格（C. Lange）分别于 1884 和 1885 年提出了观点基本相同的情绪理论。他们强调情绪是植物性神经活动的产物，即情绪刺激引起身体的生理反应，而生理反应进一步造成情绪体验的产生。该理论的重要功绩在于，提出了情绪与机体生理变化直接联系的看法，强调了外周生理活动在情绪产生中的作用，因此，后人将其称为情绪的外周理论。

詹姆斯根据情绪发生时引起的植物性神经系统的活动，以及由此产生的一系列机体变化而指出，情绪就是对身体变化的知觉。在詹姆斯看来，先有机体的生理变化，然后才有情绪。因为哭泣，所以才悲伤；因为打斗，所以才愤怒。

兰格在情绪的发生上强调血液系统的作用。他以酒精和药物为例，认为血管扩张产生愉快情绪；自主系统活动减弱，血管收缩、器官痉挛，就产生恐怖情绪。他甚至认为，冷水浇身能使愤怒减弱，溴化钾能使恐怖、忧虑和不愉快受到抑制。这些都是由于血管收缩功能的改变所导致的。

詹姆斯—兰格理论指出了情绪与机体变化的直接关系，强调了植物性神经系统在情绪产生中的作用。但是，他们片面强调植物性神经系统的作用，忽视了中枢神经系统的调节、控制作用，因而引起了很多争议。美国生理学家坎农（W. B. Cannon）首先反对詹姆斯—兰格理论，并提出了自己的理论。

图 10 - 4　詹姆斯—兰格的情绪理论

（二）坎农—巴德学说

由于詹姆斯—兰格的情绪理论存在一定的片面性，1927 年，美国生理学家坎农（W. Cannon）对詹姆斯—兰格的情绪理论提出了三点质疑：①“内脏是相对不敏感的器官”，“在非常不同的情绪状态下会出现相同的内脏变化”；②“内脏变化太慢，因此不能成为情绪体验的来源”，即植物神经系统支配的各个器官对刺激反应迟缓不足以说明情绪瞬息变化的情况；③“人为地引起某种强烈情绪的典型内脏变化，并不产生相应的情绪”。

在对詹姆斯—兰格的情绪理论进行批评的基础上，坎农认为，情绪的中枢不在外周神经系统，而在中枢神经系统的丘脑，并且强调大脑对丘脑抑制的解除使植物性神经活跃起来，加强了身体生理的反应，从而产生了情绪。外界刺激引起感觉器官的神经冲动，传至丘脑，再由丘脑同时向大脑和植物性神经系统发出神经冲动，从而在大脑产生情绪的主观体验，而由植物性神经系统产生个体的生理变化。因此，情绪体验和生理变化是同时发生的，它们都受到丘脑的控制。

坎农的情绪学说得到巴德（P. Bard）的支持和发展，所以后人称坎农的情绪理论为“坎农—巴德学说”。

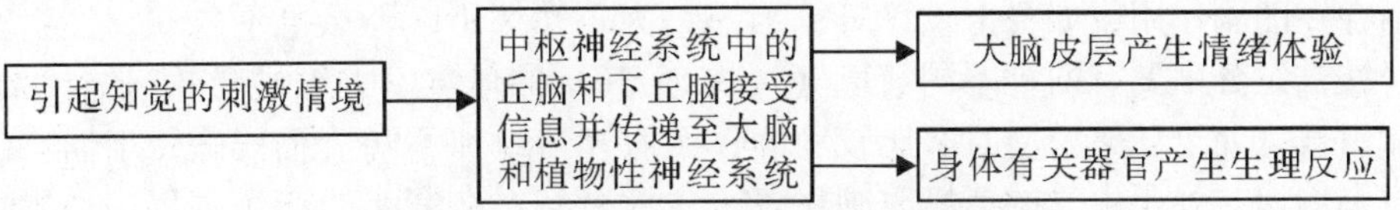

图 10－5　坎农—巴德的情绪理论图解

（三）阿诺德的评定—兴奋说

美国心理学家阿诺德（M. R. Arnold）在 20 世纪 50 年代提出的情绪评定—兴奋学说认为，刺激情景并不直接决定情绪的性质，从刺激出现到情绪的产生，要经过对刺激的估量和评价。情绪产生的基本过程是：刺激情景—评估—情绪。对同一刺激情景，由于对它的评估不同，就会产生不同的情绪反应。例如，在森林里看到一只老虎与在动物园里看到笼子里的老虎会有截然不同的情绪反应，这就是个体对情境的认识和评价在起作用。因此，阿诺德把情绪界定为趋利避害的一种体验倾向。

阿诺德的评定—兴奋说有三个主要观点。①刺激情境并不直接决定情绪的性质，从刺激出现到情绪的产生，要经过对刺激的估量和评价。情绪产生的过程是：刺激情境—评估—情绪。②情绪的产生是大脑皮层和皮下组织协同活动的结果，大脑皮层的兴奋是情绪行为产生的最重要的条件。③情绪产生的理论模式是，作为引起情绪的外界刺激作用于感受器，产生神经冲动，通过内导神经经丘脑传到大脑皮层，刺激情境在此得到评估，形成一种特殊的态度。这种态度通过外导神经将皮层的冲动传至丘脑的交感神经，将兴奋发放到血管或内脏，所产生的变化使其获得感觉。这种从外周来的反馈信息在大脑皮层中被评价，使纯粹的认识经验转化为被感受到的情绪。

（四）沙赫特的认知—激活理论

美国心理学家沙赫特（S. Schachter）和辛格（J. Singer）于 20 世纪 60 年代初提出，情绪的产生有两个不可或缺的因素：一是个体必须体验到高度的生理唤醒，如心率加快、呼吸急促等；二是个体必须对生理状态的变化进行认知性的唤醒。

沙赫特和辛格认为，情绪状态是认知过程（期望）、生理状态和环境因素在大脑皮层中整合的结果。环境中的刺激因素通过感受器向大脑皮层输入外界信息；生理因素通过内部器官、骨骼肌的活动，向大脑输入生理状态变化的信息；认知过程是对过去经验的回忆和对当前情境的评估。来自这三个方面的信息经过大脑皮层的整合作用才产生了某种情绪体验。

1968 年，沙赫特和辛格曾做过一个后来被广为引用的实验，实验结果支持了他们的理论。在实验中，他们给被试注射肾上腺素。肾上腺素的作用与植物神经系统交感神经的作用一致，人注射后会出现心跳加快、血压升高、呼吸急促等生理变化。实验前他们把被试分成三组：第一组为知情组，告知药物注射后会出现一些应有的副作用，如心跳加快等；第二组为假知情组，告知药物注射后会出现一些事实上根本不存在的副作用，如身上发痒等；第三组为不知情组，什么也不告知。注射药物后，让被试分别到有两种不同情境（愉快/生气）的休息室去等候药效。结果发现，知情组被试处于任何情境时都比较冷静；而假知情组和不知情组被试处于愉快的情境时则愉快，处于生气的情境时则生气。由此可知，在情绪的产生过程中，生理唤醒和环境都对其有影响，但认知过程则起着至关重要的作用。

（五）拉扎勒斯的认知—评价理论

拉扎勒斯（R. S. Lazarus）认为，情绪是人与环境相互作用的产物。在情绪活动中，人不仅反映环境中的刺激事件对自己的影响，同时要调节自己对于刺激所作出的反应。也就是说，情绪是个体知觉到环境有害或有益时的反应。因此，人们需要不断地评价刺激事件与自身的关系。具体有三个层次的评价：①初评价，是指人确认刺激事件与自己是否有利害关系，以及这种关系的程度；②次评价，是指人对自己反应行为的调节和控制，它主要涉及人们能否控制刺激事件，以及控制的程度，也就是一种控制判断；③再评价，是指人对自己的情绪和行为反应的有效性与适宜性的评价，实际上是一种反馈性行为。

第二节　情绪与压力

一、生活压力的含义

压力在生活中无处不在，压力本身就是生活的一部分。压力并不是一种情绪，而是人对发生在他周围或身上的事物的一种反应。现代的工业化社会给人们带来了快节奏、高消耗的生活，我们时间有限，但要做的事情很多，我们不但要为艰巨的学业或渺茫的前景担忧，还要尽可能分出时间来陪伴家人或进行娱乐，以至于我们连连感叹“鸭梨（压力）山大”。但是，如果没有了压力，我们的生活是不是会轻松一些？我们是不是会更快乐？没有压力，生活也就没有了挑战——没有困难可克服、没有提升职位的动机、也没有成功后的成就感等。因此，每个人都要面临来自于外界环境和个体需求的压力，学会了解决压力，也就获得了让自己变得更强大的力量。

什么是压力？研究者对此倾向于从三个角度来解释。

（1）将压力视为一种“刺激”，研究重点集中在探讨压力源带来的冲击上。例如，有些人把他们紧张的来源或原因归咎于外在事件或环境因素，如有一份“压力大的工作”。因此那些使我们感到威胁性或伤害性的环境刺激便成为了压力源，包括灾难事件，如地震、台风、目睹死亡等；重大生活事件，如失去所爱的人、失业等；长期的环境问题，如拥挤和嘈杂；想象的挫折或自怨自艾。

（2）将压力视为一种“反应”，探讨的是压力源引发的压力状态。例如，有人会用压力来形容他的紧张状态，“当我必须要上台演讲时，我觉得压力好大”。这种反应有两个成分：一个是心理成分，包括个人的行为、思考形态以及情绪，这就是所谓的“觉得紧张”；另一个是生理成分，包括各种身体的激动，如心跳加速、口干舌燥、胃部紧缩、流汗等。这些针对压力出现的心理及生理反应便称为压力状态。一般来说，在情绪上，面对压力，不愉快、恐惧和焦虑等情绪最为常见。

（3）将压力视为一种“过程”，该过程包含了人与环境之间持续的互动与调适。例如，同样面对交通堵塞，一个人因耽误了重要约会，而在车上不停地看表、按喇叭，并且越来越生气；另一个人则保持平静，打开收音机听音乐。因此，我们的想法、情绪控制、行动力、资源的运用等会影响对压力的反应。

因此，我们可以将压力或应激（stress）定义为：当刺激事件打破了有机体的平衡和负荷能力，或者超过了个体的能力所及，压力或应激便产生了。① 通常，当我们感到无法应付环境的要求，而感到紧张和不舒服时，我们就会说“压力大”。“压力”或“应激”是心理学中常用的概念，这两个词都是从同一个英语单词“stress”翻译而来的。一般来说，在使用“应激”一词时，主要强调个体对刺激所作出的反应，即个体的心身紧张状态；而使用“压力”一词时，所强调的是引起一系列心理与生理反应的刺激本身，也有人称之为应激源。我们在这里采用“压力”一词，意在探讨主要有哪些刺激对个体心理健康构成威胁。

二、生活压力的来源

压力源（stressor）即压力产生的原因，指具有威胁性或伤害性并因此带来压力感受的事件或环境。在我们的日常生活中主要存在着四种压力源。

（一）生理性压力源

生理性压力源是指通过对人的躯体直接发生刺激作用而造成身心紧张状态的刺

---

① ［美］理查德·格里格，菲利普·津巴多．心理学与生活．王垒，王苏等译．北京：人民邮电出版社，2003. 362.

激物，包括物理的、化学的和生物的刺激物。例如，由于疾病、疼痛等引发的压力。此时，身体是被动地激发压力以达到保护作用的。这些作用是由交感神经系统和内分泌系统所引发的，当危机状况过去，这些激发状态便逐渐消退。但并非所有的压力源都会引起相同的生理反应，我们还必须去考虑人们对压力源的认知评估，也就是人们怎么去看待他们所遇到的事件，这将会影响他们的反应。

（二）心理性压力源

心理性压力源是指来自于人们头脑中的紧张性信息，如心理冲突与挫折、不切实际的期望、不祥的预感以及与工作责任有关的压力和紧张等。例如，在生活、工作、学习当中，符合实际能力的理想与目标催人奋进，是一个人前进的动力。然而，有些人却为自己制定了不切实际的目标，无论他们怎么努力，却始终达不到既定的目标。过高的期望与现实能力之间的差异会导致个体产生心理落差，由心理落差产生的心理压力会引发自卑、愤怒或攻击行为。

（三）社会性压力源

社会性压力源主要指造成个人生活方式上的变化，并要求人们对其作出调整和适应的情境与事件。例如，经济困难和就业问题也常常引发各种心理问题，甚至导致行为障碍。全社会的经济不景气往往伴随着失业率的上升，而面临收入减少以及失业威胁时，人们不可避免地产生紧张、焦虑、恐惧等情绪反应。经济的好转、恢复是一个长期的过程，压力的长期存在会导致人们处于慢性焦虑之中，极易引发神经症或攻击行为等问题。

（四）生活情境压力源

常见的有以下几种：

（1）在现代都市里，一个突出的问题是人口密集所带来的拥挤。拥挤对身心健康的影响不容忽视。由于拥挤，人们的活动空间缩小，人与人之间距离太近，难以保持安全感，安全感的缺乏往往使人紧张、焦虑，甚至导致攻击行为。

（2）随着工业化的进程加快，环境污染越来越严重。环境中的化学污染有着持久性的特点，环境一旦遭受破坏，就不可能在朝夕之间得以恢复。环境化学污染对人们身心健康的危害也是持久的，人们因此长期处于紧张或恐惧之中，身心危害也就越发严重。

（3）包括如地震、水灾等自然灾害或人为因素（如战争等）引发的灾难性事件，会给事发区域民众造成巨大的心理冲击，甚至导致当事人精神崩溃。灾难性事件对人们的心理健康有持久的影响。虽然灾难可能已经过去了很久，但不少当事人回忆起当时的情景仍然会感到痛苦万分，有的人甚至出现创伤后应激障碍。大多数幸存者还要面对丧失亲友的痛苦，这些都成为他们心里挥之不去的阴影，影响其正常的工作与生活。

（4）在历史发展的长河中，人类群体为了更好地适应当地的环境特点，形成了自己的文化。一种文化的形成对于该群体而言有稳定社会和适应环境的积极意义。由于地域的不同、生活习惯的不同，不同文化之间存在各种差异。即便在相互交流日益增多的现代社会里，这种差异还或多或少地存在着，也给人们带来了心理压力，即文化压力。例如，移民者不但要面临不同语言、环境以及生活习惯所带来的差异，还要处理两种不同文化观念之间产生的冲突，这些都给移民者带来巨大的心理压力，也极大地消耗了他们的心理能量，甚至诱发“文化休克”一样的精神异常。

表 10－3　学生压力量表①

学生压力量表是 Holmes 和 Rahe 的社会再适应量表的修订版。该表针对每个事件都给出了一个分值，用以表征一个人面对这种生活上的改变时所需要的再适应的总量。分数等于或高于 300 的人存在健康风险。分数在 150 到 300 之间的人在两年内有一半的几率会发生严重的健康问题。得分低于 150 的人有三分之一的机会健康恶化。在本学期内分三次计算一下你的生活变化单位（LCUs）的总值，然后将这些分数同你健康状况的任何变化求一下相关。

事　件	生活变化单位
亲密家庭成员的死亡	100
亲密朋友的死亡	73
父母离异	65
服刑	63
个人严重的受伤或疾病	63
结婚	58
被解雇	50
重要课程不及格	47
家庭成员健康上的变故	45
怀孕	45
性问题	44
和亲密朋友严重的争吵	40
改换专业	39
和父母的冲突	39
你的女友或男友	38
学校工作负担的加重	37
出众的个人成就	36
在大学的第一学期/季度	35

①［美］理查德·格里格，菲利普·津巴多．心理学与生活．王垒，王苏等译．北京：人民邮电出版社，2003. 366.

（续上表）

事　件	生活变化单位
生活条件的改变	31
和教师的激烈争论	30
低于期望的分数	29
睡眠习惯的改变	29
社会活动的改变	29
饮食习惯的改变	28
长期的汽车麻烦	26
家庭聚会次数的改变	26
缺课过多	25
更换学校	24
一门或更多的课程跟不上	23
轻微的交通违章	20
我第 1 次的总分：　（日期：　）	
我第 2 次的总分：　（日期：　）	
我第 3 次的总分：　（日期：　）	

三、心理冲突

我们有时不得不在两种相互矛盾或无法兼顾的需要之间选择其一。例如，是去上课还是去娱乐？是继续升学还是马上就业？是继续努力还是决定放弃？当不同的需要、要求、动机、愿望或外部要求使人难以定夺时，就会出现心理冲突。

心理冲突（mental conflict）是两种或两种以上不同方向的动机、欲望、目标和反应同时出现时，由于莫衷一是而引起的紧张情绪，是心理不平衡的重要原因。心理冲突有不同的类型，每一种冲突都有各自的特点。

（一）双趋冲突

关于双趋冲突有一个古老的寓言：有一头骡子，站在一桶水和一桶燕麦之间，不知道是应该先喝水还是先吃东西，它犹豫不决，直至最后死于饥渴。这就是双趋冲突最简单的形式。双趋冲突指两种或两种以上目标同时吸引个体，而个体只能选择其中一种时所产生的心理冲突。正所谓“鱼，我所欲也；熊掌，亦我所欲也。二者不可得兼”的情境。

双趋冲突是最容易解决的冲突，哪怕是在面临重大选择时，人们也不难做出

“二利择一” 的决定。

（二）双避冲突

双避冲突是指两种或两种以上的目标都是个体想要回避的，而个体只能回避其中一种时所产生的心理冲突。这是一种左右为难、进退维谷式的冲突。处于这种冲突中的两种选择都是不利的，但个体认为只有这两条路可选择。如期末考试时没能好好复习，如果参加考试则可能有两种结果：一种是考试不及格，另一种是为了通过考试而采取作弊的方式。无论选择哪条路，个体所要面对的后果都很严重。

在双避冲突情景下，人们往往作出“无行为”、“无决定”或“身体僵硬”等反应。这种冲突给人们的压力很大，使人找不到正面解决问题的办法。因此，人们有时会完全抛开产生冲突的情景，作出“脱离现场”的反应，这是问题得到解决的另一种形式。例如，一个学生在经济上发生了困难，如果他不去打工，就没办法交学费；而如果他去工作，就没有时间好好上课。在一番痛苦抉择和心理冲突之后，这个学生最后决定去参军。

（三）趋—避冲突

人生中，我们遇到的许多选择往往既有吸引力，但要求付出一定的代价，或接受选择时具有一定的危险性，这时趋—避冲突便产生了。趋—避冲突是指个体一方面要接近某个目标，另一方面又想回避这个目标时所产生的心理冲突。

矛盾心理是一种对积极情感和消极情感的混合体验，也是趋—避冲突的核心特征。趋—避冲突在现实生活中的例子很多，如既想大快朵颐又怕体重增加，既想买车又不想承受高昂的养车费用，既想假期出去旅游又囊中羞涩等。

（四）双重趋—避冲突

如果现在有两份工作可供你选择，其中一份工资高，但内容单调，上班时间“朝九晚五”，很受限制；另一份工作很有趣，每天都可以接触不同的人和事，时间灵活，但收入不高。你会选择哪一个？这种情景就是一种典型的双重趋—避冲突。双重趋—避冲突是指个体面临两种选择，每一种选择都能为个体带来某些好处，但同时又都伴有不利影响时所产生的心理冲突。

> **专栏 10－2　如何应对冲突**
>
> 冲突是生活的正常组成部分。当你面临冲突时，或必须做出一个艰难的决定时，要切记以下几点：
>
> 1. 不要仓促做出重要决定。要花时间收集信息，权衡利弊。匆忙的决定常常使人后悔。即使三思后做出的决定仍旧带来了损失，只要你知道自己已经尽了一切努力来避免错误，你所承受的压力就会小一些。

2. 在可能的情况下，执行某种决定之前要先做一下尝试。比如，如果你决定把家搬到另一个城镇，不妨先到那里试住几天；如果你想选修一门课程，不妨先旁听几节课再做决定；如果你想学习潜水，不妨先租用设备练习一段时间，之后再决定是否自己购买设备。

3. 寻求可行的折中方案。但在此之前，最重要的是要尽可能地获得所有的信息。如果你只有一两个选择，并且都不是你所愿意接受的，你应向你的老师、心理咨询专家或有关社会服务机构求助。可能还有一些更好的选择，你自己没有看到，但别人会知道。

4. 如果你还是找不到理想的解决方案，那么一旦做出决定，就不要再后悔。在心理冲突中总是犹豫不决，只会让你付出更高的代价。有时，你只能不得已而求其次，但做出选择后就应该坚持下去，在没有发现明显的错误以前不要再改变。

资料来源：[美] 理查德·格里格，菲利普·津巴多. 心理学与生活. 王垒，王苏等译. 北京：人民邮电出版社，2003. 578.

四、非理性信念与生活压力

美国心理学家阿尔伯特·艾利斯（Albert Ellis）认为，人都有其固有本性，人的先天倾向中有积极的取向，也有消极的本性。换句话说，人有趋向于成长和自我实现这样的内在倾向，同时也具有非理性的不利于生存发展的生活态度倾向，而且艾利斯更强调后一种倾向。他认为正是这种非理性的生活态度，导致心理失调。艾利斯将人们常见的非理性信念归纳为以下几种：

（1）每个人绝对要获得生活中重要人物的喜爱和赞许。

（2）在人生中的每个环节和方面都能有所成就。

（3）人不能犯错误，否则就得受到严厉的谴责和惩罚。

（4）人不能遭受挫折，事情要按自己意愿发展。

（5）人对自身的痛苦和困扰无法控制和改变。

（6）面对现实中的困难和所承担的责任采取逃避行为。

（7）过分忧虑、担心危险和可怕的事。

（8）人必须依赖别人，缺乏独立性。

（9）过去的经历和事件对现在生活的影响是永远无法改变的。

（10）过分关心他人的问题。

（11）坚持寻求一个完美、正确的答案。

上述这些非理性信念具有三个基本特点：

（1）绝对化要求。这是非理性信念中最常见的一个特征，是指人们从自己的主观愿望出发，对某一事物怀有必定会发生或必定不会发生的信念，常用“必须”或“应该”这样的字眼，如“我必须超过其他人”等。然而客观事物的发生往往不依个人的主观意志而转移，常出乎个人的意料，因此怀有这种看法或信念的人极易陷入情绪的困扰。

（2）过分概括化。这是一种以偏概全的不合理信念，表现为一方面对自己进行非理性评价，常常凭借自己做某件事情的结果好坏来评价自己为人的价值，其结果是看问题容易走极端。例如，当遭受到失败便自暴自弃、自责自罪，认为自己"一无是处"、"一文不值"、"没用"。另一方面是对别人的非理性评价，别人稍有过失就认为这个人无一可取，进而对其全面否定，其结果是一味责备他人及外在环境，产生敌意和愤怒等不良情绪。

（3）糟糕透顶。这种非理性信念认为某一事件发生了，必定会导致非常可怕的或灾难性的后果。这种非理性信念常使个体陷入羞愧、焦虑、抑郁、悲观、绝望、不安、极端痛苦的情绪体验中而不能自拔。这种糟糕透顶的想法常常是与个体对己、对人、对周围环境事物的要求绝对化相联系的。

针对这些非理性信念，艾利斯于 20 世纪 50 年代创立了理性情绪疗法（RET）。该疗法是在艾利斯早期"ABC 理论"的基础上建立的。其中，A 代表诱发性事件；B 代表个体对这一事件的看法、解释及评价，即信念；C 代表因此事件而引起的情绪反应和行为结果。艾利斯认为，并非诱发事件 A 直接引起症状 C，A 与 C 之间还有中介因素在起作用，这个中介因素是人对 A 的信念、认知、评价或看法，即是信念 B。艾利斯认为人极少能够纯粹客观地知觉经验 A，而总是根据大量的已有信念、期待、价值观、意愿、欲求、动机、偏好等来知觉经验 A。因此，对 A 的经验总是主观的，因人而异的，同样的 A 在不同的人身上会引起不同的 C，主要是因为他们的信念有差别，即 B 不同。换言之，人的情绪和行为障碍不是由某一激发事件所直接引起的，而是由于经受这一事件的个体对它不正确的认知和评价所引起的信念，最后导致在特定情景下的情绪和行为后果，这就称为"ABC 理论"。我们可以用一句话来形象地描述该理论，那就是"人不是被事情本身所困扰，而是被其对事情的看法所困扰"。

后来，艾利斯又在"ABC"模型中加入了 D 和 E 两个因素。D 代表同不合理的信念辩论，通过 D 来影响 B，纠正了认识偏差，情绪和行为困扰就会在很大程度上得以解除或减轻，最后达到 E 的效果，即通过疏通产生积极的情绪和行为。这就是理性情绪疗法的治疗整体模型——"ABCDE"模型。例如：

A 事件：考试成绩不好，受到父母训斥。

B 观念：同学会耻笑我，太没面子了。

C 情绪：难过、沮丧。

D 驳斥：这不是事实，这只是我的主观想法，我怎么知道同学们会嘲笑我？即使有人嘲笑，难道我真的无法忍受？

E 新观念：可能并没有人会耻笑我；哪怕有人耻笑，被耻笑只是一时的，只要我努力、用功，成绩是可以提高的；何况我还有其他的优点和长处。

第三节　应对压力

一、社会支持

没有人是一座孤岛，
可以自全。
每个人都是大陆的一片，
整体的一部分。
如果海水冲掉一块，
欧洲就减小，
如同一个海岬失掉一角，
如同你的朋友或者你自己的领地失掉一块。
任何人的死亡都是我的损失，
因为我是人类的一员，
因此不要问丧钟为谁而鸣，
它就为你而鸣。

——［英］约翰·多恩（John Donne）

（一）社会支持的含义

当一个人觉察到压力的存在时，首先会调动自己的心理防御机制和心理资源以应对所面临的压力；一旦发现光靠自己的能力不足以缓解或消除压力时，他往往会向别人倾诉，并寻求他人的安慰和支持，借以保持心理平衡，渡过危机。在社会生活中，人与人之间的相互支持对维系正常的社会生活是必不可少的，而人们在生活中所遇到的许多问题往往也是由于缺乏必要的社会支持而产生的。心理学界对社会支持（social support）的研究始于20世纪60年代，是在人们探求生活压力对身心健康影响的背景下产生的，而其作为一个科学的专业术语被正式提出来则是在20世纪70年代。社会支持作为一个普遍概念对人们来讲并不陌生，但作为科学的研究对象和专业概念，其内涵在各个学科之间甚至于学科内部却从来未达到统一，它已经成为一个具有交叉学科性质的概念。对医学社会学家来说，它成为评价社会网络的基本原理和中心；对心理学家来说，它成为评价疾病与应对社会关系的一种手段；对护理医学家来说，它成为联系家庭评价、病人需要和疾病结论的一个实践方法。

近二三十年来，随着人们对社会支持的关注，社会学、精神病学、流行病学及心理学、教育学等各个研究领域和领域内部都对社会支持提出了不同的定义，形成了四种主要的观点和看法。

（1）亲密关系观。人与人之间的亲密关系是社会支持的实质。这一观点是从社会互动关系上理解社会支持，认为社会支持是人与人之间的亲密关系。同时，社会支持不仅仅是一种单向的关怀或帮助，它在多数情况下是一种社会交换，是人与人之间的一种社会互动关系。

（2）“帮助的复合结构”观。这一观点认为社会支持是一种关于帮助的复合结构。帮助行为能够产生社会支持。

（3）社会资源观。社会支持是一种资源，是个人处理紧张事件问题的潜在资源，是通过社会关系、个体与他人或群体间所互换的社会资源。

（4）社会支持系统观。社会支持需要深入考察，它是一个系统的心理活动，涉及行为、认知、情绪、精神等方方面面。

由于研究者视角和研究目的不同，对社会支持的定义也就不同。总的来说，很多学者从社会心理刺激与个体心理健康之间的关系角度来界定社会支持，并达成了共识。他们一致认为，社会支持是指人们通过与其他人交往所建立的某种联系，这种关系能够降低心理压力，使抑郁情绪得到放松，并提高环境适应能力。主要的支持和帮助的来源有社会、团体、朋友和家庭成员。

（二）社会支持的分类

（1）从社会支持的性质角度看，社会支持可以分为客观社会支持和主观社会支持。客观社会支持也称实际社会支持，包括物质上的直接援助和社会网络、团体关系的直接存在与参与。这是人们赖以满足社会、生理和心理需求的重要资源，不管个体是否能感受到都客观存在着。主观社会支持也称领悟社会支持，即个体所体验到的情感上的支持，也就是个体因在社会中受尊重、被支持、被理解而产生的情感体验和满意程度，与个体的主观感受密切相关。

我国学者肖水源（1987）在两种社会支持类型上加入了“对支持的利用度”维度，即个体在危机中是否能够很好地利用社会支持并感到满意。个体对社会支持的利用度越高，越能够从中获益，使身心状态有健康的保障。很多研究者对肖水源对社会支持的分类表示赞同。

（2）从社会支持来源角度看，社会支持可以分为家庭支持、朋友支持和其他支持。这种分类强调的是个体对来自各种社会支持来源的理解和领悟。

（3）以社会支持维度为出发点，社会支持可以分为情感支持、物质支持、信息支持和陪伴支持。我国学者程虹娟（2002）将社会支持划分为：情感支持（如向身处困境的人们给予情感安慰），物质支持（如物资、金钱、服务和其他形式的亲社会行为），信息支持和陪伴支持（如满足自尊需要的支持，有利于提高个体自我价值感的言语或行为）四种类型。

（三）社会支持系统的构成

社会支持系统是一个复杂的多维体系，一般而言，社会支持系统由主体、客体、内容和手段等几个要素构成。

1. 社会支持的主体

索茨（Thoits）认为，社会支持的主体为“重要的他人，如家庭成员、朋友、同事、亲属和邻居等”；章谦、张建明认为，社会支持的主体是“各种社会形态”，即国家、企业、社团和个人，在他们看来，广义的社会支持分为国家支持（主体是国家）、经济领域支持（主体是企业）和狭义的社会支持（主体是社团和个人）三个层次；在张文宏、阮丹青看来，社会支持的主体是由具有相当密切关系和一定信任程度的人所组成的；陈成文、贺寨平则把社会支持的主体界定为“社会网络”；李强认为，社会支持的主体乃各种社会联系。可见，在大多数学者的眼中，社会支持主体包括各种正式的和非正式的关系网络。

2. 社会支持的客体

社会支持的客体即社会支持的受者。社会支持的客体究竟包括哪些人呢？对此，有两派不同的观点。一派观点认为，社会支持的客体是具有选择性的，主要指社会弱势或者脆弱群体。如章谦、张建明认为，社会支持的客体是“社会脆弱群体”，他们指出“社会支持不具备普遍性，它的支持对象并非全体社会成员而仅限于社会脆弱群体”。陈成文指出，社会支持是对社会弱者进行无偿帮助的一种选择性社会行为。另一派观点认为，社会支持是一种普遍性的社会行为，日常生活里的每个个体都可能是社会支持的客体。一般而言，大多数学者将社会支持的客体界定为社会弱势群体，尤其是从朱镕基总理在 2002 年的政府工作报告中，正式以官方的名义提出“弱势群体”一词以来，社会支持几乎成了弱势群体的专利。而国外学者大多认为，社会支持应该网罗所有需要提供支持的个体或群体。

3. 社会支持的内容和手段

有的学者将之称为社会支持的介体。它们是联结社会支持主体与客体的纽带，也是架设在社会支持主体与客体之间的桥梁。社会支持的内容与手段是内在统一的。从一定意义上说，社会支持的内容决定了社会支持的手段。换言之，有什么样的社会支持内容也就有什么样的社会支持手段。

二、应对压力的主要心理学方法

任何人的一生都会遇到压力，压力在一定条件下起着积极的作用。比如，一些运动员越是在重大比赛中比赛成绩越好，就与压力的激励有关。但许多压力是无益的。持续的压力会造成情绪紧张过度，甚至把人压垮。对付压力的最佳办法是要有正确的观念与态度，尽量避免心理压力，或者学习情绪调节的方法，尽快减轻心理压力。

（一）应对压力的策略

1. 养成正确看待问题的心态

当我们面对挫折、刺激等负面事件时，我们要知道，并不是这些负面事件影响了我们的心态，而是我们对这些负面事件的看法影响了我们的心态，这是认知心理学的观点。我们可能改变不了负面事件，但是我们可以改变对这些负面事件的看法。当我们站在积极的角度去看事件时，负面事件也会变得积极起来。而当我们用消极的角度去看问题时，本是积极的事件也会变得消极起来。“塞翁失马，焉知非福”，“当针刺了你的手时，你应该高兴，因为它没有刺着你的眼睛”。

2. 不必追求尽善尽美

追求完美也许是最容易形成压力的因素。其实，完美并不存在，追求完美只不过是自寻烦恼罢了。因为不管你把手头上的事情干得多好，你那颗追求完美的心，总会使你觉得做得不够完美。对自己要公正一些，不要力争不现实的东西，既然你无论如何都得不到它们，又何必自寻烦恼呢？

3. 给别人留有余地

处于紧张状态的人往往企图处处争先，事无巨细，就连在马路上骑自行车也不甘落于人后，对他们来说，一切都是竞争，非赢即输。生活不需如此，竞争是易传染的，而合作也是同样。你给别人留有余地，自己也往往更加从容。别人不再感到你对他是威胁时，他也就不成为你的威胁了。

4. 学会休闲

不少人总感到生活与工作忙得不可开交，对这样的人来说，规定出一个固定的休闲时间将会大有益处。我们应该培养一种业余爱好，使自己的业余时间有所寄托。休闲时，我们可以将全部身心投入其中，得到乐趣，暂时把烦心的事统统忘掉，这几乎对所有的人都是可取的。

（二）降低压力源的影响力

1. 促进社会支持

社会支持并非只有当压力降临时才显出其重要性，它也可以在第一步就先缓和问题。对于成年人来说，可借由参加社区组织，如社会的、宗教的、个人特殊兴趣的自助团体，以提升自己施予及获得社会支持的能力。这些组织的好处是把面临相似问题或有共同兴趣爱好的人聚合在一起，然后在大家有相似遭遇的基础上，彼此分享、互助及建立友谊。

2. 改变个人控制力或重拾控制感及增加坚韧度

例如，鼓励朋友参与游戏，称赞其成就及表现，或强化人们的自我功效。当生活变得有压力时，缺乏强烈自我控制感的人也许会停止尝试控制，会想“喔，有什么用处”，害怕他们的努力会导致失败及困窘感。如何提升个人控制感？例如，雇主在某些方面可以给员工某种程度上的控制感，允许员工在某种程度上控制他们的工作时间，决定该进行什么工作，以及他们工作的轻重缓急顺序等。另一方法是让在团队中工作的员工进行某种管理上的决策或者解决问题。

3. 提高时间管理能力

成功等于目标，时间管理的目的是让人们在最短时间内实现更多想要实现的目标。如何实现高效的时间管理？

（1）掌握工作的关键，即掌握关键工作，掌握关键人物，掌握关键活动。高效发展目标能否实现的重点不在于每个环节、每个步骤，而在于制约性因素。制约性因素往往体现在关键工作、关键人物和关键活动上，抓住了这三个关键，高效管理者也就解决了制约性因素。所谓“大智有所不虑，大巧有所不为”，之所以能成为大智大巧者，在于能够扬其长而避其短。

（2）简化工作程序。工作流程越简化，越不容易出问题，工作执行部门及人员在工作过程中会越加细致，执行效果越好。

（3）合理安排工作时间。应该做好每天、每周、每月以及每年的工作计划，列出每一单位时间内应该完成的工作，排出优先次序，突出重点并确认完成时间，适当安排“不被干扰”的时间。

（4）合理授权。任何一个人都不可能独自完成所有工作，也不可能独自对所有的事情做出科学决策。因此，将一些事情指派或授权给别人，让其他人对工作进行分担，是提高时间使用效率的有效方式之一。

4. 为下一次的压力做好准备

但是过多的讯息可能会造成反效果，有时应该避免过多的讯息，以免造成过度焦虑或失望。如带小朋友去看牙医，事先反复对其讲述牙齿生长的规律和拔牙的过程，反而可能加重小朋友的焦虑。

（三）情绪的调节

1. 理智调控

理智调控就是用合乎原则和逻辑性的思维去调控情绪。当过于强烈的情绪出现时，往往会使人思维狭窄，判断偏颇，以致言行失措。这种情绪状态就需要用理智来调节。先用意志控制住过强的情绪，再冷静地分析，合乎逻辑地推理，澄清激情产生的原因，想想自己的言行举止是否得当，后果如何。要头脑清醒地回顾矛盾的来龙去脉，对属于他人的责任，要尽量考虑到事出有因，情有可原，人无完人，“得饶人处且饶人”；对属于自己的过失，要总结经验，吸取教训，“吃一堑，长一智”，不过分自责，悔恨不已。损失已经造成，可以进行自我安慰，“塞翁失马，焉知非福”，这样就会感到天地广阔，心情舒畅。

2. 合理宣泄

合理宣泄就是把自己压抑的情绪向合适的对象释放出来，使情绪恢复平静。消极的情绪虽然可用理智暂时约束压抑，但不能彻底消除它，这种心理能量的积聚，如果超过一定的负荷，就会破坏心理平衡，引起心理疾病。采用适当的途径，合理宣泄，才能消除不良情绪。合理宣泄的途径主要有：

（1）倾诉。有了困扰、不满和痛苦等心理压力，可以向知心朋友或信任的人倾诉，请他们开导，也可以用写信、记日记的方式来倾吐心中的不快。

（2）哭泣。哭是人类的一种本能，是人的不愉快情绪的直接外在流露。在现实生活中，除了过度激动外，哭总是由不愉快情绪引起的。从医学角度讲，短时间内的痛哭是释放不良情绪的最好方法，是心理保健的有效措施，因为人在情感激动时流出的眼泪会产生高浓度的蛋白质，它可以减轻乃至消除人的压抑情绪。因此，在极度伤悲、委屈的时候，不论男女都不必强忍眼泪，尽情地痛哭一场后，必定会感到心理上的轻松、平静。

（3）体育运动。世界名人、法国伟大的浪漫主义作家雨果40岁时患了心脏病，但他在医生指导下坚持体育运动，最后一直活到80岁。这对我们的启示是，只有保持健康的身体，才能保持旺盛的精力和情绪。体育运动是宣泄的一种好办法。人在情绪低落时，往往不爱运动，越不活动，情绪越低落，形成恶性循环。怎样运用体育运动调节情绪呢？这就是平时我们常讲的“7+1>8”。什么是“7+1>8”呢？就是说，我们学习、工作8个小时，不如从8小时中拿出1小时来安排体育运动。事实证明，情绪状态可以改变身体活动，身体活动也可以改变情绪状态。例如，走路昂首挺胸，加大步伐及双手摆动的幅度，提高频率走上几圈，或者通过跑步、干体力活等剧烈活动，都可以把体内积聚的“能量”释放出来，使郁积的怒气和其他不愉快的情绪得以发泄，从而改变消极的情绪状态。

当然，情绪的宣泄要做到适时适度，注意时间、场合和方式方法，既不影响他人的工作、学习和生活，也不能有损自己的身心健康，更不能触犯法律，危害社会。

3. *心理放松调节*

当人感到身心疲惫、情绪紧张、焦虑不安、心理压力过重时，采用放松技术进行自我调适，可以有效地缓解心理压力和消除不良情绪，达到身心放松的目的。心理放松的方法主要有：

（1）冥想法。可先选择一个比较安静的环境，然后全身放松，闭上眼睛，开始进行冥想。一般是想象一些美好的景物、愉快的经历。如想象自己在海边散步，繁星满天，脚下是柔软的沙滩，这时你可以充分发挥你的想象力，体会海浪的哗哗声、海风拂面的凉爽和潮湿，以及脚下踏着沙砾和贝壳的感觉。接着想象自己在海边小憩，深呼吸数次，然后慢慢睁开眼。此法刚开始时，内心不易获得宁静，但坚持下去大有裨益。

（2）音乐调节法。音乐疗法被看作是一门科学的心理治疗方法还是最近几十年的事情。音乐疗法的倡导者是18世纪末的阿特休勒。他发现音乐对精神病患者的治疗有促进作用。后来又有人发现，高血压病人听了一首协奏曲后，血压竟下降了13~20毫米汞柱。英国剑桥大学口腔治疗室用音乐代替麻醉剂，成功地拔牙200多例。此后，又发现音乐可以调节动物的情绪，促进奶牛多产奶，使母鸡多下蛋。有人研究了世界上35位著名的交响乐队的指挥，发现他们平均寿命为73.4岁，而且最小年龄为58岁。研究者还发现，精神愉快是这些人的共同特点。于是他们得出结论：“在正常情况下，一个人终生喜爱音乐可能是长寿的妙方！”音乐对人的生理和心理都有明显的影响，优美的乐曲可以使人血压正常、肌肉松弛、脉搏放慢，使人感到心情宁静、轻松愉快。不同的音乐会引起不同的情绪反应，因而可以根据自己的情绪状态有选择地欣赏音乐。当心情烦躁、焦虑时，旋律优美、柔和、悦耳的音乐能够使人情绪安静，感到轻松愉快；而当忧郁、消沉时，听听节奏鲜明、雄壮有力的音乐能够使人情绪振奋，激昂奋进。

（3）肌肉放松法。可采用站、坐、卧的姿势，但以卧为主。在放松之前，先充分体验全身紧张的感觉，然后从头到脚依次放松。同时可以伴以想象，如想象一股热流从头顶流向全身。肌肉放松可以使人全身松弛，感到轻松舒适、内心宁静。

4. 文饰法

文饰又叫“合理化”，这是一种援引合理的理由和事实来解释所遭受的挫折，以减轻或消除心理困扰的方式。它的表现形式可概括为“找借口”、“酸葡萄效应”、“甜柠檬效应”等。找一些原谅自己的理由，如有的同学考试不理想，以近来身体欠佳或社会工作过重为借口，以避免挫折感；因方法不当而导致工作失败，则以条件太差、设备不齐等理由来为自己开脱等。当一个人无法达到自己追求的目标，或得不到想得到的东西时，常常像伊索寓言里那只聪明的狐狸一样，吃不到葡萄就说葡萄是酸的，以冲淡内心的欲望，减少懊恼情绪。有的同学当不上学生干部，虽然内心很苦恼、很失望，却安慰自己“当了学生干部杂事太多，耽误学习，没啥意思”；求爱不成，则说对方才貌平平，非己所求。与此同时，又以“甜柠檬心理”来肯定自己的成绩和价值，认为凡是自己所拥有的东西都是最好的、最重要的，以减轻内心“求而未果”的痛苦。

5. 自我暗示

自我暗示是通过内心的主观想象，并自信它能引起相应的生理、心理变化来进行自我刺激的自我心理疗法。自我暗示法的实质是自觉地诱发积极的、良好的心理状态，并使其保持稳定，从而改变消极的、不良的心理状态，产生良好的心理激励与平衡作用。自我暗示法可使用语言、情境、睡眠等方式。这个概念最初由法国医师库埃于1920年提出，他的名言是“我每天在各方面都变得越来越好”。自我暗示分为积极的自我暗示和消极的自我暗示。积极的自我暗示能使人们保持好的心情、乐观的情绪、自信心，从而调动人的内在因素，使人发挥主观能动性；而消极的自我暗示则会强化人们个性中的弱点，唤醒人们潜藏在心灵深处的自卑、怯懦、嫉妒等，从而影响情绪。

心理学上所讲的“皮格马利翁效应（Pygmalion Effect）”指的就是积极的自我暗示。它由美国著名心理学家罗森塔尔和雅格布森在小学教学上予以验证提出，亦称“罗森塔尔效应（Rosenthal Effect）”或“期待效应”。它揭示了自我暗示的力量。自我暗示在本质上，是人的情感和观念会不同程度地受到自己或别人下意识的影响。美国作家欧·亨利的名篇《最后一片叶子》，叙述了两个年轻的女画家到华盛顿市去写生，其中一个叫琼西的得了肺炎。她躺在旅馆的床上，忽然注意到窗外常春藤上的最后一片叶子，从此便认定这片叶子是她的生命的象征，叶子一落，她就要死了。有一天晚上，暴风骤雨突然来临，她想那片叶子一定保不住了，于是哭得很伤心。但是，第二天她拉开窗户一看，那片叶子依然如故。于是，她十分高兴，病也暂时有所好转。但其实那片叶子本来已经被吹落，她看到的那片叶子是一位老画家为她画在墙上的。这个故事只是小说中的一段情节，不是真实的案例，它作了艺术的夸张。但我们仍然可以从中得到启示：人们对自身的感觉、自身的信念，如果无条件地加以接受，就有自我暗示的作用，就会影响人的心理和生理，而且对疾病的预后也有重大的影响。

专栏 10－3　放松练习

1. 肌肉放松练习

静坐在椅子上，把背部轻轻地靠在椅子背上；头摆正，稍稍前倾，两眼正视前方，两手平放在大腿上；两脚摆放与肩同宽，全脚掌落地，脚心紧紧贴住地面。

两眼轻轻闭合，慢慢地深呼吸三次，静养；此时排除杂念，把注意力放在两手和大腿的边缘部分，然后把注意力集中到手心；这时心里默念“静养，静养”，两手就会暖和起来。

逐渐将意念导向脚心，重复上述动作，脚心处也会感到暖和。当手脚都感到温暖时，身体会有一种飘然的感觉，此时头部会感到轻松。

2. 渐进式肌肉放松训练

以愉悦平静的反应代替恐惧反应，并配合压力源的出现。

3. 呼吸放松法

腹式（横膈膜）呼吸法是一种有效的放松方法。当你在吸气时，感受到腹部扩大的即是腹式呼吸，你也可以注意你在睡前平躺时的呼吸是否如此。尤其对于过度换气或是吸不到空气的患者，这种“轻吸慢呼”的呼吸更是重要的练习。

4. 静坐

直挺挺地坐着，但保持舒适、放松的状态，双眼微开，内心不断重复一个字或声音，心定以避免任何思考的发生。

5. 冥想

找一个舒适、安静的环境及一张直背的椅子，坐时屁股顶着椅背，双脚略前伸，双手放在膝盖（或扶手）上，尽量让自己放松。闭上双眼，吸气时心中念“一”，吐气时念“二”，不要刻意改变或控制频率。

6. 催眠

有些身体症状并非器官病变的原因，可借由催眠改变意识状态。借由暗示的特殊技巧，使人们产生不同程度的反应状态，可以改变知觉、记忆、行为及放松的状态。这可由专业的心理治疗师来帮助完成。

《本章小结》

（1）情绪是人对客观事物的态度体验及相应的行为反应。情绪具有两极性。人有四种最基本、最原始的情绪，即快乐、愤怒、悲哀和恐惧。表情主要包括了面部表情、身段表情和言语表情。

（2）情绪理论包括詹姆斯—兰格理论、坎农—巴德学说、情绪评定—兴奋学说、沙赫特和辛格的认知—激活理论、拉扎勒斯的认知—评价理论。

（3）心理冲突是两种或两种以上不同方向的动机、欲望、目标和反应同时出现，由于莫衷一是而引起的紧张情绪，是心理不平衡的重要原因。

（4）艾利斯的理性情绪疗法认为，人的情绪和行为障碍不是由某一激发事件直接所引起的，而是由于经受这一事件的个体对它不正确的认知和评价。

关键术语

情绪　情感　三种主要表情　情绪的基本理论　压力　压力源　心理冲突
心理冲突的类型　社会支持　非理性信念

进一步阅读

[1] [美] 卡耐基．快乐的人生．林梁译．北京：海潮出版社，2003.
[2] [英] 理查德·怀斯曼民．正能量．李磊译．长沙：湖南文艺出版社，2012.
[3] [美] 弗雷德·里克森．积极情绪的力量．王珺译．北京：中国人民大学出版社，2010.
[4] 哈佛商学院出版公司．压力管理．王春颖译．北京：商务印书馆，2011.
[5] [日] 有田秀穗．消除压力，从大脑开始．刘玮译．北京：中信出版社，2011.

思考与练习

(1) 结合自己的情绪体验，列举自己哪些情绪体现了情绪两极性的特点。
(2) 如果碰到挫折，你会如何调整自己的情绪？
(3) 你能从自己良好的情绪状态中得到哪些益处？
(4) 列举你最近遇到的感到有压力的事件，思考这些事件对你生理及心理的影响，并分析如何调试压力情绪。
(5) 什么是情绪？它具有哪些特点？
(6) 什么是表情？表情具有哪些功能或作用？
(7) 詹姆斯—兰格理论对于情绪心理学的研究和发展有什么意义？
(8) 在我们日常生活中主要有在哪几种压力源？

第十一章　需要、动机与意志

本章学习要点

1. 需要、动机的含义
2. 马斯洛需要层次理论
3. 意志品质的主要内容
4. 阿特金森成就动机理论

专栏11－1　进门槛效应

美国社会心理学家弗里得曼做了一个有趣的实验：他让助手去访问一些家庭主妇，请求被访问者答应将一个小招牌挂在窗户上，她们答应了。过了半个月，实验者再次登门，要求将一个大招牌放在庭院内，这个牌子不仅大，而且很不美观。同时，实验者也向以前没有放过小招牌的家庭主妇提出同样的要求。结果前者有55%的人同意，而后者只有不到17%的人同意，前者数目比后者高3倍。后来人们把这种心理现象叫做“得寸进尺效应”。心理学认为，人的每个意志行动都有行动的最初目标，在许多场合下，由于人的动机是复杂的，人常常面临各种不同目标的比较、权衡和选择，在相同情况下，那些简单容易的目标容易让人接受。另外，人们总愿意把自己塑造成前后一贯、首尾一致的形象，即使别人的要求有些过分，但为了维护印象的一贯性，人们也会继续下去。

资料来源：Freedman J. L，Fraser S. C.，Compliance without pressure：the foot－in－the－door technique，*JPSP*，1966，Vol. 4，No. 2. pp. 196～202.

在现实生活中，人们总是以动机因素来解释事件的发生和结果。比如，某个朋友会告诉你，这次他的考试没有通过是因为他觉得参加这样的考试很无聊，或者是因为他在衡量了考试和旅游两个事件的利弊后，选择了后者；你可能也会在做出了违背自己兴趣的职业选择时，给自己的解释只是你的选择让你有更高的薪酬，或者有轻松的环境。心理学研究者的任务就是对这些与动机有关的例子给出严格的理论解释。动机总是影响着我们生活的很多方面，例如，在学习中，动机起了重要的作用。一个良好的学习动机可以使学生对学习充满兴趣，即使在受到挫折时也总能持之以恒地学习。然而，个人动机的建立和维持也并不是一件容易的事，对于家长和老师来说，最为迫切的愿望就是每个孩子都能树立一个良好的学习动机。那么回想一下，你的学习动机是什么？你的成就动机高吗？你是如何评价自己的失败和成功的？

第一节 需 要

一、需要的含义

需要是生物内部的一种不平衡状态，它表现为生物对内部环境或外部生活条件的一种稳定的要求，并成为生物活动的源泉。需要得到满足后，这种不平衡状态暂时得到消除，当出现新的不平衡时，新的需要又会产生。例如，个体缺乏朋友时就会感到孤独寂寞，产生找朋友或交往活动的需要，聚会或其他交往活动就是他与内在、外在环境保持平衡所必需的物品。需要常常在主观上以一种不满足之感被人感受和体验到，它是人的积极性的源泉。

二、需要的种类[①]

人的需要是多种多样的，根据不同的分类标准可以把需要分为不同的种类。

（一）根据需要的起源

根据需要的起源，可以把需要分为生理性需要和社会性需要。

生理性需要是保存与维持有机体生命和种族延续所必需的。如对饮食、运动、休息、配偶等的需要。动物也有这类需要，但人的生理性需要与动物的生理性需要的本质不同，在于它受社会生活条件的制约。人的生理性需要必须首先得到满足，人才能生存，才能有社会性需要。社会性需要指与人的社会生活相联系的一些需要。如对劳动、交往、成就、奉献的需要等。社会性需要是后天习得的，源于人类的社会生活，属于人类社会历史的范畴，并随着社会生活条件的不同而有所不同。社会性需要也是个人生活所必需的，如果这类需要得不到满足，个人就会产生焦虑、痛苦等情绪。社会性需要的种类很多，如交往需要。交往需要就是个人想与他人交流思想感情、沟通信息的需要。交友、家人团聚、参加各种社会团体的活动等都可以使个人的交往需要获得满足。

人的生理性需要受社会性需要的指导和控制。例如，人吃饭的需要不仅是解除饥饿的需要，往往也是审美和交往的需要。人的吃饭需要往往受交往需要的调节和控制。人在招待客人用餐的时候，无论自己吃饭的需要多么迫切，也要在交往需要的指导和调节下，先照顾客人吃饱吃好，而绝不会不顾客人吃得如何，只顾自己吃饱。还有，当人的生理发育成熟了，就有了寻觅配偶的需要。但是，人并不是有了寻觅配偶的需要就马上恋爱并结婚的。人寻觅配偶的需要往往受求知成才、成就事

---

① 李红．心理学基础．北京：高等教育出版社，2009. 243～245.

业等社会性需要的指导和调节。例如，有的人为了完成紧急的工作任务，就几次推迟婚期。

（二）根据需要的对象

根据需要的对象，可以把需要分为物质需要和精神需要。

物质需要是人对物质资料的需要，也是人对物质生活的愿望和要求。如人对衣服、对房屋、对劳动工具的需要等。人的物质需要随着生产力的发展和社会的进步而不断发展变化。

精神需要是人对精神财富的需要，也是人对精神生活的愿望和要求。如对知识、对美、对交往、对社会地位的需要等。沙赫特（Schachter S.，1959）曾做过这样的一个实验，他以每小时15美元的酬金聘人到一间没有窗户但有空调的房间去住。房内有桌、椅、床和灯，此外别无他物。被试的三餐由人送至门底下的小洞口，住在里面的人伸手就可拿到食物。被试住进这房间后即与外界完全隔绝。有五名大学生应征参加实验，其中一个只待了二十分钟就要求出来，放弃了实验；三人待了两天；最长的待了八天。这个研究说明，人是很难忍受长时间与他人隔绝的，人们对孤立的容忍力有相当大的个体差异。

人的物质需要和精神需要都是人必不可少的需要。它们相互作用，物质需要给人以血肉，精神需要给人以灵魂。

三、马斯洛需要层次理论

马斯洛（A. H. Maslow，1908—1970）是人本主义心理学的创始人，他在心理学上的主要贡献之一是提出了需要层次理论。马斯洛认为，人的多种需要可按其性质和发展的次序分为由低而高的七个层次①（见图11－1）。①生理需要（physiological need），指维持生存及延续种族的需要。如对食物、水、氧气、休息的需要，性欲表达的需要，消除紧张的需要。这类需要的级别最低，人们在转向较高层次的需要之前，总是尽力满足这类需要。②安全需要（safety need），指受保护与免于威胁，从而获得安全舒适、宁静、不害怕的需要。和生理需要一样，在安全需要没有得到满足之前，人们唯一关心的就是这种需要。③隶属与爱的需要（belongingness and love need），指融入别人中间的需要，与他人建立关系的需要，爱与被爱的需要。当生理需要和安全需要得到满足后，社交需要就会突显出来，进而产生激励作用。④自尊需要（self－esteem need），指自信的需要，价值和能力感的需要，自尊和受别人尊重的需要。有尊重需要的人希望别人按照他们的实际形象来接受他们，并认为他们有能力，能胜任工作。他们关心的是成就、名声、地位和晋升机会。⑤认知的需要（need to know），指个体在周围世界获取信息、获得理解的需要，以及了解新奇事物的需要。⑥审美的需要（aesthetic need），指对美好事物欣赏的需要，维护秩序的需

---

① ［美］亚伯拉罕·马斯洛．动机与人格（第3版）．许金声等译．北京：中国人民大学出版社，2007.

要。⑦自我实现的需要（self－actualization need），指把个人的聪明才智和创造潜能发挥出来，获得成就的需要。自我实现需要的目标是自我实现，或是发挥潜能。达到自我实现境界的人，能接受自己也接受他人。

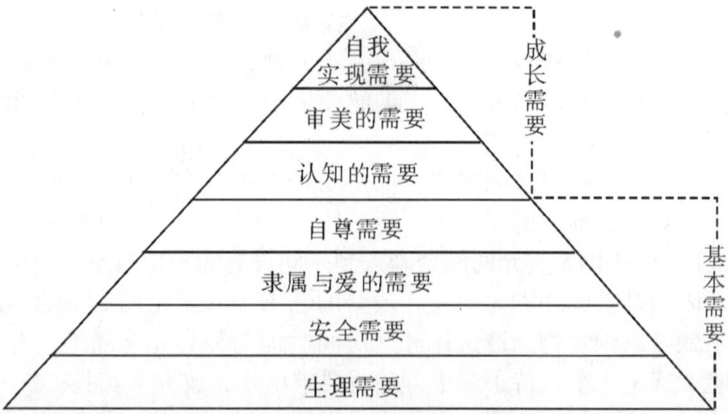

图11－1　马斯洛需要层次理论

马斯洛认为，前四个层次的需要是人类基本的需要（basic needs），如不能满足，人就会生病或变得衰弱。如不对婴儿进行充分的爱抚，婴儿中就常有发育迟缓和死亡率高的现象出现；自尊的需要一旦受挫，就会使人产生自卑感、软弱感、无能感，这些又会使人失去基本信心，从而趋向于神经病态。只有基本需要得到满足的人，才具有最充分、最旺盛的创造力。当然也可能尽管缺乏基本满足，他们仍有创造性。但马斯洛认为，那些为了某种理想或价值而牺牲一切的人，他们原来一定是基本需要获得了满足，并具有坚强而健康的人格的人。因此，他们才经受得住非难和反对，能够顶住公众舆论的压力，以及不惜个人的巨大牺牲而坚持真理。后三个层次的需要称为成长需要（growth needs）。成长性需要就是被自我实现的趋向所激发的种种需要。

马斯洛认为这七种需要都是人最基本的需要。这些需要都是与生俱来的，它们构成不同的等级或水平，并成为激励和指引个体行为的力量。首先，需要的层次越低，它的力量越强，潜力越大。随着需要层次的上升，需要的力量相应减弱。在高级需要出现之前，必须先满足低级需要。低一层次的需要获得满足后，就会向高一层次的需要发展。在个体发展中，高级需要出现较晚。其次，每一个体生命历程的发展都要经过从低层次需要到高层次需要的顺序，到最高层次就是超个人的或精神性的。但不是每个人都能发展到最高层次需要，很多人的发展都只能停留在归属与爱和自尊的层次上。此外，同一时期，个体可能同时存在多种需要，因为人的行为往往是受多种需要支配的，每一个时期总有一种需要占支配地位。

马斯洛的需要层次理论体现出两点教育思想：其一，学习不是外铄的，而是内发的，即学生生而具有内在的成长潜力；其二，教师的任务不只是教给学生具体的知识，更重要的是为学生创造良好的学习环境，让学生自主学习。马斯洛认为学生大多具有自我实现的潜在愿望，只要具备适当的教育环境，学生就会自动探索、自行创造，从中获得自我实现感，并进一步增强自我实现的倾向。因此，学校和教师应下的功夫不在于教会学生创造的技巧，而在于创设适宜创造力发展的环境。

第二节　动　机

在考虑是否继续攻读更高的学位时，你也许听过这样的话，“我热爱这个专业”；也或许听到过这样的话，“我没有更好的就业机会，所以想再多学点”；甚至你也听到过，“我根本就不想工作”。你也许正在为人际交往而烦恼，并试图推断出周围其他人的动机是什么，希望通过对别人的言语和态度的判断，以识别他人的目的。你的朋友也许会告诉你她的论文很糟糕，是因为指导老师从没有鼓励她……在现实生活中，所有这些事情发生的时候，人们总是用需要或动机来解释事件是否发生以及发生的原因，这样的情境随处可见。

一、动机的含义

需要和动机是紧密联系的，但它们也有差异。需要在主观上常以意向和愿望的形式被体验着。模糊意识到的、未分化的需要叫意向。有某种意向时，人虽然意识到一定的活动方向，却不明确活动所依据的具体需要和以何种途径与方式来满足需要。明确意识到并想实现的需要叫愿望。如果愿望仅停留在头脑里，不将之付诸实际行动，那么这种需要还不能成为活动的动因。因此处于静态的需要，还不是动机。只有当愿望或需要激得人进行活动，并维持这种活动时，需要才成为活动的动机。

动机（motivation）这个词来源于拉丁语“movere”，意思是“趋向于”。动机是在需要的基础上产生的，由目标或对象引导、激发和维持个体活动的一种内在的心理过程或内部动力。它是构成人类大部分行为的基础，但因为是内部活动，它具有隐蔽性，不能直接观察，其表现形式也具有多样性，因此动机与行为并不具有一一对应的关系。

动机作为引起人们付诸行动或者抑制行动的直接推动力量，具有以下基本功能：

激活功能——动机是个体能动性的一个主要方面，它具有发动行为的作用，能推动个体产生某种活动，使个体由静止状态转向活动状态。

指向功能——动机不仅能激发行为，而且能让行为指向一定的对象或目标。

维持和调整功能——动机具有维持功能，它表现为行为的坚持性。动机的维持作用是由个体的活动及其所预期的目标的意志程度来决定的。同时，动机也能不断调整主体的行动，使之更好地达成目标。

二、动机的种类

根据动机的起源可以把所有不同性质的动机划归为两大类：生理性动机与社会性动机。

生理性动机：也称驱力，它以有机体自身的生物学需要为基础。如饥、渴、缺氧、疼痛、母性、性欲、睡眠、排泄等。

社会性动机：指唤起个体行为的内在心理原因。诸如驱动人求学谋职、获取成就、人际交往、追求名利、职位晋升等行为的背后的心理动机。如交往动机，指希望被纳入某个团体，喜欢与人交往，希望得到关心、友谊、支持、合作与赞赏。

根据引起动机的诱因是由外界提供的还是由主体本身提供的，可以把动机分为外部动机和内部动机。以取得报酬或奖励为满足的动机，属于外部动机；由自我激发的，以获取知识、赢得成就为满足的动机，属于内部动机。当前，心理学研究者越来越重视内部动机的作用，事实也证明，有高度内部动机的人，其工作和学习的动力更充足。但这并不是说外部动机就不重要，因为很少有人能始终表现出高度的内部动机，特别是青少年学生。

根据动机的影响范围和持续作用时间来分，可以把动机分为长远的、概括的动机和短暂的、局部的动机。例如，优秀学生的学习动机往往是既有远大目标，又有切近的具体目标的，差等生则与两种目标脱节，其学习动机很模糊，缺乏动力作用。

三、成就动机

成就动机指个体在完成某种任务时力图取得成功的动机。成就动机对个人的发展和社会的进步都具有重要作用，它就像一架强大的"发动机"，激励人们努力向上，使人在前进道路上取得一个又一个的成就。麦克莱伦（D. C. McClelland）和阿特金森（J. M. Atkinson）等人对成就动机进行了系统的实验研究。20 世纪 70 年代后，人们对成就动机的研究进入了一个新的阶段，主要从认知理论出发，开始探讨个人成就的归因过程，以及对成就动机的测量。

（一）麦克莱伦的成就动机理论①

麦克莱伦的成就动机理论被称为情绪激发理论，它带有享乐主义的色彩。麦克莱伦认为，成就动机是一个人人格中非常稳定的特质。个体记忆中存在着与成就相联系的愉快经验，当情境能引起这些愉快的体验时，就能激发起个体的成就动机。他指出，成就动机强的人对学习和工作都非常积极，能够控制自己不受环境影响，并且善于利用时间。成就动机得分高的人比得分低的人更容易取得优良的成绩。麦克莱伦把成就动机看作决定个体行为的根本原因，并且将一个民族的成就动机看作

---

① 叶奕乾等．普通心理学（修订二版）．上海：华东师范大学出版社，2004. 462 ~ 464.

社会经济的决定力量。洛威尔（E. L. Lowell）等人的实验证实了高成就动机组被试的成绩比低成就动机组的要好。洛威尔等人用大学生做被试，高成就动机组 19 人，低成就动机组 21 人，实验要求他们用一些打乱了的字母去组成普通的词（如把 w、t、s、e 组成 west）。测验时间为 20 分钟，平均 4 分钟一次，分为 5 个时间。开始时，两组情况差别并不大，但随着时间的推移和学习的进展，高成就动机组被试的成绩比低成就动机组的明显要好。7 天后，洛威尔等人要求同一批被试做加法问题，平均 2 分钟一次，也分为 5 个时间。结果高成就动机组被试的成绩也明显地比低成就动机组的好。在该实验中，高成就动机组的成绩没有出现上升现象，就是因为加法问题简单，一开始他们就已经取得了很好的成绩。

然而麦克莱伦把成就动机作为决定个体行为的根本原因，忽视了个体行为的复杂性，忽视了其他因素对个体行为的影响。在社会发展方面，忽视了政治、经济、自然条件的影响，把一个民族的成就动机看作经济发展的唯一决定因素。这种单一决定论显然是片面的，并且过于简单化了。

（二）阿特金森的成就动机理论①

阿特金森的成就动机理论被认为是一种期望价值理论，因为这一理论认为动机水平依赖于一个人对目的的评价以及对达到目的的可能性的估计。阿特金森认为，个人的成就动机可以分成两部分，其一是力求成功的意向；其二是避免失败的意向。也就是说，成就动机涉及对成功的期望和对失败的担心两者之间的情绪冲突。追求成功的动机乃是成就需要、对行为成功的主观期望概率以及取得成就的诱因值三者乘积的函数。如果用 Ts 来表示追求成功的倾向，那它是由以下三个因素决定的：①对成就的需要（成功的动机）Ms；②在该项任务上将会成功的可能性 Ps；③成功的诱因值 Is。用公式可表示为：$Ts = Ms \times Ps \times Is$。

阿特金森认为，人在竞争时会产生两种心理倾向：追求成功的动机和回避失败的动机。每一个人的这两种心理倾向的相对强度是不同的，一种人力求成功，另一种人力求避免失败。如果一个学生获取成就的动机大于避免失败的动机，为了要探索一个问题，他们在遇到一定量的失败之后，反而会提高解决这一问题的愿望，而如果获得成功太容易的话，反而会减低这些学生的动机。研究表明，这种学生最有可能选择成功概率约为 50% 的任务，因为这种选择能给他们提供最大的现实挑战。对完全不可能成功或稳操胜券的任务，他们的动机水平反而下降。相反，如果一个学生对失败的担心大于获取成就的动机，那么，他也有可能由于失败而灰心丧气，由于成功而得到鼓励。这种学生在选择任务时，倾向于选择非常容易或非常困难的任务，选择容易的任务可使他们免遭失败，而选择的任务极其困难，那么即使失败，他们也可以找到适当的借口，从而减少失败感。

① 叶奕乾等．普通心理学（修订二版）．上海：华东师范大学出版社，2004. 464 ~465.

（三）韦纳的归因理论①

美国心理学家韦纳（B. Weiner）等人对成就动机进行了归因分析，从认知心理学角度研究了成就动机，提出了成就动机的归因模式。韦纳认为，个体对行为成败原因的知觉及归因影响个体成就行为的坚持性、强度和选择。

韦纳基于社会心理学家海德关于情境归因和性格归因的观点，把成败的原因分为三个维度。①内归因和外归因。努力、能力、个性等原因都是内源的，任务的难度、运气、家庭条件等原因都是外源的。②稳定的归因和非稳定的归因。任务的难度、能力、家庭条件等原因都是稳定的，努力、运气、心境等原因都是不稳定的。③可控制归因和不可控制归因。努力等原因都是受个人意志控制的，运气等原因都是不受个人意志控制的。

韦纳认为，人们对成功和失败的归因，会对以后的行为产生重大影响。如果一个人把考试失败归因于缺乏能力，那么他对以后考试还会预期失败，这是因为能力是一个稳定性的因素；如果把考试失败归因于运气不佳，那么他对以后考试不大可能预期失败，这是因为运气是一个不稳定的因素。但是，在实际生活中，个人对成功和失败的归因并不一定是成功和失败的真正原因。如一般学生特别是年龄小的学生对自己的能力、性格与教育环境并不能进行准确评价，这就决定了他们在对自己的学业成败进行归因时，不能做出正确而客观的归因（如学生低估自己的能力等）。由于学生的归因模式通常来自教师的反馈，因此，韦纳认为教育的目的不单纯是传授知识，使学生取得一个理想的考试分数，更重要的是促进学生全面健康地成长。而帮助学生学会认识自己，对自己形成准确的自我概念，是学校心理辅导的重要目标之一。

影响成就动机的因素主要有：

（1）成就动机的高低与童年所接受的家庭教育有关。父母的价值观、父母的成就动机、父母对子女的要求和教育方式都影响着儿童的成就动机。一般来说，父母早期的成就压力与孩子长大后的成就需要之间有一种正相关，而且经历过高成就压力的孩子比没有经历高成就压力的同龄人更有可能获得成功。此外，若父母对孩子干涉或保护过多，则会限制儿童的独立性，较难培养学生的成就动机。

（2）成就动机的高低与学校教育有关。首先，在学校教育中，教师的言行对学生成就动机的建立有重要作用；其次，在学校学习过程中，学生参加竞争或竞赛的次数越多，其成就动机也就越强，成绩的高低也直接影响了成就动机的建立和维持。

（3）成就动机的高低还与任务的难易程度有关。如果任务过难或过易，都不易激发成就动机，而当任务难度适中时，成就动机最强烈。

（4）群体的成就动机与自然环境和社会文化条件有关。最为明显的是男女成就动机存在很大差异，这其中就主要受社会文化因素的影响；另外，在经济发达、竞争激烈的地方，人们的成就动机也相对高于经济落后地方。

---

① 叶奕乾等．普通心理学（修订二版）．上海：华东师范大学出版社，2004. 465～467.

第三节　意　志

一、意志的含义

意志是人自觉地确定目标，并根据目标调节、支配自己的行动，克服困难，实现预定目标的心理过程。意志对人的行为具有发动、坚持、制止、改变等方面的作用，是人类特有的一种心理活动。意志不是人生来就有的，它是后天习得的，是在家庭、学校、社会的教育引导下，在现实实践中自我磨炼，逐步发展起来的。迄今为止，所有人类的成就，没有一件能离开意志的支撑而存在。

二、意志行动及过程

人类的意志与行为往往难以分割，因为人类的意志总是表现在有意识、有目的地克服困难的行为之中，没有一定的行为表现就看不出意志过程。受意志支配和控制的行为称为意志行为。

意志行动是复杂的自觉行动。要完成一个意志活动大致要经过下定决心、坚定信心、持之以恒的这样一个心理过程，一般把意志行动过程分成准备和执行两个阶段。

（一）准备阶段

准备阶段，包括在思想上权衡行动的动机、确定行动的目标、选择行动的方法并做出行动的决定。目标越明确、越自觉，社会意义、价值越大，该行动对行为的支配和调节作用也就越大。

在这一阶段，首先要做的是明确行动的目的。每一个意志行动都有其最终目的，它是一个人在行动之前预先提出来的。在许多场合下，由于人的动机是复杂的，人常常同时有几个彼此不同甚至相互抵触的目的，但只能确定其中一个作为当前行动的目的，这就要对各种不同的目的进行权衡比较。例如，“鱼与熊掌不可兼得”。

其次要做的是选择达到目的的行为方式和方法。对行为方式和方法的选择，在不同的情况下是不同的。有时只要一提出目的，行为的方式和方法就可以确定。这通常发生在实现那些熟悉的行动的时候。在许多情况下，达到同一目的的方式和方法不止一种，这时就需要进行选择。在选择之前要了解、比较各种方式和方法可能导致的结果及其优点与缺点。如果对情况了解不够或知识经验不足，就不能很快做出决定。

（二）执行阶段

执行阶段，即执行采取的决定的阶段。在这一阶段要克服自我内部及外部的各种困难和阻力，采取行动，总结经验，坚持行动，达到目标或修改目标，并提出新的目标，发动新一轮的行动。一旦做出决定之后，实现所做出的决定便是意志行动的关键阶段。因为，即使行动的动机再高尚，行动的目的再美好，行动的手段再完善，如果不付诸实际行动，这一切也就失去意义，不能构成意志行动。所以，这是意志行动最重要的环节。

三、意志的品质

坚强的意志品质是克服困难、完成各种实践活动的重要条件。我们在评价一个人的意志品质时，应当将其意志活动的内容和意识倾向联系起来。只有在那种具有社会价值的意志行动中，才能表现出坚强的意志品质，否则只能称之为卑劣的意志品质。

坚强意志的基本品质主要是：自觉性、果断性、自制力、坚韧性。

（一）自觉性

这是指一个人在行动中具有明确的目的性，并能充分认识行动效果的意义，使自己的行动服从社会、集体和个人的利益的品质。它具体表现为，在意志行动过程中确定目的的自觉性、使行动服从目的的自觉性、在行动过程中克服困难的自觉性、在行动结束时自我评价的自觉性。可见，意志自觉性的品质是贯穿意志行动的全过程的。与自觉性相反的特征是受暗示性和独断性。

意大利诗人但丁由于反对当时权重势大的教皇统治，被教皇罗织罪名，判处终身放逐。在他逝世前五年，当局曾宣布，若他当众认罪，可允许其回国。但丁为不使自己的清白遭受玷污，竟断然拒绝回国。他说："一心循着你自己的道路走，让人们随便怎样去说吧！"这句连马克思也十分欣赏的名言，显示出一种高度独立的意志特征。

（二）果断性

意志的果断性是指面对复杂多变的情境时，能够迅速而有效地做出决定，并实现做出的决定。有这么一个故事，一个小男孩在外面玩耍时，发现一个鸟巢被风从树上吹落在地，里面滚出了一个嗷嗷待哺的小麻雀。小男孩决定把它带回家喂养。当他托着鸟巢走到家门口的时候，他突然想起妈妈不允许他在家里养小动物。于是，他轻轻地把小麻雀放在门口，急忙走进屋去请求妈妈同意。在他的哀求下，妈妈终于破例答应了。小男孩兴奋地跑到门口，不料小麻雀已经不见了，他还看见一只黑猫正意犹未尽地舔着嘴巴。小男孩为此伤心了很久。但从此他也记住了一个教训：只要是自己认定的事情，决不可优柔寡断。这个小男孩长大后成就了一番事业，成为华裔电脑名人。这个故事说明了，果断性是以自觉性为前提的，在全面地考虑行动的各个环节和环境的诸多因素的基础上，明辨是非，当机立断，这样的判断往往是符合实际的，是切实可行的，这才是意志的果断性品质。历史上司马光砸缸所体现的就是一种临危不惧、果断处事的意志品质，与意志的果断性品质相反的是武断和优柔寡断。

（三）自制力

意志的自制力品质是指在意志行动中善于自觉、灵活地控制和约束自己的言行的意志品质。在意志行动中，困难不仅来源于外部客观条件，也来源于自身的心理过程，如不良的情绪就会影响一个人目标的实现。为了实现自己的目标，必须控制和约束自己这些不良的情绪，因此，自制力反映着意志的抑制职能。具有自制力的人有很强的组织纪律性，他们情绪稳定，注意力集中，通常被称为意志坚定的人，他们知道做自己应该做的事。具有自制力的人既能发动合乎目的性的行动，又能抑制与行动目标不一致或相违背的行动。与意志的自制力品质相反的是任性。

（四）坚韧性

意志的坚韧性品质也叫坚定性或顽强性品质，是指一个人在自己的行动中坚持已做出的决定，长时间地保持充沛的精力和坚韧的毅力，并百折不挠地克服困难，达到既定的工作目标。具有坚韧性品质的人目标专一、不为一时的冲动或困难而改变方向，始终不渝地朝着目标一步一个脚印地向前迈进，在行动上表现出坚韧不拔的毅力，具有克服困难、勇往直前、百折不挠的精神。与坚韧性相反的品质是顽固、执拗。

在科学史、文学史以至中国革命史上无数功勋卓越的人物，他们的成功无一不是惊人的意志之硕果。例如，曹雪芹写《红楼梦》，用了10年时间；司马迁写《史记》，用了15年时间；达尔文写《物种起源》，用了20年时间；李时珍写《本草纲目》，用了27年时间；徐霞客写《徐霞客游记》，用了34年时间；哥白尼写《天体运行论》，用了36年时间；托尔斯泰写《战争与和平》，用了37年时间；摩尔根写《古代社会》，用了40年时间；马克思写《资本论》，用了40年时间；歌德写《浮士德》，用了60年时间。凡成就很高的人，他们在意志行动中所表现出来的自觉性、果断性、自制性和坚韧性也是惊人的。

四、动机冲突

意志主要表现在动机冲突之中，以高层次需要为背景的动机，战胜了以低层次需要为背景的动机，就是意志坚强的表现。

动机冲突在现实生活中的表现多种多样，当多个动机同时存在，有时会表现为相互矛盾的状态，此时个体难以决定取舍，表现出行动上的犹豫不决，这种相互冲击的心理状态，称为动机冲突。动机冲突主要有以下三种类型①：

一是双趋冲突。这类动机冲突就是两样东西都想得到，但现实生活决定了人只能得到其中一个，此时体验到的内心冲突就是双趋冲突。正所谓“鱼和熊掌不能兼得”。比如，周末晚上有两个电视频道的节目同样对你有吸引力，而你只能选看一个；报考大学时两个专业都喜欢，而你只能选报一个等，这都是双趋冲突。

二是双避冲突。这类动机冲突就是两样东西都不想要，但现实生活决定了人必须承受其中一样。这正是所谓“前遇断崖后有追兵”的情形。比如，有的学生既讨厌学习又怕受惩罚，两样他都想逃避，但必须要选择一种情况来承受，这就是双避冲突。

三是趋避冲突。这类动机冲突就是对某样东西既想得到又害怕得到，平时说“既想吃又怕烫”就是这种情况。比如，一个学生既想参加校足球比赛为学校争光，又怕比赛耽误时间影响自己的学习成绩，在决策时他便会陷入趋避冲突之中。趋避冲突是人生中最常见的基本冲突类型。因为人生中的许多目标对我们既有吸引力，又需要我们付出一定的代价或牺牲。

在动机冲突中，怎样衡量一个人的意志品质呢？

对于原则性的动机冲突，能坚定不移地使自己的行动服从于社会道德标准以及集体和祖国的需要；对于非原则性的动机冲突，能根据当时情况毅然决定取舍，这样的人就是意志坚强者。如果一个人遇到原则性的动机冲突时，不能使自己的行动服从于社会道德标准以及集体和祖国的需要；或者对待非原则性的动机冲突时，经常犹豫不决、摇摆不定，那就是意志薄弱的表现。

就动机冲突来说，最能考验一个人的意志的是双趋冲突。因为生活中比较难于处理的就是双趋冲突。在双趋冲突中，两种都想得到的东西如果有好坏之分，人的动机冲突还是比较好处理的。而事实上往往是想得到的都是挺美好、挺有用的东西，这时的动机冲突解决起来才更为困难。但是，现实就是这样，鱼和熊掌兼得的时候是不多的，面对那么多美好的东西，我们常常不能同时拥有。既然美好的东西不可能都得到，那怎么办？必须有所放弃。放弃的东西并不就是坏东西。在好坏之间，人是较容易放弃其中一面的。困难的是人们面对的都是美好的东西，但该放弃的也还是要放弃，这是对一个人意志的最好考验。

① 彭聃龄. 普通心理学. 北京：北京师范大学出版社，2001. 344～345.

专栏 11－2　父母教养行为和成就需要的关系

麦克莱伦和弗兰兹（David McClelland & Carol Franz，1992）对 1951 年当孩子们大约 5 岁时收集的父母养育行为资料，与 1987 至 1988 年当孩子们 41 岁时收集的成就需要和收入资料作了对比。在 1951 年，请父母就喂养、照看和训练孩子的行为作了简要说明。麦克莱伦和弗兰兹认为，当孩子的父母用严格的规则来喂养、照看和训练他们时，孩子就会感到高度的成就压力。总的来说，早期的父母成就压力与孩子长大后的成就需要之间有一种正相关，而且经历过高成就压力的孩子比经历成就压力小的同龄人每年要多挣 1 万美元。

资料来源：［美］理查德·格里格，菲利普·津巴多．心理学与生活．王垒，王苏等译．北京：人民邮电出版社，2003. 343.

《本章小结》

（1）需要是生物内部的一种不平衡状态。需要的种类有生理性需要和社会性需要，物质需要和精神需要。马斯洛七个需要层次理论为：①生理需要；②安全需要；③隶属与爱的需要；④自尊需要；⑤认知的需要；⑥审美的需要；⑦自我实现的需要。

（2）动机是在需要的基础上产生，由目标或对象引导、激发和维持个体活动的一种内在的心理过程或内部动力。动机基本功能有：激活功能、指向功能、维持和调整功能。成就动机理论主要包含麦克莱伦的成就动机理论、阿特金森的成就动机理论、韦纳的归因理论。

（3）意志是人自觉地确定目标，并根据目标调节、支配自己的行动，克服困难，实现预定目标的心理过程。

（4）动机冲突主要有双趋冲突、双避冲突和趋避冲突三种类型。

关键术语

需要　动机　意志　成就动机　意志行动　意志品质　动机冲突
需要层次理论　归因理论　成就需要

进一步阅读

［1］［美］理查德·格里格，菲利普·津巴多．心理学与生活．王垒，王苏等译．北京：人民邮电出版社，2003.

［2］［英］M. 艾森克．心理学——一条整合的途径．阎巩固译．上海：华东师范大学出版社，2001.

［3］［美］亚伯拉罕·马斯洛．动机与人格（第 3 版）．许金声等译．北京：中国人民大学出版社，2007.

思考与练习

（1）什么是需要？需要的种类有哪些？

（2）什么是动机？它们对我们的行为有什么样的影响？

（3）马斯洛层次需要理论对教育有什么启示？

（4）简述韦纳的动机归因理论。

（5）成就动机受到什么因素的影响？

(6) 坚强意志的基本品质有哪些?

(7) 动机强度和工作效率有什么关系?

(8) 简述动机冲突的类型并举例说明。

第十二章　人生全程的发展

本章学习要点

1. 影响心理发展的主要因素
2. 儿童期的身心发展
3. 青少年的身心发展
4. 成年期和老年期的心理发展

发展（development）有多种含义，一般被人们理解为泛指某种事物的增长、变化和进步。人的发展指的是人类个体在生命全程中身心的生长和变化。从出生以后，随着年龄的增长，人的心理和生理由简单到复杂，由低级到高级，由旧质到新质不断地变化。一个人出生的时候是否有心理？他的心理是怎样产生的？在发展的各个年龄阶段（儿童、少年、青年、中年、老年）中，人的心理又是怎样发展变化的？它是按照什么原理或规律发展变化的？这些发展变化在人的生活和工作上具有怎样的意义？探究人的心理规律，人们往往会对上述心理发展的相关问题产生疑问。发展心理学（developmental psychology）就是研究个体从受精卵开始到出生、成熟、衰老的生命全程（life－span）中，心理发生、发展的特点和摘要。简言之，就是研究个体毕生心理发展的特点和规律（林崇德，2002）。

在对生命全程的心理发展规律的探讨中，主要涉及两个问题：一个是心理发展的基本原理和规律问题，另一个则是个体发展各年龄阶段的心理特征问题。

首先，心理发展由遗传和环境、内因和外因共同决定。生理发展是心理发展的物质基础，在一定程度上制约着心理发展，但生理发展不是心理发展的唯一决定因素。个体的发展除了依靠生理结构机能，更重要的是受到社会生活条件的制约。在人类心理发展中，既要重视其外因，又要重视其内因，外因要通过内因才能起作用。所以，我们既要讲发展，又要强调内外因之间的关系和作用。

其次，在人的生命发展全过程中，不同年龄阶段具有不同的生理和心理特点。人的身心在生命进程中表现出量和质两方面的变化，且与年龄有密切的联系。其间既表现出发展的连续性又表现出发展的阶段性，因而形成年龄特征（age characteristics）。发展心理学正是要研究各种心理活动的年龄特征，即研究心理发展的各个阶段所表现出来的质的特征。

本章的各小节内容将围绕上述两大问题而展开。

表 12－1 人生全程发展阶段及其主要特征

阶段	年龄	主要特征
产前期	受孕到出生	身体的发展
婴儿期	出生到 18 个月	动作技巧，基本语言，社会依附关系
幼儿期	18 个月到 6 岁	语言建立，性别认同，团体游戏，准备上学
儿童期	6 岁到 13 岁	认知发展，动作技能与社会技能发展
青少年期	13 岁到 20 岁	高层次认知发展，人格逐渐独立，两性关系分化
成年初期	20 岁到 45 岁	职业与家庭的发展
中年期	45 岁到 65 岁	事业发展高峰，对自我重新评价，退休
老年期	65 岁到死亡	享受家庭生活，依赖，失去配偶，健康不良

（张厚粲，2001。有局部修改）

第一节 影响心理发展的主要因素

人类的心理和行为是先天的还是后天的，是遗传还是环境起决定作用，这曾经是心理学家长期争论的问题。在当代，大多数心理学家都赞同：先天遗传为心理发展提供了可能性，后天的环境（包含教育）将这种可能性变为现实性，两者相辅相成，缺一不可；人类的心理发展是主动的，由内因与外因交互作用。因此，人的心理发展，既受遗传和其他先天因素的影响，又受自然环境、社会环境等文化背景的影响。生物因素、环境因素和心理因素相互作用，共同影响着人的心理发展。

“遗传和环境之间的相互作用是如此的广泛，以至于如果问天性和教育哪一个更重要就如同问长方形的长和宽哪一个更重要一样。”——威廉·格里诺，当代发展心理学家，伊利诺伊大学厄本那分校（转引自 Jonh W. Santrock，2009）。

一、生物因素

生物遗传决定了生物的前代与后代之间在形态结构和生理特征上，总要表现出某些相似的特征。生物遗传是通过遗传物质的载体——细胞内染色体上的遗传基因来实现的，基因决定着性状的遗传。个体继承其父母的遗传基因，决定了个体的机体构造、形态、感官和神经系统等方面的解剖生理特征，并形成了个体心理发展的生物学基础。个体的发展是由基因型（遗传型）变化为表现型的过程。所有的人都具有某些共同属性和经历类似的发育阶段，但每一个个体也具有各自的特点。这种多样性不仅表现在他们的身体特征上，也表现在他们的心理和行为特征上。

心理学已经获得了大量遗传在个体的能力和人格发展中起到重要作用的证据。这些证据大多来自对血缘关系疏密不同的人在能力和人格上的相似程度的研究。这类研究通常将同卵双生子和异卵双生子进行对比，或者将养子女与亲生父母和养父母的心理发展关系进行对比。如果遗传对心理发展有影响，那么血缘关系越密切的人，其能力的发展水平或者人格特征应该越相似。特别是同卵双生子具有相同的遗传基因，他们之间的任何差异都可以归结为环境因素的作用。而异卵双生子的基因虽然不同，但在环境上有许多相似性，如出生顺序、年龄等，因此也提供了排除环境影响差异的可能性。典型的研究结果举例如下：

表 12－2　血缘关系、环境与智力发展的相关

关系与类别	相关系数
无血缘关系而又生活在不同环境者	0.00
无血缘关系但自幼在同一环境长大者	0.20
养父母与养子女	0.30
亲生父母与亲生子女（生活在一起）	0.50
同胞兄弟姐妹出生后在不同环境长大者	0.35
同胞兄弟姐妹出生后在同一环境长大者	0.50
异卵双生子不同性别而在同一环境长大者	0.50
异卵双生子同性别而在同一环境长大者	0.60
同卵双生子出生后在不同环境长大者	0.75
同卵双生子出生后在同一环境长大者	0.88

（Erlenmeyer－Kimling & Farvik，1963）

上述调查结果表明，遗传因素和环境因素都对智力的发展起着一定的作用。其中，同卵双生子无论是否在相同的环境中长大，他们之间的智力水平达到了高相关，高于异卵双生子和同胞兄弟姐妹；亲生父母与子女的智力的相关性与同胞兄弟姐妹的智力之间的相关性相仿，都高于养父母与养子女之间智力的相关性；无血缘关系的人的智力相关性很低。相反，即便是在不同环境下长大，同卵双生子之间的智力相关性仍很高。这表明遗传因素对智力发展确实是很重要的。与此同时，这些研究也同样表明：对所有被试来说，如果在相同的环境下生活，他们智力的相关性都比在不同环境生活者智力的相关性要高一些。即使没有血缘关系的人（如养父母与子女），由于生活在同一环境，他们的智力也有一定的相关性。这说明在智力发展中，环境因素也有着不容忽视的作用。

遗传对人格的作用则更为复杂。虽然目前对“生物遗传因素对人格具有何种影响”这一问题尚无明确的结论，但从已有的研究中可以得到如下结论：

（1）遗传是人格不可缺少的影响因素。

（2）遗传因素对人格作用的程度随人格特质的不同而异。通常在气质这类与生物因素相关较大的特质上，遗传因素的作用较重要；而在价值观、信念、性格等与

社会因素关系紧密的特质上，后天环境作用可能更为重要。

(3) 人格的发展是遗传与环境两种因素交互作用的结果。

艾森克（Eysenck，1985）指出：在同一环境中成长的同卵双生子，其外向性的相关[①]为0.61，而在不同环境下成长的同卵双生子，其外向性的相关为0.42，异卵双生子外向性的相关为-0.17。在神经质方面也有类似的发现，在相同环境中成长的同卵双生子神经质的相关为0.53，在不同环境中成长的同卵双生子的相关为0.38，而异卵双生子的相关为0.11。同卵双生子在外向性和神经质方面的相关显著高于异卵双生子，说明遗传因素在人格形成中有重要作用；同样，在同一环境下成长的同卵双生子，其外向性和神经质的相关均高于在不同环境中成长的同卵双生子，说明环境在人格的形成中也起重要的作用。

二、环境因素

前面部分所介绍的研究结果，一方面可以作为遗传因素对心理发展具有影响的证据，另一方面也可以作为环境因素的影响依据。环境对个人身心发展的影响，从受精卵形成，从新生命开始的那一刻就已经在起作用。因而一些先天缺陷是由于环境的危害或环境和遗传的某种相互作用而引起的。环境因素包含胎儿发育阶段的产前环境，出生以后赖以生存的自然环境，在成长的不同阶段要经历的家庭环境、学校环境和社会文化环境等。

（一）产前环境的影响

遗传基因对儿童的先天素质起着重要作用，但是儿童的先天素质不是单纯由遗传基因决定的，儿童的先天素质是遗传基因和胎儿发育过程中的环境因素之间复杂的相互作用的结果。

胎儿出生以前生活在母亲的子宫环境内，这种胎内环境对胎儿的生长发育以及出生后的发展都有重要影响。胎儿完全依靠母体生存，母亲的健康、营养、工作、环境、药物摄入、疾病和受到的辐射，甚至她的情绪和心理状态都会或多或少地对胎儿产生影响。母亲怀孕期间的生理状态和所受到的物理、化学环境刺激对她的胎儿产生影响，已为大量医学研究所证明。我国古代早有“胎教”的主张，有孕期“清心养性，避免七情（喜、怒、忧、思、悲、恐、惊）所伤”之说。现代科学的研究也证明，一个心情宁静、舒畅的母亲和一个心情紧张、忧虑的母亲相比，她们的胎儿是生活在大不相同的环境里的，两者血液中的化学成分、全身循环流动的激素以及细胞的新陈代谢都不相同。母亲发怒、害怕或忧虑会使内分泌腺尤其是肾上腺分泌各种不同种类和不同数量的激素，使细胞新陈代谢发生变化，血液中的合成

---

① 在统计学中，变量之间的相关性采用相关系数（coefficient of correlation）r 来进行量化评定。r 的取值范围在 -1 到 1 之间，其绝对值越接近 1，表示相关性越高，越接近 0，则表示相关性越低。相关系数的正负号则分别表示变量之间量的关系是共增共减还是此增彼减。

物也随之发生变化。这些新的化学物质被送到胎盘，使胎盘的循环系统产生变化，由此影响胎儿的发育。母亲长期的情绪激动，还会影响胎儿出生后的情绪特征。因此，重视产前环境对胎儿身心发育有重要意义。

（二）自然环境的影响

自然环境提供个体生存所需的物质条件，如阳光、空气、水和养料等。自然环境对个体的心理发展有着极大的影响。由于自然环境的影响，人的心理发展会反映出某些特征。巴理（Berry，1966）关于阿拉斯加州的爱斯基摩人（Eskimos）和非洲的特姆尼人（Temne）的比较研究，说明了生态环境对人格的影响。爱斯基摩人以渔猎为生，居住帐篷，过着流浪生活。在这种生存环境下，父母对孩子的教养原则是使孩子能够形成成人的独立生存能力。这使得爱斯基摩人的孩子普遍具有坚定、独立、冒险的人格特征。而特尼姆人生活在灌木丛生的地带，以农业为主，种田为生。他们居住环境固定，社会结构紧固，有比较分化的社会阶层，建立了比较完整的部落规则。这种生活环境使特尼姆人的孩子普遍形成了依赖、服从、保守的人格特点。

人的社会性决定了自然环境的作用会和社会环境的作用交织在一起。某个地区的人们的文化、习俗往往体现了他们对长期赖以生存的自然环境的适应，而这种适应对个体的认知、人格及社会心理特征，都会有一定程度的影响。

（三）早期经验的影响

从出生到青少年时期，是个人生长发育的时期，也是其心理发展的重要时期。

人的神经系统在出生后的头四年内获得迅速发展，这为能力的发展提供了物质基础。早期环境对人的能力发展的重要性，已为越来越多的事实所证明。狼孩和猪孩等很多事例证明，由动物抚育大的孩子，其能力发展明显落后。在童年早期，丰富的环境刺激有利于儿童能力的发展。孩子出生后，如果睡在有花纹的床单上，床上吊着会转动的音乐玩具，他们仰卧时，就能自由地观察这一切。那么，两个星期后，他们就会试着用手抓东西。而没有丰富刺激环境提供的婴儿，这种动作要到五个月时才能出现。

“早期的亲子关系定出了行为模式，塑造出一切日后的行为。”这是麦肯侬（Mackinnon，1950）有关早期童年经验对人格影响力的一个总结。中国也有句俗语：三岁看大，七岁看老。人生早期所发生的事情对人格的影响，历来为心理学家所重视。例如，精神分析心理学的创始人弗洛伊德非常强调幼年生活经验对于儿童心理发展的重大意义，认为精神病人的病因都可以追溯到早期经验所产生的心理印记和创伤。按照弗洛伊德的观点，成人期的人格特点根源于生命的头五年，个体童年早期的经历在人格发展中起着决定性的作用。大量的实证研究也表明早期经验对人格的发展有着重要的作用。斯毕兹（Spitz，1945、1946）对孤儿院的儿童进行了研究，发现这些早期被剥夺母亲照顾的孩子，长大以后在各方面的发展均受到影响。许多孩子经常表现出哭泣、僵直、退缩、表情木然等症状。伯恩斯坦（Burnstein，

1981）提出，被弃会使儿童产生心理疾病，孩子会形成攻击、反叛的人格。鲍尔毕（Bowlby，1951）对非正常家庭成长的儿童和流浪儿做了大量的调查，其在提交给世界卫生组织（World Health Organization，WTO）的报告中指出，儿童心理健康的关键在于婴儿和年幼儿童与母亲建立一种和谐而稳定的亲子关系。

（四）家庭环境的影响

家庭是儿童最初的生活场所，儿童的心理发展首先是在家庭中开始的。通过家庭成员特别是父母的抚养与教育，儿童逐渐获得了知识和技能，掌握了各种行为准则和社会规范，从一个基本依靠本能生活的婴儿发展成为一个合乎社会角色系统要求、被所在的社会环境认可和接纳的人。

父母和祖辈是孩子童年早期最主要的互动对象。简单的日常亲子互动行为，诸如读书、讲故事、游戏、陪读、交谈，都能使孩子的心理发展涂上一层父母的色彩。父母被认为是社会文化对儿童产生影响的中介。父母自身的文化程度、社会观念和社会经济地位决定了他们对孩子的期望水平和能够提供的早期教育资源，从而在一定程度上对孩子的认知发展产生影响。在认知发展社会文化观看来，成人是“认知发展的助推器”，激起并指导儿童达到能够达到的发展水平。在这种“指导性参与”中，成人安排儿童的活动，调整问题的难度，引起儿童的注意，并提供明确或隐含的指导。

家庭对儿童人格的影响，最突出的是由家庭教养方式的差异而带来的儿童人格发展和人格特征的差异。研究者一般把家庭的教养方式分成三类，第一类是权威型教养方式，采用这种方式的父母在子女教育中，表现得过于强势，孩子的一切都由父母来控制。在这种环境下长大的孩子容易具有消极、被动、依赖、服从、懦弱等特点，他们做事缺乏主动性，甚至会形成不诚实的人格特征。第二类是放纵型教养方式，采用这种方式的父母，对孩子过于溺爱，让孩子随心所欲，父母对孩子的教育有时会达到失控的状态。在这种家庭环境中成长的孩子多表现为任性、幼稚、自私、野蛮、无礼、独立性差、唯我独尊、胡闹等。第三类是民主型教养方式，父母与孩子在家庭里处于一种平等和谐的氛围中，父母尊重孩子，给孩子一定的自主权和积极正确的指导。父母的这种教育方式能使孩子形成一些积极的人格品质，如活泼、快乐、直爽、自立、彬彬有礼、善于交往、富于合作、思想活跃等。俗话说，“有其父必有其子”，父母按照自己的意愿和方式教育孩子，使他们逐渐形成特定的人格特质。

（五）学校环境的影响

学校是一种有目的、有计划地向学生施加影响的教育场所。对儿童和青少年来说，随着年龄的增长、年级的升高，其能力的发展、知识和技能的掌握就越来越与学校的教育活动密切相关。一所学校的办学理念、整体气氛和教育质量都在很大程度上影响着学生的学习行为和学习成效。教师、班集体、同学和同伴等都是学校教育的元素，学校作为学生的成长环境，这些元素都对学生的心理发展起着各自的作用。

教师是学校环境因素里的重要元素。在学校教育中，教师扮演着多重角色，即学生学习的指导者、学生行为规范的示范者、家长代理人、心理保健者和班集体的领导者及管理者。教师的认知能力与人格特征等心理品质对学生的认知与人格发展具有重要的影响。教师既是学校宗旨的执行者，又是学生评价言行的标准。教师的言传身教对学生产生着巨大影响。每个教师都有自己的风格，从而会营造出不同的班级气氛，学生也会有不同的行为表现。专制型教师培养的学生可能会情绪紧张、冷漠和具有攻击性；民主型教师培养的学生则情绪稳定、态度积极、友好和组织能力强；而放任型的教师培养的学生缺乏集体意识，自由散漫。此外，教师的公正性也对学生有非常重要的影响。有关教师公正性对中学生学业与品德发展影响的一项研究发现：学生非常看重教师对他们的态度是否公正和公平，教师的不公正态度会使学生的学业成绩和道德品质下降。对教师期望的研究结果也表明：如果教师把自己的热情和期望投放在学生身上，学生会体察出教师的期望，并努力奋斗以实现教师对自己的期望。

学校是同龄群体汇聚的场所，同伴群体对学生人格及社会性发展具有巨大的影响。同伴关系是影响儿童社会化的一个重要的家庭外因素。同伴关系在儿童发展中具有成人无法替代的独特作用和重要价值。在儿童成长过程中，儿童与同伴之间将会形成同伴群体和友谊两种不同性质的人际关系，这两种人际关系对儿童的社会化分别具有不同的意义。其中同伴群体对儿童青少年的身心健康发展发挥着重要的作用。在同伴群体中，儿童学习和实践着扮演不同的社会角色，如分别扮演支配者和追随者，通过对这些角色的学习发展着自己的社会技能。同伴群体为儿童提供了相互模仿的对象，促进了儿童的社会化；同伴群体影响着儿童的自我调节能力和道德行为，是儿童言行的参照群体；同伴群体为儿童提供与他人合作和竞争的实践机会，促进儿童的社会技能的发展。而友谊关系是一种特殊类型的同伴关系和依恋关系，它在儿童社会化过程中起着非常重要的作用：友谊关系可为儿童提供情感支持，消除儿童的孤独感，为儿童提供对他人的亲密感和相互协调的经验；可为儿童提供更多的玩耍、交往和娱乐的机会；可为儿童双方提供参照榜样；可为儿童提供社会支持和可靠的同盟；可为儿童提供获得基本社会技能的机会；可促进儿童自我价值感的形成。此外，班集体是学校的基本团体组织，作为一种特殊类型的同伴群体，班集体的特点、要求、舆论和评价对于学生的社会性发展具有“弃恶扬善”的作用。

（六）社会文化的影响

每个人都处在特定的社会文化环境中，文化对个体心理特征的形成和发展也极为重要。社会文化塑造了社会成员的价值观和人格特征，使其成员的心理特征朝着相似的方向发展，这种相似性具有维系社会稳定的功能，又使每个人能稳固地融入整个文化形态中。

心理发展的社会文化观将儿童的心理发展视为在成人指导和支持下的主动学习过程。个体与社会之间是相互作用的，儿童与其所处的社会情境是不可分割的。比如，父母是鼓励孩子独立思考，还是要孩子服从权威，这取决于在他们所处的社会中取得成功需要的是什么——是个人主义的（individualistic）还是集体主义的（collectivistic）。因此，在某些文化中，人们会劝阻儿童提问（Rogoff，1998）。另一个例子是，对日本和美国儿童进行的对比研究表明，不同文化中的父母对数学和科学的学习及家庭作业的作用完全不同（Stevenson，Lee & Stigler，1986）。

三、心理因素

个体心理的发展是内因和外因相互作用的结果，外因是通过内因起作用的。人不是对环境刺激的被动适应者，而是具有自我调节、自我组织能力的积极塑造者。人自身的内在动因是其发展的原动力，是自生长、自组织、自建构的心理动力。外在环境和教育需要通过内在动力发挥作用。儿童本来就具有自我发展的动力，但需要社会文化环境的导向，教育会对儿童的选择起引导作用。在同样的社会环境和学校教育的影响下，儿童心理发展的水平和速度与个人的主观努力是分不开的。人的智力和品德都是在后天的学习、生活、工作实践中逐渐形成发展起来的，不从事某方面的实践就不会形成相应的能力，智力也就得不到发展，优良品德也就培养不起来。知识的多与少，才能的高与低，禀赋的智与愚，在一定条件下是可以互相转化的，而转化的主要条件是人们在实践中的勤奋努力程度、主观能动性发挥的程度。

现代心理学强调认知过程中的主动成分，强调人的创造能力，强调个体差异的重要性，从而突出人的心理发展的内在动力。能力的提高离不开人的主观努力，即人的主观能动性。一个人如果刻苦努力、积极向上，具有广泛的兴趣和强烈的求知欲，他的能力就可能得到发展；相反，一个人如果饱食终日、无所用心，在工作上没有要求，在事业上无大志，对周围的一切事物态度冷淡、没兴趣，那么他的能力就不可能有较好的发展。能力的发展依赖于人格的自我调控系统，一个具有积极的自我意识的人，能够客观地分析自己，不会把遗传或生理方面的局限视为阻碍个人发展的因素，而会有效地利用个人资源，发挥个人长处，努力地改善自己和完善自我。

同时，人格中以自我意识（self－consciousness）为核心的自我调控系统作为人格发展的内在动因，对人格的各个成分进行着调控，保证人格的完整统一与和谐。健康的人格是自我的内在统一。认识自我、悦纳自我、延伸自我和创造自我，就是健康人格的四部曲。自我调控具有创造的功能，它可以变革自我、塑造自我，不断完善自己，把自我价值扩展到社会中去，并在对社会的贡献中体现自己的价值，把实现自我的个人价值变为实现自我的社会价值。

第二节　儿童期的身心发展

在发展心理学中，广义的儿童期是指一个人从出生到进入青春期之前的生命全程早期。具体又可细分为婴儿期、幼儿期和儿童期三个阶段。其中婴儿期为0到2周岁；幼儿期为3到6周岁，又称学前儿童期；儿童期为7到12周岁，又称学龄儿童期，狭义的儿童期专指这一阶段。

一、婴幼儿的身心发展

（一）婴幼儿神经系统的发展

大脑、神经系统或感官的活动是心理活动的物质基础，婴儿期个体神经系统的发展直接影响并制约其心理发展的进程。

婴儿大脑形态的发育是脑机能发展的前提，婴儿大脑形态的发育主要表现为脑重量的增加、头围的变化和大脑皮质的发育。新生儿脑重量平均为390克，约为成人脑重的28%；而在2.5~3岁的时候，则增加到900~1 011克，相当于成人脑重的75%；到6、7岁时，幼儿的脑重约为1 280克，基本接近成人水平。以后脑重增长相当缓慢，到13岁时达到成人脑重的平均数（1 400克），到20岁左右停止增长。由此可见，个体脑重量的增长到幼儿期基本完成。

头围是指齐眉绕头一周的长度，它是大脑生长和颅骨大小的主要测量指标，也可以用来鉴别婴儿的某些脑部疾病。新生儿的平均头围约为成人平均头围的60%，男婴约为34.3厘米，女婴约为33.7厘米。婴儿的头围第一年增长最快，可达46~47厘米；第二年能增长约2厘米；第三、四年共增长1.5厘米；以后增长越来越慢，到10岁时才达52厘米。研究表明，如果婴儿头围小于正常值且属于头围过小范围，则其智力发育就很容易出现障碍（Broma，1981），头围过小常常是婴儿智力发育低下的先兆。

新生儿出生时，脑细胞已分化，细胞构筑区和层次分化已基本完成，脑细胞的数量已接近成人的，大多数脑沟（sulcus）都已出现。在婴儿期，皮质细胞迅速发展，层次扩展，神经元（neuron）密度下降，各类神经元相互分化，树突（dendritic synapse）与轴突（axonic synapse）逐渐生长繁殖，突触装置也渐趋复杂化。2岁时，脑及其各部分的相对大小和比例已基本类似成人的脑。2岁以后，脑神经纤维继续增长，并出现了多种方向的分支，开始形成更为复杂的神经联系。与此同时，幼儿神经纤维的髓鞘化（myelinization）也逐渐完成。髓鞘化是神经元和神经纤维被一层蜡质的髓磷脂所覆盖，髓鞘起到绝缘的作用，使得神经兴奋沿着一定道路迅速传导，并且更加精确。神经纤维的增长及其髓鞘化的基本完成，使婴幼儿的脑皮质结构日益复杂化。到了幼儿末期，大脑皮质各区都接近成人的水平，7岁时连发育最晚的额叶也基本成熟。这就为幼儿智力活动的迅速发展和接受教育提供了可能。

婴幼儿期大脑的发展并不是单纯由先天排定的成熟程序确定，后天的环境也影响着婴幼儿脑的发育，使他们的大脑具有可塑性和可修复性（Hublel & Weisel，1963）。婴幼儿脑和神经系统的生长达到某一特定水平后还会有所变化。因此，在婴幼儿期应尽量加强营养，实施早期教育，刺激他们脑的发育，使其终生受益。而婴幼儿大脑的某一部分受损伤，其本身可以通过某种类似学习的过程获得一定程度的修复或代偿。

（二）婴幼儿动作的发展及其意义

婴儿期动作的发展大致遵循以下三种模式：①首部到尾端的发展，头部发展在先，下肢发展在后；②躯干到四肢的发展，躯干发展在先，四肢发展在后；③整体到特殊的发展，牵动全身的大肌肉活动发展在先，局部小肌肉的活动发展在后。这三种模式可视为动作发展的三个原则。

婴幼儿动作的发展主要表现在两个方面，即行走动作的发展和以手运用物体技能的发展。婴幼儿的动作发展在其心理发展中具有非常重要的积极作用，能为他们的智力发展提供良好的条件。在婴儿期，直立行走使婴儿能主动去接触事物，扩展了婴儿的认知范围；行走发展了婴儿的空间知觉，促使婴儿进一步认识事物的多方面关系和联系；行走动作的发展促使动作的精细分工和协调，发展了直觉行动思维；独立行走能为婴儿有目的地活动——游戏、早期学习和劳动准备条件，并发展了婴儿的独立性。随着婴儿运用物体能力的发展，婴儿逐步掌握成人使用工具的方法和经验，拇指和四指对立的抓握动作的出现使手从自然的工具逐步变成使用或制造工具的工具；婴儿手部动作的发展，让他们开始自由地使用手作为认识的器官来感受外界事物的某些属性，手部随意性不断发展，活动的目的性也日益增长，并与语言发展相协调；手的动作的发展，进而促使手与眼，即动觉和视觉联合的协调运动，发展了婴儿对隐藏在物体当中的复杂属性和关系进行分析综合的能力，并在此基础上产生了直觉行动思维，为进一步发展表象即具体形象思维及概念的产生准备了条件。

进入幼儿期，动作技能的发展表面上看来只是些肢体活动，事实上却代表着幼儿身体与心智两方面的综合表现。与成人不同的是，日常生活中的各种动作（如走路）与技能（如打字）并不仅仅是幼儿达成目的的手段，而且动作和技能活动的本身就是他们的目的。他们从活动本身获得满足，此外并无所求。因此，幼儿从事一种活动（如学走路，听某个故事）时，可以经常看到他们不厌其烦地一再重复，说明满足他们的不是活动的结果，而是活动本身。

（三）婴幼儿的认知发展

如前所述，婴幼儿的认知发展是建立在其动作技能发展的基础上的。皮亚杰把认知发展视为认知结构发展的过程，根据认知结构的不同，他把认知发展分为四个阶段：感知运动阶段（0～2岁）、前运算阶段（2～7岁）、具体运算阶段（7～11岁）和形式运算阶段（11岁以后）。感知运动阶段是婴儿的认知能力初步发展的时期，婴儿靠感觉与动作认识周围的世界，并逐渐认识到自己与他人（父母亲）、与物体的不同。前运算阶段是幼儿语言飞速发展的时期，他们开始学习并渐渐能够熟练地运用符号表征事物，并用符号从事简单的思考活动。处于具体运算阶段的儿童，可以形成对事物的初步符号表征，但他们的认知活动还与身体经验密切相关，无法完全脱离具体的事物和场景。处于形式运算阶段的青少年及成人最典型的特征是抽象思维的发展和完善。他们不再将思维局限于具体的事物上，能运用抽象的概念，能提出合理可行的假设并进行验证，知道事物发生的多种可能性，从而使他们的思维具有更大的弹性和复杂性。

婴幼儿期的认知发展是从感知运动阶段到前运算阶段发展的时期，各种基本认知能力都在这个阶段得到迅速的发展。

感知觉是个体认知发展中最早发生的，也是最先成熟的认知成分，所以说感知觉是婴儿认知的开端。婴儿是通过感知觉获得周围环境的信息，并通过身体动作与环境的互动来了解和适应世界的。从新生儿到2岁左右的幼儿，其个体的感知觉和注意等心理机能日趋成熟。我国茅于燕（1986）对29名婴儿从出生到36个月大这段时间的生活进行了追踪研究，有关其感知觉发展的项目及年龄常模如表12-3所示。

表12-3　婴儿感知觉发展的常模年龄

项目	常模年龄（月）（85%通过）
眼睛跟踪物体180度	2.6
立刻注意到玩具	3.2
找声源	5.7
可以取到近处玩具	5.7
注意看大朵花	5.9
玩具失落会用眼睛找	6.7
有意听人讲故事，但并不懂内容	18.6
认识图形大小	24.4
除红色外认识1~2色	30.3
知道长短、前后	33.7
认识圆、方、三角形	34.4

（茅于燕，1986）

人类个体记忆的发展是与其内在编码系统的发展紧密联系的。从言语前期（0~1岁）进入言语发展期（1~3岁），婴儿的记忆发生着巨大的变化。1岁以内的婴儿已有短时记忆（short-term memory），即信息一次呈现以后，保持在一分钟以内的记忆；甚至也有了长时记忆（long-term memory），即信息经多次重复后长久保持在头脑中的记忆。在1岁以前，婴儿的记忆主要是情绪记忆和动作记忆，1岁以后，其感知动作活动开始内化为表象。婴儿语言的发展为1~3岁儿童的认知带来许多重要的变化。如符号表征（symbolic representation）能力的产生、再现（reproduction）和模仿（imitation）能力的迅速发展、延缓模仿（delay imitation）能力的产生等。符号表象（symbolic image）的出现使婴儿语词逻辑记忆能力的产生得以成为可能，而延缓模仿的产生则标志着婴儿表象记忆（image memory）及再现能力的初步成熟。

进入幼儿期后，由于言语能力的发展和神经系统的逐渐成熟，幼儿的记忆能力也开始全面发展。其显著的特点是：

（1）以不随意的形象记忆（imaginal memory）为主，有意记忆初步发展。幼儿的记忆还很难服从于有目的的活动，记忆内容及效果在极大程度上依赖于对象的外部特点和他们的兴趣。凡是直观的、形象的、具体的、鲜明的事物，容易引起幼儿的无意记忆，而抽象的、词语的材料则较难被幼儿记住；凡是幼儿所熟悉的、理解的、有兴趣的、能激起强烈情绪体验的事物，易被幼儿记住，并能长时保持。在6~7岁时，幼儿有意识记忆的能力得到初步发展。

（2）以机械记忆（mechanical memory）为主，意义记忆逐步发展。幼儿习惯于采用简单重复的机械记忆方法，记忆事物表面特征的外部联系。记忆有意义的材料时，机械记忆的成分随年龄增加在减少，意义记忆的成分在增加。

（3）易记易忘，记得快也忘得快。

（4）记忆不精确。幼儿记忆的完整性很差，经常出现脱节和颠倒顺序的现象。

（四）婴幼儿的语言发展

语言能力在婴幼儿认知和社会性发展过程中起着非常重要的作用，并对儿童心理发展具有重大而深远的影响。语言发展是婴幼儿心理发展过程中最重要的内容之一。婴幼儿期语言的发展，主要是口语的发展。除了获得正常的口语之外，绝大多数的儿童也在适当的年龄开始学习书面语言——文字。一般而言，文字的学习开始于儿童进入教育机构：幼儿园或小学时。书面文字的学习扩展了儿童的词汇量，尤其是抽象性高的、在口语中较少使用的词汇，同时能帮助儿童掌握更复杂的语法结构。大多数情况下，进入儿童期即小学阶段之后，儿童才开始学习阅读理解和写作，并进一步完善阅读和写作技能。小学以前主要是口语的学习及词汇的掌握。

表12-4　儿童口语获得的阶段与阶段特征

口语习得的年龄阶段	口语习得各阶段的特征
刚出生后	能够分辨语音刺激与其他声音刺激
9~12个月	说出第一个指示词
18~24个月	出现双词话语
3~4岁	出现完全符合语法的完整句子
7岁以前	获得完全符合语法的口头语言

（彭聃龄，2004）

（五）婴幼儿的社会性发展

个体一出生就开始了从生物个体向社会个体发展的过程，即社会化过程。发展心理学家对婴幼儿期社会性发展的探讨，重点关注的是婴儿的气质、情绪、依恋、道德认知和自我意识等方面的发展。

气质是个体人格发展的生物学基础，新生儿已表现出明显的气质差异，在啼哭、安静、动作等各方面都表现出自己的特点。气质是与生俱来的，婴幼儿的气质特征具有稳定性，但同时也有可变性和可塑性。婴儿的气质对早期教育的影响主要体现在不同气质类型的婴儿对早期教育的适应性和要求的不同上。婴儿从来都不是环境影响的被动接受者，他们总是以个人的独特方式作用于环境，以自己特有的气质特征吸引父母的注意，影响父母的养育方式，从而激起人们对婴儿作出与婴儿的需求相适应的反应。同时，早期教育反过来也能对婴儿的气质产生影响，这种影响取决于环境教育的要求是否与婴儿的气质特征相符合、相适应。早期教育能创设良好的抚养环境，区别并了解婴儿的气质类型和特点，以符合其气质发展需要的方式鼓励并促进婴儿表现出更多的恰当行为。因此，即使孩子先天具有不良个性心理特征和消极行为，只要父母能以优化的教育积极而又正面地引导孩子，为他（她）创设一个良好的、和谐的家庭环境，婴儿的适应障碍就会随年龄的增长而降低；反之，则会促使孩子产生抵抗性，增加他（她）与环境的矛盾和冲突，从而导致行为问题和发展障碍。

情绪是婴儿先天具有的反应能力，又是其社会化的开端，婴儿的早期情绪是生物—社会现象。初生婴儿的情绪基本上都是生理性的、本能的反应，是由生理需要和机体内外刺激引起的。婴儿出生之后，进入人类社会环境，在人际交往中实现着情绪的社会化。社会性微笑和社会性哭泣的出现是婴儿情绪社会化的开端，是其与人交往、吸引成人照料的基本手段，是其人际交往的纽带。在学会语言之前，笑和哭就是婴儿表达情绪和需要的重要方式。进入幼儿期之后，幼儿的自我情绪体验由与生理需要相联系的情绪体验（愉快、愤怒）向社会性情感体验（自尊、羞愧）发展。

依恋是婴儿与主要抚养者（通常是母亲）之间最初的社会性联结，也是婴儿情感社会化的重要标志。依恋是婴儿与特定对象之间的情感联结，它发生在婴儿和经常与之接触、关系最密切的成人之间，因此情感依恋最多的是发生在母婴之间。婴儿试图维持与依恋对象的接触：当依恋对象不在时，会表现出烦恼情绪；婴儿和依恋对象在一起会更加轻松快乐，而与他人在一起则会烦躁不安。艾恩斯沃斯等人（Ainsworth，et al.，1978）把婴儿依恋分为三种类型。①安全型依恋。这类婴儿将母亲视为安全基地，与母亲在一起时能安心独立游戏，积极探索陌生环境，对陌生人反应积极，不总是依偎在母亲身旁，通过偶尔靠近、眼睛注视、微笑和有距离地交谈与母亲保持联系；一旦母亲离开，表现出不安与苦恼，母亲回来后则立即寻求与母亲的接触，继续活动。多数婴儿都属于安全型依恋。②回避型依恋。母亲是否在场没有关系，独自游戏，对母亲没有特殊亲密的感情联系。③反抗型依恋（矛盾型依恋）。母亲离开时非常苦恼，极度反抗；而母亲返回时又表现为既寻求与母亲接触，又反抗与母亲接触的矛盾态度。早期社会性依恋对婴儿今后的人格特征有着重要的影响。安全型依恋儿童的个性总体上可能会发展得比较完善，他们具有良好的合群性、开放性、合作性，责任性，独立性较强，对新环境适应能力强，人际交往技能掌握良好，在人际交往中受欢迎程度高，态度倾向于积极、温和、亲切；而回避型依恋儿童则会倾向于形成孤僻、冷漠的个性，不擅长与人交往，责任感淡漠，喜欢独来独往，缺乏团队合作精神，很难取得他人的持续信赖；反抗型依恋儿童则可能倾向于形成优柔寡断的个性，对待人生和生活的态度相对消极，充满矛盾感，情绪化明显，反复无常而令人难以捉摸，合群性不佳，不太能持久地与人合作，责任心可能不太强，对新环境适应能力差。

道德认知是指个体对是非、善恶行为准则和社会道德规范的认识。皮亚杰（Piaget，1932）对儿童期道德观念的形成和判断做出了大量的研究，他根据对 4 ~ 12 岁儿童道德发展的观察，把儿童的道德发展划分为三个阶段：前道德阶段、他律道德阶段和自律道德阶段。在前道德阶段，年幼儿童对引起事情的原因只有朦胧的了解，其行为直接受行为结果的支配。在他律道德阶段，儿童认为规则是绝对的、固定不变的，由权威赋予，按照权威来判断是非；判断行为的好坏完全根据行为的后果，而非主观动机。在自律道德阶段，儿童更多依据动机而不是结果来判断行为的好坏，认识到规则可以通过协商讨论来调整或改变，从而形成自己内化了的道德标准。在上述道德认知发展三阶段中，婴幼儿期孩子的道德认知发展正处于从前道德阶段向他律道德阶段发展的时期。

在 3 ~6 岁幼儿的社会性发展中，自我意识的发展是非常重要的一个方面。幼儿期自我意识的发展是从对自我尊重的意识开始的，即欲摆脱成人的保护，希望能独立做一些事情而产生自尊和自爱。幼儿在这个阶段逐步知道了“我的”这个词的意义，不仅认识到自己的身体是属于自己的，而且知道“我的爸爸妈妈”、“我的玩具”、“我的小动物”、“我的 × ×”。于是幼儿的自我意识扩展了，形成了“良心”或超我（superego），也就是产生了“好的我”和“坏的我”的参照系。幼儿这时具有一个真实自我（real self）和理想自我（ideal self）。儿童从这个阶段开始对未来有所打算，确立自己未来的目标。

（六）幼儿游戏的意义

幼儿的心理发展过渡到新的、更高的发展阶段的过程，主要是在活动中完成的。幼儿期的主导活动是游戏。游戏不但是幼儿认识世界的手段、观察生活的窗口、积累知识和经验的源泉，而且也是其通过实际活动，积极探索周围世界的重要方式。同时，由于游戏更多地表现为一种交互作用，因而幼儿的社会性在游戏中也得到了最充分的体现和发展。在学前阶段，一方面，在和成人的交往中，幼儿渴望参加社会生活，向往着成人的学习和工作等社会活动；另一方面，幼儿的能力还是非常有限的，他们还不能很好地掌握自己的行动，他们的知识经验和能力还非常有限，这就产生了渴望成人的社会活动与其身心发展的局限性的矛盾。游戏活动就是解决这一矛盾的主要活动形式。游戏是幼儿认识世界和促进社会知识发展的一种途径。与此同时，游戏也是促使幼儿身心迅速发展的最好活动形式。

二、儿童期的认知和语言发展

儿童期一般为 7～12 岁，这个时期是上小学的阶段，所以又称为学龄儿童期。儿童进入小学后，学习便成为他们的主导活动，促进了他们的心理过程和社会化的全面发展。在小学阶段，儿童的心理发展是迅速的，尤其表现在记忆、思维和语言能力三个方面。

（一）儿童期记忆的发展

在学习活动的要求下，小学儿童记忆的有意性、意义性和抽象性都在不断地发展。

小学儿童的有意记忆随着年龄的增长而不断发展。随着学习动机的激发、学习兴趣的发展、学习目的的明确，从三年级开始，有意记忆的主导地位愈加显著。小学生的记忆，已从学龄前期的无意记忆占主导地位发展到有意记忆占主导地位，但是小学生还需要靠大量的无意记忆来积累知识。

从机械记忆占主导地位向理解记忆（意义记忆）占主导地位的发展，是小学生记忆发展的又一特点。小学低年级学生运用机械记忆的方法较多，是因为他们的抽象逻辑思维还没有发展，知识经验比较贫乏，对学习材料不易理解，还不善于对记忆的材料进行思维加工或逻辑加工。而随着年龄的增长和年级的升高、知识经验的日益丰富、言语与思维的日益发展，学生在学习过程中逐步掌握学习方法和技巧，学生理解记忆的比重一天天增加，而机械记忆则相对减少。由于理解记忆与逻辑思维的理解能力有密切关系，因此这个主导地位转化的关键年龄，往往与理解力发展的关键年龄一致，大致在三四年级。

小学低年级学生的知识经验还不丰富，容易建立记忆和具体形象的联系，也较容易建立与形象有直接联系的词（实词）的联系。因此，低年级学生的记忆往往表现为形象记忆。随着年级的升高，在教学的影响下，其知识不断丰富，智力也在发展，小学生的抽象记忆能力得到不断的发展，并逐渐占据优势。

小学儿童记忆的发展，还体现在记忆策略的发展上。能否采用最为有效的记忆策略，往往也是个体记忆发展的一个重要标志。小学儿童的记忆水平高于学龄前期儿童的一个原因就在于小学生更善于采用记忆策略。具体表现在复述策略和组织策略的运用上。

复述是最基本也是最重要的记忆策略，是通过不断重复识记材料直至记住的过程。儿童采用复述策略的能力是逐渐发展起来的，严格来讲，年幼的孩子是不会采用复述策略的，直到小学，儿童才逐渐有效地采用这种方法。7 岁左右是儿童从不进行复述向自发地进行复述的过渡期。小学儿童进行复述的技能随着年龄增长而日趋熟练。8 岁儿童能以复述的方式记忆一系列单词，但他们还不能很有效地使用这种方法，只能单独地重复每一个单词。到了 12 岁时，儿童已能追记单词并累积性地复述整个单词系列。这表明小学高年级儿童的复述技能日趋熟练。

组织也是一种非常重要的记忆策略，通常是指识记者找出要记忆的材料所包含的项目间的意义联系，并依据这些联系进行记忆的过程。小学生开始能形成用信息组块来进行记忆的方法，根据词汇的意义来加以组织，进行归类。采用归类的方法进行记忆可以帮助小学生记忆更多的内容，这种记忆策略需要一定的理解能力作为基础。另一种改善记忆的方法是形成故事线索。儿童记忆有意义的、有逻辑的和有条理的故事时，记忆效果较好。此外，随着年龄的增长，自发采用组织归类策略来帮助记忆信息的儿童逐渐增多。

总而言之，儿童使用记忆策略的能力是随年龄增长而不断发展的，学龄前儿童基本上不会自发地使用某种策略来帮助记忆，8 岁左右的儿童处于过渡期，10 岁以后的儿童基本上能自发地运用一定的记忆策略来帮助记忆。训练可以有效地提高儿童运用策略的能力。儿童的各种记忆策略的发展是不平衡的，在很大程度上依赖于儿童自身的知识经验。

（二）儿童期思维的发展

儿童期思维的基本特征在于逻辑思维的迅速发展，在发展过程中完成从具体形象思维向抽象逻辑思维的过渡。按照皮亚杰关于认知结构发展的理论和对认知发展阶段性的划分，7 ~ 12 岁的小学儿童属于从具体运算阶段进入逻辑运算阶段时期。

小学儿童思维发展的一般特点主要体现在：以抽象逻辑思维为主，但仍带有很大的具体性；从具体形象性到抽象逻辑性的过渡存在一个明显的关键年龄，大概在 10 ~ 11 岁；逐渐具备了完整的人类思维能力，但有待进一步发展和完善；从具体形象性到抽象逻辑性的发展中存在对不同思维对象、不同学科的不平衡性。

此外，小学阶段儿童的认知结构与幼儿期相比已发生了质的变化，形成了新的思维结构。其一就是小学儿童掌握了守恒（见图 12 - 1）。守恒即概念的掌握和概括能力的发展不再受事物的空间特点等外在因素的影响，而能够抓住事物的本质进行抽象概括。也就是说，儿童的认识能力不再因为事物的非本质特征（形状、方向、位置等）的改变而改变，能够达到透过现象看清本质，把握本质的不变性。其二就是小学儿童由自我中心逐渐变为脱自我中心。幼儿认知具有自我中心特点，儿童期则处于脱自我中心阶段，表现出脱离以自我为中心的变化过程。皮亚杰著名的“三山实验”（见图 12 - 2）揭示了幼儿认知存在着自我中心现象，即幼儿仅从自己的角度出发表征世界，认识不到他人的表象与观点不同于自己，并认为自己的体验和想法就是他人的体验和想法。

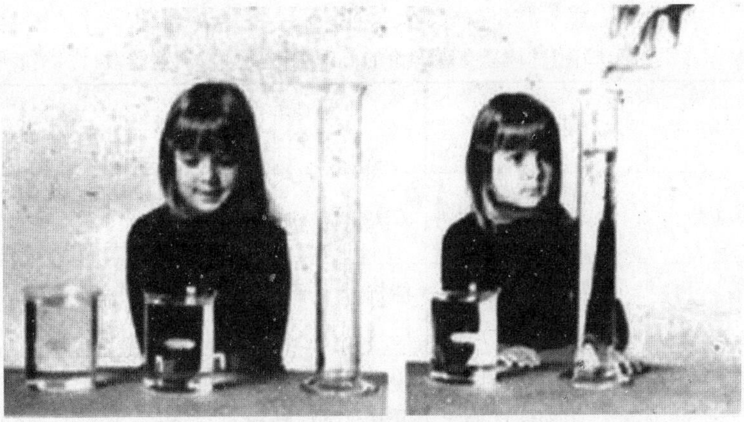

图 12－1　液量守恒实验

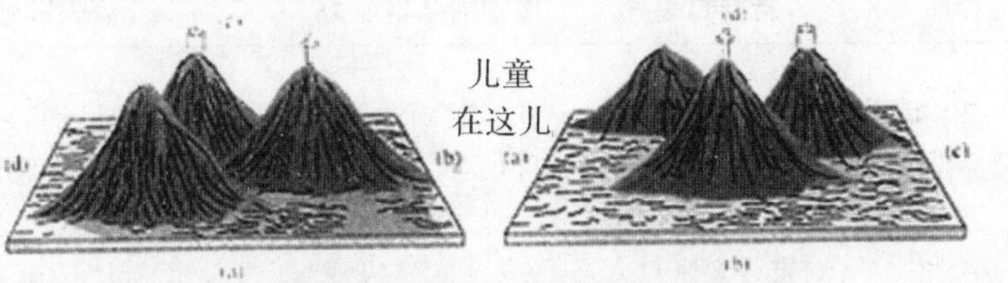

图 12－2　皮亚杰的“三山实验”

（三）儿童期语言的发展

1. 书面语的发展

在口语发展的基础上，复杂的书面语发展起来了。在整个小学阶段，最初是书面语落后于口头言语；在教育的影响下，从二三年级开始，书面语水平就能赶上口头言语的水平；从四年级开始，书面语的发展逐步超过口头言语的水平。

2. 内部言语的发展

内部言语与口头言语、书面语以及智力的发展紧密相关。口头言语是内部言语发展的基础，小学生书面语的发展也促进了内部言语的发展，内部言语发展与智力发展水平尤其是思维发展水平密切相关。内部言语发展主要有三个阶段：出声思维阶段、过渡阶段、无声思维阶段。

三、儿童期的社会性发展

对儿童社会性发展研究最重要的理论，当推美国心理学家埃里克森的心理社会期望发展论。根据埃里克森的理论，儿童期的社会发展主要对应于其中的第四阶段，即勤奋进取对自贬自卑阶段。该阶段发展顺利的儿童具有了求知、做事、待人接物的基本能力；该阶段发展有障碍的儿童则缺乏生活基本能力，对生活充满失败感。

表 12－5　埃里克森理论的心理社会期望发展各阶段

期别	年龄	发展危机	发展顺利者的心理特征	发展不顺利者的心理特征
1	0～1 岁	信任对不信任	对人信任，有安全感	面对新环境时焦虑不安
2	1～3 岁	自主行动对羞怯怀疑	能按社会要求表现出目的性行为	缺乏信心，行动畏首畏尾
3	3～6 岁	自动自发对退缩愧疚	主动好奇，行动有方向，开始有责任感	畏惧退缩，缺少自我价值感
4	6～20 岁青春期	勤奋进取对自贬自卑	具有求学、做事、待人接物的基本能力	缺乏生活的基本能力，充满失败感
5	20～30 岁青年期	自我统整对角色混乱	有了明确的自我观念与自我追寻的方向	生活无目的、无方向，时而感到彷徨迷失
6	30～45 岁成年期	友爱亲密对孤僻疏离	与人相处有亲密感	与社会疏离，时感寂寞孤独
7	45～65 岁中年期	精力充沛对颓废迟滞	热爱家庭，关心社会，有责任心和义务感	不关心别人和社会，缺少生活意义
8	65 岁以上老年期	完美无缺对悲观失望	随心所欲，安享天年	悔恨旧事，孤独凄凉

（Erikson，1963）

（一）儿童期自我意识的发展

自我意识是儿童在与环境交互作用过程中形成的。教育和调节儿童与环境的关系对儿童自我意识的发展起着重要作用。

儿童自我意识的发展经过三个时期：①自我中心期（8 个月～3 岁），是自我意识的最原始状态，称生理自我；②客观化时期（3 岁～青春期），是获得社会自我的时期，在这一阶段，个体显著地受社会文化影响，是学习角色的最重要时期，角色意识的建立标志着社会自我观念趋于形成；③主观自我时期（青春期～成人期）自我意识趋于成熟，进入心理自我时期（林崇德，2002）。根据上述理论，小学儿童正处于客观化时期，角色意识的发展是这个阶段的重要任务。

自我意识包含了自我概念、自我评价与自我体验等方面。自我体验是在前两者的基础上形成的对自我的情绪感受，所以下面就从自我概念与自我评价两方面来总结小学儿童自我意识的发展特点。

儿童期自我概念的发展特点表现为：从具体的外部特征描述向比较抽象的心理特征描述的过渡，仍带有很大的具体性和绝对性。儿童期自我评价的发展特点则表现为：从顺从别人的评价到有一定独立见解；从笼统的评价发展为多方面的优缺点评价；开始出现内心品质评价，稳定性增强；从具体评价和外部行为评价向抽象性评价与内在世界评价发展，自我评价变得更加现实。例如，8 岁的赵涛说："我很聪明，我很受欢迎。"10 岁的冯乐这样谈论自己："我大部分时间都很擅长保持心平气和。我过去常常发脾气，现在好多了。当我在学校表现好时，我也会感到很自豪。"

（二）儿童期道德的发展

小学阶段是儿童道德发展的关键年龄。根据皮亚杰（Piaget，1932）的儿童道德发展阶段论，通常在 7～12 岁阶段儿童的自律性道德，即服从自己规定的道德获得了发展，并且以人与人之间关系的水平表现出来。柯尔伯格（Kohlberg，1980）的道德发展理论则认为，儿童从 7 岁起便倾向以常规道德评价道德行为，并维持习俗的秩序和符合他人的愿望。我国心理学家林崇德（1989）认为，从出生到成熟的整个时期，小学生的道德发展所显示出来的基本特点就是协调性。

小学儿童道德发展的基本特点表现在以下几个方面：

（1）逐步形成自觉地运用道德认识来评价和调节道德行为的能力。小学时期儿童逐步开始形成系统的道德认识以及相应的道德行为习惯。但是，这种系统的道德认识带有很大的依附性，缺乏原则性。总之，小学生的道德知识已初步系统化，初步含有社会范畴的内容，开始向道德原则的水平发展。

（2）道德言行从比较协调到逐步分化，即言行一致和不一致的分化。在整个小学阶段，小学生在道德发展上，其认识与行为、言与行基本上是协调的。年龄越小，言行越一致，随着年龄的增长，逐步出现了言行不一致的现象。年龄较小的学生，行为比较简单且外露，道德的组成形式也比较简单。他们还不能意识到道德的作用，往往按照教师和家长的指令来定向；他们缺乏道德经验和道德活动的策略，动机比较简单，不善于掩饰自己的行为；他们的自我调节技能较低，较难按原则规定的行为去行动；他们的行为主要受教师和家长的"强化"，还难以进行自我反馈。因此，在小学低年级，小学生的道德认识、言行往往直接反映教师和家长的要求。小学高年级学生的行为则比较复杂。高年级的小学生开始逐渐学会掩饰自己的行为，在道德反馈系统中对他人的评价进行一定分析，他们的行为与教师和家长的指令会出现一定的差异。当然，一般来说，小学生表现出的言行不一致的现象是初步的，即使是高年级的学生，其言行还是以协调性占优势。

（3）自觉纪律的形成和发展在小学生品德发展中占有非常重要的地位。在小学生道德发展中，自觉纪律的形成和发展占有很显著的地位，它是小学生的道德知识系统化及相应的行为习惯形成的表现形式，也是小学生表现出外部和内部动机相协调的标志。所谓自觉纪律，就是一种出自内心要求的纪律。它是在学生认识纪律和自觉要求的基础上形成的，而不是依靠外力强制形成的。自觉纪律的形成是一个纪律行为从外部的教育要求转为学生内在需要的过程。在教师的认真指导下，低年级的学生完全可以形成自觉纪律。

总之，儿童期品德从后习俗水平向原则水平过渡、从依附性向自觉性过渡、从外部监督向自我监督过渡、从服从型向习惯型过渡，因此该阶段的道德是过渡性品德，品德发展也比较平稳，体现出协调性的基本特点。

（三）儿童期社会关系的发展

儿童进入学校学习，他们的社会交往范围变得更为广阔。他们知识与经验的丰富也促进其更为有意识地与周围的人进行交往。对他们而言，一方面，与父母的交往仍然是其社会关系中的重要内容；另一方面，与同伴及教师的交往对其生活、发展也有极其重要的影响。

儿童期的伙伴交往是儿童社会性发展非常重要的途径。小学儿童的同伴经历、与同龄人交往的伙伴关系对他们的人格发展和社会性（包括道德）发展具有不可忽视的作用。他们在特有的儿童社会中，通过解决个人与集体之间的矛盾、个人与伙伴成员之间的矛盾，学会理解他人的观点和立场，化解经验协同和竞争之间的矛盾。他们在这种横向的人际交往中学习社会生活所必需的技能和态度，使其社会性发展进入一个新的阶段。

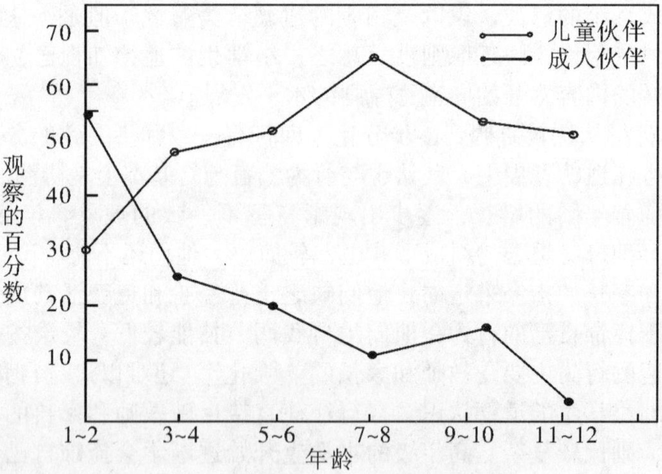

图 12－3　儿童与成人和伙伴关系的变化

（ELiset et al.，1987）

虽然小学生的人际交往逐渐丰富起来，与同伴的交往也明显增多，但与父母仍保持着亲密的关系，父母、家庭仍是他们的“避风港”，小学生对父母怀有深厚感情。因此，小学生与父母的关系在其发展中仍起着重要作用。在家庭生活中，父母通过几种社会化心理机制对儿童施加影响。第一，教导，父母言传身教，直接向儿童传授各种社会经验和行为准则；第二，强化，父母采用奖惩的方式强化儿童的行为准则，并巩固这些行为准则的地位；第三，榜样，父母往往是儿童最早开始模仿的对象，儿童仿效父母，学习父母的行为方式；第四，慰藉，儿童对父母形成的依恋感使他们易于向父母倾诉不安和烦恼，以得到父母的安慰和帮助。

小学阶段的师生关系是小学生人际关系中的一种重要关系。与幼儿园的老师相比，小学老师更为严格，既引导儿童学习，掌握各种科学知识与社会技能，又监督和评价学生的学业、品行。与中学教师相比，小学教师的关心帮助更加具体而细致，也更具有权威性。由于小学师生关系的特殊性，小学教师对儿童的影响是重大而深远的。师生关系作为一种双向互动的人际关系，对其进行研究可以由学生或教师两个角度入手。就学生而言，学生对教师的态度是师生关系的一个重要成分；就教师而言，教师的期望是师生交往中颇为重要的因素。小学生对教师的态度中的情感成分比较重，教师努力保持与学生的良好关系有助于其教育思想的有效实施。罗森塔尔效应（Rosenthal Effect）告诉我们，教师的期望对于学生的行为将会有重要的作用。在教育过程中，教师应善于向学生表现自己良好的期望，尤其是对待后进学生更应满腔热忱，更多地采取积极鼓励的方式激励学生努力学习。

第三节　青少年期的身心发展

青少年期或青年初期，一般指 11～18 岁，相当于中学阶段的中学生。初中阶段为青少年期（11～14 岁），高中阶段为青年初期（15～18 岁）。这个阶段正处于青春发育时期，所以又称为青春发育期（adolescence puberty）。青少年期既不同于儿童，也不同于成人。青少年经历着生理上蓬勃的成长、急剧的变化，这也造成了青少年心理上的特殊性，青少年心理具有过渡性、封闭性、社会性和动荡性等特点。

一、青少年的身体发展

青少年处于青春发育期，人体从出生到成熟，其生理发育有快有慢。人有两个阶段处于增长速度的高峰期，一个是出生后的第一年，另一个就是青春发育期。除这两个阶段之外，其生理发育的速度都比较缓慢。在青春期，青少年生理上的变化是多种多样的，且十分显著。归结起来，主要有三类变化：第一类变化是身体外形改变了；第二类变化是内脏的机能健全了；第三类变化是性的成熟，这是人体内部发育最晚的部分，它的发育成熟标志着人体全部器官接近成熟。

（一）身体成长加速

青春期是个体生长发育的鼎盛时期，青少年身体和生理机能都发生急速变化，它成为生长发育的高峰期，也就是第二加速期。这个时期，青少年的身高、体重、肩宽、胸围、骨盆等都发生着非常明显的变化。

身高的快速增长是青少年身体外形变化最明显的特征。在青春发育期之前，儿童平均每年长高 3 ~5 厘米，在青春发育期中，儿童平均每年长高 6 ~8 厘米，甚至可达到 10 ~11 厘米。男女青少年在身高的变化上存在差异。儿童期男女的身高是差不多的，男孩一般会稍高于女孩。但到青春发育期，女孩从 6 岁开始进入生长发育的突增阶段，11 ~12 岁时则达到了突增高峰。而男孩的这一过程却比女孩晚将近两年，从 11、12 岁才急起直追，在 14 岁前后，男孩身高又超过了女孩。

体重是身体发育的一个重要标志，体重反映肌肉的发展、骨骼的增长以及内脏器官的增大等。在青春期之前，儿童平均每年体重增加不超过 5 公斤。到了青春发育期，青少年的体重年平均增长量可达 5 ~6 公斤，突出的甚至可达 8 ~10 公斤。男女青少年体重的增加也有差异，10 岁之前男女生体重相仿，10 岁之后，女生领先发育，体重增加。两年之后，一般情况下男生将赶上女生。

经历青春发育期的成长加速，青少年的体形和面部特征都发生了明显的变化。通过这一变化，他们的体貌特征开始接近成人。

（二）生理机能的变化

进入青春期之后，人体内各种生理机能迅速地增强，并逐步趋向成熟。青少年的心脏和肺迅速生长，并在 12 岁左右接近成人的水平；肌肉与脂肪的变化，使男性肌肉强健，女性身体丰满；脑与神经系统逐步发育成熟，青少年的脑和神经系统的生理成熟到青春前期已经与成人差不多了。

（三）性成熟及性心理的变化

生殖系统是人体各系统中发育成熟最晚的，它的成熟标志着人体生理发育的完成。青春发育期的发展存在性别差异，女性比男性平均提早两年。对于男女青少年，性器官和性功能的成熟体现着不同的特点，但都给其身心的发展带来一系列具有深远意义的影响。

首先是性器官的发育。生殖器官在青春发育期之前发育非常缓慢，一旦进入青春发育期，其发育速度会迅速上升。其次是第二性征的出现。第二性征是指身体形态上的性别特征，也称副性征。男性第二性征主要表现为出现胡须、喉结突出和嗓音低沉、体毛明显等；女性第二性征主要表现为乳房隆起、体毛出现、骨盆变宽和臀部变大等。第二性征的出现使青少年男女在体征上的差异凸显出来。最后是性功能的成熟。生殖系统发育成熟标志着人体生理发育的完成，性腺的发育成熟使女性出现月经，男性发生遗精。月经初潮出现是女性青少年身体发育即将成熟的标志。初潮年龄在 10 ~16 岁，平均年龄为 13 岁左右，但一般到 18 岁，卵巢发育方达成熟水平。男性性成熟要晚于女性，首次遗精出现在 12 ~18 岁之间，平均年龄为 14 ~15 岁，但 4 ~5 年之后，生殖系统才能真正发育成熟。

性成熟在青少年心理形成与发展上起很大的作用，青少年开始意识到自己向成熟过渡，同时也给他们带来对性机能的好奇心与新颖感。例如，对于女孩子来说，尽管事先具有性的知识，但是对于月经初潮的突然出现，女孩子还是会感到强烈的不安和恐惧，一般来说都会感到害羞，有的甚至于会陷入孤立或产生自卑感。又如，对于男学生来说，好在女生面前表现自己，不愿教师或家长在女生面前批评指责自己；情感上愿意接近女生，但在行动上又故意疏远，处于一种矛盾的心理状态。不管是男性或女性，都已开始意识到两性的关系，促使他们对于异性“兴趣”的发展，使他们产生新的情绪、情感体验。例如，开始“爱美”，注意自己的外表仪容，有的也出现爱照镜子、追求打扮的现象。

二、青少年的认知发展

在青少年期，伴随着生理的发展与成熟，其认知能力也取得了巨大的进步。青少年认知能力的进步体现在量和质两个方面。在量的方面，主要表现为初中生在各种认知成分（如言语、感知觉、记忆、想象及思维）能力上的进一步提高和完善，使得他们能更轻松、更快捷、更有效地完成各种认知任务；在质的方面，主要表现在初中生认知结构及思维过程的具体变化上，新的认知结构的出现使得青少年在解决问题时能逐渐熟练地运用假设、抽象概念、逻辑法则以及逻辑推理等手段，提高了解决问题的精确性及成功率。

（一）逻辑思维的发展

按照皮亚杰关于个体认知发展年龄阶段的划分，青少年已经进入了“形式运算阶段”（11 岁以后），在头脑中可以把事物的形式和内容分开，可以不依靠具体事物而根据假设进行逻辑推演，能运用形式运算来解决诸如组合、包含、比例、排除、概率及因素分析等逻辑问题。这一阶段思维的主要特点有两个：其一是思维形式摆脱了具体内容的束缚；其二是假设演绎推理能力的发展。与具体运算阶段不同，形式运算阶段青少年的思维能够理解用言语表述的命题的逻辑关系，并能够依据逻辑关系对命题作出正确的判断。青少年已经具有抽象逻辑推理能力，能运用假设演绎推论出问题的结论。他们解决问题的思维特点是从假设出发，提出问题的可能性。其思维过程是，当他面临问题情境时，首先运用“一般的理论”思考影响结果的各种可能因素，并形成假设，然后通过实验验证假设的真伪，或者运用系统的科学方法，运用演绎推理检验假设，得出结论。

抽象逻辑思维是一种假设的、形式的、反省的思维。儿童期的抽象逻辑思维虽然占有优势，但是其本身仍处于发展过程中。青少年的逻辑推理能力和掌握逻辑法则的能力都随年级的提升而显著发展。首先，在逻辑推理能力方面，初一学生开始具备了各种推理能力；初三学生的推理能力有明显发展；高二年级后，学生的推理能力已基本达到成熟，各种推理能力都达到了比较完善的水平。其次，在掌握逻辑法则发展方面，初一、初三和高二学生掌握逻辑法则的能力随年级的提升而显著提高，到高二已趋于成熟；逻辑法则的掌握主要表现在对同一律、矛盾律和排中律的认识上，三个年龄组掌握不同逻辑法则的能力都存在着不平衡性，对排中律的掌握能力低于同一律和矛盾律。

（二）思维品质的矛盾表现

青少年心理发展的矛盾性在其思维品质中也能明显反映出来，主要表现为在思维创造性和批判性得到明显增加的同时，思维中的片面性和表面性的表现依然突出。

青少年逐步掌握了系统知识，开始能理解自然现象和社会现象中的一些复杂因果关系，同时由于自我意识的自觉性有了进一步的发展，常常不满于教师、父母或书本中关于事物现象的解释。在中学阶段，独立思考的要求使青少年思维的发展出现新的特点，最为突出的是独立性和批判性有了显著的发展。但他们对问题的看法还常常是只顾部分，忽视整体；只顾现象，忽视本质，即容易片面化和表面化。中学生有时对成人的“顶撞”及中学生看问题容易带片面性和表面性，就是思维品质矛盾交错发展而呈现出的一种特点。

中学生在独立思考能力发展上的这些缺点，是与他们的知识、经验不足以及辩证思维尚未发展相联系的。教师和父母，一方面要大力发展他们的独立思考能力，随时加以引导、启发；另一方面，还要对他们在独立思考中出现缺点时给予耐心的、积极的说服和教育。

（三）青少年智力发展的性别差异

男女青少年在智力，特别在思维能力的发展上究竟有无差异？目前国内外的研究结果一致认为，男女青少年在智力、思维能力发展上是有差异的，这个差异主要表现在思维能力发展的各具特色上。它不仅反映了男女青少年在思维发展上各自的年龄特征，而且也反映了男女青少年的智力因素，特别是思维能力发展特色上的不平衡。

男女青少年在思维发展差异性上的特点表现为：思维发展在总体上的平衡性和发展特色上的不平衡性相统一。①表现在思维能力诸因素上。时蓉华的实验研究（1982）表明：事物比较能力，男性高于女性；电子计算能力，女性高于男性；方块分析能力，男性高于女性；图形分析能力，女性高于男性。②表现在思维类型上。国内外的研究有比较一致的看法，就是女性偏于形象思维或思维的艺术型；男性则偏于抽象思维或思维的抽象型。③表现在思维发展的速度上。在不同年龄阶段，男女两性思维发展的速度及水平都是有差异的。

三、青少年的社会性发展

（一）青少年的情绪特征

青少年情绪最突出的特点是两极性的表现。例如，当取得好成绩时非常高兴，表现为唯我独尊；一旦失败，又陷入极端苦恼的情感状态。又如，他们往往具有为真理献身的热情，盼望实现惊人的业绩；但也常常由于盲目的狂热而做出蠢事和坏事。所以，霍尔就把青春期说成是“疾风怒涛期”。

青少年的情感两极性表现出如下特征：

在外部情绪上，表现出强烈、狂暴与温和、细腻共存，可变性与固执性共存，内向性与表现性共存等两极性特征。在内心表现上，表现出坦白和秘密、真实和虚伪、自我批评和自我安慰等两极性。在意志方面，表现出积极性和消极性、认真和马虎、努力和懒惰、守纪和散漫、果断和犹豫等矛盾的两极性。在人际关系方面，主要表现为对双亲的正反两面的矛盾感情，如孝顺和顶嘴等；朋友关系中表现出的友情和孤独、亲切和冷漠、参与和旁观等矛盾的两极性。

青少年情感的两极性，主要可从两个方面进行解释：其一，他们处于身心各方面迅速发展的时期，在社会各种关系和因素的作用下，他们的心理出现的多种矛盾表现在了情绪和情感上；其二，由于青春发育期性腺功能显现，性激素的分泌会通过反馈增强下丘脑部位的兴奋性，使下丘脑神经过程总的趋势表现出兴奋和亢进，与大脑皮质原有的调节控制能力一时发生矛盾，大脑皮质与皮下中枢暂时失去平衡。

（二）青少年的自我意识

发展心理学家认为，青春发育期已进入自我意识发展的第二个飞跃期（婴儿期是自我意识发展的第一飞跃期）。进入青春期，由于生理发育的加速和性发育走向成熟，他们感到不适应，因而出现不平衡的感受及种种矛盾和困惑。面对这些矛盾和困惑，青少年体验着危机感，这促使他们关注自我的发展和变化。

青少年自我意识发展的特点表现为：

第一，强烈关注自己的外貌和风度。青少年强烈地渴望了解自己的体貌，如身高、胖瘦、体态、外貌、品位，并喜欢在镜中研究自己的相貌、体态，注意仪表风度。他们特别注意别人对自己打扮的反应：对他人的良好反应，体会着自我欣赏的满足感；对某些不甚令人满意的外貌特点产生极度焦虑。

第二，非常重视自己的能力和学习成绩。中学生的能力和学业成绩更加影响着他们对自己的能力和在群体中社会地位以及自尊感的认识，并逐渐影响着对自我的评价。因此，能力和学习成绩是青少年关注自我发展、体现自我价值的重中之重。

第三，强烈关心自己的个性成长。青少年能认真看待自己个性特点方面的优缺点，在自我评价中，也将个性是否完善放在首要地位，对他人针对自己个性特征的评价非常敏感。

第四，有很强的自尊心。青少年在受到肯定和赞赏时，内心深处会产生强烈的满足感；在受到批评和惩罚时，会受到重大打击，容易产生强烈的挫折感。

（三）青少年的价值观

青少年阶段是价值观确立的时期，因为在这个时期，青少年的各个方面都表现出极为迅猛的发展变化，这势必会影响青少年价值观的发展与确立。并且，随着青少年期发展任务的完成，青少年则开始倾向于以一个成人的姿态去迎接新生活，因此，青少年时期是个人价值观确立的重要时期。

青少年的价值观显示出更强的自我肯定、自我扩张的倾向。其道德价值观以善良、正直、进取、自信、勤劳、勇敢、宽容、谦虚、无私、认真依次定位；其择业动机以发挥特长优先；在政治价值观方面，青少年以社会安全、经济实力强、生活水平高为政治价值标准，参与政治生活的意识加强。

大量的研究表明，我国青少年的价值观总体上较一致（林崇德，2002），但某些价值观对不同年龄的青少年来说，却有不同的重要性。黄希庭等（1989）的调查结果表明，从初一到高三，随着年级的升高，成熟的爱、社会承认、有能力、独立、钟情等在青少年的眼中变得越来越重要。这反映出随着身心的成熟，进入青春发育期的青少年独立意识大大增强，以及他们对社会交往和未来生活追求更多的关注。而伴随异性同伴关系的发展，青少年男女之间的交往更趋成熟，开始具有成人男女交往的性质。另外，世界和平、国家安全、整洁等对于青少年的重要性却随着年级升高而下降。

从青少年价值观的时代变迁角度来进行对比，在20世纪80年代末90年代初出生的青少年的价值观出现了很多新的特点，其中一个根本变化就是他们的价值观有了很突出的自我取向，而不是像50年代或70年代末80年代初出生的青少年那样重视社会取向。他们更强调自己作为个体存在的价值。

（四）青少年的道德发展

在整个中学阶段，青少年的道德迅速发展，他们处于伦理道德形成的时期。在初中学生品德形成的过程中，伦理道德观已开始出现，但在很大程度上表现出两极分化的特点。而高中学生的伦理道德观则带有很大程度的成熟性。他们可以比较自觉地运用一定的道德观念、原则、信念来调节自己的行为，伴之而来的就是价值观、人生观的初步形成。总的来说，中学生个体的伦理道德是一种以自律为形式，以遵守道德准则并运用原则、信念来调节行为的品德。其中青少年期品德发展的特点是动荡性，青年初期是品德趋向成熟的开始，初二年级是转折期。

第四节　成年期和老年期的心理发展

成人，顾名思义，是指已经成熟的人，一般是年满18岁后的那一部分人的总体。成人的年龄跨度很大，其中既包括青年晚期（即成年初期或成年前期），又包括中年期（也称成年中期）和老年期（又称成年晚期）。

在成年初期和中期，个体已经达到了生命全程中的全盛时期，体力好、精力旺盛、工作能力强、效率高，智力水平处于高峰，知识经验不断积累；到了成年中后期之后，个体的体力和心理发展状态呈逐步下降趋势，但是随着年龄的增长，个体经验越来越丰富，知识面更广、更深厚，故工作能力和效率仍然很高，直到进入老年期，身心的衰退才会越来越明显。美国心理学家卡特尔（Cattell，1963）曾提出了流体智力和晶体智力的理论。流体智力指思维针对问题敏锐快速反应的能力，晶体智力指运用既有知识经验深入思考的能力。在生命全程中，这两种智力的发展大不相同。流体智力到35岁以后就开始衰退，而晶体智力的发展则一直能维持到60岁以上。

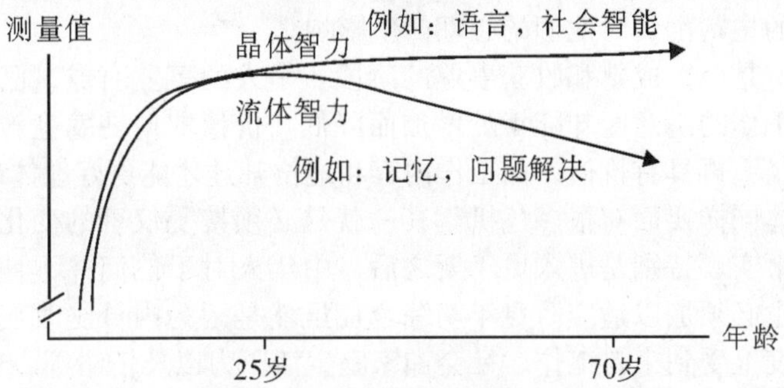

图12-4　流体智力与晶体智力

（张春兴，2009）

一、成年初期

当个体进入成年初期之后，其生理的发展趋于平稳并走向成熟，思维逐渐达到成熟水平，独立自主性日益增强，个性趋于定型，社会适应能力、价值观和道德观趋于稳定与成熟。个体在成年初期面临着一系列新的发展任务，包括学习深造、就业、择偶、建立家庭、抚育子女和创造事业等。

成年初期的心理发展特征一般可以概括为四个方面：

第一，生理发育和心理发展达到成熟水平。从生理上讲，成年初期身体各系统的生理机能，包括心肺功能、体力和速度、免疫力和性机能等都达到最佳状态，疾病的发生率最低，是身体健康的顶峰时期。从心理上讲，青年期的认知能力、情感和人格的发展都日趋完善，开始形成稳定的人生观和价值观。

第二，进入成人社会，承担社会义务。处于成年初期的个体达到了法定成人年龄，开始享有各种社会权利，履行社会义务。

第三，生活空间扩大。进入成年初期，个体的生活空间从家庭和学校扩展到了社会的各个方面，个体生活的内容也不再主要是学习，而是需要从事工作和参与各种社会交往。

第四，开始恋爱、结婚。进入成年初期之后，随着性意识的迅速发展以及生理和心理的成熟，青年人开始产生了恋爱情感和结婚愿望，并走向婚姻现实。

二、中年期

中年期，是指35~60岁这段时期。成年中期的个体，开始进入事业的拼搏和发展期，充当着各行各业的中坚和骨干，在家庭里上敬老、下扶小，承上启下，充当一家之主。它继承着青年期就形成的成熟和强盛，同时又逐渐地奔老年而去，其在生理和心理方面同样发生着一系列的变化。在生理方面，中年期个体的各种生理功能仍然保持着强健的状态，期间也会出现有巨大变化的转折期，即更年期。在智力方面，成年人的流体智力逐渐下降，而晶体智力保持相对的稳定。家庭生活和职业活动两大生命的主题都会对他们的心理产生影响。

这一时期，是个人成熟和收获事业的阶段。个人的事业有成，已取得一定社会地位，但是对工作的满意度却随年龄增加而降低。价值取向在发生转变，许多年轻时候的目标已经不再具有价值，而工作内容和地位升迁才能更好地体现自我价值。

中年期个体同样要面对很多危机。其一就是必须接受仪容的变化，以及身体机能开始衰退的事实。特别是进入更年期之后，中年人对于他们并不喜欢却又无可奈何的生理变化也必须加以适应。更年期综合症虽然是因为内分泌改变而引起的，但是也在很大程度上受到来自工作、社会和家庭生活压力以及情绪等心理因素的影响。其二是不得不面对和适应"空巢"，中年期个体家庭生活方式最明显的变化就是孩子的成年和离家。为人父母的，特别是母亲，如果把注意力完全投注到孩子身上，当孩子长大、不再需要他们的悉心照顾，或者离开了家庭时，他们就会有"失落"和"无用"的感觉，称为"空巢孤独"。当然，也有处于中年期的夫妇在孩子离开家庭之后，因为终于完成了对子女的抚育责任，可以放松心情，重新拥有多年来失去的二人世界。

三、老年期

人在60岁以后就进入了老年期，这是人生历程的最后阶段。进入金秋老年，个体面临着身体机能的明显衰退，退休后的生活适应，以及死亡的逐渐临近等问题。

老年期个体一般的心理特点是：认知活动发生了一系列退行性变化，易产生消极的情感，情感体验深刻而持久。老年期个体渐渐远离过去充满光彩与成就的人生阶段，而在这远离的过程中，对往事的怀念、对过去的遗憾、对人生的留念、对死亡的恐惧交织在一起，形成了极其复杂的老年心理世界。

进入老年期，人的认知活动逐渐要发生一系列的退行性变化，尤其是感知觉和记忆。最早开始衰退的是听觉；其次是视力，55岁以后将会出现相当急剧的衰退；味觉的衰退与视觉相似。老年人的记忆力也随着年龄的增长而逐渐下降，因而也影响到了思维能力。但是，老年人的智力衰退并非智力的全面衰退，更多的是流体智力的衰退，而晶体智力来源于经验的积累，不但不衰退，反而有所增长。

对于很多老年人，对退休生活的适应是其面临的一大问题。退休意味着要放弃原有的生活模式，突然改变既有的生活习惯，其生活内容和人际关系发生着巨大的变化，这时很容易出现适应问题。为了很好地适应退休后的生活，个体应该对退休后的生活有所准备，应该找到其他的工作与角色，来替代先前的工作与角色，而且这些替代活动必须能够让他们发挥能力。

死亡的临近和丧亲的现实是老年人不可回避的问题。尽管老年人对自己临近死亡或所爱的人将要离世的反应会像任何年龄的人对死亡的反应一样痛苦和仓皇失措，但是也有迹象表明，老人远不像其他年龄群体那样回避死亡这一现实。按照埃里克森（Erikson，1963）的观点，老年阶段的发展任务是实现自我整合、避免自我绝望，它要求老年人在接近死亡的时候认定自己的生活是重要的、有意义的。老人面对年老带来的生理、心理和社会方面的挑战，不可避免地要去想自己的死亡。随着子女长大成人和建立自己的家庭，朋友和家人的去世，自己也面临身体状况每况愈下带来的限制，老人会强烈地意识到时光的流失。带有个人性的人生回顾过程，目的就是帮助老年人处理未了的事宜，找到同自己和解、获得心灵安宁的方法。老年人目睹了其他同龄人的死亡或者是埋葬过家人和朋友。随着他们对死亡更加熟悉，他们就更容易接受死亡是生命全程自然而然的一部分。他们接受死亡并不是不再害怕死亡，而是接受死亡并不是只发生在别人身上这一事实。

《本章小结》

人生命全程的心理发展是心理学研究的重要主题之一。心理发展是生物因素、环境因素和心理因素交互作用的结果。皮亚杰的认知发展阶段论和埃里克森的心理社会期望发展论为我们了解人类个体心理的认知发展与社会性发展的一般规律和趋势提供了重要的理论参考。

人类个体从生命形成到生命终结的整个人生发展历程中，先后经历了产前期、婴儿期、幼儿期、儿童期、青少年期、成年初期、中年期和老年期八大阶段。在个体发展的每个阶段中，其身体发展、认知发展和社会性发展等不同方面都有着独具特色的阶段性特点，每个阶段都有其主要的发展任务和发展危机。在不同阶段面对不同的发展任务和危机仍然是人生发展的主题。

关键术语

发展心理学　心理发展　身心发展　婴儿期　幼儿期　儿童期　青少年期
成年初期　中年期　老年期

进一步阅读

[1] 林崇德．发展心理学．杭州：浙江教育出版社，2002.

[2] [美] John W. Santrock，毕生发展（第3版）．桑标等译．上海：上海人民出版社，2009.

[3] [美] J. H．弗拉维尔，P. H．米勒，S. A. 米勒．认知发展（第4版）．邓赐平，刘明译．上海：华东师范大学出版社，2002.

[4] 张文新．儿童社会性发展．北京：北京师范大学出版社，1999.

思考与练习

(1) 婴儿动作的发展一般遵循什么模式？

(2) 皮亚杰关于儿童道德发展阶段的主要观点是什么？

(3) 幼儿游戏对其心理发展的意义是什么？

(4) 儿童期语言发展的主要特点是什么？

(5) 青春期的身体发展主要体现在哪些方面？

(6) 青少年的自我意识特点表现在哪些方面？

(7) 当代青年的价值观有什么特点？

(8) 成年期和老年期主要面对的发展问题是什么？

第十三章　社会情境中的人

本章学习要点

1. 自我意识
2. 自我认识的来源
3. 态度的定义及其形成与改变
4. 人际吸引的影响因素
5. 社会助长或社会懈怠

古代有则笑话：有位解差押解一位和尚去府城。住店时，和尚将他灌醉，并剃光他的头发后逃走。解差醒时发现少了一人，大吃一惊，继而一摸光头，转惊为喜："幸好和尚还在。"可随之又困惑不解："我在哪里呢？"这虽是一则笑话，但一定程度上印证了诗人苏东坡的两句诗："不识庐山真面目，只缘身在此山中。"诗中既包含了对社会、对人生某些经验的探讨，也表明人们往往对时刻拥有的"自我"难以正确认识。因此，"人贵有自知之明"。社会心理学家将人们这种难以正确认识"自我"的心理现象称为"苏东坡效应"。

自我在不同社会情境中也可能有着不同的表现，一个人的自我可能同时包含着与父母相处时的自我、工作时的自我、与朋友一起时的自我（Cross & others, 1992）。个体对自我的意识并不是永恒不变的，它随着情境、自我评定的行为类型和文化的不同而不同。回想一下，你为什么会选择这所学校、这个专业？你为什么会忽然对某些同学抱有好感？你为什么在不同场所会有不同的表现？有时我们知道原因，而有时候，我们不知道这是为什么。个体是如何知觉自我的？在群体中，自我又是如何表现的？本章我们来探讨自我知觉以及个体与群体作用的现象。

第一节　自我意识

你了解自己的优点和缺点吗？你能够理解自己所有的行为吗？你认为现实的你就是你最想表达的自我吗？你在朋友及家庭面前总是尽量展现出一副他们一贯熟悉的样子吗？积极和消极的体验对你评价自己或思索自我有什么影响？

一、自我意识及其结构

自我意识（self - consciousness）是对自己存在的觉察，即自己认识自我的一切，包括自我的生理状况（如身高、体重、体型等）、心理特征（如能力、性格、兴趣爱好等）及人际关系（如人己关系、群己关系），简单地说，自我意识就是对自己个人身心活动的觉察。由于个人能洞察自己的一切，因而能对自己的行为加以控制与调节，并形成对自己固有的态度，如自尊自爱或自卑自怜。这种自己对自我的认知和情感，是在特定的文化环境中，经由个人与他人的互动而形成的，是社会化的结果。①

一个婴儿刚出生时，只是一个生物体、一个自然人，这个小生命具有极大的依赖性和可塑性，只有通过后天环境和教育的影响，才能逐渐发育成长为一个真正的人。在这一成长过程中，个体能逐渐产生对周围世界的认识，同时也产生对自己的认识，从而形成了自我意识。自我意识是一种多维度、多层次的复杂心理现象。威廉·詹姆斯（William James，1890）是最早关注自我意识研究的倡导者。詹姆斯将自我经验分为三个部分：物质我（与周围物质客体相伴随的躯体我），社会我（关于别人对自己的看法的意识，是个体自我的中心部分），以及精神我（监控内在思想与情感的自我，这是个体自我的核心之所在）。② 詹姆斯认为，一切与自身相关的事物都会在某种程度上成为自我的一部分。这就解释了为什么当朋友或家庭成员，即自我的一部分受到打击时，人们也会作出防御性反应。

现代心理学家对自我的结构提出了不同的观点，下面论述四种主要观点。

（一）社会认知论的自我结构③

传统观点将自我概念描述为统一的、完整的结构，具有跨时间的一致性，包括了从个体以往行为中抽取出某些身体特征或心理结构作为核心特质。大多数自我概念问卷只问你当前是怎样的，而不考察你想成为谁或你担心会成为谁。1986 年，马库斯等人提出工作自我概念（working self - concept），指出个体能够接近的自我概念是产生于思想和记忆中的各种自我概念，因此可以称为工作自我概念。马库斯和同事认为，工作自我概念包括过去自我和现在自我的结合以及人们希望成为或害怕成为的可能自我。这些可能的自我指导人的行为，对个人的情绪和动机状态有着重要的影响。工作自我概念的一些成分如图 13 - 1 所示。

---

① 朱敬先．健康心理学．北京：教育科学出版社，2002. 181 ~ 182.

② 刘电芝．儿童发展与教育心理学．北京：人民教育出版社，2006.

③ 郭本禹，修巧艳．马库斯的自我社会认知论．西南大学学报（人文社会科学版），2007（1）：17 ~ 22.

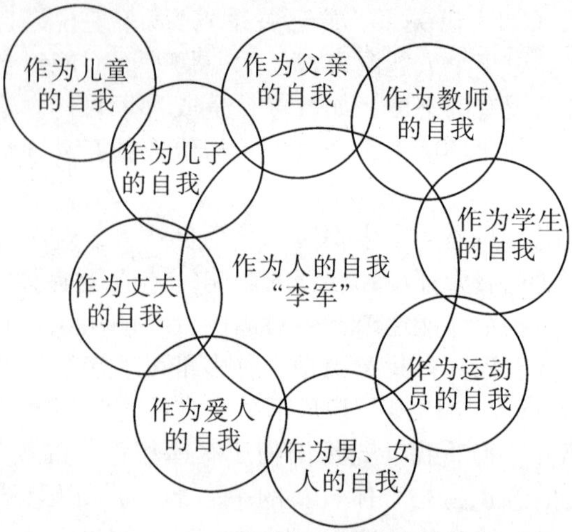

图 13－1　工作自我概念的图式表征①

马库斯指出（Markus，1986），如果我们思考的不是那个单一的、概括化的自我概念，而是当前的或工作的自我概念，那么自我的性质和功能的价值就会凸显。当我们思考自我的时候，并非所有的自我概念在任何时刻都会出现。工作自我概念就是在当前的思维和记忆中处于活跃状态的自我概念，它是自我概念总体中的一个子集，可以被看作持续活跃的、不断变化的一系列可获得的自我知识。当一个人体验到内部状态或社会环境的变化时，这一系列的自我知识就会产生变化。因而，工作自我概念的内容也是不断变化的，且依赖于以下因素：在此之前激活的自我概念，特定社会环境中激活的或主导的自我概念，由个体对特定经验、事件或情境作出反应而有目的地引发的自我概念。②

（二）自我差别（self－discrepancies）观点③

罗杰斯（C. Rogers）指出自我的各种心理表征之间可能存在着差别，一个人的现实自我（actual self，即他对自己的表征）可能与他的理想自我（ideal self，他愿意成为的表征）有差别。同样，现实自我可能与应该自我（ought self，他认为应该成为的表征）有差别。希金斯（Higgins E. T.，1987）④ 认为这样的差别不仅自己能体验到，而且能从周围其他人对他的评价中体验到，如父母或兄弟（见表 13－1）。

---

① Mischel W.，*Introduction to Personality*. Orlando：Harcourt Brace College Publishers，1999. p. 440.

② Markus H.，Kunda Z.，Stability and malleability of the self－concept. *Journal of Personality and Social Psycho-logy*，1986，51（4）. pp. 858～886.

③ 郭德俊．动机心理学：理论与实践．北京：人民教育出版社，2005.

④ Higgins E. T.，Self－discrepancy：A theory relating self and affect. *Psychological Review*，1987，Vol. 94，No. 3. pp. 319～340.

表13－1　关于自我的概念类型

自我概念	定义	例子
现实的	个人对自己的表征：关于一个人实际具有的特性的信念。	我是一个体贴和热心的人，身体健康，并且有吸引力。
理想的	个人对自己希望、愿意或喜欢成为的表征：关于个人理想中愿意有的特性的信念。	我愿意成为慷慨的、成功的、受欢迎的和被人爱的人。
应该的	个人对自己应该成为的或者感觉有义务成为的表征：关于个人有义务拥有的特性的信念。	我应该有抱负、坚定、勤奋和有纪律。

注：除了自己的观点外，每个概念也能从重要他人的观点来表征。例如，你对父亲认为你应该成为的知觉（如拥有强大意志而不是体贴）是自我的“应该/他人”表征。

希金斯提出，特定的差别会引起特定的情感（见表13－2）。例如，现实自我和理想自我之间的差别会使人产生沮丧感，如失望和不满意等；现实自我和应该自我之间的差别会引起人的忧虑感，如恐惧和烦恼。如果这些消极情感较强，人们就试图用各种方法降低或消除它。他们试图通过改变对事情的消极看法来消除现实自我和理想自我之间的差别。例如，没有当选为班长的一位高中生感觉被他人拒绝，觉得“没有人喜欢我”，他希望自己能够拥有许多亲密朋友来减少这种消极情感体验。

表13－2　现实自我、理想自我与应该自我的差别

自我差别类型	诱发的情感	例子
现实的/自己的：理想的/自己的	失望和不满意	我感觉沮丧，因为我不像我希望的那样有吸引力。
现实的/自己的：理想的/他人的	羞愧和困窘	我感到羞愧，因为我不能成为父母希望我成为的人。
现实的/自己的：应该的/自己的	内疚和自我蔑视	我恨自己，因为我应该有更多的意志力。
现实的/自己的：应该的/他人的	恐惧或感觉被威胁	我害怕父亲对我发怒，因为我对工作不像他认为我应该的那样努力。

个体通过改变行为以达到标准或要求，从而消除自我表征之间的差别。例如，一个大学生由于学习不努力，期中考试成绩较差。那么到期末考试时，他/她可能会努力学习，减轻由于没有勤奋学习而产生的内疚感。在这种情况下，这个大学生改变行为的动机产生于自我表征中的冲突。希金斯提出，一旦这些差异引起情绪上的

不安，个体就会采取行动去全力降低它。

（三）文化视角下的自我层次结构①

在回答“我是谁”这个问题时，人们通常能联想到自我的不同方面，有能力方面的内容也有社会角色方面的内容，即包括了人们信念中的每一件事、对自己在各种关系中所处地位的看法和情感。自我是高度复杂的心理结构，它是个体和文化之间多年相互作用的结果，“自我”结构涉及个体拥有的“多种自我”。墨菲（G. Murphy）提出，在相同文化或不同文化以及人们所处的各种不同群体中，每个人自我的抽象和整合程度是不同的。

罗宾斯等人对自我的水平和结构进行了分析，并对自我的层次和不同的结构进行了详细的解释。如表 13－3 所示，第一行显示个人自我，反映人们对自己的私人自我的信念，包括特质、价值和能力。第二行表示关系自我，反映人们在亲密关系背景中如何看待自己。第三行表示社会自我，反映人们在一般的人际关系中如何看待自己，包括他们的社会角色和声望。第四行表示集体自我，反映人们对自己的各种参照群体的认同，如宗教、种族和国籍等。

表 13－3　自我的层次和结构

水平	定向	描述	例子	自尊的根据	文化差异	个体差异
个人的	私人的	特质、价值和能力	“我是一个敏感的人”	个人的渴望和标准	独立的/个人主义的	个人认同定向，Rosenberg 自尊量表，个人的自我意识，个人主义量表
关系的	亲密的	与人们有直接个人联系的其他人	“我是小王的亲密朋友”	相互的尊敬，来自于亲密他人的自豪和确认	相互依赖的/集体主义的	相互关系量表，相互依赖自我解释量表，内部工作模型
社会的	人际的	社会角色和名誉	“我是一个受欢迎的教授”	公开的承认，他人的表扬		社会认同定向，公开自我意识量表，社会自我自信量表，社会自我自信
集体的	公共的	人们所属的社会归类	“我是爱尔兰人”	种族的自豪，以个人的社会团体为自豪		集体认同定向，集体自尊量表，团体量表中包含他人、集体主义量表

① 郭德俊．动机心理学：理论与实践．北京：人民教育出版社，2005.

人们自我表征的水平不同，获得的自尊也不同。当个体集中在个人自我上时，自尊来源于满足个人的愿望；当个体集中在集体自我上时，自尊来源于个人所在集体的成就和声望。人们从自我感觉和与自我有重要关系的他人评价的成就中获得自尊。

另外，特里安迪（H. C. Triandis）等的研究①证明，对自我的各种水平的重视程度存在着文化差异。西方文化（如美国、加拿大、西欧国家）倾向于个人主义，强调个人自我；而东方文化（如日本、中国、印度）倾向于集体主义，强调集体自我。马库斯等人把这一差异的特征称为独立的自我解释和相互依赖的自我解释。

（四）按心理成分划分的自我结构②

按心理成分划分，自我意识由自我认识、自我体验和自我控制三种心理成分构成。这三种心理成分相互联系、相互制约，统一于个体的自我意识之中。

自我认识是指个体对自我的认知和评价，即自我认知和自我评价。自我认知是对自己身心特征的认识；自我评价是在自我认知的基础上对自己作出的某种判断，包括对自己能力、品德、行为等方面社会价值的评估，它最能代表一个人自我认识的水平。比如，有人观察自己的体型，认为自己属于“清瘦型”；分析自己的品性，认为自己是个善良的人；用客观的眼光正视自己的缺点时，认为自己有时过于急躁，做事冲动不计后果。个体在进行自我认识时，不可避免地会受到个体本身的需要、愿望、动机等许多心理因素的影响，因此，对身心的自我认识总是或多或少存在着一定的误差。当个体发现自己对自己的评价与周围他人对自己的评价一致时，个体就会有安全感，对自我评价充满信心；反之，当个体发现自我评价与他人对自己的评价相距甚远时，个体与周围人的关系则会失去平衡，产生矛盾，继而丧失安全感，长此下去，就会导致个体自满或自卑等的情绪，不利于个体心理的健康成长。

简而言之，自我认识就是个体通过观察、分析外部活动及情景等途径获得的对自己及其与外界关系的认识，也是认识自己和对待自己的统一。

自我体验是伴随自我认识而产生的内心体验，是自我意识在情感上的表现，即主我对客我所持有的一种态度。自我体验的内容十分丰富，主要涉及“对自己是否满意”、“能否悦纳自己”这类问题，如自尊心与自信心、成功感与失败感、自豪感与羞耻感等。比如，有人感到自卑，因为自己长得不好看，所以对自己感觉不满意，甚至不愿接受这个丑陋的自己。自我体验反映了主我的需要与客我的现实之间的关系。客我满足了主我的要求，个体就会产生积极肯定的自我体验，即自我满足；反之，客我没有满足主我的要求，个体则会产生消极否定的自我体验，即自我责备。客我能否满足主我的要求，往往与个体的自我认知、自我评价和个体对社会规范与价值标准的认识有关。

自我控制是个体对自己行为、思想和言语等的控制，即主我对客我的制约作用。

---

① H. C. Triandis, *Handbook of Personality Psychology*. New York: Academic Press, 1997. pp. 439 ~ 464.

② 朱敬先．健康心理学．北京：教育科学出版社，2002. 181 ~ 182.

自我控制有两个方面的表现，其一是发动作用，其二是制止作用。人们在克服困难的过程中，强制自己的言语器官和运动器官进行种种活动，这就是自我控制所起的发动作用。例如，学生克服贪睡的欲望，晨起跑步、早读。而主我根据当时的情境，抑制客我的行动和言语，则是自我控制起制止作用。例如，身患感冒的学生在上课时强行压制自己咳嗽。

二、自我意识的作用

自我意识对个人的学习与工作有着巨大的推动作用，特别是对一个人的自尊、自信和自我态度的转变有着巨大影响。

（一）自　尊

自尊指个体对自己价值的个人判断，是自我知觉的一种表现，包括积极和消极两个方面。自尊心是一种内驱力，激励着个体尽可能地努力获得别人的尊重，尽可能地维护自己的荣誉和社会地位。个体自尊的需要得到满足，将会使人感到自信，体验到自我价值，进而产生积极的自我肯定。

自尊对思维、情绪和行为有着强烈的影响。然而，在我们周围却不难发现，某些人有着消极的自我概念，即低自尊。低自尊在某种程度上可以被描述为对自我的偏低肯定。国外研究者发现，当要求高自尊和低自尊被试在人格特质维度（诸如逻辑性、聪慧性、讨人喜欢的）上对自己进行评定时，低自尊被试对自己各方面的评价普遍较低（Baumgardner，1990）。[①] 在研究中，如果继续要求被试为他们的评价划出上下限时，低自尊被试自我评价时表现出的波动幅度远大于高自尊被试，即低自尊被试的自我感准确度较差。低自尊被试这种缺乏“自知之明”的感受，致使他们难以预测自己能否通过努力取得成功，因此在困难面前更倾向于放弃努力。如果一个人在社会生活中遭遇失败时，总倾向于把自己的失败归结为自己的能力低，认为自己没有价值，那么，他会觉得自己一无是处，从而丧失主动性和积极性。其结果是，无论做什么事情都难以保证质量，不可避免地遭受挫败，从而进一步地给予自己消极评价，恶性循环，形成低自尊。相反，如果一个人在挫折面前，能客观地评价自己的能力和事情的难度，既看到自己的缺点也能较乐观地肯定自己的优点，那么，他就可以避免产生过多的消极情绪，保持良好的自尊或自我效能。通常高自尊或积极自尊的产生与对生活的满意和幸福感相关，而低自尊或消极自尊的产生则与压抑、焦虑、不适应学校生活和社会关系相联系。积极自尊和自信的建立，对个人的健康发展有着不可忽视的影响。

此外，有证据表明，大多数人都会尽力维护自尊，以及保持自我概念的完整性。

---

① Baumgardner A. H.，To know oneself is to like oneself：self - certainty and self - affect. *Journal of Personality and Social Psychology*，1990，Vol. 58，No. 6. pp. 1062 ~ 1072.

人们会采用多种形式来维持自我概念（Banaji & Pretice，1994）。[①] 例如，当你担心自己没有能力完成某项任务时，你也许会采取自我妨碍行为，即你会故意破坏你的任务完成。这种策略是为失败找借口：因为这样那样的原因，所以我失败了，但这并不意味着我没有能力（Higgins et al.，1990）。[②] 例如，当你面临一场重要的考试，或者必须完成某项重要的任务，如果你害怕发现你不具备完成某项重要任务或者重要考试的能力和资格，你可能会选择与朋友聚会而不是努力准备资料或者认真复习。这样，当你没有取得成功时，你就有了借口，可以将失败归咎于不够努力，以避免你认识到自己可能尚不具备取得成功的能力，从而维持已有的自尊水平。

（二）自　信

自信是对自己力量的充分估计，它也是自我意识的重要成分。自信心在一个人的成长过程中具有积极的推动作用，它是使个体遇难而进，走向成功的重要心理品质。如果一个人很自卑，看不到自己的力量，认为自己做什么都不行，久而久之，就会形成一种心理定式，会给生活和工作都带来消极影响。

在学习中，自信心非常重要，日本有个叫田崎仁的教育家，他进行过调查分析，发现学生成绩差的原因："约有 1/3 的学生是由于缺乏自信心。"[③] 苏联教育家苏霍姆林斯基也发现了这一问题，"学校里总有一批学生，他们感到自己没有学好，认为自己干什么都不行"。他提出，对学习困难的学生，教师必须使他们树立信心。为了探讨自信心与能力发挥之间的关系，有人做了这样一个实验。实验对象为智力和知识水平大致相同的学生，实验者将他们分成三组，让他们做难度相同的作业。在做作业之前，实验者对第一组只作一般说明，对第二组作一般说明之外，还告诉他们："我了解你的能力，下面的作业对你们来说有一定的困难，但经过努力，你们有能力完成。"而对第三组作一般说明之后，对他们说："今天交给你们的作业超出了你们现有能力所能达到的限度，你们中的大多数人都不能解决，不过你们尽力而为吧。"实验结果：第一组完成作业的人数为 50%，第二组为 80%，第三组还不到 30%。从实验结果不难看出，第二组和第三组有很大差别，之所以有这么大的差别，根本原因是指导语不同，致使学生对待作业的信心不同。给第二组学生的指导语增强了他们完成作业的自信心，而对第三组的指导语则使学生丧失了完成作业的信心。所以，对学习困难的学生，教师必须建立他们的自信心。总之，一个具有强烈自我意识的人，能对自己的行为发生积极作用。当然，如果自尊心和自信心的度把握不当，就会产生脱离集体、追求虚荣的个人英雄主义，以及稍有点成绩就趾高气扬、瞧不起他人的不良心态，而一旦遇到点挫折，则会自卑、自贬，一蹶不振。

---

① Banaji M. R.，Prentice D. A.，The self in social contexts. *Annual Review of Psychology*，1994，Vol. 45. pp. 297 ~ 332.

② Higgins K.，Boone R.，Hypertext computer study guides and the social studies achievement of students with learning disabilities，remedial students，and regular education students. *Journal of Learning Disabilities*，1990，Vol. 23，No. 9．pp. 529 ~ 540.

③ 朱敬先．健康心理学．北京：教育科学出版社，2002. 181 ~ 182.

生活中常常会有这样的事情发生，在某项活动中，如果参加者对活动具有强烈的自我意识，他就会在活动中发挥积极的作用。所以，人们常常在工作中看到一种你追我赶、彼此都不甘落后的现象，其原因就是人们都有一种自我实现的心理，通过争取优异的成绩来保持和提高自己在群体中的地位。可见，自我意识在人们的生活中具有非常重要的作用。

（三）自我态度

自我态度就是个体对自己的一种自我评价倾向。个体的自我评价并不是一成不变的，它随着客观世界对个体的要求而发生变化。自我态度的改变不能通过强迫方式实现，而必须通过自觉自愿完成，否则会遭到自我意识的阻碍。

影响自我态度变化的因素十分复杂，其中有主观因素，也有客观因素。当一个人的自我评价很高，与客观要求和看法距离很大时，自我态度的转变将会十分困难。一般来说，对于自我态度强烈的人，要转变他们的态度，必须做好充分的说服动员工作，否则将可能发生意外。

个人的自我意识还具有一种自我控制的功能，就是说在必要的情况下，自我意识能够控制自己的行为和态度，在一定的场合下，做到委曲求全。例如，在社会舆论的压力下，为了避免有失面子，不得不对社会舆论表示服从或顺从，声称自己的态度已经转变，而实际上只是一种表面的服从，其实依然“故我”。这就是自我意识对个人行为和态度的一种控制作用。

第二节　自我认识的来源

一、儿童自我概念的形成与发展①

儿童自我概念的形成和发展是他们社会化的重要组成部分。婴儿出生时是没有自我与非我的分化的，因而他们可能会自己抓伤自己。从认知上，大致在6~8个月时，婴儿开始有对自己的身体、自身的连续性的感觉。此时婴儿可以像认识到不同时间的妈妈是同一个人一样，感觉到自己是一个连续“事件”。这是儿童自我意识的萌芽，也是自我概念发展的基础。

社会学家库利（C. H. Cooley，1902）发现，与他人交往在儿童自我概念形成和发展中有特殊作用。他认为，儿童的自我概念始于通过“镜像过程”（looking - glass process）形成起来的“镜像自我”（looking - glass self），即别人对于儿童的态度反应（表情、评价与对待）。就像是一面镜子，儿童通过它们来了解和界定自己并形成相应的自我概念。库利认为，通过这种镜像过程，别人对于儿童的态度不仅

① 金盛华．自我概念及其发展．北京师范大学学报（社会科学版），1996（1）：30~36.

塑造着儿童的自我意象，而且也会通过儿童的自我概念引导行为，塑造一个人的实际自我。这就意味着，别人对于儿童的态度，不仅影响着儿童自我概念的形成和发展，而且影响着儿童未来的健康成长。

后来米德（Mead，1934）发展了库利的思想，并在其思想的基础上进一步提出了“一般化他人”（genealized other）概念。米德认为，儿童的交往世界是广阔的，而对应于每一个交往对象都形成相应的“镜像自我”是不可想象的。他认为，儿童进行自我评价的依据，不是个别的人或独特的群体，而是将他们转换成了一个抽象的一般化他人，其自我概念是在设想的一般化他人如何看待自己的基础上形成的。

在实际生活中，并不是每一个与儿童发生交往的人都对他们有同样的影响力，但儿童生活中的某些人对他们的自我概念形成和发展有着尤其重要的影响，这些人被称为“重要他人”（significant other）。在不同的发展阶段，重要他人的构成也不同。在学龄前阶段，重要他人主要是家长。到小学阶段，教师开始发挥超越家长的影响力，在小学高年级阶段，同伴的影响力也会明显增加。进入中学后，教师的影响力虽有所减弱，但仍然是学生最为看重的影响源之一。国内外许多学者都认为，事实上甚至到大学阶段，教师的意见仍然会高度影响学生的自我概念。这些事实表明，在儿童发展的过程中，教师对儿童自我概念的形成与发展发挥着长期、重大而持续的影响，并且这种影响的性质很难为其他途径的影响所取代。这就意味着，教师看待学生的态度和对待学生的方式是学生在学校、社会环境中处境是否积极的最为重要的因素。教师不仅会对学生的自我概念发展产生巨大的影响，而且会由此而影响学生的实际自我状况与整个人生道路。

二、认识自我的途径

每个人对自己的意识都不是一生下来就有的，而是在与他人交往的过程中，根据他人对自己的看法和评价发展起来的。人首先是有了对外部世界、对他人的认识，然后才逐步认识自己。在这一过程中，树立正确的自我意识对个人内在心理与外表行为及人际关系均有重大影响。认识自己的途径包含个人对自己的心理活动的分析评价以及来自他人的评价和比较两种途径。①

（一）通过自我观察认识自己

认识自己的一个主要途径来自于个人对自己心理活动的分析。一个有心人，会经常反省自己在日常生活中的点滴表现，总结自己是一个什么样的人，找出自己的优点和缺点，进而认识自己。自我认识是发展自我意识的第一步。古希腊人把“能认识自己”看作是人的最高智慧，我们也常说“人贵有自知之明”。正确的自我评价，对个人内在心理与外表行为及人际关系有着重要的影响。然而在日常生活中，人们往往只看到自己的优点和长处，却看不到自己的缺点和不足；可以看到自己的

---

① 朱敬先．健康心理学．北京：教育科学出版社，2002. 186 ~ 187.

很多问题，却总是看不到自己的主要问题等。如果一个人只看到自己的不足或缺点，就会自卑，缺乏积极性；同样如果一个人只看到自己的优点，则会盲目乐观，过度自信，而难以与人相处。只有正确认识自己，建立良好的自信和强烈的责任感，才能最大限度地挖掘出自身最大的潜质。人对自己的认识也和人对客体世界的认识一样，需要有一个了解和学习的过程，并不像照镜子那样简单。因此，教会学生认识自我就显得越来越重要。

自我观察是对自我所感所知、所思所想、情感、意向等内部经验感受的观察和分析。自我观察主要包括三个方面：①对自身外表和体质状况的观察，包括对外貌、风度和健康状况等方面的观察；②对自我形象的观察，主要是对自己在所生活的集体中的位置和作用、在公共生活中的举止表现以及社会适应能力等的观察；③对自己的精神世界的观察，包括对自己的政治态度、道德水平、智力水平、能力、性格、兴趣、爱好、特长等方面的观察。

（二）通过他人了解自己

大文豪苏轼写道："不识庐山真面目，只缘身在此山中。"认识自己有时候的确比较难，人们会因为自己的心理结构、自我理想、自我要求等主观原因而影响了对自己的判断和估计。一般来说，当局者迷，旁观者清，周围的人对我们的态度和评价能帮助我们认识自己、了解自己。因此，尊重和吸收他人的态度与评价，冷静地进行分析，有助于我们建立正确的自我认识。

1. 根据社会上他人对自己的态度来评价自己

个人对自己的评价，往往以别人对自己的评价为参照点。一个人处在特定的社会关系中，通过与他人相处，从他人对自己的评价中看到自己的形象，为自我评价提供基础。他人的评价，并不是指某人的某一次评价，而主要指从对自己有影响力、与自己关系较密切的人的一系列评价中概括出来的一些经常的、稳固的评价，这些才是自我评价的基础。

2. 与社会上条件、地位相似的人相比较来评价自己

自我评价不是孤立进行的，而是把自己与其他相似的人加以比较后作出的评价。一个普通人如果要判断自己的逻辑思维能力或创造力，不能拿自己与霍金斯或爱因斯坦作比较，也不能拿自己和儿童作比较，而必须找一个和自己文化背景相仿的人来作比较。这其中，自我悦纳是自我意识健康发展的关键所在。自我悦纳首先要接纳自己，欣赏自己，体会自我的独特性，了解自己的长处和优点，并在此基础上体验价值感、愉快感、满足感和成就感；其次是理智与客观地对待自己的长处和不足，冷静地看待得与失。

总之，自我认知是从多方位建立起来的，既有自己的认识与评价，也有他人的认识与评价。我们在评价自己的时候，应该从各种渠道、不同方面描述自己。如描述父母眼中的我、同学眼中的我、老师眼中的我、恋人眼中的我、兄弟姐妹眼中的我。在这些描述中，我们可以收集和发现其中共同的品质。资料越详尽，就越有可能找到比较正确的自我。

第三节　态度的定义及其形成与改变

一、态度的概念

态度是社会心理学中被定义得最多的一个概念，不同的学者有不同的定义。其中有代表性的概念包括以下三种①：

（1）奥尔波特（G. Allport，1935）受行为主义影响，认为态度是一种心理和神经的准备状态，它通过经验组织起来，影响着个人对情境的反应。他的定义强调经验在态度形成中的作用。

（2）克瑞奇（Krech，1948）则认为态度是个体对自己所生活世界中的某些现象的动机过程、情感过程、知觉过程的持久组织。他的定义忽略过去经验，强调现在的主观经验，把人当成会思考并主动将事物加以建构的个体，反映了认知派的理论主张。

（3）弗里德曼（Freedman）认为态度是个体对某一特定事物、观念或他人稳固的，由认知、情感和行为倾向三个成分组成的心理倾向。他的定义强调了态度的组成及特性，是目前被大家公认的较好的解释。

通常我们认为，态度是对人、客体或观念的积极或消极评价。态度包含对外界事物的认识（道德观和价值观）、情感（即“喜欢—厌恶”、“爱—恨”等）和行为倾向（谋虑、企图等）三个层面。其中，态度的认知层面是指一个人对事物的了解、知识及看法，是理性与知识的结合，是比较稳定的。态度的情感层面是指个人对事物的情感与好恶，它由认知决定，当对事物不了解时，有时由直觉决定，但最终受认知的影响。行动倾向层面是对事物可观察或外显的行动倾向。一般来讲，这三个层面不是独立的，而是一个相互联系的连续体。认知层面在先，情感层面居中，而行为倾向层面在后。一个人对某事物态度的形成，先由认知层面经由情感层面而发展到行动倾向层面，时间较久，是持续性的行为。各个成分之间是协调一致的，激发态度中的任何一个成分，都会引发另外两个成分的相对反应。

例如，你在多大程度上同意以下这一表述？（圈出一个数字）

我喜欢看娱乐频道的选秀节目。

1———2———3———4———5———6———7———8———9

非常反对　　　　　　　　　无所谓　　　　　　　　　非常赞同

我们假定你给出评价“3”——你不大同意。你判断的依据是什么呢？我们能确定引发你态度的三种信息：

认知：关于“选秀节目”你有什么想法？

---

① 侯玉波．社会心理学．北京：北京大学出版社，2008.

情感：提到“选秀节目”会引起你什么感受？

行为倾向：当你有机会看“选秀节目”时，你会怎样做？

当你圈数字“3”（或其他数字）的时候，很可能是这几类信息以某种方式综合影响了你的选择。你的态度还生成了同样三类反应。如果你认为自己对“选秀节目”有一些负面的态度，你可能会说，“选秀节目大多是不公平的”（认知），“我不喜欢看到喜欢的人被淘汰”（情感），“我不愿意浪费时间看这些节目”（行为）。

二、态度的形成

一个人的社会态度不是生来就有的，而是一个社会化的过程，是个体在后天的社会生活环境中通过学习而逐渐形成的。因而，个体态度的形成受到社会生活环境中各种因素的影响和制约。

（一）环境因素的影响

1. 家庭的影响

对于个体最初态度的形成，家庭及父母的影响是最重要的。父母的价值观、信念和教养方式对于个体态度的形成及其今后态度的变化与发展具有决定性的作用。早期形成的态度往往会一直保持到成人期，有些态度则可能会影响人一生的发展。例如，父母双方都属于同一政党，他们的孩子长大以后有2/3可能会加入同一政党。

家庭及父母的影响还通过家庭成员之间的人际关系及家庭成员共同生活的方式表现出来。除了包括以血缘关系为基础形成的长幼关系之外，还包括了相互之间的情感关系。情感关系越融洽，则互相之间的影响就越大，在态度上也易趋于相近或相同。此外，家庭共同的生活方式对孩子态度的形成也具有显著影响，从小就生活在一个充满民主、平等气氛家庭中的孩子，容易形成良好的与人相处的态度，学会用平等的方式与人相处，用民主的方式解决问题。

2. 同辈群体的影响

我们常通过与同辈的相互作用而获得某种态度。随着年龄的增长，同辈群体逐渐成为首要的参照群体，对一个人的态度产生重要影响。个体开始经常把自身所持有的态度观点与同伴们的态度、观点作比较，并以同伴们的态度、观点为依据来调整自己原有的态度，使自己与同伴们保持一致。例如，若你的朋友中有三个人是流浪动物收留中心的志愿者，他们和你讨论他们的观点，经过一番讨论后，你也可能开始赞成对流浪动物的收留和养护了。

3. 团体的影响

我们的许多态度也受到群体成员身份的影响。例如，在一个经典研究中，被试们被编为几个小组，讨论一个青少年犯罪的案例。参加讨论者都认为，那个失足的孩子需要慈爱、仁慈和友谊。这时，为了考察群体压力对态度的影响，在每个小组中加入一个极力主张严惩犯罪少年的人。那么群体成员会对持不同意见者如何反应？开始时，大家对他的观点群起而攻之，但当这个人坚持他的观点后，更有趣的事情发生了——他完全被评为不受欢迎的人。从这个结果中，我们可以清楚地看到在群体中坚持不同的态度是非常困难的。

团体对个人影响力的大小是因人而异的。如果团体对其成员有很强的吸引力，则成员就更愿意遵守团体规范，团体对个人的影响力就越大；反之，则团体对个人的约束力就比较小。如果个人在团体中处于一个较高的地位，则其感受到的团体规范的压力就越大，团体对他的影响力也相对较大。

4. 大众传媒的影响

社会通过大众传媒将社会规范、价值标准、文化传统以及对某一社会事件的态度传递给公众，从而使公众形成符合社会要求的态度。例如，经常看电视的人不信任他人，会高估自己受到伤害的可能性。这说明，频繁持续地接受电视暴力会使一些人产生“世界丑恶”的观点，即把外界看作是危险和可怕的地方。

（二）个体的学习

1. 经典性条件作用理论与联想学习

经典性条件作用理论是由俄国生理学家巴甫洛夫（I. P. Pavlov）创立并完善的。人们发现有的态度是通过偶然条件作用（chance conditioning）形成的，即通过巧合和偶然的经验而习得。例如，你一生中曾有三次与心理学家打交道，如果这三次的经验都是消极的，你也许将用一种否定的观点来对待心理学和心理学家。但是，人们通常只要有一两次好的或坏的经历，就会形成对某个饭店、城市或国家的基本态度。

斯戴兹（Staas）在 1958 年的一项实验证明了经典条件反射对社会态度形成的作用。他以随机的方式在屏幕上呈现六个国名中的一个，紧接着念出一个单词。有两个国名与带有肯定性评价的单词（如快乐等）相联系，有两个国名与中性词配对，另外两个国名与带有否定性评价的单词（如痛苦等）相联系。每一国名与形容词配对均出现 18 次，然后测定被试对各个国名的态度。结果发现，被试对与肯定性单词相结合的国名的态度是最为肯定的，而对与否定性单词相结合的国名的态度是最为否定的。后来斯戴兹将无条件刺激换成电击和噪音也取得了同样的结论。

2. 操作性条件作用理论与强化学习

操作性条件作用原理，也称为工具性条件作用原理，是由斯金纳（B. F. Skinner）创建的。他认为，人类的学习都是建立在操作和强化的基础上的。如果个体曾经采取某种行为作用于环境，得到的是积极的结果，即得到了正性的强化，则个体在今后出现同样的环境条件时就会表现出同样的行为；反之，如果个体行为导致的是消极的后果，即得到了负性的强化，则个体在今后出现同样的环境条件时就会避免同样行为的出现。

强化原理也可用于解释人们态度的习得过程。英斯科（Insko）曾在实验中用言语的强化来研究态度的习得。研究结果发现，那些受到正强化的学生所表达出的态度，不仅其基本观点没变，而且在程度上更为强烈；而那些受到负强化的学生所表现出的态度，虽然其基本观点也没有大的变动，但在程度上则明显不如受到正强化的学生强烈。

3. 模仿与观察学习

观察学习（班杜拉提出）是指个体通过对他人态度和行为的观察，能将其言行记忆在头脑中，并且在以后遇到相类似的环境时模仿他人的行为表现。通过观察而进行的学习是依靠模仿来实现的，模仿得如何取决于观察得如何。对他人行为的模仿也受到强化因素的影响，这种强化可以是个体自身所持有的自我强化，可以是外界施加于个体的直接强化，也可以是从他人被强化的事实经验中感受到的替代性强化。个体对他人行动有一个较好的观察，加上强化作用的激励，就能够较好地进行模仿学习。如在儿童社会化的过程中，树立一些符合社会规范的榜样具有特别的意义。

上述三种不同形式的学习是态度习得的主要途径，并且各自具有不同的特点和作用。一般来说，个体态度的习得是在这三种学习的共同影响和相互作用下进行的。

三、态度的改变

态度不同于一般的认知活动，它具有情感等因素，比较持久、稳固。因此，态度的改变需要经历一个较为复杂的过程。比如，你看到一个新的广告片中的演员满口珍珠般洁白的牙齿时，并不是每次看到都更换一次牙膏品牌。科尔曼（H. Kelman）于1961年提出的态度改变三阶段论，将一个人态度改变的过程描述为服从、认同、内化三个阶段。①

服从是一个人按照社会要求、群体规范或他人意志而做出的行为，其目的是达到某种物质或精神的满足或避免惩罚。服从通常是外在压力作用的结果，不是个人的自愿选择，因此由服从造成的态度改变只是暂时的、表面的。但是，当被迫的服从成为习惯时，它就变成了自觉的服从，并产生相应的态度。例如，不能随地吐痰的规定，可能个人开始并不习惯遵守，但是为了逃避罚款的压力，只好服从。天长日久，人们就形成了习惯，形成不随地吐痰的态度。

在认同这一阶段，个体态度的改变不再是表面的了，而是自觉自愿地接受他人的观点、信念、态度和行为，并有意无意地模仿他人，使自己的态度和他人要求相一致。也就是说，态度在这一阶段已比服从阶段时进了一步，由被迫转为自觉接受，只是新态度还不能和自己的态度体系完全融合。

内化是态度改变的最后阶段。在这一阶段，个体就完全地从内心里相信并接受了他人的观点，并将他人的观点、态度完全纳入自己的价值体系中，成为自己人格的一个组成部分。到了内化阶段，个体的态度已经发生了彻底的改变，不再需要学习具体的、外在的榜样了，形成的态度也比较稳固，不易再改变。

导致态度改变的方法有很多，常见的有劝说宣传法、角色扮演法、团体影响法、团队讨论法和活动参与法等。

---

① H. Kelman, Processes of opinion change. *Public Opinion Quarterly*, 1961, Vol. 25. pp. 57～78.

（一）劝说宣传法

劝说有着明确的目的，那就是通过传递信息和进行争论使你的态度或信念发生转变。它是一种借助语言、报纸、杂志、广播、电视、电影、广告等各种传播媒介来传播信息，影响公众，使之态度发生改变的方法。劝说是一种极为常见和被广泛使用的方法。

如果你有机会策划一个公众集会并在会上宣传一个很重要的观点，如反对建立一所核电站，你准备选择什么人来做演讲？这个人该怎么讲？

研究表明，下列原则被广泛应用于各种推销活动或竞选活动中，并有着良好的效果。

（1）讲演者应是一位看上去可爱、富有表现力和可信任的有关该问题的专家，并在某些方面与听众有共同之处。

（2）所传播的信息要能唤起听众的情绪反应，特别是引起害怕或焦虑的情绪。

（3）所传播的信息中还要提供一个清楚的行为过程，让听众感到如果遵循该过程就能够减少上述的情绪反应并获得期望的结果。

（4）所传播的信息中要有清晰的结论。

（5）所传播的信息应有事实和统计结果作为支持。

（6）如果听众对这个问题比较了解，演讲者一定要说明支持和反对两方面的观点。如果听众对这个问题比较陌生，演讲者只需说明自己的观点。

（7）演讲者应表现出自己绝不会因听众接受了这个观点而获得什么个人利益。

（8）演讲中应尽可能把信息多重复几遍。

（二）角色扮演法

角色扮演法是指通过扮演某种角色从而经历特殊事件，以影响或改变个体态度的方法。对于个体而言，担当起某一角色，也就意味着要使自我的内涵与角色的内涵相吻合，使自我与角色协调一致。这一方面意味着个体的变化和发展，另一方面则意味着个体被约束和受制约。例如，一个人在酒后车祸中幸免于难，从此不再饮酒。为了能够主动地获得这样的态度转变，心理学家通过角色扮演来制造类似的经历。例如，有一项实验研究要求抽烟的妇女扮演癌症病人的角色：医生告诉患者一个坏消息，她患了癌症，要立即进行手术，那些扮演肺癌患者的妇女需要回答和接受一些与手术相关的问题，如手术失败了会怎样等。实验后，参加过角色扮演的那些人的吸烟量大大地减少了，而那些只从录音中听到同样故事的人的吸烟量变化较小。即在扮演过程中产生的情绪冲突和易患癌症的事实对吸烟者态度的转变会有一定影响。

（三）团体影响法

通过团体规范和准则来对个体施加影响，从而有效地改变人们的态度的方法是团体影响法。团体规范和准则是一种无形的约束力，促使其成员的一言一行都符合团体规范的要求。通过对成员符合规范的行为进行接受、赞同和承认来确定其在团体中的位置；通过对破坏规范的个体进行拒绝、否定和打击来孤立并彻底将其驱逐出团体。

成员拒绝或接受某种传播信息是受到团体要求的限制的。一个团体有其独特的信息流通结构，较活跃或地位较高的成员往往把持着信息流通的关卡。他们首先将不合团体价值的信息过滤掉，或将他先接触到的信息进行修改润色再传达给其他的成员；而且归属于同一团体的成员一般都持有相似的观点，这正是相互强化支持的社会性支持力量。因此，团体起到了抵制不合格信息的作用，从而阻止其成员态度向相反的方向转变。

（四）团体讨论法

经由团体讨论和团体决定引导多数成员向一个新的态度转变时，团体对于信息传播效果起着很好的促进作用。著名心理学家勒温（K. Lewin）进行了这方面的实验研究。被试是美国的一些家庭主妇，由于当时处于“二战”期间，食物短缺，政府希望人们多用动物内脏做菜。他向第一组被试讲解用动物肝脏做菜的好处，并赠送每人一份烹调菜谱；而对第二组被试，勒温组织他们进行讨论，并由营养专家亲自实验烹饪。结果发现，第一组被试中只有3%的人改变态度，而第二组被试中有32%的人改变态度。勒温指出，团体讨论中的态度转变经历了三个过程：①“解冻”了原有的团体态度；②建立起新的态度；③“凝固”了新的态度。

团体讨论为何更具有优势呢？这是因为，参加团体讨论的成员是主动的，较可能产生自我卷入，而且他们在讨论中有可能察觉到其他人态度改变的行为，受到与他人互动的影响，也产生态度的转变。

（五）活动参与法

引导人们积极地参与有关的活动，能达到转变人们态度的目的。社会心理学家对此进行了一些实验研究，社会心理学家费斯汀格（L. Festinger）找到一些彼此不认识的黑人和白人做被试。在第一种实验情境下，他让白人和黑人一起做纸牌游戏；在第二种实验情景下，让白人和黑人一起观看别人做游戏；第三种实验情境下，让白人和黑人同处一室但不组织任何活动。在上述三种实验情境下，白人对黑人显示出友好态度的人分别为66.7%、42.9%、11.1%。实验结果证明，共同活动的状况影响着白人对黑人的态度，即共同活动越积极，白人对黑人的态度转变就越好。

日常生活中，通过参加活动来改变态度的事例很多。一个本来对体育活动毫无兴趣的人，被伙伴拉去踢了一场足球后，便成为球迷。但活动参与法对人们态度改变的程度受到一些因素的影响，如人们参与活动时的自愿程度或感受到的压力大小。如果人们参加一项活动是自觉自愿的，则其态度的改变就会大些；如果是出于某种自身之外的原因，如奖励或惩罚，感受到了某种压力，如权威和团体的压力，则即使积极地参加了活动，其态度也未必会发生很大的改变。此外，人们参与活动时间的长短也影响着活动中人们的态度改变。如果所参与的活动是经常性的、较长久的，则态度改变相应地就较大、较持久；反之，如果只是一次性的活动或短期的活动，则态度改变的效果就不很明显或难以持久。

第四节　人际吸引的影响因素

以喜欢和爱情为主题的文章太多了，几乎所有可能的解释都被阐述过了。对多数人来说，到底是什么因素引起了喜欢和爱情呢？不见面会使彼此在心里的形象被神秘化或美好化，还是距离拉远了彼此的心？因为喜欢而被吸引，还是因为被吸引而喜欢？漂亮的外表重要吗？什么因素促进了你与他人的亲密关系？

一、人际吸引的主要因素

人际关系中的情绪成分即对人的喜爱或不喜爱，表现为人际吸引。人际间的相互吸引，首先是由于彼此间有许多共同的地方，可能是事业生涯目标相同、兴趣相同，或是修了相同的课程；有时候人际间的相互吸引，也可能是因为彼此的不同或互补。此外，个人外貌方面的吸引力仍然重要，特别是在异性交往之间。当然，人们相遇而互相吸引也依靠许多其他主观因素。影响人际吸引的因素主要包含以下内容①：

（一）接近性

两个人能否成为朋友，接近性是其中强有力的预测源。尽管对于那些沉浸于神秘浪漫幻想的人来说，接近意味着乏味，但是社会学家已经证实，大多数人的婚姻对象是那些和他们居住在相同小区，或在一个学校学习的人（Burr，1973）。接近是人际吸引早期阶段的重要因素，如同学、同事、邻居等。因此，彼此接触机会愈多，能相互了解的机会也愈多，互动与喜欢的可能性也愈大。

此外，地理位置的接近是引发功能性距离接近的主要原因——人们的生活轨迹相交的频率，才是相互吸引的重要因素。雷法曼也于1969年发现，对密切人际关系感兴趣的人，一般倾向于结构小些、更封闭一些的空间，他认为这样才可建立起必要的邻近性。这说明，空间上距离愈小，接触次数就越多，人们就越易建立起密切的人际关系。另外，时间上的接近，如同龄、同时入学、同期毕业等，也使之易于在感情上接近、相互吸引。当然，如果说与你联络愈多的人，你就会愈喜欢他/她的话，那岂不是夫妇结婚愈久，就越来越幸福？但事实却不是都这样，所以可能还与其他因素有关，如彼此之相悦、接纳、容忍、体谅。当两人之间存在着严重意见分歧或根本不相容时，接触次数愈多反而会导致公开冲突、愤恨、疏离或决裂。

① 李红．心理学基础．北京：高等教育出版社，2009. 336～338.

专栏 13－1　男女谁更在意外表

为了考察男人是否真的更在意外表，研究者分别给男、女同学提供了有关某一异性的一些信息，包括一张照片。或者，研究者简单地介绍一个男人和一个女人相互认识，并询问他们是否有兴趣跟对方约会。这些实验的结果表明，男人的确更在意异性的外表吸引力（见图 13－2）（Feingold，1990、1991；Sprecher & others，1994）。也许正因为如此，女性才会如此在乎自己的外表，在进行外科整形的人当中，90% 都是女性（ASAPS，2003）。当然，女性同样会注意男性的外表。

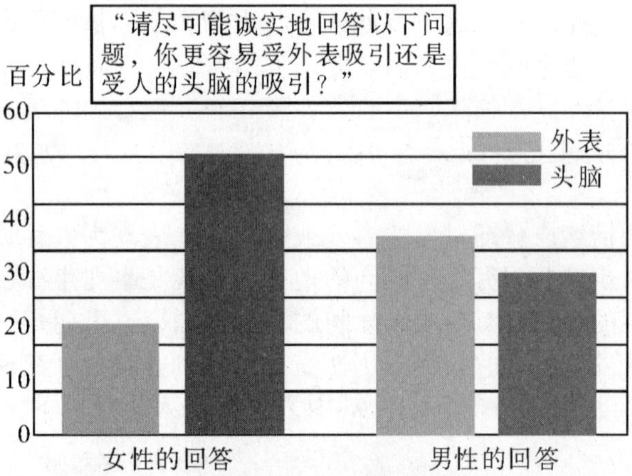

图 13－2　女性和男性报告的最在意的品质

（Fox News/Opinion Dynamnics Poll of Registered Voters，1999）

（二）外表吸引力

在约会中，人们更看重对方哪些特质呢，诚实、美丽、个性、幽默？我们不能通过封面来判断一本书的好坏，同样，我们也不能通过外表来判断一个人的品质。然而在人际交往中，人们常常是以貌取人的。许多研究都显示了外貌的重要性。日常生活中，外貌的作用也表现出一致性和普遍性的特点，外貌的确是一种财富。载恩于 1972 年做了一个实验，让一些女大学生看容貌一美一丑的两个七岁女童的照片，照片下附有一段文字，说明照片上女童曾有某些过失行为，然后让大学生评价女童平时行为有否越轨。结果显示：人们对漂亮儿童的评语更偏向有礼貌、肯合作，她的行为纵有过失，也是偶然的和可以原谅的；而对丑女童的评价，人们多推想她是一个具有相当严重问题的"问题儿童"。这说明人的仪表魅力是增进人际吸引的因素之一，外表在人们的交往中具有重要作用。

（三）相似性

对于物以类聚，我们可能深信不疑。朋友、订婚的情侣以及夫妻，会比那些随机配对的人更可能拥有相同的态度、信仰和价值观。人们总倾向于喜欢跟自己相似的人，如在态度、价值观与社会条件及教育等方面相似。根据“巴氏吸引率”（Byrne's law of attraction），我们对他人的吸引力是直接根据双方相似态度之比例而定的（Clore & Byrne，1974）。研究者发现，丈夫和妻子间的相似性越大，他们就越幸福，而且越不容易离婚（Caspi & Herbener，1990）。

1966年，在社会学家纽科姆的实验中，他为17个不相识的大学生免费提供住宿13周，并事先对他们的态度、价值观和个性进行了测试。结果显示：在住宿初期，空间距离是决定彼此交往多少的主要原因；在住宿后期，彼此态度、价值观和个性的相似性超越了空间距离而成为密切人际关系的基础。此外，持相同意见和态度者喜欢选择住入同一房间。皮特·巴斯顿和斯蒂芬·埃姆伦（Buston & Emlen，2003）对近1 000名年龄相仿的大学生进行了调查，他们发现，人们渴望相似伴侣的愿望远远强于渴望漂亮伴侣的愿望。外表漂亮的人也寻求外表漂亮的伴侣，有钱的人也想找有钱的伴侣，以家庭为定向的人当然也渴望有一个以家庭为定向的伴侣。

（四）互　补

互补即具有不相似但相互依赖的人格特性的两个人，彼此会为对方所吸引。如墨雷（Murray）指出心理需求与人格特征的互补性是择友的基础，提出“互补需求论”（theory of complementarity needs）。共同生活的两人间若具有：①同一特质内互补性，如支配需求高者喜欢支配需求低者；②不同特质间互补性，如谦虚需求高者喜欢敌意需求高者，两种差异存在就会增强两人关系。只有如此，才能为彼此提供最大需求满足，这是两性间友谊、恋爱、婚姻成功的条件。“互补需求论”所强调的互补性，是指双方在特殊特质间的互补，而非两人全部的人格，如能言善辩者对沉静寡言者构成吸引，支配欲强者喜欢有依赖性格的伴侣。也许互补性在异性友谊的早期阶段并不重要，但在长期的婚姻关系中则非常重要。

国内学者余国诚（1983）等人抽样调查了170名18~20岁在校青年选择配偶的影响因素，其中男81名，女89名。结果发现，青年在选择恋爱对象时，较多考虑对方的内在因素，其中对于共同的兴趣爱好尤为注重；其次，是考虑对方的外在因素；而家庭因素最不受重视。此外，男女择偶的吸引因素存在不同的一面，男性较为强调对方的文静与美貌，而女性则看重对方的思想与才能。①

二、影响大学生人际吸引的人格特质

我国学者黄希庭采用社会测量、访问与观察等方法，研究大学生的人际吸引，并得到“人缘型学生”与“嫌弃型学生”的人格特质。②

① 时蓉华．社会心理学．上海：上海人民出版社，2002.

② 朱敬先．健康心理学．北京：教育科学出版社，2002. 104.

（一）人缘型学生人格特质的等级顺序依次为：

①尊重他人，关心他人，对人一视同仁、富有爱心。
②热心团体活动，对工作非常负责，为人可靠。
③稳重、耐心、忠厚老实。
④热情、开朗，喜爱社交，待人真诚。
⑤聪明，爱独立思考，成绩优良，乐于助人。
⑥独立自主并有谦逊品质。
⑦有多方面兴趣与爱好。
⑧有审美眼光与幽默感，但不尖酸刻薄。
⑨斯文、端庄、仪表美。

（二）嫌弃型学生人格特质的等级顺序依次为：

①自我中心，只关心自己，不为他人的处境和利益着想，有极强的嫉妒心。
②对团体工作缺乏责任感，敷衍了事，或完全置身团体之外。
③虚伪、固执，爱吹毛求疵。
④不尊重他人，操纵欲、支配欲强。
⑤对人淡漠，孤僻、不合群。
⑥有敌对、猜疑和报复的性格。
⑦行为古怪，喜怒无常，粗暴、粗鲁、神经质。
⑧狂妄自大、自命不凡。
⑨成绩优良却不肯帮助他人，甚至轻视他人。
⑩自我期望很高，气量狭小，对人际关系过分敏感。
⑪势利眼，巴结奉承。
⑫不用功，不求上进。
⑬兴趣贫乏。
⑭生活散漫。

第五节　社会助长与社会懈怠

卡莉很烦恼，虽然她不停地唠叨催促，但儿子迈克总是慢吞吞地吃饭，磨磨蹭蹭地写作业。直到有一次，隔壁孩子来他们家做客，并和迈克一起吃饭、写作业，卡莉才发现，原来迈克可以很快地完成这两项任务。卡莉感到疑惑：为什么和别人一起时，孩子就能将事情快速地完成？

我们无时无刻不是生活在群体中，而群体总是会以它独特的方式来影响我们。有见识的大学生和其他博学多才的人在一起，会促进彼此的才智；不良少年和不良少年在一起，彼此的反社会倾向也会愈演愈烈。那么，群体是以什么方式来影响其内部成员态度的呢？内部成员又是怎样影响群体做出或明智或愚蠢的决策呢？

有关群体影响最常见的两种现象是社会助长和社会懈怠，这两种现象可以在最低限的群体交互的情况下发生。

一、社会助长

社会助长或社会促进是指在有他人在场时，人们的行为效率会比独自一个人时有所提高的现象。[①] 社会助长包括两种情况，一种是在同他人共同活动时，个体会感到某种社会比较的压力，从而提高工作或活动效率，这叫共同活动效应（coaetor effect）；另一种是个体从事活动时，是否有观众在场，观众多少及观众表现得热烈与否对其活动效率的高低有明显的影响，这叫观众效应（audience effect）。

最早以科学方法揭示社会促进现象的是心理学家特利普里特（M. Triplett）。他在 1897 年做了如下实验：他让被试在三种情境下骑车完成 25 英里路程。第一种情境是单独骑行并计时；第二种情境是在骑行时让一个人跑步伴同；第三种情境是与其他骑车人竞赛。结果显示：在单独计时情况下，骑车平均速度为每小时 24 英里；有人跑步伴同时，平均时速达到 31 英里；而竞争情境下则有更大改善，平均时速为 32.5 英里。

为什么我们会因为他人在场而被唤起呢？科特雷尔（Nickolas Cottrell）假设观察者在场使得被观察者会顾虑到别人是如何看待和评价他的，即存在评价顾忌（evaluation apprehension）。[②] 为了证实评价顾忌的存在，科特雷尔及其同事给观察者蒙上眼睛，结果发现与可以自由观察的观众在场不同，仅仅是这些被蒙上眼睛的人在场并没有使被观察者产生预期的反应。其他实验也证实了科特雷尔的结论，如果人们认为自己正在受在场的人评价，那么他们的优势反应提高得很明显。有这样一个实验，实验者是加利福尼亚大学的长跑者，这些长跑者在跑道上跑步时会遇到一位坐在草地上的女士。如果这位女士是面对着他们的，那么与她背对着他们时相比，长跑者跑步的速度会更快一些（Worringham & Messick，1983）。

然而扎荣克（R. B. Zajonc）认为，即使在没有评价顾忌的情况下，他人的“纯粹在场”也会引发一定程度的唤起。例如，在他人在场情况下让被试判断对颜色的喜好，他们的好恶程度会有所增强（Goldman，1967）。在这个任务中，答案没有对错好坏之分，别人也无从评价，也就没有理由去关注他人的行为反应了。但是，在这种情况下，他人在场还是有唤起作用的。因此，扎荣克提出优势反应强化理论（social facilitation）：唤起能促进优势反应。[③] 完成简单而熟悉的行为，正确反应占优势，他人在场时加强了这种反应，从而提高了行为效率。而个人在完成复杂、困难、生疏的任务时，不正确的反应占优势，他人在场提高动机水平的结果是强化不正确

---

① 佟丽君．社会心理学新探．哈尔滨：黑龙江人民出版社，2009. 327 ~ 331.

② ［美］戴维·迈尔斯．社会心理学．张智勇，乐国安，侯玉波译．北京：人民邮电出版社，2006. 212 ~ 213.

③ R. B. Zajonc. Social facilitation. *Science*，1965，149. 269 ~ 74.

的反应，妨碍任务完成，所以有阻碍抑制作用。该理论提示我们，在现实生活中，应该根据活动的内容、工作的性质，以及个人的特点来安排工作和学习的环境，利用群体情境的社会助长作用，避免阻抑作用，从而提高活动效率。

二、社会懈怠

社会助长作用经常发生在人们为了个人目标而努力时，如解决数学题或跑步等。在这种情况下，他人可以对个人付出的努力作出单独评价。而有时，我们可能会在另一种情境中：大家为同一目标一起努力。在这一种情形中，个人的努力是无法被单独评价的。比如，团体拔河比赛、集资筹款等。这是一种“加合任务”，在这一任务中，小组成绩有赖于成员个人努力之总和。那么在这类任务中，团体精神是否会提高效率或产出呢？作为一个团队一起工作时，效率会高于他们单独工作时的总和吗？实验研究的结果是，在集体任务中，小组成员的努力程度反而较小，即产生了社会懈怠现象。

社会懈怠（social loafing）是指个人与群体其他成员一起完成某种事情，或个人活动有他人在场时，往往个人所付出的努力比单独时偏少，不如单干时出力多，个人的活动积极性与效率下降的现象，也称为社会惰化作用，另外也叫社会干扰、社会致弱、社会逍遥、社会堕化。达施尔（J. F. Dashiell，1935）在实验中要求被试蒙上双眼，在“拔河机器”上拔河，结果发现，当被试觉察只有自己一个拔时，平均用力 63 公斤；而当三人一起拔时，平均每人用力 53.5 公斤；八人一起拔时，平均每人只用力 31 公斤。卡特莱尔（N. B. Cottrell）等人在 1967 年也做了一项实验，他让被试在独自一人和与群体一起两种情境中学习单词配对表。要配对的单词有两类。一类由同义词组成，学习起来非常容易；另一类由无关单词组成，非常难以学习。结果表明，在容易的工作上，群体背景有明显的社会助长作用；而在困难的无关单词配对的工作上，效果正好相反，群体背景带来了社会干扰，成绩反而不如一人独自完成的情况。①

这些现象不仅能在实验室里看到，在日常生活中也很普遍。根据有关研究和统计②，在苏联，私有土地占总农用地的 1%，但产量却是农业总产量的 27%；在匈牙利，农民则曾在 13% 的自有耕地上生产出了占全国三分之一的农产品；在中国，自 1978 年实行土地承包责任制以来，农作物的总产量每年递增 8%，这一速度是过去 26 年里平均增幅的两倍半。俗语“一个和尚挑水吃，两个和尚抬水吃，三个和尚没水吃”正是这种社会心理现象的具体形象化。

有社会心理学家指出，出现社会惰化现象的原因是个人的评价焦虑减弱，使个人在群体中的行为责任意识下降，其行为动力也相应降低。威廉等人（K. D. Williams et al.，

① 章志光．社会心理学．北京：人民教育出版社，1996. 393 ~ 394.

② ［美］戴维·迈尔斯．社会心理学．张智勇，乐国安，侯玉波译．北京：人民邮电出版社，2006. 214 ~ 215.

1981）的研究①发现，如果让被试相信，自己的行为效率可以被单独鉴别出，或是可以对个人行为贡献单独进行测量，则即使与群体一起完成一项工作，也不会有社会惰化作用存在。单独测量使人们保持了足够的被评价焦虑，因而行为的动机也得到激发。总结这些研究的结论可以发现，人们在以下几种情境下，较少出现社会惰化作用：

（1）群体成员之间关系密切；

（2）工作本身具有挑战性、号召性或能有效地激发人们的卷入水平；

（3）以群体整体成功为目标的奖励引导；

（4）群体有鼓励个人投入的团队精神；

（5）个人相信其他群体成员也像自己一样努力。

减少社会惰化的途径：单独评价，提高认识，控制群体规模，增加工作的挑战性，增强群体凝聚力。

专栏 13－3　社会助长与社会懈怠

Karau & Williams（1993）对包括 4 000 多名被试的 49 个研究所做的统计性摘要表明，随着群体规模的增大，个体所付出的努力程度在减小（社会懈怠增加）。个人绩效与群体规模之间的关系见图 13－3，每个点代表其中一项研究的全部数据。我们可以看到，引发社会助长作用的心理力量，即评价顾忌，受到了扭曲。在社会懈怠实验中，个体认为只有在他们单独操作时才会受到评价。群体情境（拔河、喊叫等）降低了个体的评价顾忌。当人们不单独为某事负责或者并不对其努力程度进行单独评价时，所有小组成员的责任感都被分散了（Harkins & Jackson，1985；Kerr & Bruun，1981）。相反地，社会助长实验则增强了个体的评价顾忌。一旦成为注意的焦点，人们就会自觉监控自己的行为（Mullen & Baumeister，1987）。所以规律还是一样的，一旦受到他人观察，个体的评价顾忌会有所增强，这样社会助长作用就发生了；一旦个体消失在人群中，个体的评价顾忌就会减弱，社会懈怠就发生了（见图 13－4）。

① K. D. Williams，S. Harkins，B. Latané，Identifiability as a deterrent to social loafing：Two cheering experiments. *Journal of Personality and Social Psychology*，1981，40. pp. 303～311.

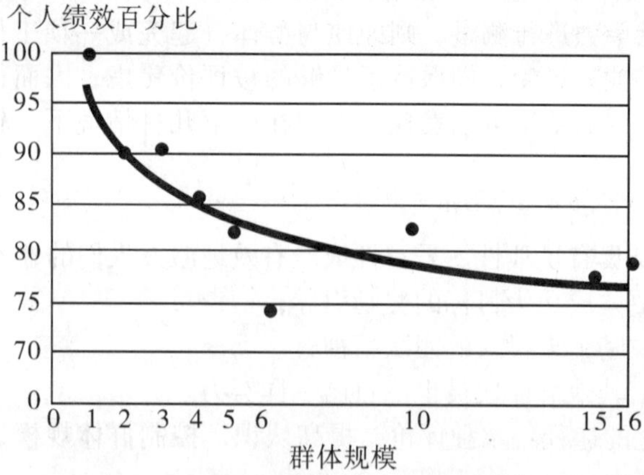

图 13－3　群体规模与个人绩效百分比

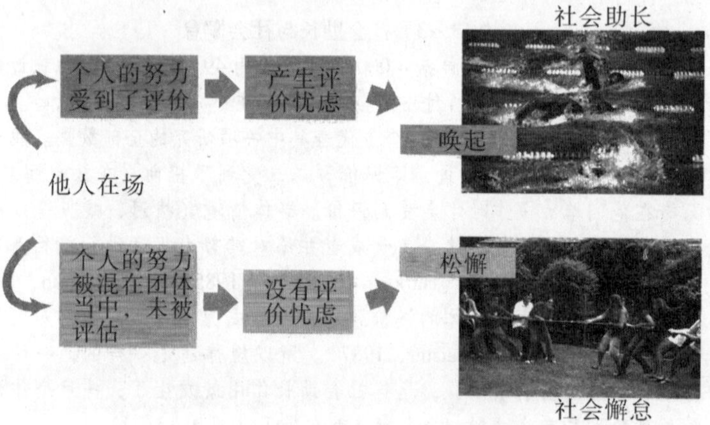

图 13－4　社会助长还是社会懈怠

《本章小结》

（1）自我意识是对自己存在的觉察，即自己认识自我的一切，包括自我的生理状况、心理特征及人际关系。简单地说，自我意识就是对自己个人身心活动的觉察。

（2）认识自我的途径：通过自我观察认识自己；通过他人了解自己。

（3）态度是对人、客体或观念的积极或消极评价。态度包含对外界事物的认识、情感和行为倾向三个层面。一个人的社会态度不是生来就有的，而是个体在后天的社会生活环境中通过学习而逐渐形成的。

（4）人际吸引的主要因素：接近性、外表吸引力、相似性、互补。

（5）社会助长或社会促进是指在有他人在场时，人们的行为效率会比独自一个人时有所提高的现象。社会懈怠是指个人与群体其他成员一起完成某种事情，或个人活动有他人在场时，个人的活动积极性与效率下降的现象，也称为社会惰化作用。

关键术语

自我意识　自我结构　自我概念　自我差别　自我认识　人际吸引　态度　社会促进　社会懈怠　社会情境

进一步阅读

[1][美]戴维·迈尔斯．社会心理学．张智勇，乐国安，侯玉波译．北京：人民邮电出版社，2006.

[2][美]理查德·格里格，菲利普·津巴多．心理学与生活．王垒，王苏等译．北京：人民邮电出版社，2003.

思考与练习

(1) 自我意识是如何形成的？

(2) 以自我为例理解意识形成的过程和影响因素。

(3) 什么样的人格特质才具有吸引力？

(4) 罗宾斯是如何回答“我是谁”的？

(5) 态度是如何形成和改变的？

(6) 自我意识对我们的学习和工作有何作用？

(7) 认识自己的途径有哪些？

(8) 社会促进和社会懈怠现象对教学有哪些启示？

参考文献

中文文献

［1］边玉芳等．儿童心理学．杭州：浙江教育出版社，2009.

［2］［美］杜·舒尔兹，西德尼·埃伦·舒尔兹．现代心理学史．叶浩生译．南京：江苏教育出版社，2005.

［3］［美］克里斯托·弗彼得森．打开积极心理学之门．侯玉波，王非等译．北京：机械工业出版社，2010.

［4］［美］凯瑟琳·辛普森．人类的大脑．池明烨译．北京：人民文学出版社，2011.

［5］黄希庭．心理学基础．上海：华东师范大学出版社，2008.

［6］［美］墨顿·亨特．心理学的故事（修订版）．李斯，王月瑞译．海口：海南出版社，2003.

［7］［美］斯宾塞·A. 拉瑟斯．心理学．宋振韶等译．北京：中国人民大学出版社，2012.

［8］沈晓红．健康心理学．杭州：浙江教育出版社，2009.

［9］［美］沃尔特·谢弗尔．压力管理心理学（第4版）．方双虎等译．北京：中国人民大学出版社，2009.

［10］杨国枢，文崇一，吴聪贤，李亦园．社会及行为科学研究方法（上册）．重庆：重庆大学出版社，2006.

［11］［美］约翰·W. 桑特罗克．心理学导论．吴思为等译．上海：上海社会科学院出版社，2011.

［12］［美］谢利·泰勒．健康心理学．朱熊兆，唐秋萍，蚁金瑶译．北京：中国人民大学出版社，2012.

［13］彭聃龄．普通心理学．北京：北京师范大学出版社，2001.

［14］叶奕乾，何存道，梁宁建．普通心理学（修订版）．上海：华东师范大学出版社，1997.

［15］左明雪．人体解剖生理学．北京：高等教育出版社，2003.

［16］泛珠三角地区九所师范大学联合编写．现代心理学．广州：暨南大学出版社，2006.

［17］朱智贤．心理学大词典．北京：人民教育出版社，1989.

［18］［美］阿瑟·S. 雷伯．心理学词典．李伯黍等译．上海：上海译文出版社，1996.

［19］［美］罗伯特·索拉索．21世纪的心理科学与脑科学．朱滢等译．北京：

北京大学出版社，2002.

［20］张春兴．现代心理学．上海：上海人民出版社，1994.

［21］［美］Frederick T. L. Leong，James T. Austin. 心理学研究手册．周晓林等译．北京：中国轻工业出版社，2006.

［22］张述祖，沈德立．基础心理学．北京：教育科学出版社，1987.

［23］孟昭兰．普通心理学．北京：北京大学出版社，1994.

［24］［美］理查德·格里格，菲利普·津巴多．心理学与生活．王垒，王苏译．北京：人民邮电出版社，2003.

［25］［英］M. 艾森克．心理学——一条整合的途径．阎巩固译．上海：华东师范大学出版社，2001.

［26］［英］朱莉娅·贝里曼，戴维·哈格里夫，凯文·霍维尔，伊莉莎白·奥克利福特．心理学与你．武跃国，武国城译．北京：北京大学出版社，2000.

［27］黄希庭．心理学实验指导．北京：人民教育出版社，1988.

［28］［美］Robert L. Solso. 认知心理学．黄希庭等译．台北：五南图书出版公司，1992.

［29］王苏，汪安圣．认知心理学．北京：北京大学出版社，1992.

［30］余嘉元．当代认知心理学．江苏：江苏教育出版社，2001.

［31］［美］John B. Best. 认知心理学．黄希庭主译．北京：中国轻工业出版社，2000.

［32］中国心理学会．当代中国心理学．北京：人民教育出版社，2001.

［33］［美］托马斯·L. 贝纳特．感觉世界——感觉和知觉导论．旦明译．北京：科学出版社，1983.

［34］高觉敷．西方心理学的新发展．北京：人民教育出版社，1997.

［35］黄希庭．心理学导论．北京：人民教育出版社，1991.

［36］施良方．学习论——学习心理学的理论与原理．北京：人民教育出版社，1994.

［37］姚本先．心理学．北京：高等教育出版社，2005.

［38］黄希庭．心理学导论（第2版）．北京：人民教育出版社，2007.

［39］张厚粲．心理学．天津：南开大学出版社，2002.

［40］邓芸菁等．心理学原理．北京：科学出版社，2012.

［41］程素萍．心理学基础．北京：高等教育出版社，2011.

［42］彭聃龄．普通心理学（修订版）．北京：北京师范大学出版社，2004.

［43］叶奕乾等．普通心理学（修订二版）．上海：华东师范大学出版社，2004.

［44］韩永昌．心理学．上海：华东师范大学出版社，2009.

［45］李勃，王端．科学决策辞典．北京：经济管理出版社，1995.

［46］［美］克雷奇等．心理学纲要．周先庚等译．北京：文化教育出版社，1981.

[47] [美] 杰拉尔德·温伯格. 系统化思维导论. 张佐等译. 北京：清华大学出版社，2003.

[48] 欧阳自珍，黄学诚. 思考力密码. 台北：方向出版社，2009.

[49] 彭聃龄，张必隐. 认知心理学. 台北：东华书局，1997.

[50] 陈琦，刘儒德. 当代教育心理学（修订版）. 北京：北京师范大学出版社，2007.

[51] 泛珠三角地区九所师范大学联合编写. 现代心理学（第2版）. 广州：暨南大学出版社，2008.

[52] 冯忠良，伍新春，姚梅林等. 教育心理学. 北京：人民教育出版社，2000.

[53] 洪显利. 教育心理学的经典理论及其应用. 北京：北京大学出版社，2011.

[54] 韩进之. 教育心理学纲要（第2版）. 北京：人民教育出版社，2003.

[55] 教育部人事司，教育部考试中心. 教育心理学考试大纲. 北京：北京师范大学出版社，2002.

[56] 莫雷. 教育心理学. 广州：广东高等教育出版社，2002.

[57] 闵卫国，傅淳. 教育心理学. 昆明：云南人民出版社，2004.

[58] 张承芬. 教育心理学. 济南：山东教育出版社，2000.

[59] 姚梅林. 学习心理学——学习与行为的基本规律. 北京：北京师范大学出版社，2006.

[60] 张春兴. 教育心理学——三化取向的理论与实践. 杭州：浙江教育出版社，1998.

[61] 张厚粲. 行为主义心理学. 台北：东华书局，1997.

[62] 林崇德，辛涛. 智力的培养. 杭州：浙江人民出版社，1996.

[63] 白学军. 智力发展心理学. 合肥：安徽教育出版社，2004.

[64] 李铮，姚本先. 心理学新论. 北京：高等教育出版社，2001.

[65] 李辉. 心理学原理与应用. 昆明：云南教育出版社，1996.

[66] 叶奕乾. 心理学. 北京：中央广播电视大学出版社，1994.

[67] 陈仲庚. 人格心理学. 沈阳：辽宁人民出版社，1986.

[68] [美] 赫根法. 现代人格心理学历史导引. 郑雪等译. 石家庄：河北人民出版社，1988.

[69] [美] 亚伯拉罕·马斯洛. 动机与人格. 许金声等译. 北京：华夏出版社，1987.

[70] 郑雪. 人格心理学. 广州：暨南大学出版社，2001.

[71] [美] Jerry M. Burger. 人格心理学. 陈会昌译. 北京：中国轻工业出版社，2000.

[72] [美] L. A. 珀文. 人格科学. 周榕等译. 上海：华东师范大学出版社，2001.

［73］教育部社会科学研究与思想政治工作司组．心理卫生学．北京：高等教育出版社，2003.

［74］教育部社会科学研究与思想政治工作司组．基础心理学．北京：高等教育出版社，2003.

［75］佐斌．大学生心理发展．北京：高等教育出版社，2004.

［76］［美］亚伯拉罕·马斯洛．动机与人格（第3版）．许金声等译．北京：中国人民大学出版社，2007.

［77］李红．心理学基础．北京：高等教育出版社，2009.

［78］陈琦，刘儒德．当代教育心理学．北京：北京师范大学出版社，2007.

［79］陈英和．认知发展心理学．杭州：浙江人民出版社，1996.

［80］［美］J. H. 弗拉维尔，P. H. 米勒，S. A. 米勒．认知发展（第4版）．邓赐平，刘明译．上海：华东师范大学出版社，2002.

［81］林崇德．发展心理学．杭州：浙江教育出版社，2002.

［82］刘电芝．儿童发展与教育心理学．北京：人民教育出版社，2006.

［83］［美］凯瑟琳·麦金尼斯－迪特里克．老年社会工作：生理、心理及社会方面的评估与干预．隋玉杰译．北京：中国人民大学出版社，2008.

［84］王凌，曹能秀．外国儿童心理发展和教育的理论．昆明：云南民族出版社，2000.

［85］张春兴．现代心理学：现代人研究自身问题的科学（第3版）．上海：上海人民出版社，2009.

［86］张厚粲．大学心理学．北京：北京师范大学出版社，2001.

［87］张文新．儿童社会性发展．北京：北京师范大学出版社，1999.

［88］［美］John W. Santrock，毕生发展（第3版）．桑标等译．上海：上海人民出版社，2009.

［89］［美］戴维·迈尔斯．社会心理学．张智勇，乐国安，侯玉波译．北京：人民邮电出版社，2006.

［90］郭德俊．动机心理学：理论与实践．北京：人民教育出版社，2005.

［91］侯玉波．社会心理学．北京：北京大学出版社，2008.

［92］时蓉华．社会心理学．上海：上海人民出版社，2002.

［93］佟丽君．社会心理学新探．哈尔滨：黑龙江人民出版社，2009.

［94］朱敬先．健康心理学．北京：教育科学出版社，2002.

［95］［俄］巴甫洛夫．高级神经活动研究论文集．戈绍龙译．上海：上海卫生出版社，1956.

［96］罗正心．算命与心理辅导．本土心理学研究，1993（2）.

［97］彭泗清．中国人“做人”的概念分析．本土心理学研究，1993（2）.

［98］张伯华．一例社交恐怖症心理治疗经过．中国心理卫生杂志，1999（6）.

［99］程虹娟，张春和，龚永辉．大学生社会支持的研究综述．成都理工大学

学报（社会科学版），2004（1）.

［100］肖水源．社会支持对身心健康的影响．中国心理卫生杂志，1987（4）.

［101］茅于燕，周志芳．初生至三十六个月儿童智能发展的追踪研究（二）．心理学报，1986（3）.

［102］郭本禹，修巧艳．马库斯的自我社会认知论．西南大学学报（人文社会科学版），2007（1）.

［103］金盛华．自我概念及其发展．北京师范大学学报（社会科学版），1996（1）.

［104］卢家楣，刘伟，贺雯等．我国当代青少年情感素质现状调查．心理学报，2009（12）.

英文文献

［1］R. Bechtle，*Jung and the Religion of the Unconsciouss in J. Heaney*（*ED*）. New York：Paulist Press，1984.

［2］M. R. Banaji，D. A. Prentice，The self in social contexts. *Annual Review of Psychology*，1994，45.

［3］Baumgardner A. H.，To know oneself is to like oneself：self－certainty and self－affect. *Journal of Personality and Social Psychology*，1990，Vol. 58，No. 6.

［4］Crowley M. A.，Rubinstein M.，Cerdan M. G.，Diano S.，Horvath T. L.，Cone R. D.，Low M. J.，Leptin activates anorexigenic POMC neurons through a neural network in the arcuate nucleus. *Nature*，2001，411.

［5］J. M. Cheek，Personality research in a non－western culture. *Psychological Bulletin*，1987，102.

［6］Erlenmeyer－Kimling L.，Farvik Lissy F.，Genetics and intelligence：A review. *Science*，1963，Vol. 142.

［7］Eysenck，H. J.，Eysenck，M. W. *Personality and Individual Differences*：*A Natural Science Approach*. New York：Plenum Press，1985.

［8］Freedman J. L.，Fraser S. C.，Compliance without pressure：the foot－in－the－door technique，*JPSP*，1966，Vol. 4，No. 2.

［9］Gleitan H.，*Psychology*. New York：W. W. Norton & company，1981.

［10］Hogon R.，*Personality and Personality Measurement*. CA：Consulting Psychologists Press，1991.

［11］Higgins K.，Boone R.，Hypertext computer study guides and the social studies achievement of students with learning disabilities，remedial students，and regular education students. *Journal of Learning Disabilities*，1990，Vol. 23，No. 9.

［12］Higgins E. T.，Self－discrepancy：A theory relating self and affect. *Psychological Review*，1987，Vol. 94，No. 3.

［13］Larsen R. J.，Theory and research in personality psychology. *Contemporary*

Psychology, 1995, 40.

[14] H. Kelman, Processes of opinion change. *Public Opinion Quarterly*, 1961, Vol. 25.

[15] Mishel W. , *Introduction to Personality*. Orlando: Harcourt Brace College Publishers, 1999.

[16] Markus H. , Kunda Z. , Stability and malleability of the self – concept. *Journal of Personality and Social Psychology*. 1986, 51 (4).

[17] McCrae R. R. , *Personality in Adulthood*. New York: Guilford, 1990.

[18] Rogers*C. R.* , *Freedom to Learn* (2nd *ed.*) . Ohio: Merrill, 1982.

[19] H. C. Triandis, *Handbook of Personality Psychology*. New York: Academic Press, 1997.

[20] R. B. Zajonc, Social facilitation. *Science*, 1965, 149.

[21] Zimbardop. *Psycholgy and Life*. Illinois: Scott, Forse – Man and Company, 1985.

